Brujas

Brujas

La locura de Europa en la Edad Moderna

ADELA MUÑOZ PÁEZ

DEBATE

Penguin
Random House
Grupo Editorial

Primera edición: febrero de 2022

© 2022, Adela Muñoz Páez
© 2022, Penguin Random House Grupo Editorial, S.A.U.
Travessera de Gràcia, 47-49. 08021 Barcelona

Printed in Spain — Impreso en España

ISBN: 978-84-18619-57-1
Depósito legal: B-18.885-2021

Compuesto en Pleca Digital, S. L. U.
Impreso en Black Print CPI Ibérica
Sant Andreu de la Barca (Barcelona)

C 6 1 9 5 7 1

A la brujilla que me robó el corazón desde el día que nació, con la esperanza de que entre todas las brujas madres le dejemos un mundo más justo y más amable para las mujeres.

Índice

CAZA

Introducción

Todos creemos saber de qué hablamos cuando nos referimos a «brujas» o a «caza de brujas». Pero pocos sabrían ubicar temporal y geográficamente este hecho histórico que, en contra de la creencia popular, no tuvo lugar en la Edad Media. Y no, no fue en España donde más víctimas se cobró; de hecho, el número de víctimas en nuestro país fue irrisorio comparado con el de los países centroeuropeos. Tampoco anda acertado el saber popular a la hora de apuntar a la Inquisición como principal ejecutora de esta locura; no solo no fue así, sino que en muchos casos esta institución puso freno a los desmanes de jueces laicos y tribunales populares. Respecto a la magnitud de esta barbarie tampoco hay consenso, pero, aunque se llegó a elevar la cifra de víctimas a millones, una cantidad más cercana a la realidad estaría en torno a sesenta mil víctimas mortales, la mayoría de ellas mujeres; en esto sí acierta el saber popular, aunque el número de condenados varones no fue despreciable. En cualquier caso, aunque el total de víctimas no llegara a las cien mil a lo largo de tres siglos, su efecto debió de ser aterrador, muchísimo mayor que el de los más sangrientos ataques terroristas de nuestra época.

Aunque la caza de brujas alcanzó su punto álgido al comienzo de la Edad Moderna, había empezado a prepararse muchos siglos antes, a lo largo de los cuales se fue asociando a las mujeres con los demonios, judíos y herejes. Al mismo tiempo se fue cociendo a fuego lento una misoginia que enraizó en lo más profundo de la sociedad y convirtió a las mujeres en las enemigas, en la boca del infierno, la hermosa podredumbre.

Y, cuando terminó la Edad Media, también llamada Edad

Oscura, llegaron los tiempos terribles para las mujeres anunciados por *El martillo de las brujas,* que convirtió la religión del dios del amor en la del dios del terror. Las mentes calenturientas y obsesas de los jueces hicieron de los aquelarres conventículos donde se celebraban orgías sexuales y banquetes caníbales, a la vez que se rendía pleitesía al Diablo con el ósculo infame. Mientras tanto, nacía y crecía en España la Inquisición. Ese monstruo, que corrompió el país con la cultura de la delación, fue el único capaz de detener la locura de la caza de brujas que arrasó Europa de Sicilia a Finlandia y de Rusia a Escocia, dejando a España como una isla que salió casi indemne. Alemania fue el epicentro del terremoto; las zonas montañosas como los Pirineos y los Alpes, sus principales réplicas. La locura entró en los conventos y endemonió a las monjas, llegó a las cortes y trató de envenenar a los reyes, atravesó el océano y eclosionó en la bahía de Massachusetts. Pero la fama de la Inquisición española como principal responsable de la quema de brujas siguió en pie, inasequible a la verdad.

Hoy la verdad sobre las brujas del siglo XX permanece oculta porque nadie quiere enfrentarse a ella, a pesar de que en la segunda mitad del siglo pasado murieron más brujas solo en Tanzania que en toda Europa en la Edad Moderna. La justicia popular que linchó a la tía Casca en un pueblo de Aragón a mediados del siglo XIX sigue cobrándose la vida de mujeres africanas y asiáticas. Nadie oyó las voces de las brujas europeas de la Edad Moderna pidiendo auxilio y nadie registró sus historias. En memoria de todas ellas, no dejemos que la locura siga asesinando mujeres en África, Latinoamérica y el Sudeste Asiático.

PREPARANDO EL CAMINO

1

Diosas de la noche y hechiceras

En los antiguos pueblos indoeuropeos el sol era el principio de la vida, y la luna presidía la noche y amparaba a los muertos. Durante el día fluía la vida, y durante la noche esta se paralizaba y reinaba la muerte. El sol y el día se asociaron al bien y se relacionaron con lo masculino, mientras que la luna se convirtió en sinónimo de la noche, el mal, la menstruación y las mujeres. De esta forma, a lo largo de milenios fueron sentándose las bases para que en las civilizaciones posteriores los espíritus maléficos tuvieran un gran componente femenino. Estas asociaciones fueron recogidas de manera exhaustiva por el historiador alemán Johann Jakob Bachofen a mediados de siglo XIX en su obra *El matriarcado*.

Cuando las civilizaciones se fueron haciendo más complejas y se desarrollaron sistemas de creencias en seres superiores cada vez más elaborados, surgieron las religiones, en las que los dioses eran la imagen del bien, mientras que otros seres, como diablos o demonios, personificaban el mal. En las religiones politeístas como la sumeria o grecolatina, los dioses también estaban sujetos al poder del mal. De hecho, todos estaban sometidos en su mayoría a las leyes que regían el mundo físico y moral de los seres humanos, y en la parte oscura de las panoplias de dioses solía haber una mayor presencia de lo femenino.

Selene, Hécate y Diana

Tal es el caso de las deidades de la mitología griega Selene, diosa de la luna, y Hécate, la soberana de las almas de los muertos.

Estas diosas, que habitaban las tumbas y durante las noches claras surgían en las encrucijadas junto con un cortejo de perros que aullaban pavorosamente, son las que aparecen en los *Idilios* del poeta griego Teócrito (310-*circa* 260 a.C.). En casos de locura se pedía auxilio a Hécate porque se pensaba que esta enfermedad era causada por las almas de los muertos. La relación de las diosas con la luna y la locura dio lugar al término «lunático». En la mitología romana esta figura la encarna Diana, diosa que, según algunos historiadores, continuó siendo adorada por las brujas más de un milenio después de la desaparición del Imperio romano, como su maestra y guía.

Hécate, Selene y Diana no son las únicas diosas de la muerte; las encontramos prácticamente en todas las mitologías. La diosa sumeria Ereshkigal posee poderes similares a los de Hécate, lo que no es de extrañar dado que esta está inspirada en ella. Freyja, o Vanadis, de la mitología nórdica, es la diosa del amor, la belleza y la fertilidad, pero también de la guerra, la muerte y la magia. Kali, la esposa de Shiva, es la diosa de la oscuridad en la mitología hindú (inspiradora de la famosa imagen de Mick Jagger, de los Rolling Stones, sacando la lengua), Itzpapálotl es la diosa madre de la guerra, de los sacrificios humanos, patrona de la muerte, bruja y maga en la cultura chichimeca del centro de México, e Izanami no mikoto es la diosa de la creación y de la muerte en la mitología japonesa y en el sintoísmo.

En la literatura griega las diosas Selene y Hécate son invocadas por las hechiceras Medea y Circe, las cuales no se limitan a rendirles culto, sino que realizan actos de magia para alcanzar sus fines. De manera similar, la diosa romana de la noche, Diana, es invocada por la hechicera Canidia en la obra del poeta Horacio (65-8 a.C.):

> *¡Oh confidente de mis actos, noche y Diana, tú que reinas sobre el silencio, cuando se realizan los ritos secretos, ahora, ahora mismo vuelca sobre las casas enemigas vuestra ira y vuestra divina voluntad!*[1]

Para el escritor romano Ovidio (43 a.C.-17 d.C.) el mal tenía como escenario la noche, como hace decir a Medea en su *Metamorfosis*:

¡Oh Noche, fiel confidente de los más profundos secretos! ¡Astros
y Luna que con vuestra luz suplís la luz del día! ¡Y vos, oh triple Hé-
cate, a quien yo confío todos mis proyectos y de quien siempre he recibi-
do protección! ¡Encantos, artes mágicas, hierbas y plantas cuya virtud es
tan poderosa; aire, vientos, montañas, ríos, lagos, dioses de los prados,
dioses de la noche, acudid todos en mi ayuda![2]

Quizá la más terrorífica invocación a la reina de la noche,
que según el antropólogo español Julio Caro Baroja iba dirigida
a Hécate, es la que recoge el escritor Hipólito en su *Philosophu-*
mena, obra atribuida durante siglos al patriarca Orígenes:

Ven infernal terrestre y celeste (triforme) Bombo, diosa de los tri-
vios, guiadora de la luz, reina de la noche, enemiga del sol, amiga y
compañera de las tinieblas, tú que te alegras con el ladrido de los perros
y con la sangre derramada y andas errante en la oscuridad cerca de los
sepulcros, sedienta de sangre, terror de los mortales, Gorgo, Mormo, luna
de mil formas ampara mi sacrificio.[3]

Según Menéndez Pelayo, esta invocación fue la inspiración
de las brujas españolas del siglo XV,[4] pero no parece probable
que las comadres de Celestina fueran tan leídas.

¿Hay diferencias sustanciales entre estas diosas de la noche y
las hechiceras que las invocan? Más aún, ¿en qué se diferencian
religión y magia? Aunque los límites entre ambas resultan a veces difusos, según Caro Baroja, en las religiones se adoraba a los
dioses, mientras que las magias tenían un carácter más utilitario:
magia era la respuesta del ser humano a una serie de aspiracio-
nes o necesidades. Según este autor, el acatamiento y la sumisión entraban de lleno en los sentimientos religiosos, a diferencia del pensamiento mágico, que operaba en el campo del deseo
y de la voluntad. Por ello, los sacerdotes oraban y hacían sacrificios, al tiempo que las magas conjuraban. No obstante, magia y
religión han estado indisolublemente unidas, por lo que a veces
los sacerdotes recurrían a prácticas mágicas y las magas oraban
a los dioses.

En sociedades tan racionales como la griega y la romana se
emplearon asiduamente procedimientos mágicos a fin de obtener beneficios, como provocar la lluvia, parar el granizo, calmar

los vientos, tener buenas cosechas, hacer crecer los animales o curar las enfermedades. Pero también se usaba la magia con fines torcidos, como estropear cosechas o matar a los animales del odiado vecino, por lo que no es de extrañar que la muerte se creyera producida por hechizos. No obstante, había una distinción clara entre la magia con fines benéficos y la que se hacía con fines maléficos. La primera se consideraba lícita y necesaria; en Roma la practicaban sacerdotes y médicos, y las fórmulas mágicas para obtener beneficios se encontraban en libros escritos por los mejores autores. En contraste, tanto en Roma como en Grecia, la magia con intención dañina fue siempre considerada ilegítima hasta el punto de que Platón decía que los profesionales que pretendían hacer el mal con ella debían ser condenados a muerte. Casi resulta superfluo recordar que mientras que la magia «buena» era realizada por varones respetados, la magia «mala», o *maleficia*, era cosa de mujeres.

MEDEA, CIRCE Y CANIDIA

Así, por ejemplo, en Tesalia, región en la costa oriental de Grecia donde más floreció el culto a Hécate, las hechiceras eran maestras en arrancar la luna de la bóveda celeste, posiblemente debido a su conocimiento astronómico, que, procedente de Mesopotamia, había llegado a Tesalia antes que al resto de la península griega. Este conocimiento les permitía saber con antelación cuándo se producirían eclipses lunares, por lo que realizaban sus conjuros cuando había uno, lo que luego les permitía afirmar que ellas habían arrancado la luna de la bóveda celeste. En este caso, como en muchos otros, la magia estaba relacionada con el conocimiento científico. En Roma, Horacio narra las actividades de las hechiceras en el *Épodo* XVII, una parodia burlesca donde de nuevo recuerda su capacidad de producir eclipses lunares, además de mover figuras de cera, resucitar a los muertos y fabricar filtros de amor; artes hechiceras, todas ellas, que aparecen repetidamente a lo largo de numerosos textos posteriores.

Medea, uno de los personajes más fascinantes de la literatura griega, aparece en la *Teogonía* de Hesíodo (750-650 a.C.), en las *Argonáuticas* de Apolonio de Rodas (295-215 a.C.) y en la *Metamorfosis* de Ovidio en los primeros años de nuestra era. No obstante, Medea es conocida sobre todo por la obra homónima del dramaturgo griego Eurípides (480-406 a.C.), que la describe como maestra en todas las artes mágicas ya descritas y adoradora de Hécate. Su drama comienza cuando es víctima del hechizo amoroso de Afrodita.

En la obra de Eurípides, esta hija de Eetes, rey de Colchis en el mar Negro, se enamora de Jasón, que ha acudido a su reino como jefe de los Argonautas en busca del vellocino de oro. Medea y Jasón se prometen amor eterno ante Hécate, y ella decide traicionar a su padre para ayudar a su amado a obtener el vellocino con sus artes mágicas. Tras ello, tienen que huir y parten hacia Grecia, pero, al ser perseguidos por el hermano de Medea, esta se ve obligada a matarlo. Con su magia, ayuda a Jasón y a los Argonautas a salir con vida de Creta y finalmente se establecen en Corinto, donde viven muchos años y tienen dos hijos. Pero, cuando Jasón pretende dejarla para casarse con Glauca, la hija de Creonte, rey de Corinto, Medea se enfurece hasta el punto de que es desterrada del reino. Finge aceptar la condena, pero pide quedarse un día más para preparar su marcha y ofrece a la novia una túnica en señal de reconciliación. Cuando la novia se la pone, la túnica arde, matándola a ella y a su padre, que intenta socorrerla. Como supremo acto de venganza, Medea asesina a los hijos que había tenido con Jasón, tras lo cual huye a Atenas.

Medea es una metáfora sobre el amor, el honor y el respeto, que al ser traicionados desatan las fuerzas del averno; ejecuta una venganza salvaje contra el hombre que le había jurado amor eterno, por quien había traicionado a su familia y dejado su tierra, a pesar de lo cual él la abandona. A través de ella, Eurípides da voz a las mujeres que se rebelan frente al hecho de que su destino esté atado al de un hombre y son condenadas a vivir en reclusión e inactividad. De forma revolucionaria, se solidariza con ellas en pasajes como el siguiente:

> Dicen que vivimos en la casa una vida exenta de peligros, mientras ellos luchan con la lanza. Necios. Preferiría estar a pie

firme con el escudo en la batalla tres veces antes que enfrentarme al parto una sola vez [5]

Medea es uno de los personajes femeninos con más fuerza de la literatura universal, pese a que Eurípides le hace decir:

La naturaleza nos ha hecho a las mujeres completamente incapaces de practicar el bien y las más hábiles urdidoras del mal.[6]

Amada por unos y temida por otros, es respetada por todos porque sus actos, incluso los más crueles, responden a unas leyes morales de orden superior.

Sin embargo, ¿es creíble un personaje femenino como la Medea de Eurípides, en una sociedad como la ateniense, en la que las mujeres no solo no tenían poder de decisión sobre su vida y sus actos, sino que ni siquiera podían actuar o asistir al teatro en el que se representó esta obra? Por lo que sabemos de la vida de las mujeres en la Atenas de Eurípides, una mujer que gobernara su propia vida y fuese capaz de cambiar el curso de la historia con su magia era completamente inverosímil. No obstante, lo que resulta más difícil de asimilar en un personaje femenino es que arrebatara la vida a sus hijos. Ese supremo acto de venganza sobre seres de su propia sangre es algo que la historia ha demostrado que es un comportamiento esencialmente masculino.

Mientras que Medea comete todo tipo de tropelías y emplea sus conocimientos de hechicería debido al amor absoluto y delirante que siente por Jasón, otras hechiceras actúan movidas por diferentes impulsos. Por ejemplo, Circe, que representa la seducción, es la mujer que maneja a los hombres a su antojo no solo por su atractivo, sino también por sus encantamientos. Una interpretación realista de los poderes de Circe y de las hechiceras como ella es que surgen de la necesidad que tienen los hombres, sus creadores, de justificar que podían ser «conquistados» por mujeres débiles; tenían que existir unos «encantamientos» a los que ellos no podían resistirse.

Circe es la hija de Helios, dios del sol, y de la ninfa Persea, que, al ser rechazada por su familia y condenada a vivir entre mortales, aprende las artes de la hechicería prohibidas a los dioses, adquiriendo un vasto conocimiento de encantamientos, pociones y hierbas. Es desterrada a la isla de Eea por Zeus tras haber realizado un conjuro para conseguir el favor de su amado. Allí, recibe la visita de los que recalan en la remota isla y se venga de sus amores no correspondidos, convirtiéndolos en bestias salvajes con ayuda de encantamientos y pociones. Tal es el caso de los marineros de Ulises, que son transformados en cerdos cuando atracan en la isla en su viaje de vuelta a Ítaca tras la guerra de Troya. Ayudado por el dios Hermes, Ulises consigue escapar indemne del conjuro de Circe y libera a sus marineros, pero se queda un año viviendo con la hechicera, que se ha enamorado de él y ha conseguido que el héroe le entregue su amor sin ayuda de artes ocultas.

Como en el caso de Circe, una gran parte de los trabajos de las hechiceras estaban dedicados a la magia erótica, que tenía por fin directo o indirecto conseguir el favor del amado. Las armas más empleadas eran los filtros de amor, y entre estos los más eficientes eran aquellos que utilizaban entrañas de cadáveres. A quienes las rechazaban los convertían en ranas, castores o carneros durante periodos más o menos largos. Un ejemplo es la hechicera Canidia, que aparece en la obra del poeta Horacio, una mujer de avanzada edad y ardiente de lujuria, pero carente ya de encantos naturales, que necesita emplear los conjuros más potentes. Por ello, secuestra a un niño, al que deja morir de hambre, tras lo cual emplea sus vísceras como ingrediente principal de un elixir de amor con el que espera conquistar el corazón de su amado. Al no conseguirlo, lo maldice a él y a sus futuras amantes.

No son solo viejas lujuriosas quienes demandan filtros de amor; también las jóvenes agraciadas y recatadas recurren a conjuros y encantamientos cuando su amante las olvida después de que ellas hayan sucumbido a Eros. Es el caso de la joven Simeta, que aparece en el *Idilio 2* de Teócrito, cuya vida cambia tras conocer al bello Delfis y ser dominada por una sexualidad ardiente que la hace caer en la desesperación cuando él la abandona. Después de esperarlo en vano durante doce días, invoca a Selene y a Hécate y lo amenaza con embrujarlo.[7]

PANDORA Y LILIT. *STRIGAS Y LAMIAS*

En la *Teogonía* de Hesíodo también nos encontramos con Pandora, mujer de belleza perturbadora, que esparce los males por el mundo al abrir la caja que los contenía. Esta fue un regalo envenenado que Zeus hizo a Epimeteo, mortal al cual Prometeo había dado el fuego de los dioses, que había recibido de Zeus y debía preservar lejos del alcance de los hombres, lo que causa la ira del jefe del Olimpo.

Además de las hechiceras y de las diosas de la noche, otros seres mitológicos que se asociaron con las brujas y les dieron nombre son las *strigas*. En la Antigüedad clásica eran unos espíritus nocturnos temidos por su afición a chupar sangre humana.

El gramático Verrio Flaco, contemporáneo del emperador romano Augusto, las definía como mujeres maléficas y aladas, lo que es reflejado por Ovidio en su obra *Fastos*:

> Hay unos pájaros voraces [...]. Tienen una cabeza grande, ojos fijos, picos aptos para la rapiña, las plumas blancas y anzuelos por uñas. Vuelan de noche y atacan a los niños desamparados de nodriza y maltratan sus cuerpos, que desgarran en la cuna. Dicen que desgarran con el pico las vísceras de quien todavía es lactante y tienen las fauces llenas de la sangre que beben. Su nombre es *striges*, y la razón de este nombre es que acostumbran a graznar [*stridere*] de noche de forma escalofriante. [8]

Tras la caída del Imperio romano, el vocablo *strigas* pasó a convertirse en sinónimo de bruja, y, de hecho, es así como siguen llamándose en Italia. Durante el Siglo de Oro las *strigas* se asociaron con las lechuzas, animales que simbolizaban la noche y el mal, compañeros inseparables de las brujas. También eran los animales símbolo de la metamorfosis, dado que entonces se pensaba que las brujas podían adquirir su forma y convertirse en aves de presa, lo que les permitía atacar a la gente o huir por los aires cuando eran perseguidas.

Seres mitológicos de características parecidas son las *lamias*, vocablo que en algunas lenguas se emplea como sinónimo de bruja. Según una leyenda de la Grecia clásica, Lamia fue una reina de Libia cuya belleza conquistó a Zeus y con la que tuvo varios hijos. Cuando Hera, la esposa de este, se enteró de esta infidelidad, transformó la belleza de Lamia en fealdad, mató a sus hijos y la condenó a que no pudiera cerrar los ojos para tener siempre presente la imagen de sus hijos muertos. Zeus se apiadó de ella y le concedió la posibilidad de quitarse los ojos para que pudiera descansar de esa visón. Pero Lamia, desesperada, se dedicó a matar a los hijos de otras personas y a seducir a los hombres para chuparles la sangre.

Las culturas occidentales no son las únicas que han denostado a las mujeres, en las *Leyes de Manu*, texto sagrado de la cultura hindú, no hablan precisamente bien de ellas:

> La mujer, por su naturaleza, está siempre intentando seducir al hombre. [...] La causa de la deshonra es la mujer, la causa de la enemistad es la mujer, la causa de la asistencia mundana es la mujer, en consecuencia la mujer debe ser evitada. [...] No importa cuán malvado, degenerado o carente de cualquier virtud sea un hombre; una buena esposa debe reverenciarlo como si fuera un dios.[9]

Fue Lilit, sin embargo, personaje de la mitología hebrea procedente de Mesopotamia, la primera mujer, la más rebelde, la que tuvo la osadía de desobedecer las órdenes directas de Dios, su creador. Si a Eva se la acusó de haber traído la muerte y el pecado al mundo, Lilit ya era demoniaca desde que fue creada.

De origen sumerio, era la resplandeciente reina del cielo cuyo nombre procedía del vocablo *lil*, que significa «viento» o «espíritu», y estaba relacionada con Inanna, diosa sumeria del amor y de la muerte, y con Ereshkigal, la diosa sumeria del inframundo a la que aludíamos anteriormente. Aparece mencionada por primera vez al comienzo de la epopeya de Gilgamesh en un poema sobre Inanna. *Lil* también describía la tormenta de polvo, y era el término aplicado a los fantasmas, pero pronto se confundió con la palabra *layil*, que significa «noche» y que se usó para designar a un demonio nocturno.

Solo hay una referencia a Lilit en el Antiguo Testamento, en una profecía de Isaías, donde se emplea como sinónimo de *lamia*, aunque su personalidad es mucho más rica que la de esta reina de Libia. Según el mito hebreo, Yahvé la creó del barro para que fuera la primera esposa de Adán, pero ella lo abandonó porque se consideraba su igual y no aceptaba órdenes suyas. Yahvé le mandó volver y, ante su negativa, la maldijo y la condenó a ver morir a sus hijos cada día. El gran pecado de Lilit fue no aceptar un papel subordinado respecto a Adán: se negó a yacer debajo de él, el lugar que en teoría era el apropiado para ella durante la relación sexual. Lilit se configuró como el mito sexual perverso, al ser independiente de los deseos del hombre. Fue el primer paso de la demonización de la sexualidad, que terminaría con el nacimiento del mesías de una virgen. La naturaleza había tardado millones de años en desarrollar un método de reproducción eficaz para los organismos complejos diseñando seres sexuados que se complementaban; los hombres en un par de miles de años renegaron de él. En teoría, por supuesto, no en la práctica.

Viendo Yahvé que no podía doblegar a Lilit, creó una sustituta, Eva, a partir de una costilla de Adán. Vana precaución: Eva sería, tiempo más tarde, la responsable de traer el pecado al mundo. Tras huir del paraíso terrenal, Lilit se unió a las fuerzas de Satán. La demoniaca Lilit llega hasta nuestros días como un ser mitológico, símbolo de lo perverso y lo rebelde frente a Adán y al mismo Dios. En el mito hebraico es un ser nocturno, lascivo y devorador de niños, enloquecido por la maldición divina. Tiene el poder de atravesar cualquier tipo de barreras que se encuentre en su camino y materializarse al otro lado para darse un festín de sangre o para seducir a los hombres que duermen, agotándolos sexualmente hasta que estos despiertan tan exhaustos como si los hubiera desangrado un vampiro. También acostumbra a acechar de forma invisible a las parejas que hacen el amor de noche con el fin de robar algo de semen con el que engendrar nuevos demonios. Odia a los niños porque los suyos fueron repulsivos y a menudo trata de pervertir su carácter, incluso de matarlos. Las arpías, *strigas* y vampiros, que representan gran parte de la demonología de la Edad Media, tienen su origen en Lilit, una mujer de belleza siniestra y atemporal. Y las brujas heredan todos sus rasgos: copulan con el demonio, raptan y devoran a los niños, se transforman en aves de presa que pueden volar y atravesar las paredes.

El escritor italiano Primo Levi recoge la interpretación de este mito erótico y demoniaco, que no aparece en la Biblia, sino en el *Midrash*, los comentarios judíos al Antiguo Testamento, en su obra *Lilít y otros relatos*:[10]

> La historia de Eva está escrita y la sabe todo el mundo, mientras que la de Lilít solo se cuenta oralmente, y por eso la sabe poca gente [...] El Señor no solo los hizo iguales (a Adán y Lilít), sino que con la arcilla hizo además una forma única; mejor dicho, un Golem, una forma sin forma. Era una figura con dos espaldas; es decir, el hombre y la mujer ya juntos. Luego los separó de un tajo. [...] Adán quiso que Lilít se acostase en el suelo para yacer sobre ella, pero Lilít no estaba de acuerdo. [...]
>
> Lilít vive precisamente en el mar Rojo, pero todas las noches levanta el vuelo, se da una vuelta por el mundo, rompe los cristales de las casas en las que hay niños e intenta sofocarlos. [...] Luego está la historia del semen. A ella le gusta mucho el semen del hombre, y anda siempre al acecho a ver dónde ha podido caer. Todo el semen que no acaba en el único lugar consentido, es decir, dentro de la matriz de la esposa, es suyo. [...] Por eso no hace más que parir.

Los personajes de estos seres transgresores e indómitos han fascinado a los hombres de todos los tiempos, que los crearon para conjurar sus miedos en las mujeres. Sin embargo, el mito de Lilit seduce hoy sobre todo a las mujeres, que encuentran en ella una fuente de inspiración para sacudirse el yugo de los amores románticos que las encadenan a los hombres.

Ahí radica también la fascinación que las brujas, mujeres que en teoría no se atuvieron a las normas, ejercen en las mujeres del siglo XXI. Pero ¿pudieron realmente permitirse las de épocas pasadas el lujo de vivir al margen de las normas? ¿Pudieron existir en algún lugar, en alguna época anterior al siglo XXI, brujas herederas del espíritu de Lilit?

2

De los *Daemon* al ángel caído

Para que las acciones de las brujas pudieran considerarse herejías, se requería una entidad maligna superior a la que ellas adoraran en lugar de a Dios. Ese ser que encarnaba el mal, el diablo, Satanás, también conocido como Lucifer, dio a las actividades de las brujas categoría de herejía. Se originó y moldeó a lo largo de milenios en los textos sagrados del judaísmo, islam y otras religiones, y terminó de fraguarse en los concilios y textos de los padres de la Iglesia durante los primeros siglos del cristianismo.

DAIMON, LUCIFER Y SHAITAN

El vocablo «diablo» deriva del griego *diabolos*, que significa «adversario» y es utilizado como sinónimo del sustantivo «satán», que los judíos usaban para referirse al jefe de los demonios, espíritus malignos que colaboraban con el agente del mal. Sin embargo, los *daimon* griegos eran seres impalpables que habitaban un lugar situado entre la morada de los dioses y la de los hombres, encargados de vigilar que se cumpliesen en la tierra los designios de Zeus. Encontramos referencias a los *daimon* en los escritos de Homero, Platón y Sócrates. Para este último, los demonios eran hijos bastardos de los dioses y podían tener influencia positiva o negativa en los humanos, pero carecían del carácter maligno que se les atribuiría siglos más tarde en el cristianismo. Estos seres no son exclusivos de la mitología griega, existen también en el budismo, en el zoroastrismo (antigua religión persa)[11] y en el islam.

El aspecto del Maligno podía variar bastante dependiendo

de a quien quisiera tentar o seducir, pero usualmente aparecía representado como un macho cabrío, con barba de chivo, pezuñas partidas, grandes ojos negros, a veces llameantes, manos corvas, como las garras de las aves de rapiña, larga cola y voz ronca. Tenía la piel negra y arrugada; y una corona de pequeños cuernos, o bien un par de ellos más grandes o uno en el centro de la frente que emitía luz (algo así como los frontales de luz LED que se usan en las acampadas). A veces tenía unas alas negras, símbolo del ángel caído, y llevaba un tridente. En las enciclopedias de brujería explican incluso que era feo, a pesar de lo cual era arrogante y, teniendo en cuenta todas las brujas con las que copuló, debía de ser increíblemente seductor.[12]

Esta apariencia recuerda mucho la de los sátiros y faunos de la Antigüedad clásica, especialmente la del dios griego Pan, mitad hombre, mitad macho cabrío, caracterizado por un voraz apetito sexual y la capacidad de inspirar un miedo irracional, llamado «pánico» en su honor. Según la mitología griega, el dios Pan ayudó a los atenienses a ganar la batalla de Maratón provocando un ataque de pánico a los soldados del ejército persa, por lo que le dedicaron varios santuarios. No obstante, a pesar de las semejanzas en el aspecto, el dios Pan no llevaba a las personas por la senda del mal para causar la condena de su alma, que era la ocupación principal del diablo. Él tenía otras ocupaciones bien distintas: aparte de sembrar el pánico tras enfurecerse al ser despertado de la siesta, solía dedicarse a perseguir ninfas al borde de ríos y lagos. En ese sentido, sí tenía cierta relación con el diablo, porque este hizo de los pecados de la carne uno de los principales cebos para llevar a los hombres por el camino de la perdición.

En relación con el diablo, para los primeros judíos, Dios era el único creador y, por tanto, encarnaba el bien y el mal, como afirma el profeta Isaías:

Yo soy el Señor y no hay otro, el que forma la luz y crea las tinieblas.[13]

Isaías, 45: 7

Sin embargo, durante el exilio de los judíos en Babilonia, por influencia del dualismo persa, es decir, de la existencia separada del bien y del mal, se instauró un principio del mal encarnado en el diablo; de este modo el príncipe de las tinieblas personificó el lado oscuro de las antiguas divinidades de las religiones politeístas, ausente entonces en las religiones monoteístas. El mundo superior apareció dividido en dos grandes territorios: el reino de Dios y el reino de Satanás.

En una primera etapa, el origen de la existencia del mal se justificó con la historia del ángel caído desde la más elevada jerarquía entre los ángeles, tras ser expulsado del cielo por rebelarse contra Dios. Aunque no tiene el mismo significado que «diablo», lo representaba por su condición de «ser caído». También se asocia con el pecado original y aparece personificado en la serpiente que engaña al mundo, llamado por primera vez «diablo» en el *Apocalipsis*:

> Y fue precipitado el gran dragón, la serpiente antigua, el llamado Diablo y Satanás, el que engaña al mundo entero; fue precipitado a la tierra y sus ángeles fueron precipitados con él.[14]

> Apocalipsis, 12: 9

Se hace referencia hasta una veintena de veces al Maligno en otros libros del Antiguo Testamento como los de Job, Isaías, Crónicas o Zacarías. En todos ellos, Satán es el «acusador», el «oponente», pero todavía no tiene la relevancia que alcanzaría en la era cristiana: su poder emana de Dios. En el *Libro de Job*, Dios le pregunta a Satán su opinión sobre un hombre llamado Job, a quien considera perfecto en su lealtad. Satán le responde que este es leal porque ha recibido la gracia de múltiples dones y le pide permiso para ponerlo a prueba. Esta historia muestra que Satán no es capaz de generar el mal, sino solo de permitir que aflore desde el fondo del corazón del hombre, y no puede hacerlo sin antes obtener el permiso de Dios.

La segunda etapa del desarrollo del concepto del diablo tuvo lugar durante los primeros siglos del cristianismo. Ya en vida de Jesucristo, el diablo ascendió de categoría y llegó incluso a tentar al mismo Cristo con la seducción del placer y del poder cuando se hallaba sufriendo las privaciones y el ayuno durante su estancia en el desierto. Posteriormente, ante las persecuciones de los cristianos en el Imperio romano durante los primeros siglos de nuestra era, estos asociaron el diablo con los dioses y ritos paganos de sus perseguidores. La presencia del Maligno ocupó entonces mayor espacio y adoptó unos roles más amplios que los de mero «acusador» u «oponente».

En esa época se le otorga un nuevo nombre, Lucifer, palabra de etimología latina que significa «portador de luz» y hace referencia a su condición de ángel caído, líder de la rebelión que produjo la caída de los ángeles. Este nombre se asocia con el planeta Venus, el tercer astro del firmamento más brillante tras el Sol y la Luna, conocido como «estrella de la mañana» por ser el cuerpo celeste que más brilla antes de la salida del sol. Esta nueva denominación del diablo no aparece en los textos sagrados hasta el siglo v, en la traducción latina de la Biblia que hizo san Jerónimo, conocida como la *Vulgata*, en un pasaje del libro del profeta Isaías:

> ¡Cómo has caído del cielo, astro matutino, hijo de la aurora! ¡Has sido derribado por tierra, opresor de naciones! Tú decías en tu corazón: «Escalaré los cielos; elevaré mi trono por encima de las estrellas de Dios; me sentaré en el monte de la divina asamblea, en el confín del septentrión escalaré las cimas de las nubes, semejante al Altísimo». ¡En cambio, has sido arrojado al abismo, a las profundidades de la fosa![15]

Isaías, 14:12-15

En el islam, donde el equivalente árabe del término de origen hebrero «satán» es el vocablo *Shaitan*, hay toda una panoplia de seres demoniacos casi tan rica como en el cristianismo. Por un lado están los *Jinn*, a los que el Corán dedica varias suras,[16] por otro, *Iblis*, como se conoce al ángel cuya caída se explica por su negación a reverenciar la creación de Dios, Adán. Tras la caída, *Iblis* se declaró enemigo de la humanidad y se dedicó a arrastrar a los hombres a los abismos, comenzando por Adán y Eva en el Jardín del Edén, donde los engañó para que comieran el fruto prohibido.[17]

En algunos textos sagrados, demonios de especial importancia adoptan otras denominaciones como Belcebú, Leviatán, Asmodeo o Belial. Por otra parte, los dominicos Kramer y Sprenger, autores de *El martillo de las brujas*, obra a la que nos referiremos extensamente más adelante, dan sus propias interpretaciones de los nombres que recibe el diablo o Satán, al margen de las etimologías griegas o hebreas de ambos vocablos, y a menudo se refieren a él sencillamente como el Maligno.

PADRES DE LA IGLESIA

Durante esta segunda etapa del desarrollo del concepto del diablo, surgió la literatura patrística, en la cual se abordó la cuestión desde nuevas perspectivas. Los padres apostólicos conservaron la representación del mal en la figura de la serpiente y, al ser Eva su intermediaria, unieron a las mujeres con el pecado. Es, sin embargo, la literatura de los padres alejandrinos la que sirvió de fundamento a la demonología cristiana.

Estos sentaron las bases de la asociación de las mujeres con el pecado, la magia y el diablo, y así dieron a la práctica de la magia carácter herético.

> En la obra de Orígenes hay una presentación bien organizada del mundo demoniaco que incluye las nociones de los exorcismos para librar a las personas de las posesiones, así como un ataque a la práctica de las supersticiones y la idolatría. Por su parte, Clemente de Alejandría desarrolló la identificación de los demonios con los dioses paganos, las herejías y la magia.[18]

En el tercer periodo del desarrollo del concepto del diablo, ya durante la Edad Media, la Iglesia configuró las formas de vida en el plano espiritual y en el material para que se adaptaran a la ley de Dios, para lo cual hizo consideraciones sobre el mundo, el cielo, el infierno y el hombre. Durante este periodo, la figura del diablo se hizo omnipresente, al ser constantemente citada por los teólogos de la época, como los santos Agustín, Gregorio Magno, Isidoro de Sevilla o Tomás de Aquino.

Pero su difusión a nivel popular se basó en la construcción de su poderosa imagen expuesta anteriormente: un ser grande y negro que despide un olor sulfuroso, con cuernos y garras, orejas de asno, ojos centelleantes, dientes rechinantes y dotado de un gran falo. También se le atribuyó la forma de un león rugiente, un duende, una gárgola, una serpiente o un dragón, estas dos últimas las más usuales atribuciones. Estas asociaciones provenían en su mayoría del Génesis. Simultáneamente se fue asociando al diablo con los judíos, al relacionarlo con elementos característicos como su barba, el hedor corporal que se les atribuía y sus leyes, que prohibían el consumo de carne de cerdo por considerarla impura.

Los poderes del diablo cambiaron a lo largo de la historia, así como su aspecto, origen y personalidad. No obstante, desde el inicio fue capaz de provocar ilusiones y hacer que las personas a las que tentaba creyeran verdadero lo que solo tenía lugar en su mente. Además, según escribieron Kramer y Sprenger en su obra *El martillo de las brujas*:

> Conoce los pensamientos de nuestros corazones; en forma esencial y desastrosa puede metamorfosear los cuerpos con la ayuda de un agente; puede trasladar los cuerpos de un lugar a otro y alterar los sentimientos exteriores e internos de cualquier manera concebible; y le es posible modificar el intelecto y la voluntad del hombre por indirectamente que lo hiciere.[19]

PIERRE DE LANCRE

El juez francés Pierre de Lancre incluyó en su tratado de demonología publicado en el siglo XVI un discurso dedicado a describir las tareas y categorías de los demonios:[20]

> El primer objetivo y el propósito principal de los malos demonios es la desesperación del hombre, su derrumbe, su completa ruina y su condena; no buscan más que nuestra caída,

tan solo gozan con nuestros tropiezos, únicamente se estreme-
cen para estremecernos y parece que aderezan y condimentan
sus tormentos nada más que para atormentarnos.

De Lancre hace una curiosa clasificación de los demonios
en nueve jerarquías, que incluye algunas de las ideas que aparecen en los textos sagrados descritas más arriba y aportaciones
propias:

> La primera jerarquía de los ángeles perversos es la de los
> falsos dioses que se han colocado en este primer rango porque
> desde siempre han tratado de ser honrados como dioses, con
> sacrificios y adoración, hasta el punto de querérselas exigir al
> propio Dios, como Satanás se esforzó por tentar a Jesucristo [...]
> el jefe príncipe de todos ellos es Belcebú.
> La segunda está compuesta por los espíritus de la mentira,
> pues son impostores, falsos y mentirosos, que siempre dicen una
> cosa por otra, como hizo aquel en las personas de los profetas de
> Acab. Se entrometen en los oráculos y engañan a los hombres con
> las predicciones de los profetas pitios [...] siendo su jefe Pitón.
> A los de la tercera [jerarquía] los denomina vasos de ira y
> de furia, vasos de iniquidad, inventores de todos los males y de
> todas las malas artes, como ese demonio Thot escrito por Pla-
> tón [...] Su jefe es Belial, que significa desobediente.
> La cuarta es la de los que llaman y dicen ser vengadores de
> maldades, crímenes y fechorías, siendo su jefe Asmodeo.
> La quinta es la de quienes se tienen a sí mismos por embus-
> teros calumniadores y fascinadores, que sirven particularmente
> a los hechiceros nigromantes y brujos, que fingen milagros y
> seducen al pueblo, y tienen como jefe a Satanás.
> La sexta jerarquía es la de unos demonios que se hacen
> llamar potencias aéreas, porque entremezclan nubes, tormentas,
> rayos y relámpagos, corrompen el aire y, al convertirlo en con-
> tagioso, traen la peste y otros males. Su jefe se llama Meresin.
> La séptima es la de unos demonios, los furias, que siembran
> los males, discordias, rapiñas e incendios, guerras, ruinas y sa-
> queos. Su jefe es Abadón, que significa exterminador.
> La octava es la de los que se consideran espías y falsos acu-
> sadores, demonios que siempre están al acecho, siendo su prín-
> cipe Astarot.

Y la novena es la de quienes se tienen a sí mismos como tentadores o insidiosos, por lo que son diestros en preparar trampas y acechanzas y se cree que rondan alrededor de cada persona para contrarrestar al Buen Ángel, razón por la que se les denomina genios perversos: su jefe es Maimón.

El juez que escribía tales descripciones tuvo potestad para juzgar a personas y se enorgullecía de haber enviado a la hoguera a más de seiscientas brujas en un solo proceso. Resulta difícil imaginar qué maldades les restaban por hacer a las brujas, habiendo tantos y tan especializados demonios, sobre todo los de la quinta y sexta jerarquía.

Un factor crucial para dar fuerza a la representación demoniaca fue el desarrollo del imaginario sobre el infierno con la difusión de imágenes aterradoras que alimentaron el carácter sobrenatural de este lugar. Una de las que se mostraron con frecuencia fue una cabeza de dragón con una enorme boca abierta que contenía las almas de los pecadores. Como dice Carla Jiménez en su tesis dedicada al estudio del diablo:

El infierno nació en los monasterios cuando sus imágenes fueron incorporadas en los textos elaborados por los monjes. Posteriormente estas imágenes se trasladaron a murales o esculturas religiosas ubicadas en iglesias y claustras, desde las cuales llegaron al resto de la población, en su mayoría analfabeta.[21]

De esta forma, la idea del infierno, lugar donde las almas de los pecadores sufrirían tormentos indecibles a lo largo de toda la eternidad, fue un mecanismo muy eficaz para advertir a los feligreses de las consecuencias de una vida pecaminosa.

PACTO CON EL DIABLO

Teniendo en cuenta las descripciones y poderes del diablo, así como su infinita capacidad de hacer el mal, no es de extrañar que uno de los peores pecados fuera renegar de Dios y rendir culto a este ser perverso, cuyo único objetivo era hacer que los hombres perdieran su alma, para lo cual no dudaba en extender sobre la Tierra todo tipo de desgracias. Dada su importancia, este culto se formalizaba en el pacto con el diablo, elemento esencial de la brujería, considerado herejía por la Universidad de París a partir de 1398, lo que la sometía a la jurisdicción de la Inquisición.[22]

Como en el resto de los factores que determinaron el proceso de la caza de brujas, el concepto del «pacto» se desarrolló a lo largo de los siglos. Ya habían hablado de él los padres de la Iglesia san Agustín y Orígenes, tras lo cual se integró en el derecho canónico. También santo Tomás se refirió a él en su *Summa Theologiae*, específicamente cuando trata la adivinación:

> Todas las adivinaciones y mediciones semimágicas se consideran supersticiones, pues son fruto de las actividades de los demonios y, por consiguiente, se encuentran bajo un pacto firmado con ellos.[23]

Tanto para católicos como para protestantes la esencia del delito era renegar de Dios para servir al diablo, por lo que la opinión más extendida entre los protestantes ingleses fue la expresada por el pastor puritano George Gifford en el siglo XVI:

> Según la palabra de Dios, una bruja debe morir no porque asesine a los hombres —pues esto no lo puede hacer a menos que utilice veneno que le da el demonio o que este le enseña a preparar—, sino porque tiene tratos con demonios.[24]

Según esta opinión, el delito radicaba en el pacto, no en los actos malvados, por lo que las llamadas «brujas blancas», que practicaban magia no maléfica, eran igualmente condenables. En contrapartida, si no había pacto, desaparecía la brujería herética.

La primera descripción amplia del mismo aparece en una de las primeras obras sobre demonología, *Formicarius*, publicada por Johannes Nider en 1438:

> Primero, un domingo antes de bendecir el agua, el futuro discípulo debe ir con sus maestros a la iglesia, donde reniega de Cristo y su fe, del bautismo y la Iglesia Católica. A continuación,

debe rendir homenaje al *magisterulus*, es decir, al «pequeño maestro» [así llama al demonio]. Después, bebe de una botella que contiene un líquido extraído de niños asesinados, una vez hecho lo cual se dispone a concebir y guardar en su interior una imagen de nuestras artes y las normas fundamentales de esta secta.[25]

Vuelven a aparecer los niños asesinados, que ya eran víctimas de las *lamias* y de Lilit, y que serán parte esencial del ritual tanto del aquelarre como de los cocimientos de brujas.

No obstante, la idea de vender el alma al diablo para conseguir algo inalcanzable por otros medios es mucho más antigua que este documento. Llegó a Europa occidental en el siglo IX procedente de Bizancio y las cruzadas contribuyeron a su difusión. El teólogo Hincmaro, arzobispo de Reims, muerto en el año 882, fue el primero que recogió esta leyenda en su *Vida de san Basilio*, padre de la Iglesia griega que vivió en el siglo IV. La biografía narra la historia del criado de un senador que se enamoró de la hija de este y la obtuvo tras vender su alma al diablo. Se salvó de la condena eterna gracias a la intercesión de san Basilio. La leyenda, antecesora del mito de Fausto, se hizo muy popular en los siglos posteriores, y en el siglo XIII reapareció como el pacto de Teófilo de Adana con el diablo, sellado en un documento firmado con sangre humana.

La relación entre el pacto con sangre y las brujas acabó incorporándose a los tratados de demonología de los siglos XVI y XVII. Aparece en la obra *Compendium Maleficarum*, publicada en 1608 por el fraile católico italiano Francesco Maria Guazzo corregida y aumentada. Rossell Hope Robbins resume en once pasos la nueva y barroca versión del pacto descrito por este en su *Enciclopedia de la brujería y demonología*:

1. Se renegaba de la fe cristiana: «Reniego del creador del cielo y la tierra; reniego del bautismo; reniego de la adoración que antes rendía a Dios. Me adhiero al Diablo y solo en él creo». Tras lo cual el renegado pisoteaba la cruz.
2. El Diablo volvía a bautizarlos imponiéndoles otro nombre.

3. Se eliminaba el crisma bautismal de manera simbólica.

4. Se renegaba de los padrinos de bautismo y se asignaban otros.

5. Se entregaba una prenda de vestir al Diablo en señal de sometimiento.

6. Se hacía un juramento de lealtad al Diablo en el interior del círculo mágico trazado en el suelo.

7. Se pedía al Diablo que escribiera el nombre del neófito en el Libro de la Muerte.

8. Este prometía sacrificar niños al Diablo. (Este punto dio lugar a la leyenda de que las brujas asesinaban niños menores de tres años.)

9. El neófito prometía pagar un tributo anual al Demonio que se le asignaba de antemano. Solo servían objetos de color negro.

10. La persona recién ingresada en la nueva secta recibía la marca del Diablo en varias partes del cuerpo. (Usualmente el ano en los hombres, el pecho y los genitales en las mujeres, de manera que esas zonas quedaban insensibles. Las marcas tenían forma variable, de pata de conejo, de sapo o de araña. Según Guazzo, el Diablo solo imponia esta marca a quienes consideraba poco fiables; sin embargo, otros demonólogos aseguraban que todos los miembros de la secta tenían la marca.)

11. Se hacían votos de servicio al Diablo, lo que implicaba no adorar jamás el sacramento, destrozar reliquias sagradas, no utilizar jamás agua o cirios benditos y mantener en secreto su relación con Satanás.[26]

La obra de Guazzo, inspirada en las del juez francés Nicolas Rémy y la del jesuita hispano-holandés Martín del Río, fue de las más usadas en la caza de brujas en los siglos posteriores a su publicación, entre otras razones, por ser la primera que cuenta con una gran colección de láminas que contienen las imágenes que han pasado al inconsciente colectivo en relación con las brujas.

Una de las cosas más llamativas de este decálogo es que pone de manifiesto que el ritual de la secta diabólica es, en cierto modo, una versión antitética del ritual de la Iglesia. Veremos que en el caso del aquelarre pasa algo parecido, y, de hecho, fray Martín de Castañega, autor de un tratado de demonología, habla de la existencia de «exsacramentos» en la secta diabólica en oposición a los sacramentos.[27]

En todos los tratados de demonología publicados en los casi doscientos años transcurridos entre los escritos de Nider y de Guazzo se encuentran descripciones parecidas de la formalización de la relación con el diablo, que son más o menos prolijas según el gusto de la época y del autor. Y cien años después, a finales del siglo XVII, una persona tan relevante como el pastor puritano Increase Mather, que fue durante muchos años rector del College de Harvard, antecesor de la universidad homónima, creía firmemente en la existencia de dichos pactos, como puso de manifiesto en uno de sus escritos.[28]

A pesar de la credulidad de Increase Mather y de su hijo, Cotton Mather, cronista del proceso de las brujas de Salem, y a pesar de la relevancia de este acto y del supuesto elevado número de pactos suscritos con el diablo a lo largo de la Edad Moderna, solo se han conservado dos documentos de este tipo, ambos muy prolijos. Fueron empleados en dos tribunales de Francia en el siglo XVII como pruebas de cargo a partir de las cuales se condenó a muerte a los dos acusados, que supuestamente los habían firmado. Uno de ellos se atribuyó a un noble de Pignerole y el otro, al padre Urbain Grandier, capellán del convento de ursulinas de la ciudad de Loudun, al que nos referiremos más adelante.

Puede que no se encontraran documentos de este tipo firmados por brujas porque en esa época la gran mayoría de las mujeres no sabían leer, y mucho menos escribir. A pesar de esto muchas de ellas fueron acusadas del pecado supremo de haber hecho un pacto con el demonio.

Aun así, siempre hubo opiniones discordantes sobre el diablo, como la del historiador español del siglo XIX Marcelino Menéndez Pelayo, quien, en sus *Heterodoxos españoles*, se ocupó de muchos de los personajes que visitarán estas páginas:

> Pero sería necio y pueril suponer en el príncipe del infierno una obligación de satisfacer a las vanas preguntas de cual-

quier iluso u ocioso a quien se le antoje llamarle con palabras de conjuro o ridículos procedimientos de médiums y encantadores. El demonio nunca ha tenido fama de mentecato. Hartos medios posee, y de funesto resultado, para extraviar la flaqueza humana sin que le sea necesario valerse de todo ese aparato de comedia fantástica.[29]

Fuera o no un mentecato, el demonio tuvo un papel protagonista en la persecución de las brujas, porque su relación con él elevó las prácticas hechiceriles, más o menos toleradas durante la Edad Media, a la categoría de herejía, crímenes de lesa majestad punibles de la forma más cruel. Por su alianza con el demonio, las brujas adquirieron la categoría de enemigas públicas, unos personajes muy peligrosos que había que perseguir con todos los medios disponibles.

3

Herejías y cruzadas

En el año 1095, en el Concilio de Clermont, el papa Urbano II hizo un llamamiento a los cristianos para expulsar al infiel de los Santos Lugares en Jerusalén y el mundo se puso en marcha hacia el este en la Primera Cruzada.

Esta llamada tuvo lugar después del movimiento de regeneración en el seno de la Iglesia que se inició en los monasterios y dio lugar a la reforma de Cluny y del Cister y culminó con la del papa Gregorio VII, conocida como reforma gregoriana, de la cual uno de sus más brillantes productos es la música del mismo nombre. En esa época surgieron en el seno de la Iglesia numerosas iniciativas orientadas a su regeneración y el regreso a la pureza de los orígenes, pero no todas tuvieron el visto bueno de las autoridades eclesiásticas. Esas iniciativas heterodoxas se denominaron «herejías» y fueron perseguidas con más saña aún que los infieles.

CÁTAROS O ALBIGENSES

Uno de los primeros movimientos de regeneración fue el liderado por Pedro Valdus a partir de 1170, cuyos seguidores eran llamados «valdenses» en honor a su líder. No obstante, la que tuvo más repercusión y adeptos fue la herejía de los cátaros, palabra derivada del vocablo griego *kàtharos* que significa «puros». Como muchos seguidores de esta doctrina se concentraron en la ciudad de Albi, también se les llamó albigenses. El ardor en la defensa de su credo y la imposibilidad de erradicar esta desviación por las buenas hizo que el papa llamara a los nobles de la región a una «cruzada» para su persecución hasta su total erradicación. Según escribió el papa Inocencio III,

> Poned todo vuestro empeño en destruir la herejía por todos los medios que Dios os inspirará. Con más firmeza todavía que a los sarracenos [musulmanes], puesto que son más peligrosos.[30]

Simon de Montfort, que había sido uno de los caballeros que capitanearon la Cuarta Cruzada para liberar los Santos Lugares del dominio de los infieles, lideró la cruzada contra los albigenses y en ella mostró su lado más sanguinario, cuando ordenó mutilar a miles de inocentes hasta matarlos. En la ciudad de Béziers mandó ejecutar a más de ocho mil personas, un número muy elevado si se tiene en cuenta la exigua población de la época (un cuarto o un quinto de la actual) y un hecho sin precedentes entre cristianos. Aunque se dijo que animó a sus huestes a arrasar la ciudad al grito de:

> ¡Matadlos a todos [herejes o no herejes], Dios reconocerá a los suyos![31]

estudios posteriores atribuyen esta frase a Arnaud Amalric, abad de Poblet. El último episodio sangriento de esta cruzada tuvo lugar en 1244 con la quema de los últimos doscientos cátaros en la ciudad de Montsegur.

La historiadora italoamericana Silvia Federici habla del carácter de revuelta social de estas herejías, que ella describe como una especie de teología de la liberación del proletariado medieval.[32] La herejía cátara, como la de los pobres de Lyon o los valdenses, denunciaba la jerarquía social, la propiedad privada y la acumulación de riqueza por parte del clero y de la nobleza y planteaba una concepción nueva de la sociedad, por lo que representaba un peligro para la Iglesia y para las autoridades seculares, que la atacaron de forma conjunta hasta su erradicación.

STEDINGER Y TEMPLARIOS

Mientras que la herejía cátara se extendía por el sur de Francia, surgió en Alemania otra rebelión que dio lugar a una cruzada, pese a que no se inició por una desviación del dogma, sino por la negativa de los campesinos de la región de Stedinger, en el noreste de Alemania, a pagar el impuesto del diezmo al obispo de Bremen.

Todo comenzó cuando, en 1197, los habitantes de Stedinger echaron a los recaudadores del obispo, lo que hizo que este los declarara herejes y los excomulgara. Esta excomunión no tuvo consecuencias, probablemente debido a que excomulgador y excomulgados llegaron a algún acuerdo económico provisional. Sin embargo, la raíz del problema no se solucionó y treinta años más tarde los campesinos de la zona volvieron a rebelarse. En esa ocasión el obispo no se limitó a excomulgarlos, sino que pidió al papa Gregorio IX que proclamara una cruzada para acabar con ellos.

El papa contestó con una bula dirigida a los obispos de las cercanas ciudades de Lübeck, Minden y Ratzeburg, en la que acusaba a los de Stedinger de despreciar los sacramentos, perseguir a los religiosos, tener tratos con el demonio, hacer imágenes de cera y consultar las hechiceras. Los campesinos de Stedinger aguantaron un primer ataque de las fuerzas armadas de los prelados, lo que llevó a que Gregorio IX promulgase en 1233 la bula *Vox in Rama*, enviada a los obispos de las ciudades vecinas de Paderborn, Hildesheim, Verden, Osnabrück y Münster.[33]

Lo más destacable de esta bula es que en ella se acusaba a los campesinos rebeldes de participar en reuniones paganas de adoración al diablo, en las que apareció por primera vez la parafernalia que posteriormente caracterizaría a los aquelarres: ranas y sapos, el ósculo infame en el ano del gran cabrón, banquetes, gatos negros, oscuridad, lujuria, promiscuidad. Dada su relevancia, se incluye la versión que ofrece de ella Julio Caro Baroja en su obra *Las brujas y su mundo*:

> Cuando se recibe a un novicio y se le introduce por vez primera en la asamblea de los réprobos, se le aparece una espe-

cie de rana; otros dicen que un sapo. Danle algunos un innoble beso en el trasero, otros en la boca chupando con la suya la lengua y babas del animal. Unas veces ese sapo aparece con su tamaño natural, otras del tamaño de un ganso o de un pato. Corrientemente es del tamaño de la boca de un horno. Avanzando el novicio llega hasta un hombre de prodigiosa palidez, de ojos negros, con el cuerpo tan delgado y extenuado que parece que las carnes todas le faltan y que no tiene más que la piel y los huesos. Bésale el novicio y nota que está frío como hielo. Luego de que le ha besado, todo recuerdo de la fe católica desaparece de su corazón.

A continuación, se sientan todos para hacer banquete y cuando se levantan después de concluido sale de una especie de estatua que se alza de ordinario en el lugar de estas reuniones, un gato negro del tamaño de un perro mediano de proporciones que hace su entrada andando hacia atrás y con la cola en alto. El novicio, siempre en primer lugar, le besa en el trasero, después el director y después los demás, cada uno en su turno, pero solo aquellos que lo han merecido. En cuanto a los otros, es decir, los que no han sido considerados dignos de este favor, les da paz el director mismo. Cuando vuelven a su sitio quedan en silencio durante unos instantes con la cabeza vuelta hacia el gato.

Luego el director dice: «Perdónanos».

Después repite lo mismo el que está tras él y el que queda en tercer lugar añade: «Lo sabemos, señor».

A lo que un cuarto pone término diciendo: «Hemos de obedecer».

Terminada semejante ceremonia, apagan las luces y se abandonan a la lubricidad más abominable, sin consideración al parentesco. Si hay más hombres que mujeres, los hombres satisfacen entre ellos su depravado apetito. Las mujeres entre sí hacen lo mismo. Verificados estos horrores, se encienden de nuevo las candelas y todo el mundo se encuentra en su sitio. Después, de un rincón oscuro, sale un hombre cuyo cuerpo por la parte superior, desde las caderas, es brillante y resplandeciente como el sol pero que por la inferior es áspero y peludo como el de un gato.

Todos los años en Pascua, cuando reciben el cuerpo del señor de manos del sacerdote, lo retienen en sus bocas para arrojarlo entre las inmundicias, en un ultraje del Salvador. Además, estos hombres, los más miserables entre los miserables, blasfeman contra el Soberano del Cielo y, en su locura, dicen que el señor de los cielos ha obrado como malvado precipitando a Lucifer en el abismo. Los desgraciados creen en este último y afirman que él es creador de los cuerpos celestes y que más adelante, después de la caída del Señor, volverá a su gloria. Por él y con él, no antes, esperan llegar a la felicidad eterna. Confiesan que no hay que hacer lo que a Dios le place, sino lo que le es desagradable.[34]

Los principales hechos del aquelarre no fueron, pues, un invento de los demonios ni de las brujas. Este guion, que apareció por primera vez en una bula papal, se repetirá en los siglos siguientes con ligeras variantes en la mayoría de los procesos de brujería. En él se describe una especie de culto invertido y distorsionado con respecto al realizado en la Iglesia. A pesar de haberlo leído infinidad de veces en distintos contextos, todavía resulta sorprendente que muchas personas creyeran que este relato podía corresponder a hechos reales.

Los campesinos de Stedinger lograron repeler varios ataques, a pesar de enfrentarse a un formidable ejército, que contaba, a su vez, con el apoyo de las tropas del emperador, de manera que la relación entre atacantes y atacados llegó a ser de diez a uno. Fueron finalmente masacrados por las fuerzas de la Iglesia en 1234, lo que causó gran indignación entre los nobles alemanes, que se comprometieron a no permitir que volviera a haber persecuciones religiosas en sus tierras. Aun así, en el siglo XVI se desataron luchas fratricidas a causa de la Reforma protestante y en el XVII se desencadenó la locura de la caza de brujas, que en conjunto arrebataron la vida de casi un tercio de los habitantes de las tierras germánicas.

Aunque la Iglesia había dado muestras de su beligerancia a la hora de perseguir a los enemigos del reino de Dios con las cruzadas contra el infiel o con la persecución de los judíos, a los que ordenó identificarse mediante un distintivo amarillo en el Concilio de Letrán de 1215, la represión de la herejía cátara fue la que dejó una impronta más indeleble. Para luchar contra ella, el papa nombró a unos «inquisidores» para que realizaran investigaciones en torno a la veracidad de las denuncias, lo que en su momento fue un gran avance en cuanto a racionalidad y humanidad en el tratamiento de los acusados.

Hasta entonces, las acusaciones de herejía se resolvían con métodos como las ordalías o los juicios de Dios, que no eran más crueles que los empleados por los jueces laicos. Las primeras consistían en someter a los acusados a pruebas como arrojarlos al agua con el pulgar de la mano derecha atado al dedo gordo del pie izquierdo, impidiéndoles la movilidad. Si flotaban eran siervos del diablo y si se hundían, siervos de Dios; en cualquier caso, acababan muriendo. Otra de las ordalías consistía en obligar a caminar a los acusados sobre brasas encendidas o a coger hierros al rojo vivo. Si las quemaduras sanaban al poco tiempo, significaba que los reos eran siervos de Dios; si se gangrenaban, eran siervos del diablo. No obstante, los criterios podían variar a conveniencia: a veces la curación era indicio de la protección del diablo. En contraste con estos métodos, que no aportaban evidencias racionales, los inquisidores investigaban de una manera mucho más racional, tratando de dilucidar la veracidad de los indicios de adoración al Maligno.

El trabajo de los inquisidores se mostró tan eficiente que en 1231 se los integró en una institución de nueva creación, la Inquisición, con el objetivo de perseguir otras desviaciones del dogma.

El siguiente grupo acusado de herejía fue el de los caballeros Templarios. La orden militar del Temple había sido creada en 1118 para proteger el Santo Sepulcro en Jerusalén. Durante su existencia no tuvieron problemas de dogma ni de recaudación de impuestos; su principal crimen fue su vasta riqueza y su enorme poder. Fueron aniquilados en 1307, tras ser formalmente acusados de herejía y de adoración al demonio Baphomet.

Las disensiones en el seno de la Iglesia también surgieron de forma virulenta al otro lado del canal de la Mancha en 1380. Su líder, el sacerdote John Wycliffe, al que muchos consideran precursor del anglicanismo, cuestionó el pago de impuestos a Roma y abogó por una vuelta a los orígenes ascéticos de la Iglesia cristiana. Aunque fue acusado de hereje, lo salvó su proximidad al rey Ricardo Corazón de León, de quien había sido preceptor. Cuando, años después de su muerte, se reavivó la lucha contra la herejía, fue desenterrado, juzgado y excomulgado. Uno de sus seguidores en Bohemia, Jan Hus, defendió sus ideas en el Concilio de Constanza, tras lo cual fue condenado a muerte y quemado en la hoguera en 1415. Sus adeptos fueron perseguidos y aniquilados en 1437.

Como se describirá en detalle en el capítulo 6, a lo largo de los últimos siglos de la Edad Media, la Iglesia endureció su posición en la persecución de la herejía. Inicialmente las penas impuestas fueron eclesiásticas, incluían ayunos, oraciones y peregrinaciones, después se generalizaron penas de prisión y la muy lucrativa expropiación y, finalmente, se impusieron castigos físicos y penas de muerte. Este endurecimiento fue paralelo a un cambio radical de posición respecto a la consideración de los actos de brujería, que durante muchos siglos habían sido vistos como fruto de una imaginación calenturienta, por lo que no habían merecido más que una reprimenda y penas leves.

Los mecanismos de control, persecución y castigo empleados por las autoridades eclesiásticas contra las comunidades declaradas heterodoxas, como herejes y judíos, se fueron perfeccionando en los últimos siglos de la Edad Media. A comienzos de la Edad Moderna estaban listos para ser aplicados a la persecución de las brujas.

4

De grimorios y el *Picatrix*

A nadie se le escapaba que las malas lecturas podían ser causa de la perdición de las almas; no obstante, como muchos afirmaban que había libros misteriosos que escondían poderes maravillosos, tales como predecir el porvenir, encontrar tesoros y ligar o desligar voluntades, estos ejercieron una atracción irresistible entre la gente Sin embargo, en épocas pasadas fue tarea ardua adquirir un texto de estas características y fue aún más difícil llegar a escribirlo y transmitirlo de generación en generación. A pesar de lo cual, alguno de esos libros mágicos, o grimorios, sobrevivieron a persecuciones y quemas y han llegado hasta nuestros días.

Un elemento imprescindible del mundo de las brujas del siglo XXI es el grimorio o libro de conjuros, donde se incluyen instrucciones para crear objetos mágicos, como talismanes y amuletos, realizar encantamientos o adivinaciones e invocar ángeles, dioses o demonios. En la actualidad sigue presente en religiones como la wicca, pese a que el concepto de grimorio tiene una antigüedad de varios miles de años. Su etimología se ha relacionado con la palabra francesa «grammaire», que describía todos los libros escritos en latín, pero cuyo uso se modificó para referirse a todos los textos de magia en todos los países europeos.

Han existido libros de este tipo en todas las culturas; el primero de ellos se encontró en las ruinas de la ciudad sumeria Uruk, situada en Mesopotamia, y está realizado sobre una tablilla de barro con escritura cuneiforme. Los egipcios también registraron sus conocimientos de magia por escrito y sus textos atrajeron la atención de Alejandro el Grande, por lo que muy probablemente la gran biblioteca de Alejandría contó con varios ejemplares de libros mágicos. De la confluencia de la cultura griega y egipcia, especialmente del dios griego Hermes y del egipcio Thot, surgió la figura de Hermes Trismegisto, asociado con la escritura este tipo de textos y figura de gran peso a lo largo de la historia de la magia.* Griegos y romanos creían que los libros de magia provenían de Persia. El historiador Plinio el Viejo (20-79 d. C.) defendía que estos habían sido inventados por el filósofo persa Zoroastro. A los antiguos judíos se les atribuyeron grandes conocimientos de magia, que supuestamente aprendieron de Moisés, el cual, a su vez, los aprendió durante su estancia en Egipto.

Cuando el cristianismo se convirtió en la religión oficial del Imperio romano, se ordenó la quema y destrucción de los libros de magia porque estaban relacionados con el paganismo. A pesar de ello, la producción de grimorios continuó en la Alta Edad Media tanto entre los cristianos como entre los judíos y más tarde entre los musulmanes. Incapaz de impedir su difusión, la Iglesia acabó tolerándolos, pero los dividió en dos grupos: los de magia natural o blanca, y los de magia demoniaca o negra. El primer grupo no estaba prohibido porque no era más que el registro de los poderes de la naturaleza, que fue creada por Dios. A este tipo de magia, que en cierto sentido puede considerarse precursora de la medicina y la ciencia, correspondían los libros que contenían conjuros simples con propósitos médicos; como se indicó anteriormente, era practicada por varones, por lo general de clase alta, incluidos papas y reyes. En cambio, los grimorios dedicados a la magia demoniaca, que trataba temas como la necromancia, la adivinación y la demonología, no provenían de Dios sino del Diablo. A pesar de ello, los principales usuarios de estos últimos libros fueron los

* Cuando fue nombrado sir por la Corona inglesa debido a sus trabajos científicos, el físico neozelandés Ernest Rutherford incluyó a Hermes Trismegisto en su escudo de armas. Este creó el modelo atómico nuclear, por el que ganó el Premio Nobel de Química en el año 1908, y fue maestro de otros ocho científicos ganadores de los premios Nobel de Física y Química.

miembros del clero, incluido algún que otro papa, que eran quienes sabían leer.

PICATRIX

De todos estos textos, los más famosos son el *Picatrix* y la *Clavícula de Salomón*.[35] El primero, que sirvió de inspiración a los que se publicaron posteriormente, entró en Europa a partir de la traducción del árabe al castellano realizada en la escuela de traductores de Toledo por orden de Alfonso X el Sabio en 1256. Su nombre en árabe era *Ghāyat al-Ḥakīm*, o «la meta del sabio», y fue atribuida por el sabio árabe Ibn Jaldūn al matemático hispanoárabe Al-Mayriti (el Madrileño), hecho que fue descartado porque las fechas probables de su escritura están muy próximas a las de nacimiento de Al-Mayriti. La versión española se perdió, pero se conservó una traducción al latín, posiblemente del siglo XV, denominada *Liber Picatrix*, que ha llegado hasta nuestros días. Esta obra, que aúna las tradiciones orientales y clásicas con las musulmanas, es el manual mágico por excelencia, por lo que aparece citado en casi todos los tratados de magia posteriores. Aspira a recoger la historia universal de la magia desde los inicios de la historia en la antigua Mesopotamia hasta la Antigüedad clásica, por lo que reúne conocimientos herméticos griegos con esotéricos orientales. Comienza con una dedicatoria a «Alá, el grande, el misericordioso», dado que intenta conjugar el conocimiento mágico con la religión. De hecho, sitúa la magia a medio camino entre la religión y la ciencia, siendo su objetivo producir cambios en la realidad de acuerdo con la voluntad del mago.

Está compuesto por cuatro tratados de estructura similar que comienzan con una introducción filosófica seguida de un catálogo de actuaciones prácticas, orientadas esencialmente a la fabricación de talismanes. Parte de la idea de que el cosmos se compone de tres mundos (la materia, el espíritu y el intelecto) y de que los astros son capaces de transmitir al mundo las formas primordiales de las cosas. El objetivo de la magia recogida en el *Picatrix* es guiar el influjo del espíritu de un astro hacia la materia por medio de talismanes. Para conseguirlo, incluye fórmulas e imágenes mágicas e indicaciones sobre cómo usarlas, y presenta a Hermes Trismegisto como su inventor.

El libro I tiene siete capítulos porque los planetas conocidos en la época eran siete. El primero trata de la virtud y la sabiduría, discute las relaciones astrológicas y las aplica a la fabricación de talismanes. La parte de magia teórica está dedicada al conocimiento de las estrellas fijas, a detallar las posiciones de los planetas y los efectos de la luna cuando está ubicada en cada una de sus veintidós mansiones. En la parte dedicada a la magia práctica explica los talismanes que se pueden hacer, tanto de carácter benéfico como maléfico, para cada una de las casas de la luna. Estos se construyen a partir de las características de los cuerpos celestes y es condición imprescindible para su éxito que el que los elabora concentre su atención en su obra y depure su voluntad para ligar en sí las fuerzas anímicas y las fuerzas celestes. Los últimos capítulos del libro I definen al ser humano como un microcosmos perfecto paralelo al macrocosmos, y ponen de manifiesto su importancia en el mundo frente al resto de la creación.

El libro II discute las imágenes astrológicas y sus funciones, y explica los secretos en torno a esos temas que los filósofos han ocultado a lo largo de la historia. El autor, citando a Ptolomeo, reflexiona sobre la necesidad de dominar todas las ciencias de la filosofía natural (matemáticas, cosmología y metafísica) para comprender cómo influye el mundo superior en el inferior. En este libro se afirma que los hindúes son los magos más capaces y se estudia la actividad de los astros. También se describe las dos esferas mayores, la del propio éter y la del cielo donde están ubicadas las estrellas fijas. En los capítulos siguientes, se desarrolla la elaboración de diversos talismanes de manera similar a como se hace en el libro I, cuyo objetivo es llevar la potencia al acto, es decir, lograr la manifestación material de los símbolos empleados. La parte dedicada a magia práctica trata del arte de fabricación de talismanes e incluye una lista de imágenes relacionadas con los planetas y con los treinta y seis decanatos en torno a cada signo del zodiaco.

El libro III detalla las correspondencias de los planetas con profesiones, piedras, religiones, signos del zodiaco, etc. Se da una relación de las acciones de los planetas sobre cada país y las piedras que se pueden encontrar en cada uno de ellos. Se indican, asimismo, invocaciones a los nombres de los planetas y a los sahumerios que deben emplearse para alcanzar distintos fines. Dichas invocaciones aparecen, además de en árabe, en persa, latín, griego y sánscrito.

En el libro IV se habla de las esencias espirituales y corporales, distinguiendo entre mente universal y mente individual. El autor habla de las prácticas mágicas de los pueblos kurdo, abisinio, hindú, copto y nabateo, define los principios femenino y masculino, y alude a Sócrates y a Pitágoras.

El *Picatrix* es un compendio de la magia recogida en textos que habían sido escritos con anterioridad, como el *Libro de las grandes formas* de Zósimo, *El libro exegético de las formas y los hechos del zodíaco* de Jabir ibn Hayyan, uno de los más citados, *El fruto* de Ptolomeo, el *Tratado sobre los talismanes* de Al-Razi, varias obras de Hermes Trismegisto, Platón, Pitágoras, Hipócrates y Aristóteles, y varias citas bíblicas. Una de sus principales fuentes son los trabajos de los Hermanos de la Pureza, sociedad científica y filosófica neoplatónica musulmana, cuya obra más conocida es *Epístolas de los Hermanos de la Pureza*, cincuenta y dos tratados o *rasa-il* sobre matemáticas, lógica, ciencias naturales, psicología, metafísica, alquimia, mística, astrología y música; es decir, representan todo un compendio de la sabiduría de la época. La mayoría de las *Epístolas* fueron redactadas en la ciudad de Basora (Irak) entre los años 961 y 980, época del máximo esplendor del califato abasí. En total, en el *Picatrix* se citan ciento veinticuatro libros de magia y otras sabidurías.

Las numerosas referencias a las *Epístolas* que aparecen en el *Picatrix* ponen de manifiesto que los límites entre magia y ciencia eran difusos en la época en la que se escribió, como puede observarse en la presentación del primer libro del *Picatrix* que aparece unas líneas más abajo. De las muchas versiones accesibles del texto, aquí optamos por una traducción de la versión inglesa, traducida a su vez del árabe en el Instituto Warburg de la Universidad de Londres:

Aconsejarte, hermano mío, que Alá te ilumine, que la sabiduría es uno de los talentos más virtuosos y uno de los bienes preferidos. La sabiduría es el conocimiento de las sublimes razones por las cuales los seres existen y de las razones obvias para las cosas que tienen razón de existir. Debes estar seguro de su existencia y de cómo y por qué existen. Aunque son muchos los que ascienden por orden del Único, Él alcanza la existencia del resto de las cosas independientemente de que estén lejos o cerca.

El Único es el primero y su existencia no depende de ningún otro ser. Él es autosuficiente y así Su Existencia no gana de ningún otro ser, de ningún modo se beneficia Su Existencia de ningún otro ser.

[...] Él solo puede ser Uno; Él es Uno en realidad, y Él es uno que dio a todos los demás seres sus identidades por las cuales aprendimos a identificarlos. Él es la Verdad original que asigna a los demás su verdad. Su verdad es autosuficiente y consecuentemente, Él no gana de la verdad de otros.[36]

Clavícula de Salomón

Encontramos referencias al *Picatrix* en prácticamente todos los libros de magia que aparecieron en los siglos posteriores, como los grimorios publicados a finales de la Edad Media en Europa, que se atribuían a sabios de la Antigüedad, como el poeta romano Virgilio, el astrónomo alejandrino Ptolomeo o el filósofo griego Aristóteles, para darles mayor relevancia. El más famoso de todos ellos, la *Clavícula de Salomón*,[37] recoge una sabiduría esotérica que se ha hecho y rehecho a lo largo de los siglos, y se ha traducido e impreso infinidad de veces, produciendo una obra objeto de deseo para personas de épocas muy distintas, desde la Edad Media hasta el siglo xix e incluso el xx. Con toda probabilidad, la *Clavícula de Salomón* nunca tuvo que ver con el rey Salomón; de hecho, todo indica que fue escrito en Babilonia o Egipto varios siglos después de la muerte de este rey en el año 928 a. C. En esta obra, que supuestamente recogía la sabiduría que Salomón adquirió como ciencia infusa, se relata que la construcción del templo fue impedida por unos demonios hasta que el arcángel san Miguel entregó al rey un anillo mágico con el que pudo controlarlos. La fama de Salomón como mago parte de los textos bíblicos; en el libro de los Reyes I, 3: 5-15 se dice que Dios le dio en un sueño toda la sabiduría imaginable.

Los árabes crearon la leyenda del rey sabio y la memoria de su apostasía, recogida en parte ya por los padres de la Iglesia, lo que contribuyó a que su sabiduría cobrara especial relevancia. Dice el mito que sus obras mágicas fueron guardadas bajo su trono mientras se terminaba de construir el templo para protegerlas de los demonios, y que todas desaparecieron en un incendio, excepto el *Testamento* y la *Clavícula*, a la que se refieren el escritor romano Flavio Josefo y los padres de la Iglesia san Jerónimo y Orígenes.

La *Clavícula* se tradujo a todas las lenguas europeas y apareció en leyendas medievales francesas, alemanas e inglesas. Tuvo una gran difusión en las juderías de Occidente, especialmente en las comunidades de la península ibérica e Italia. También entró a formar parte de las bibliotecas de hechiceros de origen no judío, porque los cristianos estaban tan interesados en alcanzar los bienes terrenales de manera poco ortodoxa como los rabinos, y ambos pensaron que la *Clavícula* podía serles de utilidad en esta tarea.

En el siglo XIV el inquisidor Eimeric, a cuya obra nos referiremos más adelante, mandó quemar en Barcelona un libro llamado *Liber Salomonis*, con sacrificios, oraciones y consultas. Este alude en su directorio a dicha quema cuando crea un catálogo de los libros prohibidos, entre los cuales habla de otros de nigromancia. A fines del siglo XV, recién fundada la Inquisición española, hubo una quema general de libros de magia judíos requisados en Salamanca ante el convento de San Esteban, según recoge un informe del inquisidor general Pacheco. Estos textos atribuían a Salomón o *Sulaiman* muchos hechos y saberes que no aparecen en la Biblia sino en el Corán, poderes sobre los genios y los secretos pseudosalomónicos.

HERMETISMO, CÁBALA Y EL *CIPRIANILLO*

En el Renacimiento no decayó el interés por este tipo de libros, debido a la llegada del hermetismo tras la traducción al latín del *Corpus hermeticum* por Marsilio Ficino. A su vez, la inclinación por el misticismo entre los judíos dio lugar a la aparición de la cábala, uno de cuyos difusores en Europa fue el escritor italiano Pico della Mirandola. A comienzos del siglo XVI vivieron en Europa tres de los magos más famosos: Heinrich Cornelius Agrippa, que publicó *Tres libros de filosofía oculta* en 1533; Paracelso, para algunos un charlatán pendenciero y para otros un precursor del método científico, que publicó un tratado sobre *Los misterios supremos de la naturaleza*, y Johann Georg Faust, que inspiró varias obras literarias posteriores, en las que un personaje con su nombre consulta a los demonios y les vende su alma. Con el desarrollo de la imprenta, los libros mágicos alcanzaron una gran difusión, pero pronto fueron incluidos en el Índice de libros prohibidos. No obstante, este hecho no disminuyó el interés por ellos, por lo que comenzaron a circular de forma clandestina. Para evitar la censura, se encuadernaron intercambiando su lomo y su cubierta por los de títulos de obras no prohibidas. El hermetismo y la cábala darían lugar a la aparición de la filosofía mística de los Rosacruz a comienzos del siglo XVII en Alemania.

Podría pensarse que la llegada de la Ilustración supondría el fin de los grimorios, y, de hecho, su difusión fue duramente perseguida por las autoridades civiles en países como Francia, mientras que en el resto de Europa este tipo de libros seguían estando prohibidos por las autoridades eclesiásticas. Pero las prohibiciones no bastaron para acabar con unos textos que cada vez despertaban más interés entre la población hasta el extremo de que en Francia se creó la Bibliothèque Bleue que reunía todo tipo de textos mágicos. Una época tan turbulenta como la Revolución francesa, en 1789, dio lugar a un renovado interés por los libros mágicos, con la aparición del *Grand Grimoire*, considerado especialmente poderoso porque explicaba cómo ganar riquezas mediante un pacto con el jefe de los diablos.

Francia no fue el único país en el que tuvieron tanto éxito

los grimorios que revelaban los secretos para encontrar tesoros. En España, apareció a finales del siglo xix *El libro de San Cipriano y Santa Justina*,[38] en el que se desvelaba la ubicación de tesoros ocultos en Galicia, una obra por la que algunos gallegos llegaron a pagar en las décadas de 1920 y 1930 auténticas fortunas. El santo al que se le atribuye la redacción del libro es san Cipriano de Antioquía, que vivió en el siglo III de nuestra era y se convirtió al cristianismo por influencia de santa Justina. Ambos dedicaron su vida a la oración y a difundir el mensaje de Cristo hasta que fueron decapitados como mártires tras haber salido indemnes después de la inmersión en una tina con pez ardiente. Sus reliquias fueron repartidas entre Roma, Toulouse y León y, a pesar de haber llevado una vida de oración y predicación, pasaron a la posteridad como magos, según algunos a la altura de Salomón. A san Cipriano se le hizo patrón de las artes mágicas, de los hechiceros y de las brujas, y dio nombre a la oración homónima para protegerse de maleficios de cualquier tipo. El libro que se le atribuye, influenciado por la cábala y la religión judía, trata del pacto con potencias tanto demoniacas como celestiales, de donde supuestamente sale la información sobre los tesoros ocultos.

No se sabe de nadie que se haya hecho millonario con la información recogida en el *Ciprianillo*, como se conoce coloquialmente este texto en España, pero, según se dice, los que encontraron tesoros lo mantuvieron en secreto por miedo a los robos (y en estos tiempos a Hacienda). Sí hubo, sin embargo, muchos impresores que debieron de obtener enormes ganancias con la distribución del libro durante el siglo xx en España y en varios países de América Latina, especialmente en Brasil, donde se convirtió en uno de los libros básicos de la umbanda, o magia negra brasileña.

La fascinación que ejercían los libros mágicos era un reflejo del pensamiento mágico que dominaba la sociedad en la Edad Media y los comienzos de la Edad Moderna,[39] en la cual tenían mucho prestigio los judíos y los moriscos, por lo que frecuentemente se citaban libros escritos en árabe como fuente más fiable de la información mágica. Fue el caso del *Picatrix*, para el que un rey como Alfonso X buscó y sufragó a un buen traductor para tener una versión que él pudiera comprender y atesorar. No es de extrañar que en su corte y en su reino fuera muy tolerante con estas creencias, derogando las leyes visigodas que mandaban quemar a los nigromantes. Aunque parte de estas fueron incorporadas al Fuero Juzgo, promulgado por los reyes castellanos en 1405, en general, los reinos hispanos siguieron siendo una tierra tolerante con la superstición.

El interés por los grimorios sigue sin menguar y ahora volvemos a encontrarlos como uno de los ingredientes principales para ser una bruja moderna. En la actualidad, tienen un carácter mucho menos dramático: son más bien un aderezo en la carrera de fondo de la superación personal.

En Europa, donde el fin de la Edad Media no trajo el fin de la mentalidad mágica, el gusto por los grimorios se transformó en el gusto por los libros sobre demonología. Los textos mágicos dejaron de ser fuente de sabiduría oculta o de claves para encontrar tesoros y pasaron a convertirse en manuales con los que identificar adoradoras del diablo, condenarlas y quemarlas. Y de la metamorfosis de los grimorios nacieron los martillos de brujas.

5

Misoginia: hermosa podredumbre

Como se ha mostrado al comienzo de este texto, el miedo a la mujer no fue inventado por los ascetas cristianos, ya estaba presente en los libros santos del Antiguo Testamento y en las religiones semíticas que lo inspiraron. No obstante, cuando tras el edicto de Constantino del año 313 el cristianismo se estableció como religión oficial del Imperio romano, comenzó un lento proceso de relegación de las mujeres a puestos subalternos. Esto fue muy injusto porque, en sus inicios, ellas habían sido las más entusiastas defensoras de la religión cristiana, entre otras cosas porque proclamaba el amor universal sin hacer distinción entre hombres y mujeres. Pero, cuando la Iglesia comenzó a organizarse jerárquica y dogmáticamente, empezó por excluirlas de los cargos eclesiásticos. Como este proceso se prolongó varios siglos, entre los años 500 y 1200, las cristianas tuvieron una autonomía y libertad de acción dentro de la Iglesia de la que no han vuelto a gozar desde entonces. Ello permitió que hubiera mujeres como la abadesa Hilda de Whitby, que vivió en el siglo VII en el norte de Inglaterra, o Hildegarda de Bingen, que vivió en Alemania en el siglo XII, que detentaron un extraordinario poder y fueron unánimemente respetadas.

Pero poco después de que Hildegarda fuera enterrada, culminó la reforma del Cister que había dado lugar a una refundación de la Iglesia, y con ella el decreto papal *Periculoso*, emitido por el papa Bonifacio VIII en el año 1298.

Deseando solucionar la peligrosa y abominable situación de ciertas monjas que, dejando los lugares de respetabilidad y abandonando impunemente la modestia monjil y la timidez propia de su sexo, decretamos que las monjas colectiva e individualmente, en el presente y en el futuro, en toda comunidad u orden, en cualquier parto del mundo, a partir de ahora deben permanecer perpetuamente enclaustradas en sus monasterios [...] para que las monjas puedan servir a Dios más libremente, completamente separadas del público y de miradas mundanas, de manera que, habiendo eliminado las ocasiones de lujuria, puedan diligentemente salvaguardar sus corazones y sus cuerpos en completa castidad.[40]

Este decreto terminó expulsando a las monjas de las bibliotecas de los conventos y les prohibió hablar en su propio nombre, obligándolas a hacerlo a través de un religioso, incluso aunque ellas estuvieran al frente de los conventos. Simultáneamente, la Iglesia fue incorporando poco a poco el odio a las mujeres en su discurso, hasta el punto de negar que tuvieran alma y admitir como únicos modelos aceptables de mujeres a las vírgenes y a las mártires, manteniéndolas a todas en una situación de subordinación e inferioridad.

CRISTO

Sin embargo, ¿cuáles habían sido las enseñanzas de los Evangelios sobre las mujeres? Durante los años de su vida pública, Jesús tuvo una actitud completamente inusual porque habló no solo a los hombres, sino también a las mujeres e incluso a los leprosos, personas que ocupaban el escalón más bajo de la sociedad en la que predicó. De hecho, cuando los fariseos le preguntaron si estaba permitido repudiar a la mujer por cualquier motivo, Jesús les respondió:

> ¿No habéis leído que el Creador, en el principio, los creó hombre y mujer, y dijo: «Por eso dejará el hombre a su padre y a su madre, y se unirá a su mujer, y serán los dos una sola carne»?

> Mateo, 19: 4-5; Marcos, 10: 6-8[41]

La actitud de Jesucristo era muy diferente de la de los judíos, que no permitían a las mujeres participar en las prácticas religiosas ni predicar como los rabinos, ni siquiera participar en las ceremonias de culto en los templos. En contraste con la consideración que tenían las mujeres en la sociedad judía, Jesús se rodeó de mujeres, pues las consideraba iguales a los hombres, especialmente las más despreciadas. Según podemos leer en el Evangelio:

> Después de esto iba él caminando [...], acompañado por los Doce, y por algunas mujeres, que habían sido curadas de espíritus malos y de enfermedades: María la Magdalena [...]; Juana, mujer de Cusa, un administrador de Herodes; Susana y otras muchas que le servían con sus bienes.[42]

> Lucas, 8:1-3

A diferencia del papel que las mujeres tenían en las sociedades judía y romana, Cristo predicó que el hombre y la mujer debían tener la misma dignidad dentro del matrimonio. También fue muy novedosa su actitud dispuesta a la comprensión y al perdón para todas las faltas, incluidas las que entonces se consideraban más graves, como el adulterio de las mujeres. Para dar ejemplo, el propio Jesús perdonó a una adúltera que iba a ser lapidada. En agradecimiento a esta consideración, las mujeres permanecieron fieles al pie de la cruz y fueron los primeros testigos de la resurrección, mientras que sus discípulos, salvo Juan, abandonaron a Jesús el día de su muerte.

Por ello, los cristianos de los primeros tiempos no solo no apoyaban el repudio generalizado de las mujeres casadas, sino que condenaban la poligamia y la doble moral que permitía toda clase de licencias sexuales extraconyugales a los maridos y ninguna a las mujeres. Del mismo modo, en sus inicios, los cristianos formaron una especie de familia basada en la fe compartida, que se regía por la lealtad y la solidaridad, en la que las viudas no estaban obligadas a casarse de nuevo para no morirse de hambre, porque encontraban apoyo en la familia de la fe. No es de extrañar, por tanto, que el cristianismo tuviera mucho éxito entre las mujeres, las cuales, a su vez, fueron la vía de penetración de esta nueva religión en las clases más altas de la sociedad romana. El gran protagonismo femenino hizo que las comunidades creyentes fueran desacreditadas por la biempensante sociedad romana, que las desprestigiaba diciendo:

> no pueden ni quieren persuadir más que a necios, plebeyos y estúpidos, a esclavos, mujeres y chiquillos.[43]

Contra Celso, III:44*

Entre las tareas que desempeñaban las mujeres en estos primeros siglos del cristianismo destacaban la de presidir las reuniones cristianas, a menudo celebradas en sus propias casas, y ejercer la hospitalidad como anfitrionas de gente de variada procedencia social, económica y cultural. Hubo varias diaconisas elegidas por los obispos entre las vírgenes y viudas, que fueron muy numerosas a partir del siglo III en Oriente. Algunas de las primeras cristianas dedicaron su vida a llevar el mensaje de Cristo lejos de sus casas, para lo cual tuvieron que recorrer los caminos y realizar actividades como la predicación, la visita a los hermanos prisioneros y la celebración de algunas ceremonias litúrgicas. En la sociedad romana, cuando una mujer abandonaba su hogar y salía al ámbito público, se introducía en el mundo de lo masculino, lo que se consideraba una inmoralidad sexual que provocaba hostilidad y sospechas de infidelidad. No es extraño, pues, que las primeras cristianas fueran muy criticadas por sus tareas evangelizadoras y consideradas poco menos que prostitutas.[44]

SAN PABLO

A causa de la presión de la comunidad judía y de la sociedad romana en las que se originó el cristianismo, poco a poco se fue

---

* Celso fue un autor pagano del siglo II, el primero que examinó y juzgó críticamente al cristianismo.

olvidando la situación de igualdad en la que Cristo había colocado a la mujer respecto al varón. El mismo san Pablo, que había proclamado el carácter universal del mensaje evangélico:

> No hay judío y griego, esclavo y libre, hombre y mujer, porque todos vosotros sois uno en Cristo Jesús. [45]
>
> Gálatas, 3: 28

fue uno los primeros que adjudicó a la mujer un lugar subordinado en la Iglesia y en el matrimonio. Recordando el relato de la creación en el Génesis (2: 21-24), san Pablo dijo en su carta a los Corintios:

> Pues tampoco el varón fue creado para la mujer, sino la mujer para el varón.[46]

San Pablo también escribió su célebre alegoría conyugal, que dio lugar al dogma de la sumisión incondicional de la mujer al hombre, institucionalizando en las comunidades cristianas el lugar subordinado que ocupaba esta en las sociedades judía y romana de la época:

> Sed sumisos unos a otros en el temor de Cristo: las mujeres, a sus maridos, como al Señor; porque el marido es cabeza de la mujer, como Cristo es cabeza de la Iglesia; él, que es el salvador del cuerpo. Como la Iglesia se somete a Cristo, así también las mujeres a sus maridos en todo.[47]
>
> Efesios, 5: 21-24

Y, aunque mostró respeto por las mujeres predicadoras de su época, dos pasajes de su obra se convirtieron en el dogma sobre el que se fundamentaría la exclusión de aquellas en el ministerio presbítero-episcopal.

> Como en todas las iglesias de los santos, que las mujeres callen en las asambleas, pues no les está permitido hablar; más bien, que se sometan, como dice incluso la ley. [48]
>
> 1 Corintios, 14: 34

Que la mujer aprenda sosegadamente y con toda sumisión. No consiento que la mujer enseñe ni que domine sobre el va- rón, sino que permanezca sosegada.[49]

1 Timoteo, 2:11-12

Por ello, a finales del siglo I, tras la desaparición de los após- toles y los profetas, cuando la dirección de las comunidades cristianas comenzó a recaer sobre obispos y presbíteros elegidos por los miembros de la sociedad, resultó natural que estos fueran hombres. En el siglo III se extendió la concentración de poderes y atribuciones del obispo, lo que consolidó su papel directivo, gracias a lo cual recibió una retribución mensual y gratificacio- nes materiales ocasionales. Cuando la Iglesia comenzó a organi- zarse de manera jerárquica bajo la autoridad del obispo, la situa- ción de subordinación de las mujeres cristalizó de forma irreversible y fueron quedando excluidas de todos los cargos. Además, se les prohibió la realización de actividades que hasta entonces les eran propias, como la enseñanza, el bautismo, la celebración de la eucaristía y el perdón de los pecados. Estas tareas pasaron a ser realizadas por obispos, diáconos y sacerdotes varones.

PADRES DE LA IGLESIA

Uno de los medios que emplearon los miembros del clero para justificar la exclusión de las mujeres fue culpabilizarlas de los orígenes de los males de la humanidad como hijas de Eva. Así, Tertuliano, patriarca de origen norteafricano del siglo II-III es- cribió:

Deberías llevar siempre luto, ir cubierta de harapos y abis- marte en la penitencia a fin de redimir la falta de haber sido la perdición del género humano. Mujer, eres la puerta del diablo. Fuiste tú quien tocó el árbol de Satán y la primera en violar la ley divina.[50]

A pesar de que sentía un gran respeto por las mujeres en general y por su esposa y las profetisas montanistas en particular, Tertuliano, al parecer, no se sentía descendiente de Eva. También atacó todos los elementos propios del adorno femenino y, convencido de la llegada del fin del mundo, propugnó una vida dedicada a Dios y en perfecta castidad, por lo que exaltó la virginidad como un nuevo estilo de vida. De manera similar, san Jerónimo, que vivió durante los siglos IV-V, despreció el matrimonio y alabó la virginidad, al convertir la sexualidad en el pecado por excelencia.

San Juan Crisóstomo (siglo V), en cambio, en cierto modo eximió a las mujeres de culpa, dado que atribuyó su inferioridad a su débil naturaleza y a su educación deficiente, y alegó que eran los ojos de los hombres impuros los que acarreaban la tentación. Varios siglos después, santo Tomás de Aquino (siglo XIII) llegaría a conclusiones similares y les añadiría el peso de la ciencia aristotélica, según la cual la mujer era un varón defectuoso. La parcial disculpa de su comportamiento que hizo san Juan Crisóstomo tenía, sin embargo, una contrapartida: al estar marcada por la *imbecillitas* de su naturaleza, podía ceder más fácilmente que el hombre a las seducciones del Maligno, por lo que debía permanecer bajo la tutela del varón.

San Agustín (siglo IV-V) concilió la enseñanza evangélica de que hombres y mujeres tenían igual dignidad con la aceptación del estatus inferior de ellas, al decir que todo ser humano poseía un alma espiritual asexuada y un cuerpo sexuado. En el hombre, el cuerpo reflejaba el alma y era imagen de Dios, mientras que en las mujeres, su carne las volvía impuras y constituía un obstáculo para el desarrollo de su razón. En la línea de san Juan Crisóstomo y santo Tomás de Aquino, san Agustín también afirmaba que, siendo inferiores al hombre, debían estar sometidas a este.[51]

La impureza de las mujeres se ponía de manifiesto en el repugnante acto del parto y en el carácter ponzoñoso que, según multitud de autores prestigiosos, tenía la sangre menstrual. Uno de los primeros que aludieron a ello fue el escritor romano Plinio el Viejo que escribió en su *Historia Natural* que la sangre menstrual tenía terribles y oscuras propiedades tales como

Convierte el vino bueno en vino agrio.
Hace estériles los campos de grano.
Mata los brotes injertados.
Seca las semillas.
Hace que las frutas se caigan de los árboles.
Empaña la superficie de los espejos.
Embota las armas de hierro.
Impregna el aire de un terrible hedor.
Vuelve a los perros rabiosos y les da una mordedura mortal.[52]

San Isidoro de Sevilla (siglo VI-VII) confirmaba estas afirmaciones, porque defendía que la sangre menstrual estaba cargada de maleficios, impedía la germinación de las plantas, producía la muerte de la vegetación y la rabia en los perros. En cambio, santo Tomás de Aquino negó sus propiedades malignas, pues para él no era más que los residuos no empleados en el crecimiento de un niño, y recordó que con esa misma sangre creció Jesús en el seno de María. Pero no fue su opinión la que prevaleció y las penitenciales (cánones que recogían las distintas penitencias para los diversos pecados) prohibieron que la mujer que estuviera menstruando comulgase e incluso entrara en la iglesia.

A partir de la idea de la impureza de las mujeres se generalizó la prohibición de que estas ayudaran en la misa y en las funciones rituales o tocasen los vasos sagrados.*

EDAD MEDIA

La demonización de las mujeres siguió prosperando a finales de la Edad Media con la predicación de los frailes franciscanos, dominicos y carmelitas, llamadas «órdenes mendicantes» porque carecían de bienes propios y vivían de la caridad. Es difícil hacerse hoy una idea cabal de la enorme influencia que tuvie-

---

* Mucho más recientemente, durante mi niñez, en los años sesenta, oí todo tipo de patrañas en relación con la menstruación, hasta el punto de que una mujer con el periodo no podía ducharse o lavarse el pelo, ni hacer cosas tales como preparar mayonesa, porque esta «se cortaba».

ron los frailes, que, a diferencia de los monjes que estaban recluidos en sus monasterios, vivían en contacto con sus feligreses. A comienzos de la Edad Moderna, ellos eran los principales y casi únicos vehículos de transmisión de ideas entre los fieles, que en su inmensa mayoría eran analfabetos. Y uno de los temas inagotables en sus sermones fue el carácter maligno de la mujer, «diablo doméstico», a quien había que aplicar una buena tanda de palos, dado que era infiel, vanidosa, viciosa y coqueta por naturaleza. Además, era el principal cebo del que Satán se servía para atraer a los hombres al infierno.

El origen de esta inquina no había que buscarlo ni en el comportamiento de las mujeres ni en el celo religioso de los frailes, sino en la represión sexual que sufría el clero en sus propias carnes. En efecto, tras la reforma gregoriana, fueron obligados a prescindir de sus «barraganas» (mujeres con las que habían vivido amancebados hasta entonces gran parte de los curas) y a practicar la castidad. En lugar de rebelarse contra las autoridades eclesiásticas que los forzaban al celibato, convirtieron a las mujeres en las «enemigas», las cómplices preferidas de Satán, las seductoras. Según sus prédicas, de las que probablemente ellos mismos estaban convencidos, el principal objetivo de las mujeres era llevarlos por el camino de la perdición, por lo que no tenían más remedio que atacarlas despiadadamente.

Una de las primeras y más agresivas invectivas lanzadas contras las mujeres fue la de Odón, abad de Cluny del siglo X:

> La belleza física no va más allá de la piel. Si los hombres vieran lo que hay debajo de esta, la vista de las mujeres les sublevaría el corazón. Cuando no podemos tocar con la punta del dedo un escupitajo o una porquería ¿cómo podemos desear abrazar ese saco de estiércol?[53]

Marbode, obispo de Rennes (siglo XI) no fue más amable:

> Entre las innumerables trampas que nuestro taimado enemigo ha tendido a través de todas las colinas y todas las llanuras del mundo, la peor y la que casi nadie puede evitar es la mujer, funesto cepo de desgracia, vástago de todos los vicios que han

engendrado en el mundo entero los escándalos más numerosos [ ] La mujer, dulce mal, a la vez panal de cera y veneno, que con cópula untada de miel atraviesa el corazón mismo de los sabios.[54]

Bernard de Morlay, monje de Cluny del siglo XII, fue aún más lejos cuando escribió en su extensísimo poema «De contemptu feminae» una interminable letanía que recogía las perfidias de las mujeres:

La mujer es mala cosa, cosa malamente carnal, carne toda entera.
Solícita para perder y nacida para engañar, experta en engañar,
abismo inaudito, la peor de las víboras, hermosa podredumbre,
camino deslizante... lechuza horrible, puerta pública, dulce veneno...
[...]
Abismo de sexualidad, instrumento del averno, boca de los vicios...[55]

Todas estas ideas fueron incorporadas al *Decreto de Graciano*, publicado alrededor de 1140, fuente principal del derecho canónico hasta principios del siglo XX:

Esta imagen de Dios está en el hombre [Adán] que fue creado único, fuente de todos los demás humanos, que recibió de Dios el poder de gobernar como sustituto suyo, porque él es la imagen del Dios único. Por eso la mujer no ha sido hecha a imagen de Dios. [...] No en balde la mujer fue creada no de la misma tierra de la que fue hecho Adán, sino de una costilla de Adán [...]. Por eso Dios no creó al principio del mundo un hombre y una mujer, ni dos hombres ni dos mujeres, sino que al principio creó al hombre, luego a la mujer después de él.[56]

Así fue como a lo largo de la Edad Media el cristianismo amplió y exacerbó la misoginia heredada de las civilizaciones judía y grecorromana. Y, mientras se denostaba a las mujeres, se exaltaba a la Virgen María y se le consagraban obras de arte inmortales. También se inventó el amor cortés, que hizo de la mujer la soberana del hombre enamorado y el modelo de todas las perfecciones. Pero ambos arquetipos llevaban implícita la degradación de la sexualidad, porque tanto María como las damas que inspiraban las gestas de los caballeros andantes eran seres puros, no mancillados por el trato carnal con el varón.

RENACIMIENTO

La exaltación de las damas inalcanzables y, en paralelo, la demonización de las mujeres reales dio lugar a paradojas como la que encontramos en el primer hombre moderno e iniciador del Renacimiento, Petrarca (siglo XIV), enamorado de una Laura angelical a la vez que lanzaba furiosas diatribas contra las mujeres reales:

> La mujer es un verdadero diablo, un enemigo de la paz, una fuente de impaciencia, una ocasión de disputas de la que el hombre debe mantenerse alejado si quiere gustar de la tranquilidad. Que se casen aquellos que encuentran atractivos en la compañía de una esposa, en los abrazos nocturnos, en los berridos de los niños y en los tormentos del insomnio. Nosotros, si es que está en nuestro poder, perpetuaremos nuestro nombre por el talento y no por el matrimonio, con los libros y no con hijos, con el concurso de la virtud y no con el de una mujer.[57]

En la época de Petrarca, el miedo a la mujer alcanzó una de sus cotas más altas en una sociedad occidental cercada por pestes, cismas religiosos y guerras. La situación llevó a los cristianos a enfrentarse a una guerra desatada por el Maligno, una de cuyas principales armas era la lujuria, personificada en la mujer. El discurso de condena hacia esta en las obras de los clásicos, corregido y aumentado por la doctrina de los padres de la Iglesia, que no por Jesucristo, se volvió delirante y alcanzó grandes audiencias gracias al celo predicador de los frailes.

Este pensamiento fue recogido en textos como *De planctu Ecclesiae* que escribió el franciscano gallego Álvaro Pelayo a petición del papa Juan XXII en torno a 1330, que contiene abundantes citas a textos sagrados, como el Eclesiástico, los Proverbios y las obras de san Pablo y otros padres de la Iglesia. Tuvo una especial relevancia por la gran difusión que le dio la imprenta, con ediciones en Ulm (1474), Lyon (1517) y Venecia (1560).[58] No es de extrañar que se convirtiera en una de las referencias principales de *El martillo de las brujas*, el manual oficial de persecución de brujas al que nos referiremos más adelante.

El libro I de la obra de Pelayo ahonda en la constitución de la Iglesia. Pero es en el libro II, dedicado a exponer la miseria de la cristiandad, donde se incluye, en el capítulo XLV, un catálogo de los ciento dos vicios y fechorías de las hijas de Eva, que, según él, se sumaban a los vicios del hombre. El historiador francés Delumeau en su obra *El miedo en Occidente* facilita su comprensión clasificándolos en varios grupos:[59]

- Eva fue el comienzo y la madre del pecado, lo que significó para sus desgraciados descendientes la expulsión del paraíso terrenal. A partir de entonces se convirtió en el arma del diablo, la corrupción de toda ley, la fuente de toda perdición. Ella es una fosa profunda, un pozo estrecho, que mata a los que ha engañado, la flecha de su mirada traspasa a los más valientes.
- Atrae a los hombres mediante señuelos a fin de llevarlos al abismo de la sensualidad. No hay ninguna inmundicia a la que no conduzca la lujuria. Para engañar mejor, se pinta y se arregla, llegando incluso a ponerse en la cabeza la cabellera de los muertos. Se recrea frecuentando las danzas que encienden el deseo; convierte el bien en mal, la naturaleza en su contrario. Se acopla con el ganado, se pone sobre el hombre durante el acto del amor —vicio que provocó el diluvio universal— o, contra la pureza y la santidad del matrimonio, acepta reunirse con su marido a la manera de los animales. Unas se casan con un pariente próximo o con su padrino, otras son concubinas de sacerdotes o de laicos. Algunas tienen relaciones sexuales inmediatamente después de un parto o durante las reglas, violando todos los tabúes.
- Las mujeres son adivinadoras impías y llevan a cabo maleficios. Algunas muy criminales, valiéndose de encantamientos y del arte de Zabulón, impiden la procreación. Provocan la esterilidad con hierbas y composiciones má-

gicas. Frecuentemente por falta de precaución, ahogan a los niños pequeños que acuestan con ellas en sus camas; otras veces los matan dominadas por el delirio. Algunas son colaboradoras del adulterio, bien porque se entreguen vírgenes a la depravación, bien porque se las apañan para hacer abortar a una joven abandonada a la fornicación.

- La mujer es ministro de idolatría porque vuelve al hombre inicuo y lo hace apostatar. Cuando alguien se abandona a la pasión de la carne, levanta un templo a un ídolo y reniega del verdadero Dios por divinidades diabólicas. Eso hizo Salomón, que no tuvo menos de setenta esposas y trescientas concubinas, y en la época de sus desórdenes sacrificó a los ídolos que ellas adoraban: Astarté, Tammuz o Moloch.

Es curioso que no recayera ninguna culpa sobre Salomón, el protagonista de tanta fornicación.

- La mujer es insensata, chillona, inconstante, charlatana, ignorante, quiere todo a la vez, es peleona, colérica y envidiosa. No hay enfermedad del corazón ni duelo peor que una mujer celosa de otra, y todo por el azote de la lengua. Siente inclinación al vino, pero lo soporta mal, por lo que no hay espectáculo más vergonzoso que una mujer borracha.
- El marido debe desconfiar de la esposa. A veces lo abandona; otras, le da un heredero concebido con un extraño o bien le envenena la vida con sus sospechas y celos. Algunas obran contra la voluntad de su cónyuge y hacen más limosna de la que él permitiría. Otras, dominadas por una inspiración fantasiosa, quieren tomar el hábito de viuda a pesar de su marido, al que niegan la copulación carnal. Si se le dejan las riendas del hogar a la mujer, esta será tiránica.
- Orgullosas e impuras a la vez, llevan la perturbación a la vida de las iglesias. Hablan durante los oficios y asisten a ellos con la cabeza descubierta, a pesar de las recomen-

daciones de san Pablo de cubrírsela en señal de sumisión y vergüenza por el pecado que ella, la mujer, fue la primera en introducir en el mundo. Las monjas tocan y mancillan los paños sagrados y quieren incensar el altar. Permanecen en el interior de las verjas del coro y pretenden servir allí a los sacerdotes. Leen y predican desde lo alto del púlpito como si tuvieran autoridad. Algunas reciben las órdenes que les están prohibidas o cohabitan con clérigos. Otras viven como canónigas regulares e imparten la bendición solemne y episcopal.

Álvaro Pelayo concluía su letanía asegurando que, bajo la apariencia de humildad, las mujeres ocultaban un temperamento orgulloso e incorregible parecido al de los judíos. A pesar de la contundencia de la obra y de su gran difusión, sus invectivas no eran originales, y la mayoría de ellas se pueden encontrar en la obra del monje Bernard de Morlay ya citada. La singularidad del texto de Pelayo estriba en que gracias a la imprenta se difundió no solo entre el clero, sino entre todos los fieles (que supieran leer, claro).

Tras la publicación de la obra de Pelayo, denostar a las mujeres y advertir a los virtuosos hombres contra ellas se convirtió en un tema obligado en los sermones de los predicadores. Jean Glapion, monje franciscano de origen francés que, entre otras cosas, fue confesor del emperador Carlos V (siglo XVI), se negaba incluso a aceptar el testimonio de María Magdalena sobre la resurrección de Jesús, a pesar de que estaba recogido en los Evangelios, por venir de boca de una mujer:

> Porque la mujer es, entre todas las criaturas, variable y mudable, por lo cual no podría servir de prueba suficiente contra los enemigos de nuestra fe.[60]

Varios siglos después, en 1850, Giuseppe Verdi expresó ese mismo mensaje, en una de las arias más famosas de su ópera *Rigoletto* (acto tercero, escena II):[61]

La donna è mobile La mujer es cambiante
qual piuma al vento cual pluma al viento
muta d'accento cambia de acento
e di pensiero. y de pensamiento.
Sempre un amabile Siempre su amable
leggiadro viso, hermoso rostro,
in pianto o in riso en llanto o en risa,
è menzognero. es engañoso.

Esta percepción de la falta de fiabilidad de la palabra de las mujeres llegó al ámbito jurídico, en el que han sido consideradas históricamente menos fiables que los hombres. Por ejemplo, los tribunales de la Inquisición fueron remisos a aceptar los testimonios de las mujeres, aunque fueran condenatorios para los acusados. Todavía en el año 2021, en países como Irán, el testimonio de una mujer vale jurídicamente la mitad que el de un hombre.

La mayoría de las prédicas se dedicaban a advertir contra el mayor peligro de las mujeres: su capacidad de seducción. Tal era el caso del español fray José de Jesús María, que en su extensa obra *De las excelencias de la virtud de la castidad*, publicada en el punto álgido de la caza de brujas (a comienzos del siglo XVII), afirma:

> No hay silvos de serpientes, ni ojos de basilisco que tanto deban ser temidos como la vista y las palabras de la mujer, porque la malicia de todas las fieras y la ponzoña de todas las serpientes raramente matan a los hombres, pero las palabras y los ojos de la mujer por momentos nos destruyen y degüellan.[62]

La misoginia, alimentada durante siglos en el seno de la Iglesia, unida a la incertidumbre por la amenaza del ataque de los infieles y la muerte que traían las pestes y las guerras, convirtió a las mujeres en los más propicios chivos expiatorios.[63] Y para perseguirlas surgió la obra cumbre de la caza de brujas: el *Malleus Maleficarum* de los dominicos Kramer y Sprenger.

BRUJAS

6

De las Bienaventuranzas a *El martillo de las brujas*

Las brujas y hechiceras eran temidas por los antiguos judíos, por lo que en el Antiguo Testamento se dice:

> No dejarás con vida a una hechicera.[64]

> Éxodo, 22:17

BIENAVENTURADOS

Pero Cristo trajo al mundo un mensaje de amor e intentó desterrar la violencia del corazón y la vida de sus seguidores. En los Evangelios nos encontramos muchas muestras de este espíritu, por ejemplo, en el de san Mateo dice:

> Bienaventurados los pobres en el espíritu, porque de ellos es el reino de los cielos. Bienaventurados los mansos, porque ellos heredarán la tierra. Bienaventurados los que lloran, porque ellos serán consolados. Bienaventurados los que tienen hambre y sed de la justicia, porque ellos quedarán saciados. Bienaventurados los misericordiosos, porque ellos alcanzarán misericordia. Bienaventurados los limpios de corazón, porque ellos verán a Dios. Bienaventurados los que trabajan por la paz, porque ellos serán llamados hijos de Dios. Bienaventurados los perseguidos por causa de la justicia, porque de ellos es el reino de los cielos.[65]

> Mateo, 5:3-10

Durante los años de su vida pública, Jesucristo manifestó en sus parábolas y sus acciones que el castigo del pecado de herejía no pertenecía a los hombres, sino que estaba reservado a Dios en el día del Juicio Final. Tras su muerte, muchas autoridades religiosas como san Pablo, que había sido acusado de herejía por los cristianos de Jerusalén; san Ireneo, obispo de León (siglo II), y Tertuliano y Orígenes, obispos de la Iglesia de África en el siglo III, entre otros muchos, hablan únicamente de amonestar a los herejes y excomulgarlos, y eso solo en caso de que no depusieran su actitud tras tres avisos. De acuerdo con esta filosofía, el Concilio de Elvira, en el año 305, decretó que los herejes penitentes serían reconciliados sin otra pena que la penitencia canónica.

En el siglo IV, tras la conversión del emperador Constantino, el cristianismo pasó a ser la religión oficial del Imperio romano. Dado que en la nueva situación la Iglesia ya no tenía que ocuparse de escapar a las persecuciones, pudo dirigir su atención a vigilar la pureza del dogma. Como algunas autoridades eclesiásticas abogaron por erradicar las herejías de forma violenta, los cristianos pasaron de ser perseguidos a ser perseguidores. No obstante, la cordura prevaleció en esta primera época, dado que otras muchas voces en la Iglesia recomendaron la misericordia que había predicado Jesús con los que erraban.

Lactancio estableció en su obra *Instituciones divinas* (año 320) que los medios coercitivos para que se abrazase la doctrina religiosa eran opuestos al carácter mismo de la religión, que perdía su esencia en el momento en que dejaba de ser voluntaria. Esta doctrina fue defendida a lo largo del siglo IV por san Atanasio, obispo de Alejandría; por san Hilario, obispo de Poitiers, y por san Ambrosio, obispo de Milán, entre otros muchos. San Jerónimo escribía en el 410 que la religión cristiana se sostenía mejor por la paciencia y la dulzura. San Agustín se manifestó en ese mismo sentido, aunque después matizó su opinión. Salviano, presbítero de Marsella, en su obra *El gobierno de Dios*, publicada en el año 430, al referirse a los herejes seguidores del obispo Arrio decía:

> Ellos son herejes, pero no creen serlo, sonlo en nuestro concepto, no a sus propios ojos. [...] Solo Dios puede saber

cómo serán condenados en el último juicio por el error que han abrazado. Hasta aquel momento, Dios nos recomienda la paciencia con respecto a ellos porque ve que, si estos hombres hierran en la fe, es por efecto de un sentimiento religioso. [66]

Esta teoría, que fue conocida como «doctrina Salviano», no hacía más que recoger la máxima defendida por el mismo Cristo:

Así pues, todo lo que deseáis que los demás hagan con vosotros hacedlo vosotros con ellos. [67]

Mateo, 7:12

En los siglos siguientes el cristianismo se fue expandiendo por toda Europa y la Iglesia aumentó su poder en la tierra. Los papas llegaron a tener potestad para coronar emperadores y reyes. Tal fue el caso del papa Esteban II, que coronó a Pipino, rey de los francos, en el año 754 y, de paso, relevó a los franceses del juramento de fidelidad que habían prestado al rey legítimo, Childerico III; así como el del papa León III, que en el año 800 coronó a Carlomagno emperador de Occidente. De manera paralela, las penas contra los herejes se fueron endureciendo, pero todavía no eran excesivamente crueles; la más dura era la condena a ser azotados y a perder sus honores y algunas de sus posesiones. En líneas generales, las autoridades eclesiásticas siguieron fieles a la doctrina Salviano, por lo que pidieron a los gobernantes clemencia y moderación en el castigo.

Matar infieles y herejes

A pesar de todo, en el año 882 tuvo lugar un hecho que cambió la actitud oficial de la Iglesia: el papa Juan VIII declaró que los que murieran combatiendo contra los infieles recibirían la completa absolución de sus pecados. No solo dejó de ser pecado no obedecer el quinto mandamiento, «No matarás», en el caso de que los muertos fueran infieles, sino que con ese incumplimiento los fieles se libraban de sus pecados, con lo cual tenían el camino expedito para entrar en el paraíso. Poco después, en el año 999, el papa Silvestre II animó a los cristianos a tomar las armas contra los infieles y, finalmente, durante el Concilio de Clermont, en 1095, el papa Urbano II llamó a los fieles a la Primera Cruzada para liberar los Santos Lugares del poder del turco. El mundo se puso en marcha hacia el este con decenas de miles de fieles portando una cruz en el pecho como símbolo de su sagrada misión de matar infieles.

En el Concilio de Letrán, que tuvo lugar en 1179, se decidió que, aunque la Iglesia reprobaba dar muerte a los herejes, pues al fin y al cabo eran cristianos al haber sido bautizados, permitía que se acudiera en auxilio de los príncipes cristianos que los castigaban. La dureza en la represión fue un paso más allá en el concilio celebrado en Verona en 1184, presidido por el emperador Federico I y convocado por el papa Lucio III, en el que se decidió que todos los herejes que no confesaran su crimen serían entregados a la justicia secular. La doctrina Salviano había quedado pulverizada.[68]

Los siguientes papas, Celestino III e Inocencio III, aumentaron considerablemente el patrimonio de san Pedro y su poder temporal y, haciendo uso de este último, instaron a los reyes a que persiguieran las herejías en sus reinos con ayuda de los legados apostólicos. Como consecuencia de ello, arreció la persecución contra los valdenses y los albigenses hasta su completa erradicación. Poco después les tocó el turno a los caballeros Templarios, como hemos indicado en el capítulo 3, «Herejías y cruzadas».

En 1216 murió Inocencio III, y su sucesor, Honorio III, aprobó la creación de un instituto contra los herejes, dirigido por Domingo de Guzmán, cabeza de la nueva orden de frailes predicadores, los dominicos. Para respaldar sus funciones, Honorio III envió un breve a todos los obispos de la cristiandad recomendándoles que dieran apoyo a los dominicos en sus labores contra los herejes.[69]

Poco después, Gregorio IX decretó en 1231 la persecución de cátaros y Stedinger, con la bula *Excommunicamus et anathematisamus*, que señala el inicio de la lucha papal contra la herejía de forma institucional, porque en ella estableció el proceso de investigación y castigo de los herejes, al que denominó Inquisición. Nombró a los dominicos inquisidores e hizo depender el proceso directamente del papa. Dado que la herejía se consideraba un crimen de lesa majestad, Inocencio IV autorizó en 1252 el uso de la tortura en los interrogatorios de los herejes en la bula *Ad extirpanda*, confirmada en los años siguientes por los papas Alejando IV y Clemente IV.

En la lucha contra la herejía también cayeron algunos de los primeros inquisidores, como Pedro de Castelnovo, enviado para convertir a los albigenses, Pedro de Planedis en Urgel y Pedro de Arbués en Zaragoza un par de siglos más tarde; no obstante, ellos tuvieron la recompensa de que los hicieron santos.

La máquina represora de la Iglesia se había puesto en marcha, pero aún tardaría algún tiempo en poner la brujería en el punto de mira.

Escepticismo frente a la brujería

Los padres de la Iglesia, desde san Juan Crisóstomo hasta san Agustín, eran fundamentalmente escépticos respecto a la brujería. Por ejemplo, este último siempre tuvo dudas respecto a la posibilidad física de las metamorfosis, por lo que desarrolló la teoría del ensueño imaginario, según la cual la razón de los tránsitos de las brujas eran delirios imaginativos, aunque creados por el diablo, eso sí. Esa idea prevaleció a lo largo de la Alta Edad Media, tanto es así que, en el Concilio de Frankfurt, convocado y presidido en el año 794 por Carlomagno durante el pontificado de Adriano I, se condenó la persecución a las personas acusadas de ser brujas y magas, se consideró que creer en la existencia de la brujería era una creencia supersticiosa, y se decretó pena de muerte para los que quisieran quemar brujas.

Esta postura fue consagrada en el *Canon episcopi*, un texto cuyo origen ha sido situado por algunos eclesiásticos en el Concilio de Ancira, celebrado en el año 314, pero del cual se han encontrado las primeras copias mucho más tarde, en los documentos de Carlos el Calvo conocidos como *Capitulares*, del año 826. También aparece en la guía para los obispos escrita en torno a 899 por Regino, abad de Prüm. En él se denunciaba como ilusoria la vieja creencia de las cabalgatas nocturnas que ciertas mujeres realizaban para asistir a las ceremonias en honor de la diosa Diana:

> Ciertas mujeres criminales, convertidas a Satán [...] seduci-das por las ilusiones y fantasmas del demonio, creen y profesan que, durante las noches, con Diana, diosa de los paganos o con Herodiade, e innumerable multitud de mujeres, cabalgan sobre ciertas bestias y atraviesan los espacios en la calma nocturna, obedeciendo a sus órdenes como a las de una dueña absoluta.[70]

Quien creyera en tales espejismos era porque se había deja-do engañar por Satán, pero, como no se trataba más que de una ilusión, había que ser benevolente a la hora de juzgar estas creencias. Aquí aparecen muchas de las imágenes y visiones del aquelarre, pero se dice que solo las almas impías creían que eran ciertas.

Siguiendo las enseñanzas del *Canon*, Gregorio VII, inicia-dor de la reforma gregoriana, escribió al rey de Dinamarca en el año 1080 y le prohibió que en su país siguieran quemando bru-jas acusadas de haber causado la pérdida de las cosechas.[71] Según el historiador alemán Wolfgang Behringer, el comportamiento del rey de Dinamarca no fue extraordinario, dado que las auto-ridades seculares locales y nacionales siguieron persiguiendo a las personas acusadas de brujería (usualmente mujeres) a lo lar-go de la Alta y Baja Edad Media, porque la brujería era un cri-men penado con la muerte en las leyes seculares de la mayor parte de Europa. Sin embargo, el *Canon episcopi* es aplicado a partir del siglo XI en la jurisdicción eclesiástica de toda Europa occidental.

En los siglos siguientes varios miembros de la jerarquía eclesiástica, como Bucardo, obispo de Worms a comienzos del siglo XI, Agobardo y Juan de Salisbury, discípulo de Pedro Abe-lardo (amante prohibido de Eloísa) teólogo y obispo de Char-tres en el siglo XII, manifestaron su renuencia a creer los hechos atribuidos a las brujas.[72]

Por ejemplo, Juan de Salisbury en su obra *Policraticus* afirma:

82

El espíritu maligno, con permiso de Dios, dirige su malicia a que algunos crean falsamente real, como ocurrido en sus cuerpos, lo que sufren en la imaginación y por falta propia. Así, afirman los tales que una Noctiluca o Herodiade convoca como soberana de la noche asambleas nocturnas, en las que se hace festín y se libran los asistentes a toda clase de ejercicios y donde son castigados unos y otros recompensados según sus méritos. Creen también que ciertos niños son sacrificados a las lamias, cortados en trozos y devorados con glotonería, después echados y por misericordia de la presidenta vueltos a sus cunas [...] No hay que olvidar que a quienes tal ocurre es a unas pobres mujercillas y a hombres de lo más simples y poco firmes en su fe. El alma impía cree que estas cosas no suceden en el espíritu, sino en el cuerpo.[73]

CRÍMENES DE BRUJERÍA SEGÚN SANTO TOMÁS

La postura oficial de la Iglesia empezó a cambiar cuando santo Tomás de Aquino (1225-1274), uno de los teólogos con más autoridad en la historia de la Iglesia, dio crédito a los crímenes de brujería. Aunque negó la existencia de un pacto formal del hombre con el diablo, proporcionó el soporte intelectual de la caza de brujas sobre la base de cinco puntos fundamentales:

1. *Relaciones sexuales con los demonios.* Los humanos podían copular con los demonios y, gracias a la transferencia del semen de un hombre que estuviera masturbándose o fornicando con un súcubo, una mujer podía dar a luz.

2. *Vuelo nocturno.* Dijo que Satanás, al tentar a Cristo en la cumbre de la montaña, tomó forma corpórea y portó a Jesús, que a su vez se hizo invisible. De ahí dedujo que, dentro de ciertos límites divinos, los demonios podían transportar a las brujas por el aire. También apoyó la doctrina del *raptus* propuesta por san Agustín, una forma de proyección astral en la que el alma podía tener experiencias fuera del cuerpo.

3. *Metamorfosis.* Santo Tomás aceptaba las teorías populares apoyadas por san Agustín sobre la capacidad del diablo

para transformar a los hombres en animales (al igual que Circe convirtió a los marineros de Ulises en cerdos). El diablo creaba una ilusión en la mente de un hombre y, a continuación, una segunda ilusión externa a partir de una masa de aire que se correspondía con la mental. La metamorfosis, por tanto, no era real sino imaginaria, pero los efectos sobre los hombres eran reales.

Pese a que tanto san Agustín como santo Tomás rechazaban la existencia literal de la licantropía (transformación del hombre en lobo), los demonólogos posteriores se basaron en esa explicación para apoyar su veracidad y algunas personas, generalmente hombres, fueron condenados y murieron en la hoguera acusados de ese crimen.

4. *Desencadenamiento de tormentas.* Santo Tomás creía que, con el permiso de Dios, los demonios tenían poder para hacer *maleficia*, por ejemplo, crear tormentas.

Este crimen fue muy perseguido en las épocas de sequías e inundaciones, así como en los periodos extremadamente fríos, que fueron causa de hambrunas en la Edad Moderna.

5. *Ligadura.* Santo Tomas decía lo siguiente: la fe católica sostiene que los demonios existen y que pueden causar daños con sus acciones e impedir la copulación carnal. Podían llevar a cabo esta ligadura de una forma sencilla, por ejemplo, haciendo que un hombre sintiera aversión por una mujer. También creía que las mujeres viejas, gracias a un pacto con el diablo, podían hacer daño a los niños mediante el mal de ojo.[74]

Estos eran los razonamientos de una de las mentes más preclaras de una organización omnipotente durante siglos.

A esta Iglesia, que se había olvidado del mandamiento «No matarás» en su lucha contra el infiel y la herejía, que creía en la existencia de metamorfosis y vuelos nocturnos, llegó en 1316 Juan XXII, un papa obsesionado con el demonio. Para prevenir las conspiraciones para acabar con su vida que supuestamente hacían los astrólogos y adivinos, promulgó varias bulas contra estas prácticas. En 1326 publicó *Super illius specula*, en la cual le daba a la brujería la categoría de herejía, con lo que habilitó su persecución inquisitorial.[75]

El fin del papado de Juan XXII no significó una remisión en los procesos de caza de brujas porque el prelado que le sucedió en 1334, Benedicto XII, se había distinguido por haber juzgado severamente las actividades hechiceras en los valles pirenaicos cuando era conocido como Jacques Fournier, obispo de Pamiers.

Nicolau Eimeric

Unos años después vio la luz el primer manual inquisitorial para la detección y persecución de las brujas, *Directorium Inquisitorum*,[76] publicado por primera vez hacia 1376 por el dominico catalán Nicolau Eimeric (1320-1399). Este consistía en una guía prolija para conseguir el objetivo del inquisidor: la condena del reo. No contemplaba la presunción de inocencia, por lo que, una vez que se admitía la acusación ante la Inquisición, el reo se consideraba culpable hasta que se demostrara lo contrario. Los primeros capítulos tratan «De la formación y sustanciación de las causas» (cap. I); «De los testigos» (cap. II); «Interrogatorio del reo» (cap. III); «Defensa del reo» (cap. IV); «De la tortura» (cap. V).

En el tercer capítulo, Eimeric advierte al inquisidor sobre las diez estratagemas que pueden usar los acusados para engañarlo, y recomienda varias formas de sortearlas y conseguir la confesión plena.

> Lo primero, los apremiará con repetidas preguntas a que respondan sin ambages y categóricamente a las cuestiones que se les hicieren. Lo segundo, si presumiere el inquisidor que está resuelto el reo aprehendido á no declarar su delito, le hablará con mucha blandura, dándole a entender que ya lo sabe todo. Lo tercero, cuando las declaraciones de los testigos contra el herege no hacen plena probanza, pero presentan vehementes indicios y él continua negativo, le hará comparecer el inquisidor, y le preguntará cosas vagas, y cuando negare el acusado

cualquiera cosa hojeará el juez los autos donde estan los interrogatorios anteriores, diciendo: está claro que no declarais
verdad, no disimulcis mas. De este modo el reo se cree convicto,
y piensa que hay en los autos pruebas contra él.[77]

Los razonamientos de estas y otras técnicas no tienen nada
que envidiar a las modernas técnicas de interrogatorio y muestran un gran conocimiento psicológico. Da miedo pensar cómo
se sentiría el reo, al que Eimeric pintaba como un ser perverso
entregado al diablo, cuando sabemos que era una persona indefensa y desconcertada, dado que normalmente desconocía de
qué se le acusaba y quién lo acusaba.

Algunas consideraciones que hace Eimeric en su manual
suprimían las garantías procesales más elementales del acusado:

> Es peculiar y nobilísimo privilegio del tribunal de inquisi-
> ción que no estén los jueces obligados a seguir las reglas foren-
> ses, de suerte que la omisión de los requisitos que en derecho se
> precisan no hace nulo el proceso.[78]
>
> Por respeto a la fe son admitidos los testimonios de los es-
> comulgados, los complices del acusado, los infames y los reos de
> un delito cualquiera.[79]

Ante situaciones excepcionales, había que tomar medidas
excepcionales.*

> Los nombres de los testigos no se deben publicar, ni comu-
> nicarse al acusado.[80]
>
> Cuando confiesa un acusado el delito por el cual fué preso
> por la Inquisición, es inútil diligencia otorgarle defensa.[81]

En el quinto capítulo, Eimeric recuerda que la bula *Ad extirpanda*, promulgada por Inocencio IV, autoriza el uso de la

---

* ¿Cuántas veces se habrá hecho esta afirmación a lo largo de la historia para hacer
pasar por legales y legítimos comportamientos injustificables? La última, tras los atenta-
dos a las Torres Gemelas de Nueva York, cuando esas medidas excepcionales desencadenaron una ola de violencia indiscriminada en la que veinte años después aún estamos
inmersos.

tortura durante los interrogatorios, apremia a los inquisidores a que hagan uso de ella y les da consejos para hacerla más eficaz. Todas las recomendaciones de este texto fueron incorporadas a los protocolos de los procesos que se llevaron a cabo en los siglos siguientes, por lo que los efectos de este capítulo debieron de ser demoledores.

En el cuarto capítulo, se dice que todos los herejes sin excepción están sujetos a la jurisdicción del Santo Oficio. Esto incluía a los blasfemos, excepto si estaban muy borrachos y si usaban las Sagradas Escrituras para hacer chistes. En ambos casos había disculpa, pero los acusados debían sufrir castigos, aunque fueran leves, porque no se podía tomar el nombre de Dios en vano. No obstante, en algunos casos era inflexible.

> Tambien es enormisimo delito aplicar á cosas profanas los textos de la Sagrada Escritura, ó servirse de ellos en galanteos para requebrar á una mujer.[82]

Aún quedaban, sin embargo, rastros del espíritu del *Canon episcopi*, por lo que algunos de los casos de hechicerías no eran considerados herejías, y por tanto no eran dignos de ser juzgados por los inquisidores papales:

> Los hechiceros y adivinos son procesados por el Santo Oficio cuando en sus encantos hacen cosas que se rocen con heregía, como bautizar por segunda vez las criaturas, adorar una calavera, etc. Mas si se ciñeren á adivinar los futuros contingentes por la quiromancia ó rayas de la mano, ó por el juego de dados, ó el aspecto de los astros, que son meras hechicerias, serán juzgados por los tribunales seglares. Los que dan pocimas amatorias á mugeres para que las quieran se asimilan á estos últimos.[83]

A continuación, entra en la materia que sí compete al Santo Oficio:

> Conoce el Santo Oficio de los que invocan al diablo, los cuales se dividen en tres clases. Los de la primera son los que le

tributan culto de latría,* sacrificandole, arrodillandosele, can-
tandole hymnos, guardando castidad, ó ayunando en gloria
cuya, alumbrando sus imagenes, ó dandoles incienso etc. Los
segundos se ciñen al culto de dulía ó hiperdulía,** mezclando
nombres de diablos con los de santos en las letanías, y rogándo-
les que sean sus intercesores con Dios, etc. Los terceros son los
que invocan al demonio, dibujando figuras mágicas, poniendo
un niño en medio de un circulo, valiéndose de una espada, un
espejo, etc. [...]. Todos cuantos invocan al demonio de cualquiera de los tres modos susodichos están sujetos á la jurisdiccion
del Santo Oficio como hereges, y deben ser castigados como
tales. [84]

Hace una salvedad importante, que podría llegar a salvar a
un brujo o a una bruja de la muerte:

Si el hechicero que invoca al diablo, por ejemplo, para que
se enamore de una muger, se vale de los imperativos, te mando,
te apremio, te requiero, etc. no es tan esplicita su heregía; pero si
dice te suplico, te pido, te ruego, etc. es herege manifiesto, porque estas formulas suplicatorias suponen y contienen adoracion
implícita.[85]

Termina la obra de forma compasiva motivada por el deseo
de ganar un alma para el reino de Dios:

Aunque muchas decretales veden que se dé nada á los hereges, no se reputa fautor de la heregía el que da pan a un herege que se está cayendo muerto de hambre, porque se puede
todavia convertir.[86]

A una Iglesia que se había erigido en defensora de la fe por
la fuerza —de las armas o del tormento—, a la que santo Tomás
había proporcionado los fundamentos intelectuales para la persecución de las brujas, que se había dotado de una institución,
una orden mendicante y un manual de los inquisidores para

---

* *Latría*: acto de adoración que solo se debe hacer a Dios.
** *Dulía o hiperdulía*: veneración a los santos.

materializarla, solo le faltaba el respaldo papal para que las hogueras empezaran a arder. Este no tardó mucho en llegar a través de los papas Eugenio IV en 1437, Calixto III en 1457 y Pío II en 1459, que dieron varias órdenes reglamentando la represión de las brujas.

Summis desiderantes affectibus

No obstante, sin duda la disposición pontificia que más repercusión tuvo en las actuaciones de los jueces fue la bula de Inocencio VIII *Summis desiderantes affectibus* («Deseando con el más profundo fervor»)[87] dada en 1484:

> Deseando con la más profunda ansiedad, como requiere la solicitud pastoral, que aumente y florezca la fe cristiana en todas partes, y que sea expulsada de las tierras de los creyentes toda depravación herética, proclamamos de buen grado y reiteramos los medios y métodos concretos para que pueda cumplirse nuestro objetivo cristiano; pues cuando hayan sido erradicados todos los errores gracias a nuestro esfuerzo, como con la azada de un labrador diligente, el celo y la devoción por nuestra fe se afianzará aún más en los corazones de los creyentes.

Estuvo dirigida inicialmente a los obispos alemanes en cuyas diócesis estaba muy extendido el mal porque, según el conocimiento que Su Santidad tenía de los actos que realizaban brujas y brujos, había motivos para estar preocupado:

> En los últimos tiempos llegó a Nuestros oídos, no sin afligirnos con la más amarga pena, la noticia de que en algunas partes de Alemania septentrional, así como en las provincias, municipios, territorios, distritos y diócesis de Maguncia, Colonia, Tréveris, Salzburgo y Bremen, muchas personas de uno y otro sexo, despreocupadas de su salvación y apartadas de la Fe Católica, se abandonaron a demonios, íncubos y súcubos.

Los íncubos y súcubos eran demonios que atacaban a los mortales por uno de sus flancos más débiles —o el que más obsesionaba al clero—: la lujuria. Para ello adoptaban forma humana, de mujer, los súcubos, o de hombre, los íncubos. Sus acciones malvadas no se limitaban al pecado de la lujuria, sino que afectaban a la descendencia del hombre y a los frutos de la tierra.

> [...] y con sus encantamientos, hechizos, conjuraciones y otros execrables embrujos y artificios, enormidades y horrendas ofensas, han matado a niños que estaban aún en el seno materno, lo cual también hicieron con las crías de los ganados; que arruinaron los productos de la tierra, las uvas de la vid, los frutos de los árboles...

Y además causaban grandes penalidades y sufrimientos a seres humanos y animales:

> [...] estos desdichados, además, acosan y atormentan a hombres y mujeres, animales de carga, rebaños y animales de otras clases, con terribles dolores y penosas enfermedades, tanto internas como exteriores; impiden a los hombres realizar el acto sexual y a las mujeres concebir, por lo cual los esposos no pueden conocer a sus mujeres, ni estas recibir a aquellos.

Por todos estos motivos el Sumo Pontífice se veía compelido a actuar:

> Por cuanto Nos, como es Nuestro deber, Nos sentimos profundamente deseosos de eliminar todos los impedimentos y obstáculos que pudieren retardar y dificultar la buena obra de los Inquisidores, así como de aplicar potentes remedios para impedir que la enfermedad de la herejía y otras infamias den su ponzoña para destrucción de muchas almas inocentes.

Y lo hacía delegando en la Inquisición y otorgando plenos poderes a los inquisidores en todos los municipios y distritos aquejados del mal, y para que pudieran llevar a cabo su misión, se pedía la colaboración del clero y las autoridades eclesiásticas:

> [...] en virtud de Nuestra autoridad Apostólica, decretamos y mandamos que los mencionados Inquisidores tengan poderes para proceder a la corrección, encarcelamiento y castigo justos

de cualesquiera personas, sin impedimento ni obstáculo algunos, en todas las maneras, como si las provincias, municipios, diócesis, distritos, territorios, e inclusive las personas y sus delitos hubiesen sido específicamente nombrados y particularmente designados en Nuestras cartas.

[...]

Dado en Roma, en San Pedro, el 5 de diciembre del Año de la Encarnación de Nuestro Señor un mil y cuatrocientos y ochenta y cuatro, en el primer Año de Nuestro pontificado.

La respuesta más vehemente a esta llamada realizada con el más profundo fervor fue la que dieron los hermanos dominicos inquisidores Heinrich Kramer y Jacob Sprenger, quienes escribieron el *Malleus Maleficarum, El martillo de las brujas*. Este código, consagrado específicamente a los delitos de brujería, se imprimió por primera vez en 1486 y hasta 1669 tuvo al menos treinta y nueve ediciones, lo que significa que circularon por Europa decenas de miles de ejemplares de esta obra. Desde la segunda edición, el libro tuvo como prólogo la bula de Inocencio VIII.

KRAMER VERSUS SPRENGER

La autoría de tan polémica obra ha sido enormemente discutida, dado que en estudios publicados a comienzos de siglo XXI los historiadores Wolfgang Behringer[88] y Peter Broedel[89] se la otorgan casi exclusivamente a Heinrich Kramer. Nacido en torno a 1430 en Schlettstadt, hoy Sélestat, en Alsacia, Kramer debió de ingresar en el convento de los dominicos de esta ciudad imperial a edad temprana. Tras doctorarse en Roma, latinizó su nombre con la forma Henricus Institor, y en 1474 fue nombrado inquisidor papal. Como tal, participó en el proceso contra la comunidad judía de Trento (Italia) tras el supuesto asesinato ritual del niño Simon Unferdorben, en 1475. Para apoyar las acusaciones del obispo, bajo cuyas órdenes trabajaba Kramer, este recopiló pruebas de supuestos asesinatos rituales similares perpetrados por comunidades judías en Alsacia. Durante el proceso, el niño Simon fue declarado mártir, comenzó a ser venerado como santo y se le atribuyeron más de cien milagros. Su culto continuó hasta la década de 1900, cuando fue eliminado del martirologio cristiano por las autoridades eclesiásticas.

Kramer destacó en la persecución no solo de los judíos, sino de los practicantes de cualquier forma de religión —valdenses, husitas, etc.— que él consideraba fuera de la ortodoxia cristiana. Su fama proviene de la autoría de *El martillo de las brujas*, que escribió a partir de su experiencia como inquisidor en el sudoeste de Alemania, el oeste de Austria, Suiza y en su tierra, Alsacia, entre 1482 y 1484. A causa de su crueldad en las persecuciones, sus actividades no contaron con el apoyo de las autoridades locales, ya fueran seculares o religiosas, ni con el de los fieles. Como esto dificultaba su trabajo, buscó el amparo del papa Inocencio VIII, hasta que este publicó la ya citada bula *Summis desiderantes affectibus*.

Con ella obtuvo una especie de carta blanca para realizar su persecución, y Kramer comenzó a desarrollar su tarea de inquisidor en Innsbruck, capital del Tirol (hoy en Austria), en 1485. Lo hizo en un clima de intimidación, uso ilimitado de la tortura, negación de defensa legal a los acusados y distorsión de los informes de los interrogatorios, un comportamiento que resultó escandaloso incluso para los estándares legales del siglo XV. Por ello, recibió la condena unánime de la ciudad, comenzando por las autoridades religiosas y civiles y terminando por los familiares de los acusados, hasta el punto de que el obispo Georg Golser ordenó una investigación de los procesos incoados por Kramer y su cancelación, la excarcelación de los acusados y, posteriormente, la expulsión del inquisidor de los territorios del obispado y del Tirol. Esta derrota apabullante fue transformada por Kramer en victoria porque le permitió dedicarse a recopilar sus notas de los procesos de los que se había ocupado en Innsbruck y escribir el libro con el que alcanzaría fama mundial. Fue el primero de su profesión que reconoció la importancia de la imprenta y la aprovechó de forma muy eficiente para lanzar el proceso de la caza de brujas a escala planetaria. A pesar de que no contó con el respaldo de las autoridades civiles, eclesiásticas o académicas, el libro se convirtió en un éxito de ventas inmediato, siendo el segundo libro más demandado durante más de dos siglos, solo por detrás de la Biblia.

En cambio, Jacob Sprenger, considerado coautor de la obra, fue uno de los enemigos más encarnizados de Kramer. Abad de un gran convento de dominicos de Colonia y decano de la facultad de Teología de la universidad de esta ciudad, promovió la veneración a la Virgen María y creó las Confraternidades del Santo Rosario, para promover su rezo entre los fieles. Inquisidor de las provincias de Maguncia, Tréveris y Colonia, no realizó ninguna actividad relacionada con la persecución de las brujas ni antes ni después de la publicación del libro, por lo que no se entiende el motivo de que figurara como coautor ni de que fuera incluido en la bula *Summis desiderantes*. Algunos han atribuido esta presencia al deseo de Kramer de dar prestigio a su obra, cosa que podía conseguir al incluir como coautor a un respetado teólogo. Sin embargo, Sprenger sí actuó diligentemente para dificultar el trabajo de Kramer en su diócesis, prohibiendo a los conventos que le dieran alojamiento e impidiendo que predicara en las iglesias de las provincias bajo su jurisdicción.[90]

Malleus Maleficarum

El éxito de la obra se debe a múltiples causas. De entrada, combina los conocimientos teológicos del autor, las creencias populares e historias sobre las brujas con información obtenida de su propia experiencia en los procesos. Todo ello modificado convenientemente para hacer que los relatos atrajeran la atención de todo el mundo.

En la primera parte, dividida en diecisiete capítulos, se afirma la necesidad de creer en la acción de las «maléficas», las cuales, gracias a su colaboración con el demonio, son responsables de todas las desgracias que aquejan al género humano, por lo que es evidente la necesidad de luchar contra ellas para así poder erradicar el mal del mundo.[91] Defiende la existencia de demonios íncubos y súcubos, que pueden haber contribuido al nacimiento de algunas de las personas dedicadas a la brujería. El carácter misógino de la obra comienza ya en esta parte: en ella

se afirma que los maleficios son obra de mujeres con más frecuencia que de hombres. Mediante las maléficas, el demonio
incita al odio o al amor, impide la potencia generadora y el acto
carnal y produce la sensación de castración. Es seguro también
que las maléficas pueden tornar a los hombres en animales. En
los capítulos finales se discute el maleficio desde un plano general o doctrinal.

En la segunda parte del *Malleus* se explica hasta dónde puede
llegar el poder de las brujas y se expone el modo de combatir y
destruir sus malas obras. Kramer, que concibe a los brujos y brujas como miembros de una secta cuyo objetivo es acabar en la
Iglesia y la sociedad cristiana, describe varias formas de ingreso
en un acto público o privado, en el que el demonio recibe en
persona el acatamiento después de la abjuración de la fe cristiana.
Una vez dentro de la secta, con la ciencia maléfica infusa, las
brujas comienzan a realizar actos como volar gracias a ungüentos
en los que se ha usado grasa de niños. También hacen ligazones
amatorias y físicas de diversas clases, endemonian, causan enfermedades o incluso matan. Pero su poder va mucho más lejos:
pueden producir granizos y tempestades que arruinen cosechas.

La mayoría de los casos que se usa como ejemplos los ins-
truyó Kramer personalmente, otros fueron incoados por inquisidores alemanes o austriacos. Algunos de los descritos son tan
inverosímiles que resultarían cómicos si no tuvieran como consecuencia la quema en la hoguera de personas, pero esos cuentos
de viejas son la sal y la pimienta que hicieron esta obra tan atractiva. Es el caso de la historia de una vieja bruja de Constanza que,
no habiendo sido invitada a una boda, se enfadó tanto con los no-
vios que pidió al demonio que produjera una granizada que
estropeara la fiesta en el mejor momento. Para cumplir sus deseos, este la llevó por el aire a un monte cercano, donde unos
pastores vieron cómo ella hacía un hoyo en el que orinaba y que
removía con un dedo. El demonio elevó el humo desprendido
hacia el cielo y provocó la granizada sobre la boda cuando la
gente estaba bailando. El testimonio de los pastores y las sospechas de los invitados sirvieron para que se formara proceso a la
mujer, que finalmente pereció en las llamas.

La tercera parte del *Malleus*, a la que Kramer dedicó mayor atención, trata del procedimiento a seguir contra las brujas, y es por tanto la que tuvo un efecto más perverso. Una causa se iniciaba tras la acusación de un particular que podía ser un niño; bastaba una denuncia, no se requerían pruebas. Pero a veces ni siquiera era necesario ese trámite, el juez podía abrir una causa por la existencia de un rumor público. El juicio era sencillo, rápido y definitivo. Al juez se le daban plenos poderes, era el que decidía si un acusado tenía derecho a defenderse o no, el que elegía el abogado defensor y el que instauraba las condiciones, por lo que, de hecho, actuaba más bien como un acusador. El tormento podría usarse libremente y si, a pesar de este tratamiento, usual en todo tipo de procesos judiciales en esa época, el reo no confesaba su culpa, en lugar de considerarlo inocente, se podía asumir que ello se debía a la intervención de diablo. No se admitían las ordalías, o juicios de Dios, lo cual fue un enorme avance en los derechos de los acusados, pero la retractación o el arrepentimiento no liberaban de la muerte al convicto. Dado que el crimen de brujería no era solamente religioso, sino también civil, muy a menudo era la misma justicia secular la que lo condenaba. Pero, incluso en el caso de ser condenado por un tribunal eclesiástico, el brazo secular era el encargado de ejecutar la sentencia, porque la Iglesia no podía verter sangre ni arrebatar vidas, ni siquiera las de los grandes pecadores.

El texto del *Malleus* es tan delirante que, cuatro años después de ser publicado, fue repudiado por la orden de los dominicos. A pesar de ello, como ya se ha indicado, se reimprimió infinidad de veces hasta finales del siglo XVII. Aunque tiene varios antecedentes, como el *Directorium Inquisitorum* de Eimeric, ya citado, es el primer acercamiento sistemático a la persecución de brujas que proporciona, además, una apropiada base jurídica, por lo que dio lugar a la formalización del estereotipo clásico de la brujería.

MISOGINIA EN EL *MALLEUS*

Un aspecto novedoso respecto a otros manuales publicados con anterioridad es que hace a las mujeres las principales culpables

de los delitos de brujería sobre la base de argumentos furibun-
damente misóginos. Así, el texto defiende que la superstición se
encuentra ante todo en las mujeres:

> Se trata en verdad de un hecho que resultaría ocioso con-
> tradecir, ya que lo confirma la experiencia, aparte del testimo-
> nio verbal de testigos dignos de confianza. [...] Por lo tanto es
> conveniente, para admonición de las mujeres, hablar de esto, y
> la experiencia demostró muchas veces que se muestran ansiosas
> por oírlo, siempre que se exponga con discreción.
> [...]
> Y de la maldad de las mujeres se habla en Ecclesiasticus, 25:
> «No hay cabeza superior a la de una serpiente, y no hay ira su-
> perior a la de una mujer. Prefiero vivir con un león y un dragón
> que con una mujer malévola». Y, entre muchas otras cosas que
> en ese lugar preceden y siguen al tema de la mujer maligna,
> concluye: todas las malignidades son poca cosa en comparación
> con la de una mujer. Por lo cual san Juan Crisóstomo dice en el
> texto: «No trae cuenta casarse» [san Mateo, 19]. ¡Qué otra cosa
> es una mujer, sino un enemigo de la amistad, un castigo inevi-
> table, un mal necesario, una tentación natural, una calamidad
> deseable, un peligro doméstico, un deleitable detrimento, un
> mal de la naturaleza pintado con alegres colores! Por lo tanto,
> si es un pecado divorciarse de ella cuando debería mantenérse-
> la, es en verdad una tortura necesaria. Pues o bien cometemos
> adulterio al divorciarnos, o debemos soportar una lucha coti-
> diana. En su segundo libro de *La retórica*, Cicerón dice: «Los
> muchos apetitos de los hombres los llevan a un pecado, pero el
> único apetito de las mujeres las conduce a todos los pecados,
> pues la raíz de todos los vicios femeninos es la avaricia». Y Sé-
> neca dice en sus *Tragedias*: «Una mujer ama u odia; no hay ter-
> cera alternativa. Y las lágrimas de una mujer son un engaño
> pues pueden brotar de una pena verdadera, o ser una trampa.
> Cuando una mujer piensa a solas, piensa el mal».
> [...]
> Otros han propuesto otras razones de que existan más mu-
> jeres supersticiosas que hombres. Y la primera es que son más
> crédulas; y, como el principal objetivo del demonio es corrom-
> per la fe, prefiere atacarlas a ellas. Véase Ecclesiasticus, 19: quien
> es rápido en su credulidad es de mente débil, y será disminuido.
> La segunda razón es que, por naturaleza, las mujeres son más

impresionables y más prontas a recibir la influencia de un espíritu desencarnado; y que, cuando usan bien esta cualidad, son muy buenas; pero, cuando la usan mal, son muy malas.

Recuerda después a la primera tentadora, Eva, cuyo engaño por parte de la serpiente dio mucho de sí, pero no recuerda el tratamiento igualitario que dio Jesucristo a las mujeres ni su misericordia con las pecadoras.

La tercera razón es que tienen una lengua móvil, y son incapaces de ocultar a sus congéneres las cosas que conocen por malas artes y, como son débiles, encuentran una manera fácil y secreta de reivindicarse por medio de la brujería [...]. Y a esto puede agregarse que, como son muy impresionables, actúan en consonancia. También hay otros que postulan otras razones, de las cuales los predicadores deberían tener sumo cuidado en cuanto a la manera en que las usan. Pues es cierto que en el Antiguo Testamento las Escrituras dicen muchas cosas malas sobre las mujeres, y ello es debido a la primera tentadora, Eva, y a sus imitadoras; pero después, en el Nuevo Testamento [...] todo el pecado de Eva es eliminado por la Bendición de María. Por lo tanto los predicadores siempre deberían alabarlas tanto como sea posible.

[...] como son más débiles de mente y de cuerpo, no es de extrañar que caigan en mayor medida bajo el hechizo de la brujería. Porque en lo que respecta al intelecto, o a la comprensión de las cosas espirituales, parecen ser de distinta naturaleza que los hombres, hecho respaldado por la lógica de las autoridades y apoyado por diversos ejemplos de las Escrituras. Terencio dice: «En lo intelectual, las mujeres son como niños».

También hace referencia a la deficiencia física de la mujer, de la que ya habló Aristóteles, para quien era un hombre defectuoso, y recuerda que no fue creada por Dios a partir del barro, como Adán, sino que la hizo a partir de una costilla de este.

Pero la razón natural es que es más carnal que el hombre, como resulta claro de sus muchas abominaciones carnales. Y debe señalarse que hubo un defecto en la formación de la primera mujer, ya que fue formada de una costilla curva, es decir, la costilla del pecho, que se encuentra encorvada, por decirlo así, en dirección contraria a la de un hombre. Y, como debido a este defecto es un animal imperfecto, siempre engaña. Porque dice Catón: «Cuando una mujer llora, teje redes». Y luego: «Cuando una mujer llora, se esfuerza por engañar a un hombre». Y esto lo muestra la esposa de Sansón, quien lo instó a que le dijese el enigma que había propuesto a los filisteos, y les dio la respuesta, y así lo engañó. Y resulta claro, en el caso de la primera mujer, que tenía poca fe; pues, cuando la serpiente preguntó por qué no comían de todos los árboles del Paraíso, ella respondió: de todos los árboles, etcétera..., no sea que por casualidad muramos. Con lo cual mostró que dudaba, y que tenía poca fe en la palabra de Dios.

Asimismo, se inventa una etimología para la palabra «fémina»:

> Y todo ello queda indicado por la etimología de la palabra; pues *Femina* proviene de *Fe* y *Minus*, ya que es muy débil para mantener y conservar la fe. Y todo esto, en lo que se refiere a la fe, pertenece a su naturaleza, aunque por gracia y naturaleza la fe jamás faltó en la Santa Virgen, aun en el momento de la pasión de Cristo, cuando le faltó a todos los hombres.
>
> Por lo tanto, una mujer malvada es por naturaleza más rápida para vacilar en su fe, y, por consiguiente, más rápida para abjurar de la fe, lo cual constituye la raíz de la brujería. Y en cuanto a su otra cualidad mental, es decir, su voluntad natural; cuando odia a alguien a quien antes amó, hierve de ira e impaciencia en toda su alma, tal como las mareas del océano siempre se hinchan y hierven. Muchas autoridades se refieren a esta causa. Ecclesiasticus, 25: «No hay ira superior a la de una mujer». Y Séneca [*Tragedias*]: «Ninguna fuerza de las llamas o de los vientos henchidos, ninguna arma mortífera, deben temerse tanto como la lujuria y el odio de una mujer que ha sido divorciada del lecho matrimonial».[92]

Esa percepción de la mujer como ser débil y fácil de pervertir ya estaba en la sociedad, no era más que un compendio de las creencias de la época. Por ello se convirtió en la base de la formación de la mayoría de los potenciales cazadores de brujas.

Aunque en los años inmediatamente posteriores a la publicación del *Malleus* no hubo un incremento en el número de procesos de brujería, este texto contribuyó a la homogeneización de las creencias de las élites y la gente del pueblo, así como a crear un sentimiento compartido de miedo y de la necesidad de actuación, que fue calando poco a poco en todos los estratos de la sociedad.

Tras la promulgación de la bula *Summis desiderantes affectibus*, varios papas apoyaron la persecución de las brujas y promulgaron bulas y breves para facilitarla (Alejandro VI en 1494; Julio II, durante su papado de 1503 a 1513; León X en 1521; Adriano VI en 1523 y Clemente VII en 1524). Además de ellos, tras la Reforma protestante, pastores tan destacados como Melanchthon, Bullinger y Lutero declararon a las hechiceras enemigas de la Iglesia reformada. Calvino dirigió en persona la campaña contra la brujería que tuvo lugar en Ginebra en 1545.

TRATADOS DE DEMONOLOGÍA

No es de extrañar por ello que las obras sobre este tipo de persecución proliferaran a lo largo de los siglos XVI y XVII. Uno de los casos más sorprendentes fue el de Jean Bodin (1530-1596), que publicó *De la démonomanie des sorciers* en 1580. Este es descrito por el historiador británico Hugh Trevor-Roper como:

> [...] el Aristóteles, el Montesquieu del siglo XVI, el profeta de la historia comparada, de la teoría política, de la filosofía de las leyes, de la teoría cuantitativa del dinero y de muchas cosas más.[93]

En una fecha tan temprana como 1576 había publicado un libro titulado *República*, en el que decía que la soberanía última de una nación radicaba en el pueblo. Esa misma persona cultivada y brillante dijo que los jueces que se mostraban compasivos con las personas acusadas de brujería eran brujos ellos mismos y servidores del diablo, por lo que merecían ser quemados. Defendía la necesidad de emplear procedimientos excepcionales, porque, en el caso de seguir los del derecho común, no se condenaría ni una entre un millón de brujas.

Bodin, que anticipó una sociedad con un orden nuevo, creía firmemente en el origen demoniaco de la magia, la existencia de las brujas y su capacidad infinita para hacer daño a los hombres. En su obra hay una primera parte de carácter teológico, compuesta por los libros I a III, dedicada a explicar qué es la brujería, sus formas y logros, los actos de los hechiceros y brujas y las diversas clases de magia. El libro IV es un tratado de derecho procesal y penal que indica los modos de tomar declaraciones y las penas que corresponden a cada delito. Afirma que las brujas son culpables de quince crímenes, entre los cuales incluye todo tipo de horrores como renegar de Dios, maldecir en su nombre y blasfemar, rendir homenaje al demonio adorándolo y haciendo sacrificios en su honor, dedicarle los hijos, matarlos antes de recibir el bautismo, consagrarlos a Satanás en el vientre de sus madres, hacer propaganda de la secta de los brujos, jurar en nombre del diablo, cometer incesto, matar a sus semejantes y a los niños pequeños para hacer cocimientos, comer carne humana y beber sangre de los muertos desenterrados, matar por medio de venenos y sortilegios, matar al ganado, causar la esterilidad en los campos y el hambre o tener cópula carnal con el demonio.

En la misma línea que la obra de Bodin se sitúan *Daemonologie* (1597) del rey Jacobo VI de Escocia y I de Inglaterra; *Daemonolatreiae* (1595) del fiscal general de Lorena Nicolas Rémy (1554-1600), que decía haber ejecutado a ochocientas brujas; *Disquisitionum magicarum* (1599) del jesuita hispano-holandés Martín del Río (con un total de veinte ediciones, fue el texto más popular en el siglo XVII, usado entre otros procesos famosos en el de la caza de brujas de Salem) y el *Tableau de l'inconstance* (1612) de Pierre de Lancre, entre otros muchos.[94] Este último autor fue un destacado cazador de brujas en el País Vasco francés tras ser nombrado juez en el parlamento de Burdeos por el rey Enrique IV de Francia, para que se hiciera cargo de la investigación en el país del Labourd en 1608. Llegó a afirmar que había treinta mil personas contaminadas por el mal de la brujería en el Labourd (prácticamente toda la población) y alardeaba de haber enviado a la hoguera a seiscientas personas.[95]

En los siglos XVI y XVII hubo una autentica competición por publicar manuales de caza de brujas, pero también aparecieron textos de signo contrario, a pesar de que con ello sus autores corrían el riesgo de ser considerados brujos. Fue el caso de Johann Weyer (o Jean Wier), médico del duque de Cleves y autor de *De praestigiis daemonum*[96] (1563) y *De lamiis* (1577). Sostenía que el diablo era el maestro de la impostura y de los engaños y aceptaba la existencia de la conspiración diabólica, pero señalaba que ciertos aspectos eran ilusorios, como el pacto con el diablo y la capacidad de causar daño que tenían las brujas gracias al mismo. A partir de esta primera argumentación distinguía a los magos que habían hecho un pacto explícito con el demonio, los cuales debían ser duramente castigados, de aquellas infortunadas mujeres a las que se acusaba de brujas, pero que no eran sino víctimas de las insinuaciones y fantasías provocadas por el demonio. Se trataba en particular de mujeres enfermas y afectadas por el humor «melancólico» (que era como se denominaban las enfermedades mentales), hecho que las convertía en presas fáciles para los engaños diabólicos. No afirmaba en ningún momento que el diablo no existiera, sino que intentaba probar que su modo de acción no consistía en hacerse presente en el *sabbat*, sino en actuar sobre los cuerpos, humores y mentes de los sujetos más frágiles, los ignorantes, las mujeres, las viejas. Rechazaba la existencia de los vuelos, que las brujas fueran capaces de provocar enfermedades y trastornos atmosféricos o que cohabitaran con el demonio, y decía que, si hacían daño, era por procedimientos naturales: el demonio avisaba con anticipación de que iba a haber tormenta para que hicieran sus hechizos y otros creyeran que la tormenta se debía a ellas. Weyer fue refutado por Jean Bodin en un apéndice de su obra.

Poco después, en 1584, el hacendado inglés Reginald Scot publicaba *The Discoverie of Witchcraft*, en el que afirmaba que la brujería era una superchería, deploraba los prejuicios de los jueces, la idiotez de las acusaciones y la violación del procedimiento criminal.[97] Para Scot, existían cuatro categorías de supuestas brujas. En primer lugar, se hallaban las inocentes, acusadas falsamente por malicia o ignorancia. En segundo lugar, las que se engañaban a sí mismas, mujeres dementes que estaban convencidas de que habían realizado un pacto con el demonio y obraban en consecuencia. En tercer lugar, aquellas mujeres que dañaban de verdad a sus vecinos, pero no por medios mágicos, sino mediante venenos. Y, en último lugar, estaban los impostores, que recorrían las aldeas pretendiendo tener la capacidad de sanar enfermedades y realizar prodigios. Quienes pertenecían a estas dos últimas categorías eran aquellos a los que «no se debía dejar con vida», según el mandato bíblico. Scot negaba todo tipo de magia y estuvo a un paso de negar la existencia de lo sobrenatural.

Sin embargo, la crítica más demoledora apareció en la obra del jesuita alemán Friedrich Spee (1591-1635) en su *Cautio criminalis* (1631).[98] Aunque no negaba que pudieran tener lugar actos mágicos ni la intervención del demonio en la vida humana, basándose en sus propias experiencias cuando acompañó y consoló en sus últimos momentos a las brujas torturadas y condenadas, llegó a la conclusión de que había un problema de justicia mal administrada. Para ello, examinó las circunstancias en las que las personas eran acusadas de brujería y la variedad de denuncias que se hacían, y puso de manifiesto la influencia de los predicadores. Explicó que las formas de detención, interrogatorio e inspección, la obtención de confesiones por medio de torturas y el hecho de que abogados e inquisidores fueran remunerados en proporción al número de convictos hacían que las acusaciones falsas proliferaran.

> La pena me ha encanecido el pelo, la pena por las brujas a las que he acompañado a la hoguera [...]
> Hasta ahora no se me había ocurrido dudar de que hubiera muchas brujas en el mundo, pero tras examinar los archivos públicos, creo que no ha existido ninguna.[99]

Apelando a su propia experiencia con las condenadas, a su dominio de la teología, de la oratoria y la retórica como profesor en las escuelas jesuitas, y a los conocimientos legales de sus compañeros de la orden, escribió uno de los textos que contribuyó a poner fin a la locura de la caza de brujas indiscriminada en Alemania, donde la inmensa mayoría de los tribunales que las juzgaban no eran religiosos. Aunque el libro se publicó de forma anónima, sus superiores en la orden de los jesuitas supieron quién era el autor, por lo que estuvo a punto de ser expulsado de la orden, dado que el texto se había publicado sin la revisión y censura previa de los responsables de la misma. Finalmente no lo expulsaron e incluso lo defendieron de los ataques que sufrió por la escritura del libro.

Por muy convincentes, documentadas y bien argumentadas que nos parezcan hoy las obras de Weyer, Scot, Spee, y las de muchos otros que negaron la existencia de los *maleficia* de las brujas y se horrorizaron ante la crueldad de su caza, lo que consiguieron fue que sus autores fuesen víctimas del ostracismo y la condena de sus correligionarios y conciudadanos, que en el mejor de los casos debían de considerarlos locos. La existencia de la brujería era un hecho incontrovertible, avalado por numerosas autoridades eclesiásticas y jurídicas seculares, incluyendo infinidad de papas, por lo que no dieron crédito a lo que estos autores dijeron. Además, todos los habitantes de Europa, desde el mendigo hasta el rey, sabían que, aunque Dios era omnipotente, el diablo trabajaba sin descanso para traer el mal al mundo, y sus principales esbirros eran las brujas, por lo que todo esfuerzo para arrancarlas del mundo era poco.

Un caso muy diferente fue el del inquisidor español Alonso de Salazar y Frías, quien, tras el auto de fe celebrado en Logroño en 1610 contra las brujas de Zugarramurdi, del que nos ocuparemos en próximos capítulos, escribió un largo memorial dirigido a la máxima autoridad de la Inquisición. [100] En él, Salazar se mostraba completamente incrédulo respecto de la existencia del *sabbat* y de los actos atribuidos a las brujas; este informe sistemático y preciso proporcionó a la Inquisición española las herramientas que necesitaba para poner fin a la persecución. La prudencia del alto tribunal, junto con el escepticismo español, magistralmente expuesto por Cervantes, hizo que en nuestro país la caza de brujas llegara a su fin casi antes de haber comenzado. En su *Coloquio de los perros*, la Cañizares, tenida por bruja, describe así sus tratos con el diablo:

Vamos a verle [al demonio] muy lejos de aquí, a un gran campo donde nos juntamos infinidad de gente, brujos y brujas, y allí nos da de comer descubridamente y pasan otras cosas que en verdad y en Dios y en mi ánima que no me atrevó a contarlas según son de sucias y asquerosas, y no quiero ofender tus castas orejas. Hay opinión que no vamos a estos convites sino con la fantasía, en la cual nos representa el demonio las imágenes de todas aquellas cosas que después contamos que nos han sucedido. Otros dicen que no, sino que verdaderamente vamos en cuerpo y ánima; y entrambas opiniones tengo para mí que son verdaderas, puesto que nosotras no sabemos cuándo vamos de una o de otra manera porque todo lo que nos pasa en la fantasía es tan intensamente que no hay diferenciarlo de cuando vamos real y verdaderamente. Algunas experiencias desto han hecho los señores inquisidores con algunas de nosotras que han tenido presas, y pienso que han hallado ser verdad lo que digo.[101]

7

Inquisición española

Todo el mundo tiene una opinión sobre la Inquisición. Aunque hasta épocas recientes tenía tanto detractores como defensores, estos últimos escasean últimamente, dado que sus objetivos

> No pensar
> No sentir
> No ser

no están hoy bien vistos. No dejar que los fieles pensaran para que no incurrieran en ideas heréticas, no dejar que sintieran deseos impuros, no dejar que fueran judíos, mahometanos o sodomitas.

A pesar del conocimiento más o menos superficial que se tiene de la Inquisición, calibrar su efecto en la historia de Europa y de España es una tarea compleja. El lingüista e historiador británico Rossell Hope Robbins dice en su *Enciclopedia de la brujería y demonología*:

> De no haber sido por la Inquisición, el tribunal católico encargado de descubrir y castigar la heterodoxia religiosa, no habría muerto por brujería ni una sola persona.[102]

No es menos crítico Juan Antonio Llorente, inquisidor español y primer historiador de esta institución, en su obra sobre la misma publicada a comienzos del siglo XIX:

Yo fui secretario de la inquisición de corte en Madrid en los años 1789, 1790 y 1791 y conocí el establecimiento lo bas tante a fondo para reputarlo vicioso en su origen, constitución y leyes.[103]

Quizá la visión más completa sea la que ofrece el estadounidense Henry Charles Lea, el primer historiador extranjero que realizó un estudio exhaustivo de la Inquisición española a partir de las fuentes primarias. En su obra *Historia de la Inquisición española*, publicada por primera vez en 1906, afirma que el efecto más nocivo de dicha institución no fueron las víctimas o los procesados, sino

> [...] la influencia silenciosa ejercida por su incesante y secreta tarea sobre la masa de gente y las limitaciones que esta influencia impuso en el intelecto español, acarreando un conservadurismo que mantuvo a la nación en la senda medieval, de forma que no estuvo preparada para el ejercicio de libertad racional cuando el siglo xix trajo la inevitable revolución.[104]

Sin embargo, no podemos olvidar que, como afirma el gran defensor de la institución, Marcelino Menéndez Pelayo, la Inquisición no habría podido existir durante más de tres siglos sin el apoyo, entusiasta en muchos casos, de la sociedad española.

ORIGEN, HISTORIA Y ORGANIZACIÓN

Como ya se ha explicado, la Inquisición fue un tribunal eclesiástico establecido para perseguir y castigar los delitos contra la fe perpetrados por los cristianos, es decir por las personas bautizadas. El jurista Francisco Tomás y Valiente* amplía esta definición:

> La Inquisición era un Tribunal. En cuanto tal, tenía como misión la defensa de la fe y la moral de la Iglesia católica, mediante la persecución de los delitos que atentaran contra una u

---

* Asesinado por la organización terrorista ETA en 1996.

otra [la fe o la moral, ...] El objeto directo de la actividad del Tribunal del Santo Oficio de la Inquisición eran los delincuentes, es decir los pecadores contra la fe o la moral católicas.[105]

También recuerda que los conceptos «delito» y «pecado», que hoy son completamente diferentes, hasta épocas muy recientes eran indistinguibles entre sí:

> En el pensamiento de teólogos y de juristas, en los términos legales y aun en el lenguaje no profesional, delito y pecado fueron durante siglos dos realidades si no absolutamente idénticas, sí al menos muy próximas. La herejía o los actos de brujería *lato sensu*; el sacrilegio o la sodomía; la bigamia o la blasfemia eran delitos perseguidos por la legislación penal de los reyes y considerados como tales en las obras de los juristas cultos europeos de los siglos XIII y siguientes.

Y resume magníficamente las paradojas de una institución que, a pesar de lo ajena que pueda parecernos hoy, durante casi tres siglos vertebró la sociedad española:

> Esto explica la existencia misma de la Inquisición en cuanto tribunal dotado de un enorme poder temporal, pero dedicado a la defensa de la fe; compuesto por teólogos y canonistas, pero dependiente en último término del rey; tendente a una autonomía y autosuficiencia creciente, pero al mismo tiempo tributario de la misma tradición jurídica (la del Derecho común europeo nacido en los siglos XII y XIII) y usuario de los mismos mecanismos jurídicos que las instituciones pertenecientes a la esfera de la jurisdicción real ordinaria.

La Inquisición española derivó de la creada por la Iglesia durante la Edad Media porque la represión de la herejía necesitaba unos procedimientos específicos. Por ello, como hemos indicado en el capítulo dedicado a las herejías, ya en el siglo XII la Iglesia comenzó a hacer *Inquisitio*, es decir, indagaciones sobre las desviaciones del dogma. El papa Gregorio IX tomó en sus manos la dirección de estos trabajos de indagación, hasta entonces bajo la tutela de los obispos, y en 1235 creó una institución, que se suele denominar Inquisición papal o medieval, para distinguirla de las nacionales. Sus brazos ejecutores habían de ser los dominicos, monjes de la orden creada por santo Domingo, cuyo nombre derivaba de los términos latinos *dominus canis*, que significa «sabuesos del Señor». Inocencio IV, el sucesor de Gregorio IX en el trono de san Pedro, amplió el privilegio de desarrollar las tareas de la Inquisición a los franciscanos en 1246. Poco después, en 1251, como se ha referido anteriormente, la actitud de Inocencio IV se tornó aún más beligerante al autorizar el uso de la tortura en la persecución de la herejía, porque un crimen excepcional requería medidas excepcionales. En 1280 el papa Nicolás III publicó una bula con información detallada sobre el funcionamiento de la Inquisición,

El número de tribunales de Inquisición papal se fue multiplicando por Europa y así, en el siglo XIV, los había en Polonia, Portugal, Bosnia y Alemania. A su vez se editaron manuales procesales del Santo Oficio, como los de los catalanes Raimundo de Peñafort y Nicolau Eimeric en los siglos XIII y XIV, respectivamente, y Bernardo Guy, también en el XIV. En Castilla no había tribunales de la Inquisición en esa época, pero en el reino de Aragón habían sido establecidos para luchar contra la herejía cátara por el decreto real emitido por Jaime I en 1233 durante un concilio celebrado en Tarragona a instancias del papa Gregorio IX.[106]

Un par de siglos más tarde, los Reyes Católicos solicitaron al papa la creación de una Inquisición nueva para la corona de Castilla. Tras varias discusiones entre unos y el otro, porque ambos querían tener el control último de la institución, finalmente el papa Sixto IV, en la bula *Exigit Sincerae Devotionis Affectus*, otorgó en 1478 a los Reyes Católicos la potestad de nombrar a dos o tres obispos o sacerdotes para desempeñar el oficio de inquisidores en Castilla. Los monarcas hicieron uso de esta potestad y nombraron inquisidores casi inmediatamente. Estos incoaron varios procesos en Sevilla, ciudad en la que se estableció uno de los primeros tribunales, dado el elevado número de judeoconversos residentes en la misma. Muchos de estos judíos convertidos al cristianismo habían abrazado la fe en Cristo forzados por la amenaza de expulsión o sanciones, por lo que continuaban practicando los rituales judaicos y se abstenían de comer carne de cerdo. No obstante, como habían sido bautizados, sus delitos habían de ser juzgados por la Inquisición. El principal objetivo de esta era perseguir a los judíos falsamente convertidos al cristianismo, también llamados judaizantes.

El primer auto de fe (ejecución publica de las sentencias inquisitoriales que describimos en detalle más adelante) se celebró en Sevilla en el año 1481. Poco después, sus majestades católicas reclamaron al papa la potestad de nombrar inquisidores en la corona de Aragón, a lo que este se resistió en principio, pues esa había sido una prerrogativa del papado desde comienzos del siglo XIII.

Finalmente, en 1483 nombró un inquisidor general de Castilla y Aragón, y así nació la moderna Inquisición española, cuya diferencia fundamental con la inquisición papal fue su función política y el hecho de que era controlada por los reyes españoles. El uso de la Inquisición como instrumento político por parte de la monarquía española de los siglos XVI y XVII es indiscutible porque era el único órgano estatal que permitía al rey salvar los controles de los fueros de la corona de Aragón. Este tenía capacidad de nombrar inquisidores generales, controlar sus recursos económicos y decidir sobre pleitos jurisdiccionales, pero el depositario de la legitimidad final de la Inquisición española era el papa. Además, una vez nombrados, los inquisidores generales llegaron a actuar con total independencia del poder real —de hecho, en teoría hasta los mismos reyes estaban sometidos a su jurisdicción— y de forma autónoma respecto al papado. En cambio, en otros países como la vecina Francia, gobernada en esa época por una monarquía absoluta, no hubo Inquisición moderna, pero no por eso dejó de perseguirse la herejía: los procesos heréticos eran incoados allí por los Parlamentos (lo que hoy llamaríamos Tribunal Superior de Justicia). Por su parte, el papa creó en Roma una Inquisición propia en 1542, que sigue funcionando hoy día, aunque ha cambiado su nombre por el más inocuo de Congregación para la Doctrina de la Fe.

Como ya se ha dicho, el inquisidor general, nombrado por el rey y ratificado por el papa, estaba a la cabeza de la Inquisición española como presidente del Consejo de la Suprema y General

Inquisición, más conocido como «la Suprema», que daba a la institución un carácter muy jerarquizado y centralizado. No obstante, esta tenía una amplísima base territorial a través de los tribunales de distrito. El primer inquisidor, fray Tomás de Torquemada, ejerció como tal desde 1483 hasta su muerte en 1498. Encontramos visiones contradictorias de su comportamiento. Por un lado, el historiador español Juan Antonio Llorente habla de su crueldad en la persecución de la herejía y afirma que durante su mandato fueron condenadas a las llamas más de diez mil personas, además de varias decenas de miles castigadas con infamia y confiscación de bienes, por lo que le atribuye la responsabilidad directa de la desgracia de más de cien mil familias, cifras que son muy rebajadas por los historiadores modernos sin excepción.

En contraste con este retrato de Torquemada, el historiador inglés William Thomas Walsh dice que era un

> hombre apacible y estudioso que se vio obligado a dejar su claustro para ocupar un cargo desagradable pero necesario, y que ejerció con espíritu de justicia templado por la piedad y siempre con habilidad y prudencia.[107]

Otros historiadores han confirmado la piedad y el ascetismo de Torquemada, pero, por ejemplo, H. C. Lea recuerda que, si bien no sucumbió al pecado de la gula o al gusto por el ornato personal, dado que no comía carne y no vestía más que bastas sayas de algodón, vivía en magníficos palacios, algunos de los cuales se construyeron bajo su mandato, y que amasó una gran fortuna.[108]

Al margen de estas opiniones, Torquemada fue un alto funcionario que sirvió a la corona de los Reyes Católicos con lealtad, diseñando la estructura y forma de operar de la Inquisición y el carácter esencialmente político de los inquisidores generales que le sucedieron, todos ellos eclesiásticos de brillantes carreras. Al segundo inquisidor general, fray Diego de Deza, arzobispo de Sevilla que ocupó el cargo hasta 1506, le sucedió el cardenal Cisneros, que tuvo gran protagonismo político en la corte de los Reyes Católicos y fue responsable, entre otras cosas, de la creación de la Universidad de Alcalá de Henares. Varios de los inquisidores generales que ocuparon el cargo durante los siglos XVI y XVII procedían del Consejo de Castilla o del Consejo de Estado, lo que pone de manifiesto la relación estrecha entre poder político e inquisitorial en los reinos de Castilla y Aragón. Por otro lado, a pesar del gran protagonismo de los dominicos en la creación de la inquisición papal, en España, de un total de cuarenta y cinco inquisidores generales, solo cinco pertenecieron a esta orden.

Los miembros del Consejo de la Suprema, entre seis y ocho personas, eran nombrados por el rey, que los elegía de una terna propuesta por el inquisidor general. Entre sus tareas, juzgaban las apelaciones, arbitraban las situaciones de votos discordantes en los procesos más importantes y se ocupaban de los delitos cometidos por funcionarios del Santo Oficio.[109] Este consejo estaba insertado en el sistema político de la monarquía española hasta el punto de que muchos de sus miembros asistían regularmente a otros consejos de Castilla y, a su vez, los miembros de estos asistían a las sesiones de la Suprema, que tenían lugar en la corte y se celebraban todas las mañanas de los días laborables y las tardes de martes, jueves y sábados. Por la mañana se trataban cuestiones de fe, y por la tarde se revisaban los delitos públicos y los casos de sodomía, bigamia, hechicería y superstición. Los viernes se analizaban los casos de limpieza de sangre. A partir de 1633 se dedicaron al control financiero.

El otro componente fundamental de la Inquisición española fueron los tribunales de distrito, que garantizaban la presencia de la institución en todo el territorio nacional. Aunque durante los primeros años de la Inquisición española los tribunales de distrito actuaron de forma autónoma, la Suprema llevó a cabo una centralización administrativa, de criterio y de funcionamiento. Los primeros que se constituyeron fueron los de Sevilla, Córdoba, Valencia y Zaragoza, ciudades con elevado número de judaizantes. En los años siguientes, la institución se extendió por todo el territorio nacional excepto en Galicia, Navarra y Granada. En 1493 ya había veintitrés tribunales de distrito, cuyas circunscripciones coincidían generalmente con las de los obispados. La crisis económica de la institución, y de la sociedad española en general, originada por la expulsión de los judíos, obligó a reducir el número de tribunales a partir de 1495, por lo que en 1507 solo había siete. Tres años después comenzó la recuperación económica y con ella la multiplicación de los tribunales. En 1574 se creó el de Galicia; en 1569, los de Lima y México, y en 1610, el de Cartagena de Indias.[110]

En cada tribunal solía haber dos inquisidores, usualmente un jurista y un teólogo, que ocupaban el cargo unos dos años de promedio. La universidad fue un gran centro de reclutamiento de los inquisidores, que solían tener el título de licenciado o doctor. Un funcionario de la Inquisición solía comenzar su carrera como asesor fiscal o consultor en tribunales de poca categoría, para ir ascendiendo profesionalmente hasta llegar a ser inquisidor en tribunales de mayor prestigio. Los comportamientos no ejemplares de algunos de los miembros debían ser corregidos a menudo, lo que se hacía a través de las visitas de los enviados especiales de la Suprema.

La Inquisición tenía una amplia panoplia de empleados que desempeñaban distintas funciones. El procurador fiscal elaboraba las denuncias, es decir, convertía las delaciones en acusaciones. Los consultores, que normalmente procedían de la audiencia, eran los encargados de matizar la responsabilidad de los acusados, precisando cuestiones procesales. Los calificadores, en general teólogos y catedráticos de prestigio, eran los que emitían veredictos respecto a la peligrosidad de un texto o de una determinada expresión verbal. Había tres tipos de secretarios: el «notario de secuestros», encargado de registrar las propiedades embargadas hasta que se decidía su confiscación; el «del secreto», que anotaba las declaraciones de los testigos y procesados, y el «escribano general», que registraba las sentencias, los edictos de gracia, los autos de fe y el resto de la burocracia procesal. El «alguacil» era el oficial encargado de detener a los denunciados, perseguir a los fugitivos y supervisar su encarcelamiento; el «nuncio» trasladaba las comunicaciones desde la ciudad principal hasta los distintos lugares del distrito; el «alcalde» era el carcelero encargado de la alimentación de los presos y, por último, el «médico» examinaba a los reos y tenía que estar presente en los interrogatorios y torturas. Una figura controvertida era la del «familiar», un servidor laico del Santo Oficio que ayudaba a sus funcionarios, participando directamente en la persecución y arresto de los acusados, y que además realizaba tareas de información y espionaje. Era una especie de «policía secreta» del Santo Oficio.[111]

Todos los empleados de la Inquisición gozaban de gran prestigio y beneficios además del sueldo. Un caso especial era el de los familiares, que, aunque no tenían retribución, eran cargos muy codiciados porque llevaban aparejados privilegios jurídicos, fiscales y de otro tipo. Por ejemplo, solo podían ser juzgados por la Inquisición, lo que a menudo significaba inmunidad para delitos menores e incluso mayores, y tenían derecho a portar armas. Por ello, su número aumentó de forma desmesurada, con lo que tuvieron que establecer unos *numerus clausus*, por ejemplo, cincuenta en la ciudad de Toledo y ciento ochenta en la de Valencia. Inicialmente la mayoría de los familiares procedían de las clases populares, pero, dados los beneficios que conllevaban, poco a poco estos cargos fueron acaparados por la clase media. En Andalucía tenía el monopolio la baja nobleza, y, de esta, solo unas cuantas familias.[112] Lope de Vega, prolífico escritor español del Siglo de Oro, se vanagloriaba de su título de «familiar» del Santo Oficio.[113] Normalmente, quien formaba parte de la Inquisición lo hacía hasta su muerte.

El comportamiento de los funcionarios inquisitoriales no siempre fue ejemplar, pero no resultaba fácil enmendar estas conductas porque la institución, en general, defendía celosamente el buen nombre de sus miembros, sobre todo si las acusaciones eran realizadas por personas ajenas a la misma. Un requisito en teoría imprescindible, pero que a menudo no se cumplía, era el de la limpieza de sangre de los miembros de la Inquisición y sus esposas, es decir, que no tuvieran ascendientes judíos o moriscos, lo que entonces se denominaba ser cristiano viejo.

Finalmente, la Inquisición tenía su propia cofradía: la Hermandad de san Pedro Mártir, cuyas funciones eran de carácter ceremonial. Todo empleado del Santo Oficio, pagado o no, tenía derecho a ser miembro, aunque no era obligatorio serlo.[114]

LAS FINANZAS

La rapacidad económica de los inquisidores fue siempre una de las mayores críticas a la institución, y no faltaban motivos para ello, dado que, al comienzo de su andadura, las principales fuentes de ingresos procedían directamente de los acusados. Estos se obtenían de diversos modos, siendo el más conocido las confiscaciones de bienes. También existían los pagos de «composiciones», multas aplicadas a los que declaraban su delito espontáneamente; las licencias y habilitaciones, aportadas por los procesados para redimirse de algunos castigos como la prohibición de realizar todo tipo de empleo público; y los pagos para quitamientos de hábitos, para liberarse de la penitencia de tener que llevar puestos los sambenitos. Castigos, todos, poco gravosos para los condenados, lo que les permitía continuar con su vida y sus negocios.[115]

No había cantidades fijadas para las composiciones, licencias y quitamientos de hábitos. Normalmente eran los propios acusados los que hacían una oferta según sus posibilidades económicas, ofertas que eran estudiadas por los inquisidores. Así, por ejemplo, en 1589 el quitamiento de hábitos se cotizaba entre doscientos y quinientos reales; el levantamiento del destierro, entre trescientos y mil reales, y la redención de la reclusión, entre doscientos y cuatrocientos reales. La conmutación de galeras estaba mucho más cotizada, entre cuatrocientas y ochocientas libras, dependiendo del tiempo al que había sido condenado el reo.[116]

A pesar de la complejidad de su ejecución, la vía más rentable de ingresos en los primeros años de funcionamiento de la Inquisición fue la confiscación de bienes. El arresto del denunciado implicaba el inmediato secuestro de sus bienes y los de su familia, que pasaban a manos de la institución tras ser inventariados de forma exhaustiva por el notario de secuestros. Aun en el caso de declaración final de inocencia, los bienes del acusado habían sido la mayor parte de las veces ya subastados o vendidos para pagar su mantenimiento en prisión y las costas judiciales, aunque podían ser retenidos si amigos o familiares de los procesados entregaban una fianza económica. Este método era muy usado por su rapidez y agilidad burocrática, además de que le daba al detenido la ilusión de que sus posesiones estaban a salvo. Sin embargo, los fiadores eran a menudo procesados poco después que el acusado, por lo que sus esfuerzos para retener las pertenencias de sus amigos resultaban infructuosos.

A partir de 1523 fue usual el procedimiento de subasta pública de los bienes muebles o inmuebles de los procesados, que habitualmente eran comprados a muy bajos precios. Cuando la persecución arreció, parte de los procesados ocultaron sus bienes, sobre todo los bienes muebles. Para descubrirlos, la Inquisición recurrió a los delatores de bienes. El afán de eludir el pago por parte de los acusados fue tan insistente como el de la Inquisición de descubrirlos. El más famoso de estos delatores en el reino de Valencia, Pedro de Madrid, llegó a obtener entre un tercio y la mitad de los haberes descubiertos. La confiscación de bienes fue la principal fuente de ingresos de la Inquisición desde su fundación hasta 1530, época en la que los judeoconversos fueron las principales víctimas de la persecución de esta. Su desaparición del suelo español tras la expulsión de 1492 y las sucesivas purgas ocasionaron la primera gran crisis financiera de la institución.

La Inquisición tenía otras fuentes de ingresos, tales como alquileres urbanos a particulares, canonjías y beneficios eclesiásticos. Estos últimos fueron negociados por los reyes españoles de forma ventajosa para la Inquisición, a pesar de que estos ingresos usualmente no repercutían en las arcas de la corona. Por ejemplo, Felipe II consiguió del papa Pablo IV que el 1 por ciento de todas las rentas eclesiásticas fuera destinado a la institución.

Los gastos de la Inquisición eran de tres tipos: gastos de personal, gastos debidos al ejercicio de la actividad inquisitorial, como obras y reparaciones o alimento de los reos, y gastos empresariales, es decir, las inversiones para tener una financiación independiente.

Los salarios eran el capítulo más importante de todos los dispendios inquisitoriales. Por ejemplo, en el tribunal de Toledo representaban el 85 por ciento de los gastos de funcionamiento. Para dar una idea del estatus de los distintos funcionarios, a mediados del siglo XVI el inquisidor general cobraba cincuenta y seis mil sueldos; cada consejero de la Suprema, veintiocho mil, y un inquisidor de Valencia, dos mil ochocientos.[117] Como el dinero se devaluaba por la gran inflación, los salarios fueron aumentando con el tiempo, pero aun así los oficiales de la Inquisición los consideraban escasos. Para paliar la disminución de ingresos, estos recibían «ayudas de costa», una especie de primas por desplazamiento o productividad.

Los gastos del ejercicio de la actividad inquisitorial eran también cuantiosos. Incluían la compra de material, como carbón, papel, ropa, tinta o cera (para alumbrar, se supone) y los servicios de correos, limpieza, albañilería, pregoneros, etc. El costoso montaje de un auto de fe representaba un importante porcentaje del total de los gastos. En Toledo, por ejemplo, el auto de fe de 1554 costó quince mil novecientos maravedíes, mientras que el celebrado el año 1561 ascendió a trescientos treinta y seis mil.[118] Probablemente esa gran diferencia no se debió solo a la inflación, sino al aumento del boato del evento cumbre del proceso inquisitorial. Pero el montante de ambos autos fue superado por el celebrado en Córdoba en el siglo XVII, que costó más de dos millones de maravedíes.

A pesar de la gran cuantía de los gastos de la Inquisición, el balance global de los primeros años debió de ser positivo debido a las fortunas incautadas a los judíos y a los moriscos. Tras la expulsión de estos últimos, llegó el caos económico no solo para la Inquisición, sino para todo el país. La escasez se debió a lo que dejaron de pagar los moriscos, pero también disminuyeron drásticamente los pagos de cristianos viejos, que se arruinaron tras la expulsión.

EL PROCEDIMIENTO

El proceso se iniciaba con una delación hecha a partir de sospechas por comportamientos, gestos o frases del acusado, aunque podía ser iniciado directamente por uno de los tribunales de la Inquisición. Como las denuncias no se hacían de forma espontánea, sus oficiales iban pregonando por los pueblos «Edictos de fe» o «de Gracia», que imponían la obligación de denunciar al Santo Oficio cualquier sospecha de herejía por parte de los vecinos o conocidos en un plazo breve de tiempo. La respuesta solía ser el silencio, por lo que al cabo de ocho días en el «Edicto de anatemas» se amenazaba con graves sanciones a los que no delataran a los que sabían que eran o podían ser herejes. Una vez presentada la denuncia, que a comienzos del siglo XVI estaba retribuida, intervenía el fiscal, el cual a veces rechazaba los cargos por la fragilidad de las denuncias.[119] Como señaló el antropólogo Julio Caro Baroja, entre otros, este procedimiento instaló al pueblo de los reinos de España en un sistema de delación y sospecha durante más de tres siglos, que según muchos historiadores no había sido erradicado en el siglo XX.[120]

Los testigos debían tener fe cristiana, ser mayores de catorce años, gozar de plenas facultades mentales y ser suficientemente ricos para no resultar sospechosos de haber sido sobornados. No obstante, en último extremo, su fiabilidad la decidía el criterio de los jueces. Había reticencias a aceptar los testimonios de mujeres y, de hecho, no se podía condenar a la pena ordinaria a nadie sobre la base exclusiva de la declaración de dos mujeres. El peso del testimonio de oídas era mucho menor que el del testimonio ocular. La confesión del culpable, que había de ser verosímil, sin equívocos ni contradicciones, la prueba más segura y su valor era superior al del testigo «perfecto». La no confesión mantenida bajo tortura creaba una presunción favorable al acusado y, de entrada, hacía imposible una sentencia condenatoria. Esta solo se producía cuando existía «probanza plena», la cual se obtenía bien por la acumulación de pruebas y la concordancia de los «testigos perfectos», bien por la propia confesión.

En un proceso típico, el denunciante era convocado para hacer una declaración formal, tras la cual los inquisidores realizaban un examen informal sin voto colegial. Si estos albergaban dudas, los hechos denunciados eran calificados por expertos que determinaban si debían ser considerados como heréticos. En caso afirmativo, la siguiente etapa era la «clamosa», momento en el que el procurador fiscal asumía formalmente el papel de acusador. Una vez hecha la acusación oficial, se producía el voto del sumario por parte de los inquisidores, que en casos difíciles venía reforzado por la opinión de los consultores. Tras ser formulada la denuncia formal, tenía lugar la inmediata orden de prisión ejecutada por el alguacil y el secuestro de los bienes, cuyo primer inventario era también realizado por el alguacil, el notario de secuestros y un representante del receptor.[121]

A partir de su detención, el prisionero era retenido en las «prisiones secretas» en situación de incomunicación total con el exterior y con otros presos. A pesar de su terrible fama, estas cárceles no eran antros del horror; de hecho, en general, el trato dispensado a los reos era mucho menos inhumano que el que recibían en las cárceles ordinarias. Debemos recordar que en todas ellas los presos tenían que sufragar todos los gastos de su reclusión y proceso, por lo que la calidad de la atención que recibían dependía de sus recursos económicos.

Para dar idea de que la vida en las cárceles inquisitoriales era «soportable», recordemos que el poeta, teólogo y humanista fray Luis de León escribió su obra *De los nombres de Cristo* durante los cuatro años que estuvo preso en las cárceles de la Inquisición. Con todo, una reclusión en la que los reos estaban incomunicados y apenas tenían información sobre el futuro que les aguardaba no era la situación ideal para crear una obra. Para mantener el secreto de lo que acontecía en estas cárceles, cuando los reclusos las abandonaban, independientemente de que hubieran sido declarados culpables o inocentes, se les obligaba a jurar que no revelarían nada de lo visto o experimentado en sus celdas.

En la primera audiencia el acusado declaraba su estado civil, genealogía, profesión, residencia y los hechos más destacados de su biografía. En las siguientes dos audiencias se le interrogaba e instaba a que confesara todo lo que debiera saber el Santo Oficio. En la acusación el fiscal presentaba los cargos contra el acusado, e inmediatamente después le asignaban un abogado defensor, cuya función básica era informarlo sobre su situación y animarlo a decir la verdad. Por lo general, este abogado era uno de los dos letrados del propio tribunal. Tras la respuesta escrita a la acusación, fiscal y acusado demandaban la presentación de pruebas. Los testimonios tenían que ser ratificados por testigos, pero sus nombres se le ocultaban al acusado, así como toda la información que pudiera ayudar a identificarlos. Tras la imputación, el acusado tenía que responder a cada una de las declaraciones de manera detallada y, para probar su buena fe, podía aportar «abonos», es decir, testimonios favorables, o «tachas», es decir, desacreditar a quienes suponía que habían testificado en su contra. El voto definitivo era emitido colegiadamente por los inquisidores: la sentencia tenía que ser unánime; en caso contrario, el informe era remitido al Consejo de la Suprema.

Según Tomás y Valiente, desde el punto de vista de un jurista del siglo XX, había dos aspectos muy criticables en el proceso.[122] De entrada, el hecho de que el juez dirigiera también la instrucción le restaba independencia:

> Esta actividad inquisitiva, indagadora, al estar dirigida por quien ha de juzgar después la culpabilidad o inocencia del reo, disminuye notoriamente la imparcialidad del juez.

Por otro lado, el secretismo del proceso situaba al acusado en una situación de completa indefensión:

> Predominio del secreto. Toda la fase sumaria o puramente inquisitiva era secreta para todos los sospechosos contra los cuales hubiera indicios de culpabilidad. Durante toda la investigación el reo ignoraba qué cargos se acumulaban contra él, solía estar encarcelado y sin comunicación con nadie, no sabía de qué delitos se lo suponía autor y por consiguiente se hallaba en este sentido enteramente indefenso hasta la apertura del juicio o segunda fase del proceso.

Nadie, ni siquiera el rey, tenía derecho a saber más de lo que la Inquisición quisiera divulgar. De hecho, cuando Felipe II quiso consultar con un cirujano que había sido detenido por el Santo Oficio, envió varias solicitudes al inquisidor general. Cuando este finalmente se dignó contestar, lo hizo declarando que, si dicha persona se encontraba en la prisión del Santo Oficio, no podía ser excarcelada y ni siquiera podía revelar si se hallaba o no presa.[123]

LAS PENAS

Para entender las penas impuestas por el Santo Oficio hay que recordar que su objetivo no era castigar a los herejes, sino volver a llevarlos al redil, hacer de ellos unos buenos cristianos y, sobre todo, salvar su alma, a veces por encima de ellos mismos. Por ello, solo los que rehusasen cooperar con semejante reforma mental —los llamados en el lenguaje inquisitorial «impenitentes, negativos o protervos»— eran condenados a la hoguera. Pero el porcentaje de los protervos fue siempre muy bajo, ya que la Inquisición sabía cómo devolver al buen camino a los descarriados.[124]

De manera general, en cada sentencia se combinaban tres clases de penas: espirituales, corporales y financieras. Las penas espirituales podían ser abjuración *de vehementi*, abjuración *de levi* —que eran las sanciones más frecuentes—, reconciliación, suspensión o declaración de inocencia. Las penas corporales más habituales eran la condena a cien o doscientos latigazos; galeras durante periodos variables de tiempo en función de la gravedad del delito, usualmente tres años; destierro de dos a ocho leguas de la ciudad de residencia habitual y por último la suspensión de funciones. La más grave de estas últimas era la relajación al brazo secular, es decir, condena a muerte en persona o en estatua, impuesta en casos de reincidencia o cuando el reo se manifestaba «negativo y pertinaz», es decir, que no se retractaba ni mostraba arrepentimiento. Para imponer esta condena se requería el testimonio de más de tres personas.

La mayor pena financiera era la confiscación total de bienes, también podía haber una confiscación parcial y diversos tipos de multas proporcionales a la gravedad del delito.[125] También era muy frecuente la obligación de llevar «sambenito», —palabra derivada de la expresión «saco bendito»—, traje penitencial usado en la inquisición medieval. Usualmente era un traje amarillo con una o dos cruces diagonales pintadas sobre él que los condenados tenían que llevar como señal de su infamia por un periodo que podía oscilar entre varios meses a toda la vida. El sambenito se completaba con una «coroza», un sombrero hecho de cartón que recordaba la mitra de un obispo.

La condena a galeras en la Armada española era una forma rentable de castigo, porque los tribunales no tenían que mantener a los reos en la cárcel y el Estado se ahorraba el sueldo de los remeros. La estancia en prisión de los condenados a cadena perpetua solía ser más llevadera que la de las prisiones secretas, en las que los acusados eran recluidos durante el proceso, porque era frecuente que, bajo la responsabilidad del alcalde, los presos pudieran circular libremente por la ciudad portando el sambenito y regresaran cada noche a la prisión. En el siglo XVI la prisión perpetua no solía durar más de tres años.

Los reos que eran condenados por la Inquisición pero salvaban la vida tenían una pena adicional: quedaban excluidos para siempre de ocupar todos los puestos de importancia, se les prohibía llevar armas, vestirse de seda y adornarse con oro, plata o perlas y ni siquiera se les permitía montar a caballo.[126]

La pena capital, obviamente la condena más dura, se aplicó con frecuencia antes de 1530. En Valencia, por ejemplo, antes de esa fecha fueron condenados a muerte más del 40 por ciento de los procesados, mientras que después los porcentajes de los condenados a muerte en todos los tribunales españoles no superaron el 3 por ciento. Las absoluciones y suspensiones aumentaron a lo largo del tiempo y, a partir de 1570, ese fue el veredicto obtenido por el 20 por ciento de los acusados. Con la muerte no acababa la condena, puesto que la infamia afectaba a los hijos y nietos del condenado.

La culminación del proceso era el auto de fe, un acto solemne con misa, sermón y lectura de las sentencias. A lo largo del siglo XVI fueron haciéndose cada vez más aparatosos, hasta convertirse en un fenómeno de masas que atraía a multitudes no solo de la ciudad, sino de los pueblos de los alrededores. Eran todo un espectáculo y una muestra del poder omnímodo de la Iglesia y de la Inquisición refrendado por el poder real. Para poner de manifiesto este apoyo, frecuentemente asistían a los autos de fe miembros de la Casa Real o los propios monarcas.

Tal fue el caso del celebrado en la plaza Mayor de Madrid con motivo de los esponsales de Felipe II con Isabel de Valois, al que asistieron el rey y la reina. ¡Menudo recibimiento para la joven reina, que acababa de llegar de Francia para casarse con el padre, en lugar de con el hijo prometido! O el auto de fe de 1680, al que acudieron el rey Carlos II y su flamante esposa, María Luisa de Orleans.[127] Los detalles de este último los conocemos bien porque fue inmortalizado en un cuadro del pintor Francisco Rizi y por la descripción de Modesto Lafuente en su *Historia de España*, de la que se recoge un extracto en el siguiente capítulo. Otro impresionante auto de fe fue el que tuvo lugar en Valladolid en 1559, con asistencia del rey Felipe II, magníficamente descrito en la obra *El hereje* de Miguel Delibes.[128] En las ciudades más importantes solía celebrarse un auto de fe al año, para el que se seleccionaba un grupo variado de procesados, entre los cuales no podían faltar los condenados a muerte. Para no herir las sensibilidades más delicadas y ahorrar a los espectadores el olor a carne quemada y los aullidos de los que quemaban vivos, las sentencias a arder en la hoguera solían ejecutarse a las afueras de las ciudades, en lugares que eran conocidos como los quemaderos o braseros.

Uno de los aspectos más tenebrosos de los procesos inquisitoriales fue la tortura destinada a que el acusado confesase su delito. A pesar de que ha dado a la Inquisición su peor fama, no era ni más cruel ni más sangrienta que la de los tribunales ordinarios; antes al contrario, solía ser más suave. Se aplicaba siguiendo reglas estrictas de duración, técnicas y frecuencia; en la práctica no se utilizaba más que en los casos de herejía formal y el acusado debía ratificarla veinticuatro horas después de la sesión; en caso de no hacerlo, las confesiones se consideraban nulas. Muchos torturados soportaban el tormento sin desfallecer. En Toledo, entre 1575 y 1610 fueron torturados el 32 por ciento de los procesados, pero ese porcentaje es superior al promedio general, que debió de estar en torno al 10 por ciento. Los torturadores eran normalmente verdugos públicos, pero, además de ellos, en la sesión debían estar los inquisidores, un representante del obispo, un secretario y un médico. Los tres tormentos más usados fueron la garrucha, la toca y el «potro». En la garrucha, al acusado le ataban los brazos a la espalda y era colgado por las muñecas de una polea que había en el techo, con pesos atados a los pies; lo subían lentamente y lo dejaban caer de golpe haciendo que se le descoyuntaran brazos y piernas. La aplicación de la tortura de la toca era más compleja: en ella se forzaba al reo, que estaba atado a un sillón, a abrir la boca y se le metía una toca o paño hasta la garganta, lo que ocasionaba sensación de ahogo y náuseas insoportables, tras lo cual lo obligaban a tragar el agua vertida lentamente con un jarro sobre el paño; la tortura era peor cuanto mayor era la cantidad de agua que le hacían tragar al acusado. El potro fue la forma de tormento más frecuente a partir del siglo XVI: en ella, el reo era fijado a un bastidor con cuerdas atadas en torno al cuerpo y a las extremidades, que eran estiradas por el verdugo dando vueltas a sus extremos; con cada vuelta, las cuerdas iban cortando la carne, además de que podía llegar a dislocarle los brazos y las piernas.[129]

En líneas generales, el mecanismo procesal del Santo Oficio siguió las pautas del proceso secular castellano, aunque tenía unas particularidades que hacían los procesos inquisitoriales en especial crueles. La primera, como ya se ha indicado, era el secretismo, que hacía que el procesado ignorara la naturaleza de la acusación y la identidad de sus acusadores. La segunda era el mayor margen de arbitrariedad del tribunal de la Inquisición. También eran particularmente graves la confiscación de bienes desde el inicio del proceso, así como la detención y la inhabilitación para el ejercicio de cargos públicos, que afectaba al condenado y a sus descendientes. Lo más grave era, sin embargo, que el acusado, a veces por indicios circunstanciales, rumores o cotilleos, era considerado culpable hasta que no se demostraba su inocencia.

VÍCTIMAS

A lo largo de la historia de la Inquisición en España podemos distinguir varias etapas. En la primera, de 1480 a 1530, la más violenta, las víctimas fueron mayoritariamente judíos. En la segunda etapa, de 1530 a 1620, la mayoría de los acusados fueron moriscos. Entre 1620 y 1720 hubo una reducción de la actividad de los tribunales, que retomaron sus funciones tras llegar los judíos portugueses a España. A partir de 1720 hasta su clausura definitiva, tras la desaparición del judaísmo, disminuyó mucho la actividad inquisitorial; su atención se centró entonces en herejías relacionadas con dogmas de fe.

Hay un problema insalvable a la hora de hacer una estimación del número de procesos, víctimas y los distintos tipos de delitos, porque la documentación de los procesos anteriores a 1550, periodo en el que la Inquisición incoó más casos, está incompleta. En cambio, sí existe un registro completo de causas de fe entre los años 1550 y 1700, periodo en el que hubo algo menos de cincuenta mil procesos, según el historiador español Ricardo García Cárcel,[130] y el número de personas procesadas estaría en torno a ciento cincuenta mil. Estas cifras varían ligeramente según otros historiadores en función de los periodos y expedientes analizados. Por ejemplo, el autor noruego Gustav Henningsen y el español Jaime Contreras cifran el número de casos en unos cuarenta y cinco mil,[131] que dieron lugar a 826 ejecuciones en persona y a 778 ejecuciones en efigie (se quemaba un muñeco que representaba al acusado, además de sus huesos si había muerto), mientras que William Monter estima que hubo unas mil doscientas cincuenta ejecuciones solo entre los años 1530 y 1730.[132] El británico Henry Kamen, autor de una de las obras de referencia sobre la Inquisición española, calcula que durante el periodo anterior a 1530 hubo alrededor de dos mil ejecuciones en todos los tribunales de España,[133] mientras que el italiano Carlo Ginzburg es reacio al uso de estadísticas porque opina que los resultados no son fiables, al estar incompleta la documentación.[134] En cualquier caso, las cifras proporcionadas por todos estos historiadores sobre el conjunto de víctimas de la Inquisición española son muy inferiores a las estimaciones realizadas por el historiador Juan Antonio Llorente, que elevaba a más de diez mil las ejecuciones y el número total de víctimas a trescientas mil solo durante el mandato de Torquemada, el primer inquisidor.[135]

Según el historiador García Cárcel, los delitos juzgados fueron proposiciones heréticas (más de catorce mil procesos), por moriscos (más de once mil), judaizantes (más de cinco mil), ofensas al Santo Oficio (cuatro mil), luteranos (tres mil quinientos), supersticiones (algo menos de cuatro mil), bigamia (algo menos de tres mil), solicitaciones (un poco más de mil) y alumbrados (ciento cincuenta). El delito que obtuvo las penas más severas fue el de los judaizantes, que en algunos momentos y ciudades supusieron más de la mitad de las condenas a muerte, lo cual no es sorprendente dado que, como se ha indicado anteriormente, el judaísmo fue la principal razón de ser de la Inquisición española.[136]

Respecto al origen social de los herejes juzgados, los judeoconversos pertenecían a la burguesía, mientras que los moriscos solían ser campesinos. No escaparon al control del Santo Oficio estamentos como la nobleza y el clero; este último llegó a representar el 40 por ciento de los acusados en el siglo XVIII, mientras que la nobleza no representó más que un exiguo 4 por ciento. En cuanto a la distribución por sexos, el porcentaje de mujeres acusadas fue siempre muy inferior al de los hombres, solo se alcanzaron porcentajes más equilibrados entre los judaizantes. En contraste con lo que sucedió en la mayor parte de Europa, ni siquiera en las denuncias por brujería el número de mujeres acusadas fue superior al de los hombres. Para la Inquisición, estas no solo no tenían categoría suficiente para actuar como testigos, ni siquiera la tenían para ser acusadas.

Una de las muchas familias rotas por el Santo Oficio fue la del humanista Luis Vives. Hijo de Luis Vives y de Blanquina March, judeoconversos de Valencia, su familia fue perseguida por la Inquisición sin descanso desde 1484, pero la situación se hizo dramática tras el descubrimiento de una sinagoga en casa de un tío de Luis, motivo por el que el susodicho, su mujer, su madre y otras siete personas fueron quemadas. En 1522 fue procesado el padre del humanista y, en 1524, fue condenado a muerte junto con doce personas, entre las que se encontraban su abuela, dos tías y un primo. En 1529, tras la reclamación por parte de las hermanas de Luis Vives de la dote de su madre muerta a causa de la peste en 1508, la difunta también fue sometida a un proceso y condenada, tras lo cual fue desenterrada y quemados sus restos.[137]

La persecución de los judíos y judaizantes fue tan cruel que a mediados del siglo XVI prácticamente habían desparecido de España. La atención de la Inquisición se dirigió entonces a los moriscos, colectivo cuya persecución no solo se ocupó de las ceremonias con trasfondo religioso, como el ayuno del Ramadán o las celebraciones de los viernes, sino que se extendió a todas sus costumbres, como sus cantes, bailes y el uso de la lengua árabe.

La Inquisición también persiguió otros delitos que se relacionaban con una actividad extraordinariamente peligrosa: pensar. Por ello declaró la guerra a la letra impresa: atacaron los libros en hebraico y las biblias en romance, y los textos en árabe —en el año 1500 el cardenal Cisneros, tercer inquisidor general, organizó en Granada una quema masiva de «alcoranes»—, y en 1559 publicaron el primer Índice de libros prohibidos. La literatura fue el blanco especial del furor de los inquisidores; en el índice aparecieron el teatro del siglo XVI anterior a Lope de Vega, las obras de Juan del Encina, Torres Naharro y Juan Valdés.

La Celestina no fue censurada en el siglo XVI, pero se expurgaron unas sesenta líneas de su texto a comienzos del XVII y se prohibió a finales de XVIII. *El Lazarillo de Tormes* fue vedado inicialmente, pero se publicó a finales del siglo XVI tras haber sido expurgado quitándole varios capítulos. Se prohibieron varias obras de Quevedo, así como muchas de fray Luis de Granada, san Francisco de Borja y fray Bartolomé de Carranza. Los clásicos como Ovidio tampoco se libraron de la quema, ni los autores del Renacimiento italiano, como Dante, Boccaccio, Maquiavelo y Ariosto. Las obras científicas de los españoles Andrés Laguna y el humanista Juan Huarte de San Juan también fueron expurgadas, a pesar de que el primero llegó a ser médico de su majestad Felipe II y del papa Julio II. También fueron expurgadas las obras de los astrónomos extranjeros Tycho Brahe, Kepler o Mercator, pero, sorprendentemente, los textos de Galileo y Copérnico, víctimas de la Inquisición, pudieron circular sin impedimento por España. Ya en el siglo XVIII se prohibieron varias obras de Montesquieu, Voltaire, Rousseau o Diderot y, por supuesto, la *Enciclopedia Francesa*.

El ambiente de censura era tal que Luis Vives escribió en 1523:

> Cada vez resulta más evidente que ya nadie podrá cultivar las buenas letras en España sin que al punto se descubra en él un

cúmulo de herejías, errores o taras judaicas. De tal manera es esto así que se les ha impuesto silencio a los doctos, y a aquellos que corrían a la llamada de la erudición les ha inspirado un enorme terror.[138]

Con esta afirmación, el gran humanista viene a confirmar lo que el historiador H. C. Lea considera el efecto más nefasto de la Inquisición: las limitaciones en el desarrollo del intelecto español.

Dicha institución también fue inflexible con los seguidores de Erasmo de Róterdam, a pesar de que inicialmente había contado con las simpatías del inquisidor general Manrique. No obstante, tras los autos de fe celebrados en 1559 en Sevilla y Valladolid, en los que los condenados fueron sobre todo protestantes, el erasmismo se identificó con el luteranismo y sus seguidores fueron perseguidos con la misma saña que los de Lutero. Cipriano Salcedo, el protagonista de la espléndida y oscurísima última novela de Miguel Delibes, *El hereje*, es quemado en el auto de fe que tuvo lugar en Valladolid en 1559 por no renunciar al credo protestante.[139]

En contraste con este rigor en la persecución de la libertad de pensamiento, los delitos de carácter sexual o esotérico fueron perseguidos con menor celo, aunque se penalizó la afirmación, bastante usual en la época, de que no era pecado la relación carnal entre soltero y soltera. La Inquisición también consideró como delito la bigamia, así como los actos sexuales de bestialismo y sodomía, delito este último que en la mayoría de los tribunales seculares estaba penado con la muerte. Mención específica merecen las «solicitaciones» de los confesores, pecado y delito en el cual los sacerdotes solicitaban favores sexuales a las penitentes para darles la absolución. De esta práctica, bastante frecuente, surgió la necesidad de construir confesonarios, en los que confesor y penitente estaban separados por una barrera física que no dificultaba la comunicación oral, pero impedía el contacto físico. Se estableció que la confesión tenía que hacerse a través de una celosía por cuyos huecos no debía caber ni un dedo.

Se reprimieron también las abundantes supersticiones de la cultura popular; sin embargo, no hubo muchas condenas por brujería; la mayoría de los casos se dieron en Galicia, País Vasco y la Cataluña pirenaica. En estos asuntos el Santo Oficio, como ya había apuntado Eimeric en su tratado, hacía una importante distinción respecto a las palabras de invocación: si eran un man dato de las brujas al demonio, no había herejía; en cambio, una súplica al maligno implicaba sospechas de adoración, por lo que se consideraba idolatría y por tanto comportamiento herético. En los casos de invocaciones al demonio, los delitos más frecuentes eran los de índole amorosa (preparación de filtros y bebidas amatorias, así como la realización de sortilegios para conseguir el amor de un hombre o una mujer), maleficios para ejercitar venganzas, recursos para encontrar tesoros escondidos o hechizos para curar enfermedades. También fueron una práctica común realizar acciones para cambiar el tiempo —detener lluvias torrenciales causantes de inundaciones, traer el agua tras una sequía prolongada— o hacer que esas calamidades arrasaran el campo de los enemigos de la persona que solicitaba los servicios del brujo o la bruja.

El Santo Oficio mantuvo en general una visión prudente y hasta cierto punto escéptica hacia el fenómeno de la brujería, en especial a partir de las resoluciones adoptadas en la reunión de inquisidores que tuvo lugar en Granada en 1526, tras la cual se aconsejó perseguir a las brujas si hacían engaños o supercherías, pero no se dio crédito a sus contactos con el demonio. [140] Más allá de alguna actuación puntual por parte de determinados inquisidores y fiscales en los tribunales de Barcelona, Calahorra o Logroño a lo largo de los siglos XVI a XVIII, la Inquisición se mostró siempre muy cauta ante un asunto considerado espinoso y difícil de dirimir. Así, la mayoría de las causas por brujería que pasaron a manos del Santo Oficio, muchas de ellas transferidas desde la justicia seglar, se resolvieron en desestimación, absolución o la condena a penas menores, como azotes o el destierro.

Solo a comienzos del siglo XVII hubo una oleada de persecución en torno a los Pirineos, lo que incluye los célebres procesos de Zugarramurdi de 1610, de los que hablaremos más adelante, que fueron el comienzo del fin de las persecuciones de brujas en España.

Fin de la Inquisición

La Inquisición española se resistió a desaparecer; tuvo que ser abolida cuatro veces antes de su fin definitivo. La primera vez fue suprimida por Napoleón Bonaparte en 1808, en los decretos de Chamartín, por atentatoria contra la soberanía. Fue disuelta por segunda vez por las Cortes Generales Extraordinarias de España, reunidas en Cádiz en 1813, por ser incompatible con la nueva constitución política, pero no fue un proceso fácil. Como recoge Modesto Lafuente en su monumental *Historia de España*, en la sesión del 22 de mayo de 1813, hubo una solicitud de reinstauración de la Inquisición a instancias del oficial Francisco María Riesco. Esta contó con un apoyo entusiasta de varios clérigos, que argumentaron de forma tan convincente la necesidad de su permanencia que lograron el apoyo de varios diputados. Aunque hoy puede resultar incomprensible que los padres de la primera Constitución española solicitaran la reinstauración de la Inquisición, hay que recordar que, al haber sido suprimida por el invasor francés, apoyar su supresión se consideraba una especie de traición a la patria. Además, una gran parte de la España de comienzos del siglo XIX, que tenía representación en las Cortes de Cádiz, seguía considerando que la Inquisición era una institución imprescindible para el buen desarrollo del país.[141]

En 1814 fue restablecida por una ordenanza del rey Fernando VII y durante el Trienio Liberal, de 1820 a 1823, volvió a ser suprimida. Fue repuesta con la reinstauración de la monarquía borbónica, hasta su extinción definitiva en 1834, sancionada por la reina regente María Cristina. Mariano José de Larra escribió su epitafio:

> Yace aquí la Inquisición, hija de la fe y el fanatismo, murió de vejez.
>
> «El día de Difuntos, 1836, Fígaro en el cementerio»,
> *El Español*, n.º 368, 2 de noviembre de 1836[142]

Aun muriendo de vejez, la Inquisición murió matando, pues se cobró una última víctima bajo el reinado de Fernando VII,

Cayetano Ripoll, un patriota que combatió a los invasores franceses y que, tras un largo cautiverio en Francia, perdió su fe católica. Maestro de escuela liberal y deísta, fue denunciado por no llevar a sus alumnos a misa. Lo ejecutaron el 31 de julio de 1826 por orden de la Junta de Fe de la diócesis de Valencia por no renunciar a sus creencias.

Respecto a la Inquisición romana, el papa no prohibió el uso de la tortura hasta una época tan tardía como 1816, y suprimió la actividad de los tribunales inquisitoriales en 1835, un año después de que hubiera sido abolida definitivamente la Inquisición española. Pero esta no desapareció del todo, dado que la transformó en la Congregación del Santo Oficio. Esta organización fue a su vez reorganizada en el año 1965 y convertida en la «Congregación para la Doctrina de la Fe», que sigue existiendo hoy día.

En el año 2000, el papa Juan Pablo II pidió perdón por los pecados de la Iglesia católica cometidos en nombre de la fe, incluidos los abusos de la Inquisición. Pero se preguntó hasta qué punto era cierta la imagen que se dio de la Iglesia a causa de la Inquisición, a pesar de lo cual reconoció que la Iglesia había recurrido a métodos no evangélicos.[143]

En 2004 se presentó un voluminoso libro en el que se recogía el resultado de las investigaciones de miembros de la Iglesia y de varios historiadores. El coordinador de la obra, el profesor Agostino Borromeo de la Universidad la Sapienza de Roma, a pesar de que aceptó la responsabilidad eclesiásticos en hechos terribles, afirmó que el uso de la tortura, la quema en la hoguera y otros castigos crueles a las personas condenadas como brujas o herejes no fue tan común en los tribunales eclesiásticos como se suele creer. Recordó los bajos porcentajes de condenados a muerte en los tribunales de España y Portugal, en torno al 1 y al 5 por ciento, respectivamente, y que la mayoría de las víctimas mortales de la caza de brujas fueron condenadas en tribunales laicos. Asimismo, mencionó que prelados tan insignes como santa Teresa de Ávila o san Ignacio de Loyola fueron también víctimas de la Inquisición.

Siendo todo eso cierto, la principal crítica la hizo Thomas Noffke, un pastor valdense (una de las primeras herejías perseguidas por la Iglesia de Roma que, excepcionalmente, no logró erradicar), en ese acto de presentación:

> El hecho de que hubiera muchos o pocos condenados no es relevante, lo que importa es que no se puede decir: «Yo tengo razón, tú no y por eso te quemo».[144]

8

Actas de un proceso. Un auto de fe

Las frías cifras pueden dar una visión impersonal e incluso relativamente benévola de la actuación del Tribunal del Santo Oficio por comparación a todo lo que se ha dicho sobre él sin fundamento histórico.

No hay duda de que la Inquisición española apenas persiguió a las brujas porque no eran su objetivo; no obstante, aunque no se ocupó de quemarlas, sí dio la argumentación teórica y las herramientas para que otros organismos lo hicieran. La persecución de los judíos y los moriscos fue su principal actividad, y tan eficiente resultó en ella que los hizo desaparecer del suelo ibérico. Ese triunfo de la Inquisición no solo lo sufrieron ambas comunidades, sino el conjunto de los reinos de España, porque sus contribuciones habrían sido de gran ayuda para el desarrollo de estos reinos. Pero no fueron los colectivos desviados de la ortodoxia ni las mentes brillantes como Antonio Nebrija, santa Teresa o fray Luis de León sus únicas víctimas. Ni siquiera escapó de sus garras el cristiano viejo, humilde y analfabeto.

PROCESO DE ALONSO DE ALARCÓN

El relato de un proceso sufrido por Alonso de Alarcón, un vecino de Toledo de dichas características, puede darnos una visión realista de los procedimientos de la Inquisición. El caso fue elegido con muy buen criterio por el profesor de Derecho Francisco Tomás y Valiente por su carácter anodino, casi vulgar, como ejemplo de las actuaciones del Santo Tribunal. Se reproduce a continuación su versión comentada del proceso.[145]

Denuncia

El 2 de junio de 1635, el Doctor Simón de Haro, cura de la Parroquia de San Lorenzo en Toledo, presenta ante el Tribunal del Santo Oficio de la Inquisición de aquella ciudad una denuncia escrita y firmada por él contra Alonso de Alarcón en la que lo acusa de haber cometido actos y proferido palabras de blasfemia.

Tres días después Alonso de Alarcón es detenido y pasa a ocupar una celda en la cárcel secreta de la Inquisición, en la que permanecerá incomunicado hasta el comienzo de la fase final del proceso. Junto a la inicial denuncia del cura de San Lorenzo se van acumulando, como resultado de las diligentes investigaciones de los inquisidores toledanos, numerosas declaraciones de testigos. Los cargos principales que resultan de sus testimonios son los que siguen: que un día de Pascua de Resurrección Alonso dijo que «Nuestra Señora (la Virgen María) no fue casada, sino amancebada y que se fornicó con muchos». Que en otra ocasión había dicho «que su hija Francisca estaba más Virgen que Nuestra Señora del Sagrario». Que otro día juró «por los minutos de la Santísima Trinidad y de la Virgen», afirmando que «Nuestro Señor trataba con la Virgen como los onbres con las mujeres». Que un viernes, estando al parecer sano, se comió una perdiz (velada acusación de judaizante, que no se reitera, sin embargo, a lo largo del proceso). Que una noche estando enfermo en su cama y después de haber recibido la Extremaunción, tiró un crucifijo de madera al suelo e intentó golpear con él a unos vecinos. (Este es el cargo central de toda la acusación.)

Mientras se iban recogiendo estas declaraciones, Alonso de Alarcón fue sometido a tres audiencias o interrogatorios simples (esto es, sin coacción física de ninguna clase) ante el inquisidor. En la primera de ellas, que tuvo lugar tres días después de su detención, Alonso dice tener unos cuarenta años, ser de oficio «helijador de terciopelos», estar casado y ser padre de tres hijas. Cuando le preguntan si sospecha o presume por qué le ha detenido la Inquisición, responde que cree que cuando estuvo «enfermo de frenesí» tiró un crucifijo y dijo algunas herejías, pero que no se acuerda de más. Y nada nuevo añade ante otras preguntas en aquella y en ulteriores audiencias.

Con base en los cargos derivados de las declaraciones y de la denuncia, el Fiscal, don Balthasar de Oyanguren, redacta y emite su correspondiente acusación a 21 de junio de 1635. Considera que Alonso de Alarcón es autor de blasfemias, de palabras y de obras; opina que, puesto que hizo tales y tan malas acciones, hay que presumir que otras semejantes habrá realizado a lo largo de su vida; afirma que, aunque se le ha tomado juramento de decir verdad en los interrogatorios a que se le ha sometido, no ha dicho la verdad, puesto que no se ha reconocido culpable; pide por ello, y siempre para la plena comprobación de la verdad, que sea sometido a tormento; y solicita, finalmente, que sea declarado «hereje, blasfemo, sacrílego, perjuro, excomulgado, diminuto y falso confidente».

De esta acusación fiscal se dio traslado al reo. Con ello comienza la fase probatoria en la cual el reo, asistido de uno de los abogados del Santo Oficio, procede a su defensa, una vez conocida la acusación que contra él formula el fiscal. Gran interés tuvieron en este proceso: la «calificación» de los hechos y las declaraciones periciales de los médicos sobre la posible enfermedad, física o mental, del reo.

La calificación consistía en el informe escrito emitido por uno o varios teólogos, canonistas o personas doctas en materia de fe y moral católicas, acerca de si los hechos acumulados contra un reo constituían o no actos o proposiciones heréticas o contrarios de algún modo a la fe o a la moral. El o los calificadores asesoraban, pues, a los inquisidores contestando por escrito y previo estudio a las preguntas que estos les sometían a propósito de cada caso concreto.

El calificador responde con fecha 25 de septiembre del mismo año que las palabras y actos del acusado eran manifiestamente heréticos, impíos y blasfemos llegando a afirmar que quien tales cosas ha dicho y hecho es «hereje, calvinista y puritano...». Los razonamientos de este oscuro y no muy docto calificador son mínimos; sus palabras severamente condenatorias y muy desfavorables para el reo.

Mayor posibilidad de defensa proporcionaron las diligencias encaminadas a determinar el estado de la salud física y mental del reo. En efecto: una vez abierta la fase de prueba, el abogado defensor orientó sus «probanzas» a obtener la declaración de enfermedad mental de Alonso de Alarcón. Así se infiere de las declaraciones de los testigos aportados por la defensa.

Entre estos, Juan de Villanueva, tejedor, afirma que su compañero de oficio Alonso de Alarcón es buen cristiano, pero que de el se murmura «que esta medio loco y también se murmura que se emborracha [...]», y que si estando enfermo y frenetico dijo algo contra la Virgen «sería no estando en su sano juicio». En forma análoga, el barbero Alonso Calvo afirma que Alonso de Alarcón es «hijo de madre loca, que como tal lunática y imaginativa se echó en el río, donde se ahogó», y que a Alonso de Alarcón lo ha visto algunas veces «loco lunático que como tal alborotaba el barrio». Semejantes son los testimonios de otros vecinos o compañeros de trabajo, así como el de Cristóbal de Villegas, capellán del convento de San Pablo, quien, con palabras muy favorables para el reo, afirmó que lo tenía por buen cristiano, pero que piensa que Alonso tiene «algo de locura» por «los disparates que le a visto hazer y decir».

PRUEBA PERICIAL

Apoyándose en tan numerosos y concordantes testimonios, el doctor don Alonso de Narbona, abogado de presos del Santo Oficio, que asistía a Alonso de Alarcón, pide que lo examinen diversos médicos y que declaren quienes lo visitaron a lo largo de la enfermedad última. Como consecuencia de esta petición, se procede a la práctica de lo que ahora denominaríamos la prueba pericial, consistente en las declaraciones e informes escritos de diversos médicos.

A 5 de octubre de 1635 se incorpora a los autos del proceso el siguiente informe pericial que transcribo íntegro:

> Matheo de Puelles y Escobar, Médico del Santo Oficio y Cathedratico de Prima de Medicina digo: Que e visitado por mándado de Vuestra Señoría a Alonso de Alarcón, preso en las cárceles secretas, y según lo que responde y discurre me parece que en lo corriente y ordinario es constante de juyzio, pero dispuesto a tener horas en que se enajene y priue dél, y es lo que llamamos dezmentado o menguado, punto de que ay mucha prueva, pero es bantante lo que cuenta Galo de un carpintero que en su officio y lo tocante a él asistía, respondía y procedía cuerda y mansamente, y al punto que le divertían dél, le expe-

rimentaban furioso y desatinado, haciendo y díciendo cosas ajenas del todo de la razón. Y el fundamento desto consiste en que para el buen discurso se pide disposición de todas las partes de la cabeza (llamámoslos órganos) y éstas pueden gozar de recta disposición en tantos objetos y venir a estar faltas en las cosas que inmediatamente se siguieron a las que gastaron lo requerido, naturalmente, para el bien obrar, a que ayuda la flaqueza habitual de la cabeza, pues desde la niñez está paralítico del lado derecho, de cuya enfermedad es asiento el zelebro o nervios que dél salen. Y así juzgo fundado en razón abrá tenido y tendrá muchas partes de tíenpo en que no sea dueño de su discurso, antes hable y proceda erradamente en los objetos conocidos, al rebes y trastocados en las conveniencias. Esto me parece salvo meliori judicio. En Toledo a 5 de octubre de 1635. Puelles Escobar.

Semanas después, el 3 de noviembre, fue interrogado el doctor don Gabriel Núñez de Cabrera, médico toledano que dijo conocer al reo desde hacía dieciséis años y haberle asistido en su más reciente enfermedad (aquella durante la cual arrojó un crucifijo contra quienes le asistían o visitaban). De la declaración del doctor se infiere:

a) Que un día lo llamaron para que viese en su casa y cama a Alonso de Alarcón «que estaba enfermo de apopleíía, al qual le iço dos visitas [...], el qual no hablaba ni sentía, como lo manifestaron unos garrotes que le dieron por su orden en su presencia».

b) Que Alonso de Alarcón no «tenía apoplejía fuerte, sino de las débiles, y que cuando este testigo le bisitó y iço dar los tormentos no dio demostraciones de sentimiento». (Nótese que estos tormentos o garrotes de que aquí se habla eran simples exploraciones médicas tendentes a determinar el grado de insensibilidad de alguna o algunas partes del cuerpo.) «Preguntado [el doctor Núñez] *cómo pudo aquella misma noche hablar y moverse* [el reo], responde que por la vehemencia de los dolores causados de los tormentos podía la naturaleza el umor que causava este afecto averle arrojado a las partes inferiores como atormentadas, y así, quedando libre el zelebro, como no estaba confirmada la apoplejía, por algún interbalo ablase y diese demostraciones de sentimiento».

c) Que el médico mandó que le diesen la extremaunción, «pero no el Santísimo porque creyó que no tenía entendimiento suficiente para recibirlo».

d) «Preguntado si todo el tiempo que a que le conoce al dicho Alonso de Alarcón le a conocido loco con algún género de delirio, manía u otro, y si en esta enfermedad reconoció en él locura alguna dicha o echa, diga lo que save, dijo que nunca le a conocido loco en todo el tiempo que le a tratado, ni de la enfermedad que aquí se trata conoció tal en las tres bisitas que le iço».

Otros informes médicos incorporados a los autos tampoco concluyen afirmando la locura de Alonso de Alarcón, si bien todos ellos dejan entrever la existencia, junto a una previa y lejana enfermedad (¿hemiplejía?), de otra, sin duda real y aguda, que provocó el alto estado febril (¿delirio, frenesí?) dentro del cual Alonso arrojó el crucifijo. Al parecer, según un testigo, después de aquel día de crisis. Alonso dijo: «Piensan que soi loco y me tienen por tal y no lo soi, que por loco me tengo de salir aunque me lleben al Nuncio, y si ago locuras es porque me den de comer».

El tribunal toledano, en su audiencia del día 16 de febrero de 1636, declaró conclusa la causa. Parecía, en efecto, que ya todo o casi todo estaba hecho.

Pero faltaba todavía algo.

EL TORMENTO

En la audiencia o sesión de la tarde del día 8 de febrero de 1636, los señores inquisidores del Tribunal del Santo Oficio de Toledo ordenaron «que este reo le vean los médicos y declaren si está capaz de tormento, por averse dicho que este reo está manco y con lo que declaren se vuelva a ver y botar y lo señalaron».

Tres días después, el doctor Puelles Escobar, declaró por escrito y con su firma que «e visto por mandado de Vuestra Señoría a Alonso de Alarcón en las cárceles secretas de este Santo Oficio cerca de declarar si puede padecer tortura, y juzgo que en el lado izquerdo puede dársela, y no en el derecho, por quanto a tenido en él perlesía, y oy el brazo y mano derecha los tiene mancos». El mismo día presenta otro escrito semejante el también médico del tribunal toledano doctor Bermúdez.

Habida cuenta de ambos informes médicos, los inquisidores, a 10 de marzo de 1636, «dijeron que este reo sea puesto a cuestión de tormento ad arbitrium y se le dé en las partes que no estén baldadas». El 10 de abril el tribunal llamó a Alonso de Alarcón y volvieron a preguntarle si tenía algo que declarar (esto es, que confesar en contra de sí mismo) para descargo de su conciencia. Ante la negativa del reo le advirtieron que habían decidido atormentarle, y le amonestaron a que dijera ser cierto haber proferido las blasfemias y faltas de respeto contenidas en la acusación fiscal. A esta primera amenaza el reo contestó: «Pongan mucho de norabuena. Moriré en él. Yo no tengo de decir lo que no e dicho».

Y ya entonces el tribunal emitió el auto o sentencia de tormento en los términos siguientes:

> Sentencia. Christi nomine invocato. Fallamos atentos los autos y méritos del dicho processo y indicios y sospechas que dél resultan contra el dicho Alonso de Alarcón que le devemos condenar y condenamos a que sea puesto a quistion de tormento, en el qual mandamos esté y persebere por tanto tiempo quanto a nos bien visto fuere, para que en él diga la berdad de lo que está testificado y acusado, con protestación que le hacemos que si en el dicho tormento muriere o fuere lisiado o se siguiera effusión de sangre o mutilación de miembros, sea a su culpa y cargo y no a la nuestra. Por no aber querido decir la berdad y por esta nuestra sentencia assí lo pronunciamos y mandamos en estos escriptos y por ellos. El Licenciado Pedro Díaz de Cienfuegos. Don Pedro Rosales.

Inmediatamente se le notificó al reo la sentencia de tormento, y sin pausa alguna se procedió a la práctica del mismo. A continuación transcribo, sin quitar ni añadir una sola palabra, las actas levantadas por el escribano en presencia del cual se sometió a tormento a Alonso de Alarcón.

Y con tanto, fue mandado llebar a la cámara de tormento, donde fueron los dichos señores inquisidores y el Ordinario, y estando en ella, fue amonestado el dicho Alonso de Alarcón por amor de Dios diga la berdad y no se quiera ber en tanto trabajo.

Dijo.—No tengo qué decir. ¡Ay, moriré en el tormento! Mis hijas y mujer encomiendo a Vuestras señorías: que no tengo culpa en ello.

Fuele dicho que diga la berdad y no se quiera ber en tanto trabajo.

Dijo.—Que no tiene qué decir.

Fuele mandado desnudar, y estando aciendo, le fue dicho que diga la berdad.

Dijo.—No tengo qué decir.

Fuele dicho que diga la berdad antes de berse en el trabajo que le espera.

Dijo.—*¡Dios me faborecerá y la Virgen! Pero yo no tengo qué decir.*

Y estando desnudo le fue mandado sentar en el banquillo y le fue dicho que diga la berdad.

Dijo.—*¡Ay, Señor! ¡Dios y la Virgen me balgan!*

Y estándole atando le fue dicho que mire que le ynporta decir la berdad y descargar su conciencia. Ligaduras en los braços. Aqbertido el berdugo que el tormento a de ser solo en el izquierdo.

Dijo.—¡Ay, Señor! Que no tengo que decir cosa ninguna. ¡Virgen Santísima! Mis hijas os encomiendo y mi mujer os encomiendo; que me lebantan testimonio. Pero soy tan pecador que no queréis hacer milagro.

Fuele dicho que diga la berdad.

Dijo.—¡Ay, Dios mío! ¡Madre de Dios! ¡Ay, Señor! ¡Que es berdad todo si me ponen asina! ¡Dios mío!

Fuele dicho que aora solo le están atando. Que diga la berdad sin decir otra cosa por miedo del tormento.

Dijo.—*¡Ay, Señor! Estése quieto. Todo digo que es berdad. ¡Déjelo, que todo es berdad!*

Fuele dicho que diga qué es lo que es berdad.

Dijo.—*¡Señor, todo es berdad! Todo lo que me an leydo ayer, que no sé lo que es ni lo quiero.*

Fuele dicho que diga la berdad. Y fue mandado salir el berdugo. Salió el berdugo.

Y dijo.—*¡Señor, todo será berdad, todo es berdad! ¡Por amor de Dios, que me quiten de aquí, que se me quiebra esta pierna!* ¡Ay, Señor! ¡Doctor Rosales: que estoy sin culpa!¡Ay, Señor mío! ¡Todo es berdad y no tengo culpa! ¡Váyaseme leyendo, que todo es berdad!

Fuele dicho que diga específicamente qué es lo que es berdad.

Dijo.—¡Váyaseme leyendo, que yo diré la berdad!

Fuele mandada tornar a leer la monición [nota editor: *Monición*, por amonestación; se refiere a la acusación en la que se contienen formalmente los cargos contra Alonso de Alarcón; se trata de que éste confiese haber cometido todo aquello que en la tal *monición* se dice, y en los mismos términos en ella contenidos]; y leyda, le fue dicho si es verdad lo que se le a leydo y si es berdad que él lo dijo.

Dijo.—¡Todo es berdad y no estaba en mi juicio!

Fuele dicho que diga la berdad abierta y claramente.

Dijo.—Que todo lo dijo como se le a leydo, pero que estaba sin juyzio.

Fue mandado entrar el berdugo. Entró el berdugo y mandado que prosiga en el tormento, le fue dicho que diga la berdad.

Dijo.—Que no tenía qué decir. Que se le lea.

Fuele dicho que diga la berdad, que ya se le a leydo muchas veces, y si él lo a dicho se debe acordar dello. Que lo diga y descargue su conciencia.

Dijo.—¡Díganme lo que dije! ¡Ay, Señor! ¡Díganme, díganmelo ustedes! ¡Señores, por amor de Dios!

Y esto repitió muchas vezes: ¡Ay, Dios mío, que me matan!

Fuele dicho que lo que se ace aora sólo es acabar de atarle. Que diga la berdad.

Dijo.—¡Señor! ¡Díganme lo que dije! ¡Señor don Antonio: léamelo usté, que quiero decirlo!

Fuele dicho que ya tiene noticia de todo, pues se le a leydo tantas beces. Que diga la berdad.

Dijo.—¡Ay, Dios mío de mi alma! ¡Virgen María! ¡Es posible que yo e pecado contra su dibina Majestad! ¡Ay, Señor! ¡Ay, Señor! ¡Ay, Señor!

Ligado en braços y pies. Dijo el oficial que estaba y que tenía puesta la primera buelta, y le fue dicho al reo que diga la berdad o se mandará continuar el tormento.

Dijo.—¡Señor! ¡Buélbaseme a leer, que quiero decir la berdad! ¡Por amor de Dios, se me buelba a leer!

Y los dichos señores inquisidores y el Ordinario mandaron salir al berdugo. Salió el berdugo y le fue mandada tornar a leer la monición, y le fue dicho que esté atento porque no se le a de bolber a leer, y que diga la berdad y descargue su conciencia. Y luego por mí le fue leyda, y abiéndola oydo toda y entendido, dijo.

Dijo.—Que es berdad que dijo de la Virgen Santísima que abía fornicado con muchos y que no abía sido casada y que abía mucha jente delante, mas no se acuerda quienes eran. Y que es verdad que se acuerda que tiró un Santo Christo a un hombre. No sabe quien hera. Y que es asi mesmo berdad que por el tiempo que la monición dice, dijo éste que Francisca su hija estaba más virgen que Nuestra Señora del Sagrario, y que tenía su hija mejor papo que Nuestra Señora la Virgen María, y también se acuerda que juró por los minutos de la Virgen. Y que es verdad que se fingió enfermo por que le diesen de comer. Y se dejó dar la Extremaunción y se fingió loco por solo que le diesen de comer.

Fuele dicho si todo lo que a dicho y confesado lo hiço estando en su sano y entero juycio, conociendo el pecado y la malicia que acía.

Dijo.—Que no tenía juycio quando hiço lo referido.

Fuele dicho que no es creyble que estuviese sin juycio y que aora se acuerde de lo que entonces pasó y dijo. Y así, se le amonesta diga la berdad y descargue su conciencia.

Y dijo.—Que es berdad que estaba en su juycio y lo hiço por el fin que tiene dicho.

Fuele dicho que por qué a dicho aora que no estaba en su juycio.

Dijo.—Que no sabe lo que se dice, y que estaba en su juycio, en su conciencia.

Fuele dicho que todo lo que confiesa es contrario [Nota editor: por contradictorio, es decir, se le hace ver que se contradice. La «perfecta confesión» debía ser homogénea, esto es, firme y no contener afirmaciones contradictorias e incompatibles entre sí]. Que asiente en la berdad de una vez. Donde no, se pasará adelante en el tormento.

Dijo.—Que es berdad que estaba en su juycio quando passó todo lo que deja confesado y que no se acuerda quienes estaban delante y todo fue por fin de que le diesen de comer. Y que esta es la berdad y en ello asienta por ser cierto.

Preguntado por qué a callado asta aora el decir lo que tiene confesado y asi mesmo de que estaba en su juycio quando hiço y dijo lo que a referido en su confesión, pues sobre ello se le an dado tantas audiencias y tantas moniciones.

Dijo.—Que la causa de tener hijas y mujer le a obligado a callarlo.

Pregunta de la Virgen. Fuele dicho qué es lo que dice aora que dijo de que la Virgen abía fornicado con muchos, y que no abía sido casada; que a quién lo a oydo decir, u quién le obligó a decirlo [nota editor: El Tribunal trata de tomar pie en la confesión del reo atormentado para poder acusar a otras personas e iniciar proceso contra ellas. De este modo, los procesos se enlazaban unos con otros como cerezas en cesto] y que si lo cree así y lo tiene por cierto, que diga la berdad en todo y descargue su conciencia.

Dijo.—¡Que todo es mentira quanto digo aquí! ¡Ay, Señor! ¡Que todo es mentira, todo es mentira quanto e dicho aquí, que lo ago por miedo, que me están matando aquí! ¡Todo es mentira! ¡Por la Santísima Trinidad y por el Santísimo Sacramento del Altar! ¡Que todo quanto se a escrito aquí es mentira y embeleco!

Fue mandado entrar el berdugo. Entró el berdugo y díchole que prosiga en el tormento. Y le fue dicho al reo, que él está vario en sus confesiones. Que por reberencia de Dios diga la berdad y asiente en ella.

Dijo.—Que no tiene más qué dicir. Que todo lo que a dicho en esta audiencia es mentira y lo a dicho por miedo del tormento.

Primera buelta. Fuele mandado apretar la primera buelta y le fue dicho que diga la berdad.

Dijo.—¡Sí diré, Señores, sí diré que todo es verdad! ¡Poderosa Virgen, valedme!

Y estándole apretando la primera buelta le fue dicho que diga la berdad.

Dijo.—¡Todo es verdad! ¡Quite, quite, que todo es verdad! ¡Ay, ay, ay!

Y esto repitió muchas veces.

Fuele dicho que diga la berdad. Que no se le a de quitar del tormento asta que aya asentado en ella.

Dijo.—¡Diré la verdad, diré la verdad! ¡Ay, ay, Señores! ¡Que me muero y no tengo qué decir!

Fuele dicho que diga la berdad o se le mandará poner la segunda buelta.

Dijo.—No tengo qué decir.

Fuele mandado poner la segunda buelta y le fue dicho que diga la berdad.

Dijo.—¡Por las plagas de Christo! ¡Que me quiten de aquí, que yo la diré!

Segunda buelta. Fuele mandado apretar la segunda buelta. Y estándosela apretando le fue dicho que diga la berdad.

¡Ay, Señor! ¡Ay, Señor! ¡Que yo diré la berdad! ¡Yo diré la berdad! ¡Que lo que dije de la Virgen, que es la verdad!

Fuele mandado afiançar la buelta, y estándolo le fue dicho que diga la berdad, aviendo mandado salir al berdugo. Salió el berdugo.

Dijo.—Que es verdad que dijo por los minutos de la Virgen. Y no diciendo otra cosa, le fue dicho que diga si tiene otra cosa que decir, y en todo verdad, sin decir cosa por miedo del tormento, y que asiente de una vez en ella.

Dijo.—Que es verdad que dijo por los minutos de la Virgen y que no abía sido casada.

Preguntado qué otra cosa dijo en las dichas ocasiones y si cree que la Virgen fue casada o no y con quién.

Dijo.—Que fue casada con Dios. Y luego dijo con San Josef. Y cree que fue casada con San Josef.

Preguntado responda derechamente si cree que la Virgen Nuestra Señora fue casada; y también se le pregunta si cree que la Virgen a sido siempre Virgen o trató carnalmente con muchos onbres como tiene confesado.

Dijo.—Que ya tiene dicho que la Virgen fue verdaderamente casada con San Josef; y a lo segundo dice que cree que trató con muchos onbres carnalmente.

Fuele dicho que diga desde quando cree lo que deja dicho de que la Virgen trató con muchos onbres; quién se lo a enseñado u a quién se lo a oydo decir.

Dijo.—Que él lo a dicho y no lo a oydo a nadie ni nadie se lo a enseñado.

Fuele dicho que diga el Credo; y abiéndolo començado y llegando a la palabra y artículo «que nació de Santa María Virgen», le fue dicho que si cree en aquella palabra que Jesuchristo nació de Santa María Virgen.

Dijo.—Que cree que Jesuchristo nació de Santa María Virgen.

Fuele dicho que cómo si lo cree también cree que trató carnalmente la Virgen con muchos onbres. Que por reberencia de Dios diga la berdad y asiente en ella reparando lo que dice.

Dijo llorando.—¡Ay, Señor! ¡Que me están matando aquí y que no sé lo que me digo!

Fuele dicho que diga la berdad o se mandará llamar al berdugo.

Dijo.—¡Llamen Vuestras Señorías a quien quisieren! ¡Ay, Virgen Santísima, que digo contra Vos lo que no ay! ¡Faborecedme, Virgen, y ayudad me! ¡Ay, Virgen María de mi alma!

Fue mandado entrar el berdugo. Entró el berdugo. Y le fue dicho que diga la berdad.

Dijo llorando.—¡Madre de Dios, Señora mía! ¡Ay, Virgen Santísima, Madre de Dios!

Fuele mandado apretar bien la segunda buelta. Continuóse la segunda buelta. Y le fue dicho que diga la berdad.

Dijo.—¿Es posible, Señores, que no me quieren decir lo que tengo qué dicir? ¡Ay, Señor de mi alma! ¡Ay, ay, ay!

Y esto repitió muchas veces.

Fuele dicho que diga la verdad.

Dijo.—¡Jesús! ¡Yo lo diré, yo lo diré, quítenme de aquí, que no sé nada!

Fuele dicho que diga la verdad y asiente en ella.

Dijo.—¡Ay, Jesús! ¡Ay, Jesús! ¡Ay, Jesús! ¡Ay, ay, ay! Y esto repitió muchas veces. ¡Ay, que no sé qué decirme!

Fuele mandado afiançar la buelta y salir al berdugo. Salió el berdugo. Y le fue dicho que diga la berdad.

Dijo.—¡La Virgen me balga! ¡La Virgen sea conmigo!

Fuele dicho que diga la berdad y asiente en ella. Y esto le fue dicho muchas veces, y no responde nada a ello.

Fuele buelto a decir que diga la verdad muchas veces, y no dijo nada.

Y visto por los Señores Inquisidores y Ordinario la variedad del susodicho y el no querer responder a cosa de las que se le preguntan y no parecer que por aora tiene otro remedio, dijeron que por ser tarde y por otros respetos, suspendían por el presente el dicho tormento, con protestación que no le abían por suficientemente atormentado y que si no dijese la berdad, reserbaban en sí poderlo continuar quando les pareciere. Y así

fue mandado quitar, y quitado del dicho tormento y llebado a
su cárcel. Y esta diligencia se acabó a las once y media antes del
medio dia, y se començó a las nueve y media. Y a lo que pareció
el dicho Alonso de Alarcón quedó sano y sin lisión.

Todo lo qual pasó ante mi. Ante mí. Don Antonio Sebillano.

Ratificación después del tormento.

En la audiencia de la mañana del Santo Oficio de la Inquisición de Toledo en doce días del mes de abril de mill y seiscientos y treynta y seis años, estando en ella el señor Inquisidor
don Pedro Diaz de Cienfuegos, mandó traer de su cárcel a
Alonso de Alarcón, preso en las cárceles secretas. A el qual siendo presente le fue dicho si a acordado algo en su negocio que
deba decir por descargo de la conciencia y so cargo de su juramento. Que diga en todo berdad.

Dijo.—Que no a acordado nada ni tiene qué decir.

Fuele dicho que esté atento porque se le leerá lo que dijo
y declaró en diez días deste presente mes en la cámara del tormento, para que aora que está fuera dél, vea si es aquello verdad,
o si ay alguna cosa que añadir o enmendar. De manera que en
todo diga la berdad sin respecto alguno, so cargo del juramento
que tiene fecho.

E luego le fue leydo lo que dijo en la cámara del tormento
en diez días deste mes y año, de berbo ad berbum; y abiéndose-
le leydo y dicho que lo abía oydo y entendido, dijo.

Dijo.—Que todo lo que se le a leydo que dijo en la cámara del tormento es mentira, y éste lo dijo sin saber lo que decía
por miedo del tormento. Porque jamás a dicho semejantes palabras como las que se le an leydo. Y así, niega todo lo dicho en
la cámara del tormento, porque éste cree que Nuestra Señora la
Virgen María fue siempre Virgen, y no es de creer dijese otra
cosa estando en su juycio, siendo como es buen christiano y
temeroso de Dios; y que en su casa no consentía que sus hijas
jurasen ni tomasen al Diablo en la boca, y si alguna vez le men-
taban, les pegaba. Y así, niega todo lo que se le acusa y lo que se
le a leydo dijo en la dicha cámara del tormento, remitiéndose a
lo que tiene confesado antes dél, que aquello es la berdad y no
otra cosa, para el juramento que tiene echo. Y esto dijo ser la
berdad.

Con lo qual cesó la audiencia. Y tornado a leer lo que deja
dicho en ella dijo ser la berdad y aberlo él dicho, y que en ello

se afirmaba y afirmó, ratificaba y ratíficó. Y fue buelto a su cárcel. Y por no firmar, lo firmó el Señor linquisidor. Ante mí. Don Antonio Sebillano.

Así acabó el tormento, sin resultado probatorio contra el reo, puesto que este, aunque a veces confesó ser ciertas las acusaciones, se contradijo, no sostuvo una línea firme de autoacusación, y finalmente no ratificó su parcial confesión. Es cierto que el tormento, apenas suspendido cuando Alarcón perdió el conocimiento, podía haber sido reanudado después, sobre todo teniendo en cuenta la ratificación fallida. Pero el tribunal no llevó la «questión del tormento» hasta sus últimas y plenas posibilidades. Alonso de Alarcón quedó en paz (si por paz entendemos la mera ausencia de tortura) en su cárcel secreta de la Inquisición toledana hasta el final del proceso, del cual ya solo faltaba la sentencia.

LA SENTENCIA

La Inquisición de Toledo no formuló propuesta de sentencia hasta el 5 de junio de 1636 [exactamente un año después de la detención del reo]. La propuesta, elevada como era preceptivo ante el Consejo de la Suprema Inquisición recibió respuesta aprobatoria del Consejo el día 30 del mismo mes y año. Pero el Tribunal toledano no procedió a emitir su sentencia definitiva hasta el 12 de octubre. Huelga decir que entre tanto Alonso continuaba en la cárcel inquisitorial.

La sentencia del 12 de octubre de 1636 fue condenatoria. Alonso de Alarcón fue condenado por los cargos contenidos en la acusación fiscal, que se consideraron suficientemente probados, al margen, por supuesto, del resultado del tormento. Al reo se le impusieron, como blasfemo, las penas de oír una Misa en público y con mordaza, abjurar *de levi*, recibir cien azotes, y ser desterrado de todo el reino de Toledo y villa de Madrid durante seis años.

Meses después, Alonso de Alarcón elevó al Consejo de la Inquisición una petición de gracia, pero fue desestimada.

Y ahí terminó todo, salvo los seis años de destierro que

tuvo que cumplir [amén de año y pico de prisión preventiva en la cárcel secreta, cien azotes y alguna afrenta] un pobre hombre, tejedor de oficio, analfabeto, tullido y atormentado que había vivido en Toledo, más o menos tranquilo, hasta que un día del año de gracia de 1635 cayó en manos de la Inquisición merced a la denuncia de un sacerdote paisano y vecino suyo.

Los detalles son prolijos, pero su lectura nos muestra sin ambages la crueldad del procedimiento. El sufrimiento físico y moral que encierran las actas de este proceso, por lo demás anodino, pone de manifiesto lo ajustado de la observación de Llorente sobre el carácter del establecimiento que él dijo que era

vicioso en su origen, constitución y leyes

No obstante, lo que para mí resulta más desconcertante e indignante es la eficiencia de la Inquisición: cuando el Imperio español empezaba a desmoronarse y nada funcionaba como debía en los reinos de España, esta siguió funcionando con una eficacia extraordinaria durante dos siglos más.

¿Cuál habría sido el devenir de España si una mínima parte de la creatividad, eficacia y esfuerzo dedicado a esta institución represiva se hubiera dedicado a la instrucción pública, al comercio o a la ciencia?

Un auto de fe en Madrid

La mayoría de las condenas se ejecutaban en actos bastante simples. Pero la Inquisición también puso en marcha los aparatosos autos de fe, que, aunque eran formalmente ceremonias punitivas, se desarrollaban como hechos festivos, instrumentos de propaganda y manifestación del poder inquisitorial. Con el tiempo se hicieron cada vez más ostentosos, lo que los encareció extraordinariamente y obligó a espaciarlos cada vez más. En Sevilla, donde estaba ubicado uno de los más importantes tribunales de la Inquisición, a lo largo del siglo XVI hubo un auto de fe cada dos años e incluso dos el mismo año, pero en todo el siglo XVII solo se celebraron cuatro. Los cuantiosos gastos que conllevaban comenzaron a ser insostenibles, lo que derivó en su decadencia y extinción, a pesar de que siempre contaron con el fervor del público y con el apoyo de la corona.

En 1632 se celebró en Madrid un magno auto de fe al que asistieron el rey Felipe IV y su primera esposa, la reina Isabel de Borbón, en el que figuraron cincuenta y siete sentenciados, de los cuales fueron quemados vivos seis judaizantes y cuatro en efigie. El 30 de junio de 1680 tuvo lugar en la plaza Mayor de Madrid el famoso y solemnísimo auto de fe para dar la bienvenida a la novia del rey Carlos II, María Luisa de Orleans. De él da cuenta Modesto Lafuente en su *Historia de España*.[146]

> El inquisidor general, que lo era entonces el obispo de Plasencia don Diego Sarmiento Valladares, manifestó al rey que en las cárceles inquisitoriales de la Corte, de Toledo y de otras ciudades había multitud de reos cuyas causas estaban fenecidas, y que sería muy digno de un rey católico que se celebrara en la corte un auto general de fe, honrado con la presencia de SS. MM., a ejemplo de sus augustos padre y abuelos. Aprobó Carlos lo que se le proponía, ofreció asistir, y quedó resuelto el auto general. Se avisó a los inquisidores de los diferentes tribunales del reino; se nombraron muchas comisiones en forma para hacer los preparativos convenientes a tan solemne función, y el 30 de mayo, día de San Fernando, se publicó el auto con todo aparato y suntuosidad.

Para el acto, el rey hizo que se pregonara en los ocho puntos principales de Madrid, en los que la procesión habría de hacer alto.

> Sepan todos los vecinos y moradores de esta villa de Madrid, corte de S. M., estantes y habitantes en ella, como el Santo Oficio de la Inquisición de la ciudad y reino de Toledo celebra auto público de la fe en la Plaza Mayor de esta corte el domingo 30 de junio de este presente año, y que se les conceden las gracias e indulgencias por los sumos pontífices dadas a todos los que acompañasen y ayudasen a dicho auto. Mandase publicar para que venga a noticia de todos.

Relación histórica del auto general de fe que se celebró en
Madrid este año de 1680, con asistencia del Rey N. S. Carlos II

Para hacer posible el auto, el rey tuvo que tomar algunas
precauciones, entre otras, disponer la construcción del teatro, un
armazón impresionante realizado en madera y alzado sobre el
suelo, que contaba con gradas, galerías y palcos:

> Dio el rey un decreto para que se levantara en la plaza un
> anchuroso y magnífico teatro (que así se llamaba), capaz de
> contener con desahogo las muchas personas que habían de asis-
> tir de oficio, con sus escaleras, vallas, corredores, balcones, de-
> partamentos, altares, tribunas, púlpitos, solio y demás, cuyo di-
> seño encargó al familiar José del Olmo y el cual había de
> cubrirse con ricas tapicerías y colgaduras, y con un gran toldo
> para preservarse de los ardores del sol. Fue obra de muchísimo
> coste, y en que se emplearon los más lujosos adornos.

Las estructuras superiores de este teatro llegaban a la altura
del terrado de las casas circundantes en las que se apoyaba y con
cuyas ventanas y balcones comunicaba por puentes. De este
modo, los aposentos altos de estos edificios servían a los espectadores para salir a todas las ocurrencias precisas en estación tan
larga, dado que estas ceremonias solían durar doce o catorce
horas sin interrupción. Una vez construido el teatro y organizado el acto, se repartieron las invitaciones a los afortunados que
contaban con sitio numerado en los estrados. El auto comenzó,
de hecho, el día anterior al señalado con una compañía que
había de hacer el traslado de la leña hasta el quemadero; uno de
los haces era llevado en nombre del rey:

> Se formó una compañía que se llamó de los soldados de la
> fe, compuesta de doscientos cincuenta hombres entre oficiales
> y soldados, para que estuviesen al servicio de la Inquisición, y a
> los cuales se dieron mosquetes, arcabuces, partesanas, picas, y
> uniformes de mucho lujo. Cada uno de estos había de llevar,
> como así se ejecutó, un haz de leña desde la puerta de Alcalá
> hasta el palacio; y el capitán, que lo era Francisco de Salcedo,
> subió al cuarto del rey, llevando en la rodela su fajina, que reci-
> bió de su mano el duque de Pastrana para presentarla a S. M. y

después a la reina; hecho lo cual, la volvió a entregar diciendo: «S. M. manda que la llevéis en su nombre, y sea la primera que se eche en el fuego».

Para esta función se hicieron familiares del Santo Oficio hasta ochenta y cinco, entre Grandes de España, títulos de Castilla, y otras personas ilustres. Los cuales todos acompañaron la solemne procesión llamada de la cruz blanca y la cruz verde, que se hizo la víspera del auto, llevando el estandarte el primer ministro duque de Medinaceli, y recorriendo las principales calles de la corte, haciendo salvas de tiempo en tiempo la compañía de los soldados de la fe, hasta dejar colocada la cruz blanca en el testero del brasero, que estaba fuera de la puerta de Fuencarral, como a trescientos pasos a la izquierda, orilla del camino.

En estos casos, para evitar altercados, se solía leer un bando en el que se prohibía portar armas e ir en coche por las calles que había de recorrer la procesión oficial. El día señalado, la ciudad era un hervidero de gente. Las pensiones y tabernas no daban abasto a atender a todos los aldeanos que concurrían desde los pueblos de los alrededores, luciendo sus mejores galas, para no perderse el espectáculo de la quema de herejes y para ganar las indulgencias prometidas, por lo que muchos de ellos tenían que dormir al raso. En el auto celebrado en Sevilla en el año 1660, hubo que cerrar las puertas de la ciudad tras la llegada de más de cien mil forasteros. No parece que ese fuera el caso del celebrado en Madrid que ahora nos ocupa, pues la fe era mucho más tibia en la capital del reino. En algunos autos era tanta la demanda de buenos sitios para presenciar el espectáculo que los asientos de las gradas que no estaban ocupados por el personal de la Inquisición, invitados de categoría, reos, familiares que los custodiaban y confesores que los exhortaban al arrepentimiento, eran vendidas a los exorbitantes precios de veinte o treinta reales.

Sigue la relación de Modesto Lafuente del auto de fe de Madrid:

Llegado el día del Auto, salió en dirección de la plaza la gran procesión, compuesta de todos los consejos, de todos los

tribunales, de todas las corporaciones religiosas, de todos los personajes de la corte, llevando delante los reos. [...]

Esperaban ya SS MM el rey y las dos reinas, esposa y madre, en su balcón dorado, teniendo en derredor suyo las damas de
honor, los gentiles-hombres y mayordomos, los embajadores, el
cardenal arzobispo, el patriarca y otras personas de la primera
representación. En medio de este aparato y de un inmenso concurso de espectadores, que ocupaban el recinto de la plaza, los
balcones y hasta los tejados, subieron al tablado los reos, en
número de ciento veinte, con sus sambenitos y corozas, sus velas
amarillas en las manos, algunos con sogas a la garganta y mordaza a la boca, y los condenados a relajar con capotillos de llamas,
y dragones pintados en ellos.

Los sambenitos, corozas, sogas a la garganta y capotillos de
llamas eran los símbolos que la Inquisición desarrolló para que
el pueblo supiera interpretar las penas de los ciento veinte condenados. Pero la gente centraba su atención en los penitencia-
dos vivos:

Los subió el Inquisidor general a su solio, vistióse de pon-
tifical, tomó el juramento al rey, jurando también el corregidor,
alcaldes, regidores y hombres buenos a nombre del pueblo.
Comenzó la misa, y predicó un largo sermón Fr. Tomás Navarro, calificador de la Suprema, sobre el tema: *Exurge, Domine,
judica causam tuam.*

El pueblo representado por «hombres buenos» participaba
en estos actos jurando apoyo a la Inquisición en la persecución
de herejes, como antes había hecho el mismo rey.

Concluido el sermón, se dio principio a sacar de las arqui-
llas las causas y sentencias de los reos, y a leerlas desde uno de los
púlpitos. A las cuatro de la tarde se acabaron de leer las sentencias de los relajados, y en tanto que continuaba la lectura de las
otras se hizo entrega de aquellos al brazo secular, que conde-
nándolos a morir en la forma ordinaria, como siempre se hacía,
los mandó conducir al lugar del suplicio, o sea al brasero, que,
como hemos dicho, estaba fuera de la puerta de Fuencarral,
escoltados por una escuadra de soldados de la fe, los ministros de

la justicia seglar, y el secretario de la Inquisición que había de dar testimonio de haberse ejecutado las sentencias.

Dejemos al familiar del Santo Oficio,* que nos dejó escrita esta relación de orden del tribunal, describir esta terrible ejecución.

Era, dice, el brasero de sesenta pies en cuadro y de siete pies en alto, y se subía a él por una escalera de fábrica del ancho de siete pies, con tal capacidad y disposición que a competentes distancias se pudiesen fijar los palos (que eran veinte), y al mismo tiempo, si fuese conveniente, se pudiese sin estorbo ejecutar en todos la justicia, quedando lugar competente para que los ministros y religiosos pudiesen asistirles sin embarazo. Coronaban el brasero los soldados de la fe, y parte de ellos estaban en la escalera guardando que no subiesen más de los precisamente necesarios; pero la multitud de gente que concurrió fue tan crecida que no se pudo en todo guardar el orden, y así se ejecutó, si no lo que convino, lo que se pudo... Fueronse ejecutando los suplicios, dando primero garrote a los reducidos, y luego aplicando el fuego a los pertinaces, que fueron quemados vivos con no pocas señas de impaciencia, despecho y desesperación. Y echando todos los cadáveres en el fuego, los verdugos le fomentaron con la leña hasta acabarlos de convertir en ceniza, que sería como a las nueve de la noche. Puede ser que hiciese reparo algún incauto en que tal o cual se arrojase en el fuego, como si fuera lo mismo el verdadero valor que la brutalidad necia de un culpable desprecio de la vida, a que le sigue la condenación eterna... Acabados de ejecutar los suplicios, etc.

Sigue el historiador refiriendo lo que pasó hasta que terminó el acto:

La lúgubre ceremonia de la Plaza Mayor no había concluido hasta más de las nueve de la noche, de modo que se emplea-

---

* Debe de tratarse de José del Olmo, arquitecto encargado de levantar el teatro efímero sobre el que se desarrolló el proceso y testigo presencial del mismo, según Marcelino Menéndez Pelayo, *Historia de los heterodoxos españoles*, vol. II, p. 229.

ron doce horas en aquella imponente solemnidad. Los reos habían ido saliendo por grupos y clases, según sus delitos y sentencias, que dos secretarios del Santo Oficio iban leyendo y publicando, siendo uno de los más terribles espectáculos el de las estatuas de los reos difuntos que pendientes en cestos sobresalían a los dos lados del llamado teatro, con sus fúnebres insignias, y algunos con la caja de sus huesos, que al efecto se habían desenterrado. Tal fue, compendiosamente referido, el célebre auto general de fe celebrado en Madrid en 1680, testimonio lamentable de los progresos que iba haciendo el fanatismo en este miserable reinado.

Este acto tenía una segunda parte el día siguiente, cuando el alguacil de la Inquisición y varios familiares organizaban el desfile penitencial de los que habían sido condenados a paseo infamante, durante el cual el verdugo municipal aplicaba las penas de azotes con estación en las calles y plazas acostumbradas. En estos actos las brujas, normalmente condenadas a penas leves, eran el hazmerreír del pueblo, el mismo que antes había sido víctima de sus añagazas.[147]

Con este relato detallado de un auto de fe podemos apreciar cómo, en contra de la afirmación del inquisidor Llorente,[148] la Inquisición española no era una institución odiada. Al contrario, todo lo que tenía relación con ella era reverenciado y admirado por reyes, nobles, clero y plebeyos y, de hecho, el cargo de inquisidor general era el más alto al que podía aspirar quien no fuera hijo de reyes.

Para tener una perspectiva más real de lo que suponía un auto de fe, sería conveniente tener la versión desde el otro punto de vista, el del condenado. No existen documentos con información de ese tipo, pero sí hay un excelente relato de ficción en el último capítulo de la ya citada novela *El hereje* de Miguel Delibes. La austera descripción del recorrido que hace el condenado montado en un burro entre la multitud vociferante en su camino desde la prisión hasta la plaza Mayor de Valladolid, donde se desarrolla la parte oficial del auto de fe, y posteriormente el quemadero, es sobrecogedora.[149]

A pesar del apoyo popular y real, a pesar del apoyo de las

autoridades religiosas y judiciales, a pesar de la encendida defensa que de ella hicieron eruditos como el historiador Menéndez Pelayo, no cabe duda de que la Inquisición fue culpable de

Haber extinguido y aherrojado la razón con prohibiciones y censuras.[150]

9

Sabbats y aquelarres

La seña de identidad de las brujas era el *sabbat* o aquelarre, un conventículo o reunión de las mismas en la que rendían culto al diablo y realizaban las ceremonias de iniciación de nuevos adeptos.

La palabra *sabbat* aparece por primera vez en los procesos seguidos contra las brujas de la región de Toulouse en las décadas de 1330 y 1340, y su etimología es evidente: procede de la palabra que los judíos usaban para designar su festividad semanal.[151] A pesar de que no tenía nada que ver con ella, se empleaba porque de esa forma demonizaban tanto la festividad judía como la reunión de las brujas.

El término «aquelarre» tiene una etimología completamente distinta. Los inquisidores lo usaron por primera vez para definir los conventículos de brujas y brujos en el proceso de Zugarramurdi que tuvo lugar en Logroño en 1610, y procede de la unión de dos palabras vascas: *akerr*, macho cabrío, y *larre*, prado, que al unirse dieron lugar al nuevo vocablo «akelarre». Tuvo tanto éxito que es el usado preferentemente para nombrar los conventículos con esa grafía o con la castellana «aquelarre».

En cuanto a la reunión en sí, era una conspiración contra la ley y orden establecidos en la sociedad cristiana y el acto culminante de la adoración al diablo. Era un evento complejo, posiblemente inspirado en antiguas leyendas de hechicería, orgías licenciosas y parodias blasfemas del rito cristiano. Para rastrear su origen hay que recordar que, como se indicó en el capítulo dedicado a las herejías, la primera descripción detallada de un *sabbat* es la que se recoge en la bula *Vox in Rama* enviada por el papa Gregorio IX en 1233 contra los campesinos de Stedinger.

Esto lleva a preguntarse qué hay de cierto en los aquelarres, claramente inspirados en una reunión inventada para armar una acusación de herejía contra unos campesinos que se negaban a pagar impuestos. Tanto por este motivo como por los resultados de todas las investigaciones realizadas al respecto y la ausencia de pruebas inequívocas de la celebración de tales reuniones, la hipótesis más aceptada es que fue una invención de inquisidores y jueces, que les atribuyeron las abominaciones que anteriormente se habían asociado a otras herejías, en cuyos procesos se mencionaron por primera vez reuniones similares.

Al leer una descripción de las susodichas, es evidente la inspiración en antiguas asociaciones paganas como las relatadas por los escritores romanos de los siglos I y II Petronio, Horacio y Apuleyo en honor de los dioses romano y griego Baco y Príapo, respectivamente. Otros autores las asocian a las fiestas druídicas tradicionales del 31 de octubre y del 30 de abril, aunque, como veremos más adelante, los calendarios de los aquelarres eran muy variados y no se ajustaban a las fechas de estas celebraciones.

La información disponible sobre estas reuniones, obtenida de las confesiones de las personas que supuestamente acudieron a ellas, es muy abundante, por lo que los guiones de los aquelarres son muy variados; además, evolucionaron con el tiempo. No obstante, a pesar de su diversidad, hay una serie de elementos comunes que organiza R. H. Robbins en la entrada «Aquelarre» de su *Enciclopedia de la brujería y demonología*[152] de forma concisa[153] y Mina García Soormally en el capítulo 6 de su obra *Magia, hechicería y brujería*[154] de forma más extensa. También Caro Baroja habla del *sabbat* en su libro *Las brujas y su mundo*.

Según Robbins, el aquelarre se dividía en cinco partes.

La preparación y la reunión

Para asistir a la reunión, la bruja tenía que hacer una serie de preparativos. En la mayoría de los casos, las mujeres se acostaban en su casa, para no despertar sospechas, y cuando todos dormían se levantaban sigilosamente. Para despertarse solían recurrir a su «familiar», animal que el demonio les había entregado en la reunión de iniciación y que las acompañaba en sus correrías. Una vez despiertas, se embadurnaban con un ungüento que les permitía volar. En la edición que realizó Mongastón de las actas del proceso de Zugarramurdi se dice que parte de los ingredientes que usaban para elaborarlo se los proporcionaban los sapos.

> Esta agua la sacan de esta manera: después que han dado de comer al sapo lo azotan con unas varillas y él se va enconando e hinchando, y el demonio, que se halla presente va diciendo: «Dadle más». Una vez que está bien hinchado, lo aprietan con el pie contra el suelo hasta que vomita por la boca o por las partes traseras un agua verdinegra muy hedionda en una barreña que para ello le ponen, que recogen y guardan en una olla.[155]

Una vez untada de pies a cabeza, la bruja salía de la casa deslizándose a través de un pequeño intersticio o bien atravesando puertas o ventanas sin necesidad de abrirlas. A continuación se montaba en una escoba, en un palo o en un animal. Pero si la ocasión lo merecía, se transformaba en una lechuza (*striga*) u otro animal volador. En algunos procesos, las brujas confesaron el uso de conjuros para levantar el vuelo, mientras que otras dijeron que tenían capacidad de volar por sí mismas. El caso es que de una u otra forma la bruja recorría el cielo para asistir al aquelarre. Este vuelo ha sido interpretado por algunos historiadores como una liberación. Si así fuera, sería un acto de liberación relativo, porque se libraban del yugo cristiano para ir a rendirle pleitesía a un ser maligno que, como explicaremos más adelante, no las trataba precisamente bien. De hecho, por todo lo que sabemos hoy, el vuelo era un invento de su imaginación para satisfacer las demandas de los jueces y librarse de la hoguera.

Existía también una gran variedad de lugares de celebración. En muchos procesos se dice que se realizaban en prados, mientras que en otros se habla de cementerios, cruces de caminos, marismas, incluso iglesias medio derruidas y, en general, lugares donde solían habitar los espíritus.

Tampoco hay acuerdo a la hora de determinar el día de la

semana en el que se celebraban estas reuniones; de hecho, cada demonólogo proponía un día y una frecuencia. Por ejemplo, el juez francés Pierre de Lancre, que incoó centenares de procesos en el País Vasco francés, decía que los aquelarres tenían lugar los jueves, para adelantarse a la celebración de los judíos y los cristianos, pero en el mismo párrafo afirma que en realidad se realizaban las noches del miércoles al jueves y del viernes al sábado, para finalizar diciendo que cambiaban a menudo y que había reuniones todos los días, e incluso que muchas de las acusadas que él había juzgado asistían en pleno día.[156]

El fraile italiano Francesco Maria Guazzo decía que había un único día de celebración que dependía del país: en Italia se realizaban los jueves, mientras que en Lorena eran los miércoles. Sin embargo, el juez Nicolas Rémy, que mandó a la hoguera a cientos de mujeres en Lorena, decía que los aquelarres se celebraban los sábados, opinión apoyada por otros historiadores, para quienes los aquelarres tenían su origen en los bailes de máscaras de campesinos, organizados siempre el sábado para poder descansar al día siguiente. Sin embargo, el sábado era descartado por otros autores por estar consagrado a la Virgen María. En contraste con la seriedad y la trascendencia de las hipótesis de los demonólogos de la época, el historiador británico George B. Harrison, que estudió los procesos de las brujas de Lancaster, atribuía a los aquelarres de Inglaterra un origen profano: las fiestas de gitanos y mendigos en lugares apartados, y en las que hombres y mujeres se solazaban al abrigo de miradas indiscretas.[157]

El acuerdo es (casi) absoluto respecto al momento del día en que ocurrían los aquelarres: por las noches. Vuelve a haber divergencias, eso sí, sobre la hora a la que empezaban. Según Nicolas Rémy y Francesco Guazzo, la reunión comenzaba dos horas antes de la medianoche, pero, según las brujas de Bamberg, a las que luego nos referiremos, lo hacía a las once. Todos coincidían, sin embargo, en que con el canto del gallo finalizaba el conventículo. Pero a veces los aquelarres terminaban mucho antes de forma abrupta, porque alguno de los asistentes pronunciaba las palabras prohibidas (Dios, Virgen María o Jesucristo), se santiguaba alguien o bien aparecía como fuera el signo de la cruz.

No acudía un número fijo de ellas. En algunos casos se hablaba de cincuenta o cien brujas, mientras que en otros se hablaba de varios miles. Es curioso que un evento tan multitudinario no dejara ningún rastro, ni siquiera de restos de basura. Conforme los demonólogos fueron adquiriendo experiencia, el aquelarre se fue ritualizando y haciéndose cada vez más complejo; las acusadas fueron transformando sus confesiones de acuerdo a esta evolución. Así, sor Madeleine de Demandolx (una de las monjas endemoniadas del convento de Aix-en-Provence, procesada en 1611) decía que, desde que ella se había «convertido», el aquelarre se celebraba a diario, pero que previamente solo lo hacía tres días a la semana. Explicaba que los asistentes a él provenían de tres clases sociales: gentes de condición baja y sórdida, que se encargaban de las tareas más ingratas, como asesinar a niños o sacar de sus tumbas a los que acaban de morir; personas de condición intermedia, que realizaban encantamientos y hechizos, y caballeros, cuya única ocupación era blasfemar contra Dios.[158]

El homenaje al diablo

En todos los aquelarres se celebraban ritos de adoración a Satanás y otras ceremonias como el bautizo de nuevos seguidores. El jesuita español Martín del Río, que en el libro II de su obra sobre demonología reorganiza y unifica la miríada de descripciones de estos eventos, los resume de la siguiente manera:

> Una vez reunidos estos seguidores del diablo suelen encender una hoguera espantosa, fétida. El diablo preside la asamblea desde un trono adoptando una forma terrible, de cabra o perro y los asistentes se aproximan a él para adorarlo, pero no siempre de la misma manera. Unas veces doblan la rodilla como suplicantes, y otras se quedan de pie dando la espalda, mientras en otras ocasiones agitan las piernas en el aire a tal altura que se les dobla la cabeza hacia atrás y apuntan con la barbilla hacia el cielo. Se vuelven de espaldas y, caminando hacia atrás como los cangrejos, tienden las manos para tocarlo y suplicarle. Cuando hablan vuelven la cara hacia el suelo; y todo lo hacen de una forma ajena a la costumbre de los demás hombres.[159]

Francesco Guazzo hace una descripción casi idéntica en su *Compendium Maleficarum*, por lo que posiblemente la tomó del texto de Martín del Río, publicado mucho antes. La contribución más original del texto de Guazzo fue la inclusión de láminas descriptivas de las actividades hechiceras, incluidas las reuniones del aquelarre, que son las imágenes por antonomasia de la brujería. A continuación, daban el *osculum infame*, el famoso beso de la deshonra.

> Después le ofrecen velas negras como la pez o cordones umbilicales de niños pequeños; y le besan las posaderas en señal de homenaje. Tras esta y otras abominaciones semejantes cometen aún más infamias execrables.[160]

La mayoría de los demonólogos de la época no ahorraban detalles escatológicos a la hora de describir este beso, con la excepción del elegante (y extraordinariamente sanguinario) juez francés Jean Bodin, que decía:

> No existe mayor deshonra, villanía ni deshonor que aquél en el que caen estos brujos cuando tienen que adorar a Satanás bajo la forma de una cabra hedionda y darle un beso en el lugar que la modestia nos impide mencionar.[161]

Algunos demonólogos hablan de los niños que van al aquelarre por voluntad propia o llevados por la fuerza, y entre ellos hacen una clasificación por edades. Los más pequeños, de cuatro o cinco años, que todavía no eran de fiar, permanecían alejados del grupo principal y durante el aquelarre se dedicaban a cuidar de los sapos que se habían ubicado en charcas, como si fueran un rebaño de ovejas. Esos animales, vestidos con ropajes de distintos colores, serían luego entregados por el diablo a las brujas para que fueran sus espíritus «familiares».[162]

EL BANQUETE

Otra parte esencial del aquelarre era el banquete, que los demonólogos convertían en una orgía de gula. No obstante, los jueces no dejaban a las acusadas disfrutar ni con la imaginación, por lo que las obligaban a confesar que los manjares eran insípidos, incluso repugnantes. Guazzo ofrece una descripción clásica del banquete:

> Se preparan unas mesas y los asistentes se sientan y comen los manjares que les ha dado el diablo o que han llevado ellos. Pero todos cuantos se han sentado a esta mesa confiesan que la comida tiene un aspecto o un olor repulsivo y que provoca náuseas aun al más hambriento. Dicen que se sirve de todo en abundancia salvo el pan y la sal.[163]

Nicolas Rémy lo describe de forma similar al decir que la comida es tan repugnante que los asistentes se ven obligados a escupir inmediatamente lo que comen. En cambio, el franciscano español Alfonso de Castro (siglo XVI), jurista, teólogo y consejero del emperador Carlos V, mantenía que los placeres voluptuosos eran los incentivos fundamentales para que las mujeres se hicieran brujas, lo cual es una observación bastante razonable. La declaración de la anteriormente citada sor Madeleine de Demandolx incluía detalles adicionales:[164]

> La bebida que toman sirve para excitar y preparar la carne para los excesos de la lujuria [...]. La carne que normalmente comen es de niños pequeños que guisan y preparan en la sinagoga. A veces los llevan vivos tras robarlos en las casas a las que pueden entrar.[165]

El mito de la mujer infanticida se mantuvo a lo largo de la Edad Media, pero a finales del siglo XV adquirió visos de realidad al convertirse en un cargo judicial contra las acusadas de brujería. Las infanticidas eran mujeres perversas que no habían conseguido impedir la procreación dificultando el coito, obstaculizando la concepción o provocando un aborto, y se congraciaban con el diablo ofreciéndole recién nacidos, a ser posible antes de que hubieran sido bautizados, para que no pudieran ir al paraíso. En el colmo de la depravación, practicaban el canibalismo, como algunas de las tribus más salvajes de la recién descubierta América, sin que las detuviera el hecho de que esos niños fueran sus propios hijos.

No sabemos hasta qué punto el mito del infanticidio refle-jaba el miedo a un problema real en una época en la que la mortalidad en los primeros años de vida era elevadísima, superior al 20 por ciento, por lo que los niños eran un bien escaso y frágil. Pero, siendo el infanticidio un crimen clandestino, resulta muy difícil determinar su cuantía a comienzos de la Edad Moderna. No obstante, aunque sin duda se dieron casos de infanticidio en situaciones de extrema desesperación, según la mayoría de los estudios realizados, su práctica fue muy infrecuente.[166] Por lo general, la imagen de la madre monstruosa capaz de matar a sus hijos iba asociada a la de la mujer lujuriosa e insaciable que eliminaba en secreto el fruto ilícito de su vientre para esconder su vergüenza.

Sigue la descripción de sor Madeleine:

> No utilizan cuchillos en la mesa por temor a que se entrecrucen y formen el signo de la cruz,

porque la aparición del símbolo cristiano por antonomasia daría lugar a la finalización instantánea del aquelarre.

> [...] tampoco tienen sal, que representa la sabiduría y el entendimiento, ni conocen las olivas ni el aceite, que simboliza la misericordia.[167]

Tras el banquete, las brujas ingerían el pastel mágico, a base de mijo negro mezclado con carne de niños sin bautizar, manjar que supuestamente las ayudaba a no declarar si eran sometidas a tortura. De Lancre cuenta una historia curiosa en relación con el pan y la sal:

> En 1609 ocurrió una cosa memorable en la ciudad de Limoges a propósito de esa pasta de mijo negro que los brujos dan de comer a los niños, la cosa más pestilente que pueda existir, que utilizan para turbarles los sentidos y manciparlos a Satanás. En una ocasión en que una panadera de la ciudad quería hacer pan blanco en la forma usual, su masa fue encantada y drogada de tal forma por la infusión que le introdujo en ella una bruja que resultó un pan tan negro, tan insípido e infecto que daba

miedo solamente mirarlo, no digamos ya comerlo. Cuando al acercarse una fiesta importante, en busca de consejo refirió este hecho tan extraño a su confesor, añadiendo que sospechaba de una enemiga suya, de la que se rumoreaba, y tenía reputación, que era bruja. Finalmente, el confesor le aconsejó que la próxima vez que fuera a hacer pan echara en la pasta algunos pequeños trozos de Agnus Dei* de cera. Así lo hizo y se quedó asombrada al comprobar que acababa de hacer el mejor pan de su vida. Pero, como en la siguiente ocasión no echó esos pedazos de cera, la pasta quedó tan negra y pestilente como el estiércol y el rumor de ese sortilegio circuló por la ciudad.[168]

En este caso, el pan de mijo no es el que hacían añadiéndole carne de niño, sino el que daban a los pequeños para captarlos para el diablo. El cuento pone de manifiesto la credulidad de la panadera, del confesor y del autor del texto. A pesar de lo pueril de la historia, si en la ciudad de Limoges había en esa época un juez tan predispuesto a enviar brujas a la hoguera como el propio De Lancre, la enemiga de la panadera tenía pocas opciones de salir con vida.

Mongastón explicó en su descripción del aquelarre de Zugarramurdi que los brujos y brujas acostumbraban a desenterrar cadáveres para despedazarlos y dividirlos en tres partes, que cocían, asaban y dejaban crudas y que luego comían sobre una mesa con manteles sucios y negros. Encontraban la carne de los hombres más sabrosa que la de las mujeres. Pero el máximo horror concebible era la forma en que devoraban a los niños:

> A los niños que son pequeños los chupan por el sieso y por la natura. Apretando recio con las manos y chupando fuertemente les sacan y chupan sangre. Y con alfileres y agujas les pican las sienes y en lo alto de la cabeza, y por el espinazo y otras partes y miembros de su cuerpo. Y por allí les van chupando la sangre, diciéndoles el demonio: «¡Chupa y traga eso, que es bueno para vosotras!». De lo cual mueren los niños, o quedan enfermos mucho tiempo. Y otras veces los matan apretán-

---

* *Agnus Dei*: Cordero de Dios. Figura de cera consagrada que servía de talismán contra los conjuros y hechicerías de las brujas.

dolos con las manos y mordiéndolos por la garganta, hasta que los ahogan [169]

LA FIESTA

Después del banquete había bailes que, según Guazzo:

> Se hacen en círculo, pero siempre a la izquierda [...] todos los ritos se celebran de la forma más absurda, formando una especie de anillo con las manos unidas y dándose la espalda unos a otros.[170]

Bailar espalda contra espalda era usual en la Edad Media, aunque solo lo practicaban las clases bajas porque se consideraba indecoroso. Este baile formaba parte de la inversión general de costumbres que tenían lugar en el aquelarre respecto a lo que se consideraba decente. La música era tocada por las propias brujas con violas y otros instrumentos que llevaban con ellas.

RELACIONES SEXUALES INDISCRIMINADAS

Todos los aquelarres finalizaban con una orgía lujuriosa. Tampoco aquí los demonólogos permitían que las acusadas disfrutaran con la imaginación: en sus confesiones todas hablaban del extraordinario sufrimiento que padecían al tener relaciones sexuales con el diablo. Lo prolijo y exhaustivo de las descripciones pone de manifiesto que la curiosidad y el interés de inquisidores y sacerdotes por las actividades de carácter sexual de los aquelarres era inagotable. Sor Madeleine de Demandolx se mostraba dispuesta a satisfacer esa curiosidad:

> Los domingos se corrompen con la repugnante cópula con demonios que son súcubos e íncubos; los jueves los ensucian practicando la sodomía, los sábados se prostituyen con el abominable bestialismo, y los demás días siguen el curso normal de la naturaleza.[171]

Incluso entre tanta depravación, seguía habiendo clases. Las parejas no se formaban hasta que el diablo elegía la suya, que normalmente era o eran las más hermosas del aquelarre. Diablos o mortales, los que elegían eran siempre varones. Pierre de Lancre dedica el discurso V de su libro III a explicar infinidad de apareamientos de muchachas con el diablo, quien copulaba con las hermosas por delante y con las feas por detrás; con los hombres asistentes al aquelarre también copulaba por detrás. Como el resto de su libro, está escrito de forma farragosa y es reiterativo y contradictorio. Por ejemplo, dice que el diablo esperaba a que las chicas se casasen para así deshonrar el sacramento del matrimonio, pero a continuación enumera las vírgenes que el susodicho había desflorado, entre las que se incluye Jeannette d'Abadie, una muchacha de dieciséis años:

> Declaró que a la hora de aparearse vio que todos cometieron incesto y violaban las leyes de la naturaleza [...]. Admitió que la había desflorado Satanás y que la habían conocido carnalmente infinidad de veces. [...] Añadió que no quería copular con el diablo porque su miembro era escamoso, como de un pez que las escamas se cerraban durante la penetración y se erizaban y picaban al salir, causando un dolor extraordinario [...]. Su semen era sumamente frío, tanto que nunca la había dejado preñada, ni tampoco los hombres normales que habían copulado con ella en el aquelarre.[172]

El relato del miembro del diablo, que al penetrar a las brujas les causaba un dolor extraordinario, aparece en casi todos los textos sobre demonología con pequeñas variantes. También es constante el sadismo de los autores al imaginar tormentos sexuales sufridos por las brujas. ¿Cómo podían considerar los señores inquisidores que era plausible que las mujeres acudieran en masa y por su propia voluntad a ser violadas por un ser monstruoso, cuyo miembro por uno u otro motivo les causaba un dolor extraordinario?

De Lancre cuenta que el diablo, muy considerado, interponía una nube para que los niños no lo vieran en el momento de la cópula, aunque sí podían oír los gritos desgarradores de las muchachas y las veían salir de la nube ensangrentadas cuando terminaba la cópula.[173]

El relato de estas orgías, aunque teñido de sadismo, no era

una novedad. Una forma usual de calumniar a los enemigos desde la Antigüedad era acusarlos de participar en orgías sexuales y del posterior asesinato de las criaturas nacidas como fruto de tales encuentros; acusación que recibieron los cristianos en los primeros siglos de nuestra era y que fue utilizada por estos frente a los enemigos paganos, una vez establecido el cristianismo como religión oficial del Imperio romano. También fueron acusados de torturar y matar a niños en el curso de sus ceremonias los caballeros Templarios, cuando comenzó su acoso y destrucción y, muy especialmente, los judíos. Tal fue el caso del niño Simon Unferdorben, de cuya muerte fue acusada la comunidad judía de Trento, en un proceso en el que tuvo un papel activo Kramer, el autor principal del *Malleus*, como ya hemos descrito en el capítulo dedicado a este texto.

Una vez finalizado el banquete, el baile y las orgías sexuales, los diablos, brujas y brujos tenían que cumplir con su obligación: hacer el mal. Una de las formas más usuales era arrojar con la mano izquierda polvos malignos sobre campos cultivados para malograr las cosechas; en ocasiones llegaban incluso a envenenar el ganado o a vecinos de los que querían vengarse. Podían también organizar tormentas cerca de la costa para que los navíos se estrellaran contra los acantilados. Actividades, todas, que resultaban menos interesantes para los jueces que las orgías y los banquetes, pero que aterrorizaban a una población que vivía al límite de la subsistencia.

No podemos terminar este capítulo sin recordar que todas estas descripciones estaban convenientemente guionizadas para que dieran lugar a un relato creíble. De los textos de demonología del siglo XVII, el más coherente es el del español Martín del Río, el niño superdotado y políglota que llegó a ser consejero del rey Felipe II en Flandes, y dejó una prometedora carrera en la política para profesar como jesuita a los treinta años. Como tal, fue profesor en las universidades más prestigiosas de Europa y autor de innumerables obras. A pesar de que él no incoó ningún proceso de brujería, hizo un elegante relato de los mismos tan bien estructurado y argumentado que, según algunos de sus contemporáneos, envió más brujas a la hoguera que el más sanguinario de los jueces.

10

Cocimientos de brujas

La herramienta más poderosa de las brujas fueron las plantas mágicas capaces de crear ensoñaciones, hacer dormir, hacer olvidar o matar. Sus propiedades se conocían desde la Antigüedad y ese conocimiento se transmitía oralmente de generación en generación. Fueron lo más real de sus hechicerías; de hecho, fueron casi lo único real, por lo que, a diferencia de los aquelarres o de los vuelos que no dejaban rastro, en casa de muchas brujas se encontraron algunas de estas plantas y ollas con ungüentos. Las referencias a las hierbas empleadas por las brujas abundan en los libros de demonología. Tanto poder se les atribuía que la mera posesión de estas o alguno de sus preparados fue motivo suficiente para quemar a una persona por bruja. Por ejemplo, Jean Bodin, en su *Demonología*, dice:

> Si se hallare un reo untado en grasas, ello es indicio para el tormento, y más si no pudiere justificar tales grasas, pues es sabido que los brujos se valen de tales drogas en sus maleficios.[174]

Había varias formas de preparar estas plantas para extraer sus principios activos y facilitar su uso. La más habitual era la pócima o filtro, que se obtenía por cocimiento en agua de las plantas y se ingería puro o mezclado con comidas o vino para disimular su sabor. Si el resultado de esos cocimientos se mezclaba con grasas sólidas, se obtenían ungüentos o pomadas para uso tópico, como las que empleaban las brujas antes del aquelarre. Los acusadores de estas decían que la grasa empleada en estos ungüentos la sacaban de niños recién nacidos, pero usualmente era manteca de cerdo, mucho más asequible. Era menos frecuente el uso de la fumigación, en la cual se respiraban los vapores obtenidos quemando determinadas plantas. Por último, se preparaban infusiones vertiendo agua muy caliente sobre las hojas de aquellas plantas cuyas propiedades se alteraban si se hervían.[175]

Como la mayoría de las brujas eran analfabetas, no pudieron legarnos textos contándonos las propiedades de las plantas mágicas y el uso que hacían de ellas. pero Shakespeare y Cervantes lo hicieron en su lugar. Por ejemplo, al comienzo del acto IV de *Macbeth*, Shakespeare pone a tres brujas a dar vueltas en torno a un caldero, en el que cuecen los ingredientes mágicos que serán usados para hacer conjuros. Su poder se materializa en la convocatoria de los seres del más allá, que predicen el futuro de Macbeth.

BRUJA 1
En torno al caldero dad vueltas y vueltas
y en él arrojad la víscera infecta.
Que hierva primero el sapo que cría
y sude veneno por treinta y un días
yaciendo dormido debajo de rocas:
que sea cocido en la mágica olla.

TODAS
Dobla, dobla la zozobra;
arde fuego; hierve olla.

BRUJA 2
Rodaja de bicha que vive en la ciénaga,
aquí en el puchero, que hierva y se cueza,
con dedo de rana y ojo de tritón
y lengua de víbora y diente de lución,
lana de murciélago y lengua de perro,
pata de lagarto y ala de mochuelo.
Si hechizo potente habéis de crear,
hervid y coceos en bodrio infernal.

TODAS
Dobla, dobla la zozobra;
arde fuego; hierve olla.

BRUJA 3

Escama de drago, colmillo de lobo
y momia de bruja, con panza y mondongo
de voraz marrajo de aguas salinas,
raíz de cicuta en sombras cogida,
hígado que fue de judío blasfemo,
con hiel de cabrío y retoños de tejo
en noche de eclipse lunar arrancado,
narices de turco y labios de tártaro,
dedo de criatura que fue estrangulada
cuando una buscona la parió en la zanja.
Haced esta gacha espesa y pegada;
con los ingredientes de nuestro potingue
echad al caldero entraña de tigre.
TODAS
Dobla, dobla la zozobra;
arde fuego; hierve olla.[176]

PARA MATAR: CICUTA, TEJO Y ACÓNITO

Este relato recoge la esencia del poder que obtenían las brujas
con la ayuda de los ingredientes que, se suponía, empleaban en
los cocimientos con los que hacían conjuros y sortilegios e in-
vocaban a seres de ultratumba. Incluye numerosos componentes
fantásticos, pero también nombra cinco plantas que posiblemente eran los principios activos de los cocimientos que pudieron emplear las brujas de la época. Menciona sin duda el tejo
(*Taxus baccata*), un árbol sagrado muy venenoso, y la cicuta (*Co-
nium maculatum*), uno de los venenos más famosos de la Antigüedad. Pero hay otras tres plantas cuyos nombres aparecen
disfrazados. El colmillo de lobo es una de las denominaciones
del acónito, planta que tiene el veneno más potente del reino
vegetal; la lengua de perro es el nombre por el que se conocía la
planta que contiene un alcaloide con efectos paralizantes similares a los del curare, que emplean los indios del Amazonas. En
cambio, la lengua de víbora (*Ophioglossum vulgatum*) es un hele-
cho, cuyas propiedades cicatrizantes y desinfectantes la hacen
apropiada para curar heridas.

El conjuro empleado por las brujas de Macbeth es uno de
los más conocidos, pero la utilización de determinadas plantas

con fines rituales está presente en todas las culturas, dado que las propiedades curativas y tóxicas del reino vegetal se descubrieron en los albores de la historia y se asociaron a los cultos. En la literatura clásica grecorromana encontramos menciones a las plantas asociadas a la magia, como hemos recogido en el capítulo primero.

Al hablar de plantas mágicas no podemos dejar de citar a Pedacio Dioscórides Anazarbeo, médico y botánico griego que trabajó para el ejército romano en el primer siglo de nuestra era y escribió *De materia medica*, la guía farmacológica más célebre de la Antigüedad, que fue usada profusamente hasta la Edad Moderna. La obra de Dioscórides fue comentada siglos después por el médico y botánico español Andrés Laguna, que publicó una traducción de esta obra al español en 1554. Hijo de un médico judío converso, Laguna fue un hombre adelantado a su tiempo que se interesó por temas filosóficos, literarios y políticos y llegó a ser médico personal de los emperadores Carlos V y Felipe II, así como del papa Julio III. En el siglo xx Antonio Gamoneda, poeta español, ganador del premio Cervantes en el año 2006, recopiló las descripciones de venenos que hizo Dioscórides en su *De materia medica*, los comentarios de Laguna a las mismas y los de Kratevas, médico de Mitrídates, rey del Ponto y formidable contrincante de los romanos en las guerras púnicas. El resultado fue *El libro de los venenos*, una obra no carente de poesía.

En ella encontramos lo que Dioscórides dice del tejo:

> El hervido de las bayas del árbol llamado comúnmente smilax, y de algunos thymo, así como de los latinos *taxo*, si se bebe, induce por todo el cuerpo una gran frialdad, ahoga y da muerte muy presta y acelerada. Sus inconvenientes requieren los mismos remedios que la cicuta.

Y Laguna:

> No solamente tragado el tejo mata, sino con su sola sombra; mas esto no siempre sino cuando florece. Así lo amonesta Plutarco en el comentario tercero de su Symposio. Así mismo es mortífero el tejo a las bestias que lo suelen rumiar, como

sucede con los bueyes. Nunca pierde el tejo las hojas. Su fruto es sabroso y dulce. Vuelve negros a los pajarillos que de él se ceban, y, comido de los hombres, engendra fiebres continuas y disenterías, de lo que se puede conjeturar que su complexión es más caliente que fría a pesar de que a sus daños se acude con los remedios de la cicuta, la cual es inclinada al yelo.

La leyenda de que la sombra del tejo era venenosa ha perdurado hasta nuestros días; en Galicia se arrancaron en épocas recientes la mayoría de los que allí crecían de forma natural, hasta convertirlo en una especie en peligro de extinción.

La cicuta es quizá la planta venenosa más famosa, dado que fue ingerida por Sócrates como parte del «veneno de estado» tras ser condenado a muerte por impiedad y por corromper a los jóvenes. Las primeras referencias al efecto mortal de la cicuta aparecen en la comedia de Aristófanes *Las ranas* (405 a. C), cuando Dionisio pregunta cuáles son las vías para alcanzar el Hades y Heracles propone la cicuta. Se cree que se introdujo en el sistema penal ateniense porque era silenciosa, pero, como la obtención del brebaje era cara, no todos los condenados podían costeársela; a Sócrates se la pagaron sus discípulos. Dioscórides decía de ella:

> La cicuta engendra vahídos de cabeza, y de tal suerte ofusca la vista que no ve nada el paciente. La sobrevienen zollipos,* se le turba el sentido, se le hielan las partes extremas y finalmente se le ataja el anhélito y así viene a ahogarse pasmado.[177]

Gamoneda recoge otra descripción de los efectos de la cicuta en Alceo, amigo de Kratevas que morirá por orden de Mitrídates. Para cumplir las órdenes del rey, su señor, el médico buscó la muerte más dulce para Alceo:

> Y estando el anciano en casa de Kratevas le sirvió la cicuta purísima que había hecho traer de Esparta encubierta en el

---

* *Zollipo* viene de las palabras «sollozo» e «hipo», y nombra un hipo convulsivo; *anhélito* es la respiración fatigosa.

vino griego. Atardecía en las terrazas y Alceo bebió lentamente delante de las sombras.

En el espacio de una hora sus pupilas broncíneas se hicieron grandes y profundas a costa del anillo amarillento y de la blancura de la córnea. Acercándome, llamé a Alceo por su nombre, pero ya se habían cerrado sus oídos y no había mirada dentro de sus ojos.

Bajo mis manos su frente se hizo sentir fría y húmeda a causa de que la cicuta convierte en finísimo hielo la sangre de las celdas cerebrales, de lo cual viene sordera e imbecilidad, como si el pensamiento colgase fuera del mundo.

El cuerpo de Alceo se irguió de manera convulsa, pero ya había desertado su alma y no daba de sí otra señal que un derramamiento de heces coléricas.[178]

Otra de las plantas mencionadas en el conjuro de las brujas de Macbeth es el acónito o *Aconitum napellus*, conocida también como matalobos por su capacidad para matar a estos animales, y capucha de monje o dedalera, por la forma de sus flores. En España se le llamaba también napela o centella, porque su raíz resplandece como el alabastro en la cercanía de una lámpara, y nabillo del diablo, por la forma de dicha raíz. Los griegos decían que esta planta había nacido de la espuma que echaba por la boca Cerbero, el perro de tres cabezas que Hércules sacó de los infiernos. Su cultivo en la isla de Quíos estaba regulado en la Grecia clásica para llevar a cabo la eutanasia de personas mayores o enfermas. El botánico griego Teofrasto (siglos IV-III a.C.) nos cuenta que los griegos la utilizaban como arma mortal. Más tarde, su uso entre los romanos por los envenenadores profesionales alcanzó tales proporciones que su cultivo fue severamente castigado. Su principio activo, presente en toda la planta, aunque concentrado en la raíz, es el alcaloide aconitina, una de las sustancias naturales más tóxicas que existen, capaz de matar en pequeñísimas cantidades en unas pocas horas. Cuatro o cinco miligramos son letales para un adulto sano.

Para alucinar: burundanga, mandrágora y belladona

El acónito, el tejo y la cicuta podían matar, pero las brujas contaban con otras plantas capaces de inducir alucinaciones. Paracelso, quien, en su obra *Las plantas mágicas*, decía que aprendía más de medicina viendo cómo trabajaban las brujas que estudiando los libros de los médicos de la Antigüedad, hace referencia a estas otras plantas:

> Entre las sustancias simples de las cuales se sirve el diablo para turbar los sentimientos de sus esclavos, y que unas tienen la virtud de hacer dormir profundamente y otras sugestionan con figuras y representaciones tanto en vela como en sueño, las siguientes parecen tener la mayor importancia. Estas son la raíz de belladona, adormidera, perejil, tuya, álamo blanco, opio, beleño..., que hacen aparecer los espectros del infierno, es decir, los malos espíritus.[179]

Entre ellas hay algunas solanáceas como la belladona (*Atropa belladonna*) y el beleño (*Hyoscyamus niger*), capaces de inducir alucinaciones. Otras plantas de esta familia son el estramonio (*Datura stramonium*) y la mandrágora (*Mandragora officinarum*).

El estramonio, conocido como trompeta de ángel, hierba del diablo o higuera loca, era utilizado tradicionalmente como anestésico de uso tópico al ser aplicado sobre zonas doloridas en pequeñas dosis. Volvió a ponerse de moda a comienzos del siglo XXI por su consumo en la ruta del bacalao de la carretera entre Madrid y Valencia, por sus propiedades alucinógenas y somníferas y, más recientemente, por ser el componente activo de la burundanga, droga empleada para facilitar los robos y las agresiones sexuales porque provoca estados de semiinconsciencia, falta de voluntad y desinhibición sexual, además de una pérdida de la memoria inmediata.

La etimología de la palabra «mandrágora» proviene de las palabras griegas *mandras* («establo») y *agrauros* («dañoso»), y ya da idea de su toxicidad. La extraña forma de su raíz, semejante a un pequeño cuerpo humano con sus cuatro extremidades, dio lugar a multitud de leyendas sobre sus propiedades mágicas desde tiempos muy remotos. Por ello, la mandrágora figuraba en todos los recetarios de pócimas mágicas calmantes y afrodisiacas de la Antigüedad. Los babilonios y egipcios la tenían en gran estima por sus propiedades narcóticas, y en el libro del Génesis se recomendada beber el cocimiento hecho con sus raíces para calmar los dolores de muelas y como remedio contra la esterilidad. En este libro puede leerse que Raquel, esposa de Jacob, preocupada por su esterilidad y convencida de que esta podía remediarse con mandrágora, cedió a su marido por una noche a su hermana Lía a cambio de las mandrágoras que el hijo de esta había traído del campo. En textos romanos pueden encontrarse recomendaciones sobre cómo extraer esta planta:

> El hombre debe guardarse de extraerla él mismo, pues su vida peligraría. Por eso hay que atar un perro negro a la parte superior de la planta y azuzarlo hasta que la planta surja de la tierra y se yerga. En ese preciso instante la planta de figura humana proferirá un horrísono grito y el perro caerá muerto al instante. Para sobrevivir, el buscador de mandrágora deberá tomar la precaución de taparse bien los oídos con cera.[180]

Hay grabados medievales alusivos a este proceso en los que, además de la ayuda del perro para extraer la mandrágora, se observa cómo el hombre hace sonar un cuerno para enmascarar el sonido estremecedor. A esta leyenda se refiere Shakespeare en su obra *Romeo y Julieta*, cuando la protagonista dice:

> ¡Ay de mí! ¿No puede ocurrir que, despertando
> temprano, entre olores repugnantes
> y gritos como de mandrágora arrancada
> de cuajo, que enloquece a quien lo oye...?[181]

Pero lo que daba la mayor fama a la mandrágora eran sus efectos narcóticos. Dioscórides usaba el vino de mandrágoras como anestésico en sus operaciones quirúrgicas, y en tiempos de Plinio se empleaba también como tal, dándole al paciente un pedazo de raíz para que la comiera antes de realizar una operación. Muchos siglos después, las médicas de la escuela de Salerno del siglo XI harían otro tanto.

A pesar de la fama que tuvo en tiempos pasados, la mandrágora sería hoy una perfecta desconocida si J. K. Rowling no la hubiera introducido en una de las escenas de *Harry Potter*, con una mezcla de algunas de las leyendas anteriores y algo de su cosecha:

> Harry se puso rápidamente las orejeras que insonorizaban completamente los oídos. La profesora Sprout se puso unas de color rosa, se remangó, cogió firmemente una de las plantas y tiró de ella con fuerza. Harry dejó escapar un grito de sorpresa que nadie pudo oír.
>
> En lugar de raíces, surgió de la tierra un niño recién nacido, pequeño, lleno de barro y extremadamente feo. Las hojas le salían directamente de la cabeza. Tenía la piel de un color verde claro con manchas, y se veía que estaba llorando con toda la fuerza de sus pulmones.
>
> La profesora Sprout cogió una maceta grande de debajo de la mesa, metió dentro la mandrágora y la cubrió con una tierra abonada, negra y húmeda, hasta que sólo quedaron visibles las hojas.[182]

La planta llamada por Linneo *Atropa belladonna* en honor de la parca *Átropos*, de la mitología griega, encargada de cortar el hilo de la vida, tiene principios activos similares a los del estramonio y la mandrágora, pero sobre todo contiene atropina, lo que hace que posea aplicaciones en neumología como antiespasmódico. En oftalmología puede inducir midriasis o dilatación de la pupila, por lo que resulta de vital importancia para examinar el fondo de ojo. A esta propiedad hace referencia su nombre, relacionado con el uso que le daban las mujeres romanas, quienes se instilaban unas gotas en los ojos para que estos pareciesen más hermosos (aunque ellas veían borroso...).

ADORMIDERAS Y AFRODISIACOS

Entre las sustancias tóxicas y estupefacientes empleadas por las brujas del medievo, el opio es sin duda la de uso más extendido a lo largo de la historia. Probablemente era el ingrediente fundamental del *nepenthes* que aparece referido en *La Odisea* (Homero, siglo VIII a.C.). Se han encontrado sus semillas en un enterramiento neolítico del sur de España, y en la distante China fue la causa de dos guerras a mediados del siglo XIX, de las cuales Gran Bretaña obtuvo la ciudad de Hong-Kong como botín. A diferencia de lo que sucede con la mayoría de las plantas descritas anteriormente, hay pocas personas a las que no les resulten familiares los términos opio, morfina o heroína, aunque la relación que existe entre ellos no sea tan conocida.

La adormidera o planta del opio, de nombre científico *Papaver somniferum*, es una especie originaria de Europa y Asia Menor. Los cuatro pétalos de sus flores, al caer, dejan al descubierto la cápsula, a la que se le hacen unas incisiones, superficiales, oblicuas o verticales, a ser posible a primeras horas de la mañana. El jugo lechoso que sale por las hendiduras se solidifica al aire y se recoge al día siguiente. Este líquido coagulado es el opio y a partir de él se obtienen más de treinta alcaloides, entre ellos la morfina, que se encuentra en una proporción que oscila entre el 2 y el 30 por ciento, dependiendo del origen del opio y la forma de obtenerlo. El jugo se deposita en vasijas que se dejan secar al sol. En el recipiente se va espumando un líquido negro y espeso con el que se preparan unas bolas de opio bruto que debe ser refinado.

La morfina fue aislada en 1830 y recibió su nombre en honor a Morfeo, el dios de los sueños de la mitología griega. No obstante, sus efectos narcóticos eran conocidos desde mucho antes: hay referencias a ella en el papiro Ebers, encontrado en Luxor y fechado en 1500 a.C., aunque hay quien data la primera referencia al uso de opiáceos en tiempos de los sumerios, dos mil quinientos años antes de nuestra era. La morfina aparece en la mitología griega no solo relacionada con Morfeo, sino con Hypnos, dios del sueño, o Tánatos, dios de la muerte. Varios médicos famosos de la Antigüedad, como Kratevas, Dioscórides y Celso, la prescribían como medicina para enfermedades tan diversas como el dolor de cabeza crónico, la epilepsia, el vértigo, el asma, las fiebres, la lepra, la melancolía y las enfermedades de la mujer.

La morfina es un potente veneno; de hecho, se han dado casos de muertes de un adulto joven y sano por la inyección de solo quince miligramos de morfina. En Europa, el opio fue popularizado como analgésico en el siglo XV por Paracelso, quien lo introdujo en un preparado que contenía, además, vino, azafrán, canela y clavo, y que se conocía con el nombre de láudano. En España, este se seguía vendiendo en las boticas al precio de treinta céntimos por gramo en el año 1925 y fue una de las medicinas de «existencia mínima obligatoria» en todas las farmacias españolas hasta el año 1977.

Aunque la mandrágora, junto con el beleño y el estramonio, por su carácter de venenos excitantes, eran los componentes principales de los filtros de amor, el afrodisiaco por antonomasia desde los tiempos de los griegos era el polvo de cantárida. Este se obtenía del *Cantharis* o *Lytta vesicatoria*, impropiamente denominado «mosca española» (en realidad es un escarabajo de color verde con reflejos dorados que se deseca). Con el polvo de cantáridas, cuyo componente activo es la cantaridina, se elaboraba una tintura que en pequeñas dosis producía «anhelo sexual» y en mayor cantidad se usaba como abortivo. A dosis más altas, en torno a medio gramo, es sumamente peligrosa, porque corroe las zonas del organismo por las que pasa, en especial los riñones y la vejiga, e inflama el hígado. Según Andrés Laguna:

> Tienen estos animalejos tanta eficacia en provocar lujuria que algunos, por el demasiado uso de ellos, vinieron a desainarse [desangrarse] y a morir como villanos tiesos.[183]

Pero no solo a los villanos alcanzaba la muerte por el abuso de estos polvos, pues el infante don Juan, el único hijo de los Reyes Católicos, al parecer murió a consecuencia del abuso de dicha sustancia para satisfacer a su esposa, la infanta Margarita. Incluso el propio rey Fernando el Católico, tras desposar a Germana de Foix a la muerte de Isabel de Castilla, pudo haber fallecido tras consumir un afrodisiaco, no se sabe si hecho a base de cantáridas o de cocimiento de testículo de toro. Medio siglo después, en los tiempos de Laguna, estos animalejos seguían usándose como precursores del viagra:

No obstante, cierto huésped mío en París los tenía confita-
dos ordinariamente en una cajuela y los comía ni más ni menos
que almendras siempre que quería sacar de flaqueza fuerzas.
Aquel tal debía de tener los miembros interiores de acero, o por
la vieja costumbre, había hecho del corrosivo veneno medicina
cordial.[184]

El origen del efecto afrodisiaco de la mosca española radica
en el hecho de que, al ser una sustancia que causa irritación en
la piel, hace que la sangre afluya a las zonas donde se ha aplicado.
En los órganos genitales masculinos provoca priapismo, es decir,
una erección interminable, delirio erótico y convulsiones. Otro
de los efectos que causa es la disminución drástica de la cantidad de orina y dolor agudo durante la micción. En casos extremos, a los pocos días sobreviene el coma profundo o la muerte.
Aunque los síntomas por uso tópico de la tintura de cantáridas
deben de ser moderados respecto a los que sobrevienen tras la
ingesta, muy desesperados debían de estar el infante don Juan y
su padre por querer tomarlos, o bien puede que, como le sucedió al huésped de Laguna, debido al uso frecuente, habían hecho del corrosivo veneno una medicina cordial.

EVIDENCIAS Y QUÍMICA DE LOS VUELOS DE BRUJAS

La capacidad de volar fue una de las más espectaculares manifestaciones del poder de las brujas. Salvar grandes distancias en
poco tiempo era un sueño tan inalcanzable como la predicción
del futuro o la curación de enfermedades. Por ello, el hecho de
que las brujas estuvieran convencidas de ser capaces de volar
con ayuda de sus ungüentos y pociones mágicas les proporcio-
naba un poder extraordinario.

De estos vuelos se recogen testimonios en libros tan serios
como la biografía oficial de Carlos V, escrita por fray Prudencio
de Sandoval.[185] El autor se detiene en su relato de los hechos de la
vida del emperador para contar el proceso de las brujas de Navarra de 1526. En su relato recoge el testimonio de muchas personas que vieron cómo una de ellas era capaz de andar por las paredes y echar a volar:

Para averiguar como hacian esto, fue de esta manera: el oidor mandó traer delante de sí uno de los presos, que fue una mujer vieja, y la dijo: que él tenia mucha gana de saber de que manera iban á hacer sus obras, que le quitaría las prisiones que tenia, y que si se pudiese ir, que se fuese. Ella dijo que era contenta; y pidió un bote de ungüento que le habían tomado, con el cual se puso á la ventana de una torre muy alta; y en presencia de mucha gente se untó con aquel unto, en la palma de la mano izquierda, en la muñeca, en el juego del codo, debajo del brazo, en la ingle y en el lado izquierdo. Y esto hecho dijo en voz alta: «Áy». A la cual voz respondió otra: «Aquí estoy».

Luego la dicha mujer se bajó por la pared á bajo, la cabeza á bajo, andando de pies y manos, como una lagartija; y cuando llegó á media pared levantóse en el aire, á vista de todos, y se fue volando por él. Por lo cual, después de haberse todos admirado, mandó el oidor pregonar que á cualquiera persona que le trajese aquella mujer le daria cierta moneda.

Asi, de alli á dos dias, la trajeron unos pastores que la hallaron en un prado; y preguntada por el oidor como no se había salvado, respondió que no había querido su amo llevarla mas de tres leguas, y que la había dejado a donde los pastores la habían encontrado.[186]

Esta monumental biografía, considerada por los historiadores una obra de consulta obligada por la amplitud de fuentes que emplea y lo exhaustivo de la información que recoge, fue publicada en 1634, más de un siglo después de que hubieran ocurrido los hechos que relata en este capítulo. Al parecer, nadie a lo largo de esos más de cien años puso en duda la veracidad del vuelo de la bruja. Si emperadores, oidores, jueces y otra gente principal consideraban cierta dicha capacidad, ¿quién se iba a atrever a ponerla en duda?

Como indica fray Prudencio, y se ha recogido en el capítulo dedicado al aquelarre, antes de estas reuniones las brujas se desnudaban y se untaban la piel con unos ungüentos con los que también embadurnaban el palo de la escoba. Tras estas friegas, la piel se les volvía roja, deliraban y tenían alucinaciones. El efecto podía ser más intenso y rápido si, con ayuda del palo de la escoba, introducían los ungüentos en la vagina, cuya mucosa interior es muy permeable, lo que debía de facilitar que los prin-

cipios activos pasaran rápidamente al torrente sanguíneo. Gracias a esto, las brujas llegaban al convencimiento de que habían
volado cabalgando sobre sus escobas, y tan seguras debían de
estar de que volaban que lograban convencer no solo al pueblo
inculto, sino a gente tan relevante como santa Teresa de Jesús,
Baltasar Gracián y a fray Prudencio de Sandoval. Pero también
convencieron de sus vuelos a oidores de la Inquisición, clérigos,
altas jerarquías de la Iglesia e incluso a varios papas. Todos creían
a pies juntillas que el diablo confería a las brujas poderes sobrenaturales que les permitían volar. El precio que tenían que pagar
era atraer desgracias sobre sus pueblos.

Aunque muchos dieron crédito a los vuelos de las brujas,
otros dudaban de la realidad de estos viajes y los atribuían a una
«ensoñación» producida por el demonio, como afirma el maestro Pedro Ciruelo en su obra *Reprobación de las supersticiones y
hechizerías*:

> Las bruxas o Xorguinas son tan maravillosas que no se pue-
> de dar razón dellas por causas naturales, que algunas dellas se
> untan con ciertos ungüentos y dizen ciertas palabras y saltan
> por la chimenea del hogar, o por una ventana y van por el ayre
> y, en breve tiempo, van a tierras muy lexos y tornan presto di-
> ciendo las cosas que allá pasan. Otras destas, en acabándose de
> untar y decir aquellas palabras, se caen en tierra como muertas,
> frías y sin sentido alguno; aunque las quemen o asierren no lo
> sienten y, dende a dos o tres horas, se levantan muy ligeramente,
> y dizen muchas cosas de otras tierras y lugares adonde dizen
> que han ydo.[187]

Otro escéptico de la época, el médico Andrés Laguna, trató
de comprobar la verosimilitud de estos vuelos y el efecto de los
ungüentos en las brujas cuando preparaba su comentario sobre
De materia medica de Dioscórides. Se le presentó la ocasión
cuando fue a visitar al duque Francisco de Lorena, que se hallaba enfermo, mientras trabajaba como médico en Metz. Corría
el año 1545 y se iniciaba entonces un proceso a un matrimonio
de brujos que vivía en una ermita próxima al pueblo, a quienes
el clamor popular acusaba de infinitas maldades, tales como haber dado muerte al padre del duque con hechicerías. Andrés

Laguna, con permiso del alguacil, pudo realizar ciertas averiguaciones respecto a los ungüentos de los brujos:

Entre otras cosas que se hallaron en la ermita de aquellos brujos había una olla medio llena de cierto ungüento verde como el de Populeón; con el cual se untaban; cuyo olor era tan grave y pesado que mostraba ser compuesto con hierbas en último grado frías y soporíferas; cuáles son la cicuta, el solano, el beleño y la mandrágora: del cual ungüento, por medio del alguacil que me era amigo, procuré de haber un buen bote con que después en la ciudad de Metz hice untar de pies a cabeza a la mujer del verdugo que de celos de su marido había perdido totalmente el sueño, volviéndose casi medio frenética. Y esto es así por ser el tal sujeto muy apto en quien se podían hacer semejantes pruebas, como por haber probado infinitos otros remedios en balde y parecerme que aquel era mucho a propósito y no podía dejar de aprovecharlo, según su olor y color fácilmente se colegía. La cual súbito en siendo untada con los ojos abiertos como conejo pareciendo ella también una liebre cocida, se durmió de tan profundo sueño que jamás pensé despertaría. Por donde con fuertes ligaduras y fricciones de las extremidades, con perfusiones de aceite costino y de euforbio, con sahumerio y humo a narices y finalmente con ventosa, le di tal priesa, que al cabo de treinta y seis horas la restituí en juicio y acuerdo; aunque la primera palabra que habló fue:

«¿Porqué que en mal punto me despertaste que estaba rodeada de todos los placeres y deleites del mundo?».

Y vueltos a su marido los ojos (el cual estaba allí todo hediento a ahorcados) díjole sonriéndole:

«Tacaño, hágote saber que te he puesto el cuerno y con un galán más estirado que tú».

Y diciendo otras cosas y muchas y muy extrañas se deshacía porque de allí nos fuésemos y la dejáramos volver a su dulce sueño; del cual poco a poco la divertimos, aunque siempre le quedaron ciertas opiniones vanas en la cabeza.

De dónde podemos conjeturar que todo cuanto dicen y hacen las desventuradas brujas es sueño causado de brebajes y unciones frías, las cuales de tal suerte les corrompen la memoria y la fantasía que se imaginan las cuitadillas y aún firmísimamente creen haber hecho despiertas todo cuánto soñaron durmiendo.[188]

A pesar de los descubrimientos de Laguna, que demostra-
ban la falacia de los vuelos, la bruja fue quemada. Su marido se
salvó con la condición de que socorriera al duque, pero también
murió en circunstancias extrañas antes de poder cumplir su
promesa. El duque lo siguió a la tumba al poco tiempo y Laguna se fue de Metz. Toda esta tragedia sirvió para que el médico
terminara de escribir la glosa al texto de Dioscórides que tradujo y comentó con tanto éxito.[189]

El científico y cronista francés Pierre Gassendi (1592-1655)
realizó un experimento parecido: hizo tomar un narcótico, preparado siguiendo la receta que le dio un brujo, a varios aldeanos
de los Alpes. Estos quedaron sumidos en un letargo y al despertar dijeron haber asistido a una junta diabólica.[190] Johannes Nider, autor de *Formicarius*, texto que solía publicarse con el *Malleus*, y persona completamente crédula en los poderes de las
brujas y su capacidad para volar, cuenta una historia que confirma la potencia alucinatoria de los ungüentos. Un cura se encontró en un pueblo con una mujer que estaba enloquecida
porque decía que era transportada por las noches al aquelarre. Él
se ofreció a acompañarla a su casa esa noche y lo que observó
fue que la mujer se metía en un gran cuenco, como los que se
usaban para amasar, se frotaba con una unción y se dormía rápidamente.[191]

La medicina y la química pueden darnos hoy las claves de la
eficacia de los ungüentos para volar. El principio activo del estramonio, beleño o mandrágora, es la hioscina, un alcaloide de
fórmula compleja presente en todas estas plantas. Es una mo-
lécula peligrosa porque interfiere en muchas de las funciones
de la acetilcolina, un mensajero esencial del sistema nervioso
central que activa los músculos voluntarios e involuntarios, las
glándulas que secretan los fluidos corporales y muchas funciones cerebrales. Por ello, la acetilcolina es una parte fundamental
del sistema nervioso central. Este puede ser «engañado» por la
hioscina, que se hace pasar por acetilcolina, aunque no desempeña bien las funciones de la misma.

A dosis altas, la hioscina es una droga psicodélica que produce alucinaciones y elimina las inhibiciones. Esa podría ser la
clave de las actuaciones de las pitias, profetisas de los antiguos

oráculos romanos: que se hubieran «colocado» con fumigaciones de beleño, que era una de las plantas que quemaban en sus rituales. Al aspirarlo, sufrían visiones proféticas y sus mensajes ininteligibles se creían inspirados por los dioses. La hioscina induce, además, un sueño pesado y borra todos los recuerdos de lo que haya sucedido estando bajo sus efectos.[192] También calma el sistema nervioso central, por lo que se prescribe como tranquilizante; además, como inhibe la parte del cerebro que desencadena el vómito, es el principio activo de las pastillas contra el mareo. Por último, proporciona sensación de ingravidez y levitación, lo que podía hacer que las brujas sintieran que volaban.

Tósigos de amor y alcahuetas

William Shakespeare y Miguel de Cervantes, cronistas de la Inglaterra de Isabel I y la España de Felipe II y III, incluyeron a las brujas en sus obras, porque eran parte esencial de la sociedad de su tiempo. En una época difícil encarnaban el anhelo por conseguir los imposibles: el favor del amante esquivo, la curación de las enfermedades o la conquista del poder y la fortuna. No obstante, ambos lo hicieron con enfoques muy diferentes.

Cervantes, con su espíritu crítico y escéptico, frecuente en España incluso entre los inquisidores, se refiere a los aquelarres como a viajes de la fantasía más que como a encuentros reales con el diablo, como hemos visto en el relato de la Cañizares. Su postura es clara en lo que se refiere a la capacidad de brujas y alcahuetas para torcer voluntades: el impulso amoroso es una fuerza que no puede ser desviada por fuerzas sobrenaturales. Como le hace decir a don Quijote:

> Que es libre nuestro albedrío y no hay yerba ni encanto que lo fuerce. Lo que suelen hacer algunas mujercillas simples y algunos embusteros bellacos es algunas misturas y venenos, con que vuelven [...].[193]

Otra cosa eran los efectos dañinos que en el cuerpo pudieran tener los tósigos* que los amantes desairados hacían llegar a sus enamorados con engaños y artimañas. Estos tósigos y sus terribles efectos aparecen en tres de las novelas de Cervantes, *El licenciado Vidriera*, *La española inglesa* y *Los trabajos de Persiles y Sigismunda*. En los tres casos son mujeres las que emplean el veneno y ninguna de ellas católica. En *El licenciado* es una morisca; en *La española inglesa*, una protestante, y en el *Persiles*, una judía. Los moriscos eran las personas que se dedicaban tradicionalmente a la medicina y por eso tenían a veces entre los cristianos viejos la consideración de magos o hechiceros. También había moriscas parteras y alcahuetas, que poseían el conocimiento de los poderes de las plantas.

En *El licenciado Vidriera* una dama recurre a una de estas moriscas para que le produzca a Tomás un *philocaptio*, que consistía en suscitar una violenta pasión amorosa en una persona determinada sin que esta se diera cuenta de que algo anormal le había ocurrido. Esta ligadura era una de las cosas expresamente prohibidas en *El martillo de las brujas* de Kramer y Sprenger, dado que, según estos autores, Dios permitía al demonio más poder en relación con el acto venéreo que con ningún otro, por lo que estos hechizos podían volverse extraordinariamente peligrosos. A Tomás le dan a ingerir las pócimas en un membrillo, fruta de simbología erótica asociada con la vulva femenina, pero también con la manzana del árbol de la ciencia del paraíso terrenal. Estas pócimas no solo no tuercen su voluntad, sino que le hacen perder la conciencia y, cuando la recupera, al cabo de unos meses, se vuelve completamente loco. No se nos dice qué había en el membrillo que comió Tomás, pero en la novela se habla de cantáridas, azogue (mercurio) o salamandras, todas ellas sustancias supuestamente afrodisiacas o venenosas, según la dosis.

En *La española inglesa* una camarera protestante envenena a Isabela para vengar el desprecio que ha hecho a su hijo:

---

* Según la RAE, «tósigo» significa: 1. Veneno, ponzoña. 2. Angustia o pena grande.

Aquella misma tarde atosigó a Isabela en una conserva que le dio, forzándola que la tomase por ser buena contra las ansias de corazón que sentía.

[...]

A Isabela se le comenzó a hinchar la lengua y la garganta y a ponérsele denegridos los labios, y a enronquecérsele la voz y turbársele los ojos y apretársele el pecho: todas conocidas señales de haberle dado veneno.[194]

El tósigo empleado para acabar con la vida de Isabela no aparece especificado, pero podría ser beleño, belladona, cicuta, tejo, o acónito. Sí menciona el antídoto específico, el polvo de esmeraldas:

[...] mas esta cura no se puede administrar sino a Pontífices y Emperadores, pues dos dragmas de esmeraldas perfectas valen poco menos que dos ciudades...

En el *Persiles*, Hipólita acude a la judía Julia para que Auristela, su rival en el amor por Periandro, quede postrada en cama. Pero Hipólita no contaba con que este iba a caer enfermo al ver languidecer a su amada Auristela. Cuando esto sucede, Hipólita le pide a Julia que acabe con el rigor de los hechizos.[195]

En los tres casos, ni hechizos ni venenos bastan para torcer la voluntad de los enamorados; muy al contrario, el amor sale reforzado al pasar por esos duros trances. Pero no es en una obra de Cervantes donde tiene lugar el más famoso encantamiento de la literatura española, sino en *La Celestina* de Fernando de Rojas. En esta novela la vieja alcahueta conquista la voluntad de Melibea en favor de Calixto por medio de una madeja encantada. Si bien no era esa la única habilidad de Celestina:

Maestra de fazer afeites e de fazer virgos, alcahueta e un poquito hechizera... Esto de los virgos, unos fazia de vexiga e otros cerraba de punto. Hacia en esto maravillas, que cuando vino por aquí el embajador francés, tres veces vendió por virgen una criada que tenía.

Celestina no solo fiaba su arte a conjuros, sino que también usaba de alquimias:

Tenía una cámara llena de alambiques, de redomas, de ba-
ı rılejos de barro, de vidrio, de alambre, de estaño, hechos de mil
faziones.[146]

Si las brujas de Cervantes o Fernando de Rojas son persi-
najes terrenales con mil habilidades basadas en la superchería, la
alquimia y las hierbas venenosas, las de Shakespeare, como las
que aparecen en *Macbeth*, son seres de ultratumba mucho más
terroríficos. No obstante, sus poderes tienen una base muy terrenal: las hierbas, que curaban o que mataban. Las referencias a
plantas venenosas que aparecen en sus obras están muy bien
documentadas y recogen el conocimiento de la época. William
Shakespeare pudo conocer exhaustivamente los venenos porque tuvo un pariente cercano que era médico de profesión, y
por tanto debía de estar familiarizado con los poderes curativos,
tóxicos o narcóticos de las plantas. John Hall, médico de Strat-
ford-upon-Avon, se casó con la hija mayor del dramaturgo y
vivió en una casa vecina a la del susodicho. Siendo solo once
años más joven que Shakespeare, debieron de tratarse asiduamente, por lo que Hall pudo ser la fuente de información del
escritor sobre los efectos de las plantas. De hecho, es posible que
Hall fuera bastante versado en ellas, porque escribió sus propios
tratados sobre terapias curativas.

Shakespeare hace referencia explícita a las plantas venenosas
o somníferas en varias de sus obras. En *Otelo*, cuando Yago consigue que el mercader comience a sospechar de la fidelidad de
Desdémona tras mostrarle un pañuelo que Otelo le había rega-
lado, dice:

Aquí llega [Otelo]. Ni adormidera ni mandrágora, ni todos
los narcóticos del mundo podrán devolverte el dulce sueño de
que gozabas ayer.[197]

Por un motivo parecido, olvidarse de las penas que le causa
su amado, en este caso su ausencia, en *Antonio y Cleopatra*, esta
pide a sus doncellas mandrágora cuando se entera de que Marco
Antonio se va a Roma, para enterrar a su difunta esposa, Fulvia:

Cleopatra: ¡Ah! Dadme a beber mandrágora.
Carmia: ¿Por qué, señora?
Cleopatra: Para dormir durante el gran vacío en que Antonio esté lejos.[198]

Pero no es en ninguna de estas dos obras, sino en *Romeo y Julieta*, donde las plantas venenosas y narcóticas adquieren un protagonismo mayor. Un fuerte narcótico, de composición no especificada —aunque según algunos a base de mandrágora—, es el elixir que fray Lorenzo le da a Julieta para que pueda escapar de la boda con el conde Paris, pues la mantendrá como muerta durante cuarenta y ocho horas, al cabo de las cuales despertará sin daño y, tras reunirse con Romeo, podrán huir juntos a Mantua. Sin embargo, los planes para que los dos jóvenes vivan felices su amor se verán truncados, porque la carta donde se explica a Romeo todo el plan se pierde. Al entrar en el mausoleo, este cree que Julieta realmente ha fallecido, entonces da muerte al conde Paris en un duelo y se suicida con un frasco de veneno que, visto su fulminante efecto, podría contener acónito:

Cementerio, en el mausoleo de los Capuletos.
Romeo *(cogiendo el frasco de veneno)*:
Ven, amargo conductor; ven, áspero guía.
Temerario piloto, ¡lanza tu zarandeado
navío contra la roca implacable!
Brindo por mi amor.
(Bebe)
¡Ah, leal boticario, tus drogas son rápidas!
Con un beso muero.

Poco después Julieta vuelve en sí de su letargo:

Julieta:
... ¿Qué es esto? ¿Un frasco en la mano de mi amado?
El veneno ha sido tu fin prematuro.
¡Ah, egoísta! ¿Te lo bebes todo sin dejarme
una gota que me ayude a seguirte?
Te besaré: tal vez quede en tus labios
algo de veneno, para que pueda morir

con ese tónico. ¡Tus labios están calientes!
[...]
Julieta: ¿Qué? ¿Ruido? ¡Seré rápida!
(Cogiendo la daga de Romeo)
Puñal afortunado, voy a envainarte. Oxídate en mí y deja
que muera.
(Cae sobre el cadáver de Romeo y muere)[199]

Con la muerte en 1616 de Cervantes y Shakespeare, maestros en relatar las aflicciones del cuerpo y el alma humanos, los imperios español e inglés perdieron sus mejores cronistas y las analfabetas brujas se quedaron sin sus principales juglares.

11

Parteras, médicas y cirujanas

Entre las personas más conocidas de pueblos y ciudades estaban las que curaban, porque eran a quienes se recurría en caso de enfermedad o herida. Las mujeres solían ser las encargadas de desempeñar esas tareas en la mayoría de los casos, por lo que hay referencias a ellas en las civilizaciones antiguas.

Curanderas de la Antigüedad y la Edad Media

Una de las primeras médicas de las que se tiene noticia es la egipcia Merit Ptah, que vivió en torno al año 2.700 a.C. y cuya efigie aparece en una tumba del Valle de los Reyes, en Saqqara.[200] También hay abundantes referencias a las mujeres que curaban en la literatura y mitología griegas. Así, aunque el dios de las artes médicas griego, Esculapio, era de género masculino, las que dominaban otras ramas de la medicina eran sus seis hijas, también diosas. Entre ellas estaba Higea, la diosa de la salud, y Panacea, la encargada de restaurarla cuando se había perdido. En la *Ilíada* aparece la rubia Agameda, hija primogénita de Augías, rey de Élide, que cuidaba de los griegos heridos en la planicie de Troya, mientras que en *La Odisea* la egipcia Polidamna, conocedora de los secretos de las hierbas, prepara el brebaje *nepenthes* para Helena, la esposa de Menelao, para desterrar la ira de su corazón.[201]

Pero en el campo de la medicina en el que las mujeres estaban más presentes era en el de la ginecología y la partería, porque mujeres eran las que parían y mujeres eran las que ayudaban a parir. Sócrates habla explícitamente del importante trabajo de las comadronas y de sus grandes conocimientos en el diálogo de Platón *Teeteto*:

> Con el uso de pociones y encantamientos, las comadronas pueden desencadenar el parto y hacerlo menos doloroso si quieren. También pueden ayudar a dar a luz a las mujeres que tienen un parto difícil, y si ven necesario realizar un aborto, hacerlo.[202]

También en este diálogo hace alusión a la profesión de su madre, Fenarete, diciendo que él ayudaba a los hombres a parir la verdad, de manera similar a como su madre ayudaba a las mujeres a parir sus hijos.[203] El también griego Hipócrates, el padre de la medicina cuyo juramento siguen haciendo hoy los médicos, aceptaba mujeres como alumnas cuando trataba las enfermedades que les concernían. No obstante, tras la muerte de Hipócrates, el derecho de todas ellas a ejercer como comadronas fue revocado, con la excusa de que algunas habían practicado abortos y enseñaban los métodos anticonceptivos a otras mujeres; también se decía que tenían los conocimientos necesarios para elegir el sexo de los no nacidos. Esta prohibición, que pone de manifiesto el miedo de los hombres a perder el control de los nacimientos, tuvo efectos terribles en la salud de las mujeres atenienses, porque vivían encerradas en los gineceos, ajenas al trato con hombres que no fueran de su familia, y se resistían a ser examinadas por médicos varones. Su exceso de pudor resultó letal por su negativa a ser asistidas por los hombres durante el parto, por lo que la mortalidad femenina al dar a luz aumentó de forma alarmante con la desaparición de las comadronas.

De esta situación de necesidad surgió en el siglo III a.C. el personaje (real o de leyenda) de Agnódice, que aprendió medicina para ayudar a sus conciudadanas. Teniendo vedado el acceso a las escuelas oficiales por ser mujer, se cortó el pelo y se disfrazó de hombre por consejo de su padre. Así pudo asistir a las clases de Herófilo de Calcedonia (335-280 a.C.), el primer anatomista de la historia y director de la prestigiosa escuela de Medicina de Alejandría, donde Agnódice estudió y se especializó en ginecología. Cuando volvió a Atenas, debido a la prohibición de que las mujeres ejercieran la medicina, tuvo que volver a disfrazarse de hombre y de esa forma practicó su profesión. Cosechó muchos éxitos tanto por sus conocimientos médicos como porque, al ser mujer, no sufría el rechazo de las mujeres que sí experimentaban los médicos varones. Cuando estos se dieron cuenta de que las mujeres dejaban de requerir sus servicios, acusaron al supuesto varón (Agnódice) de seducir a sus pacientes y a estas de fingirse enfermas para que «él» las visitara. El Consejo de Ancianos, que se reunía en el Areópago, requirió la presencia de Agnódice para juzgarla, y ella, para escapar a la acusación de seducir a sus pacientes, reveló su condición de mujer levantándose las faldas ante ellos. Entonces fue condenada a muerte por violar la ley que prohibía a las mujeres ejercer la medicina, lo que provocó que las damas de alta cuna de Atenas se rebelaran, consiguiendo así salvar la vida de Agnódice y que se cambiaran las leyes que les vetaba estudiar y ejercer esta profesión. Durante muchos siglos se consideró a Agnódice la primera ginecóloga.[204]

Esta historia fue recogida por el historiador latino Cayo Julio Higinio en el siglo I de nuestra era, es decir, unos cuatro siglos después de la muerte de Agnódice, por lo que los hechos que relata pueden estar distorsionados o no ser reales. Además, no hay constancia de que en Atenas fueran derogadas las leyes que prohibían a las mujeres el ejercicio de la profesión médica.[205] No obstante, sí hay constancia documental de que esta historia se repitió varias veces en los siglos posteriores, como veremos en detalle en el caso de Jacoba Felice, en el siglo XIV en París, o Eleno/a Céspedes, en los reinos de Castilla en el siglo XVI. En pleno siglo XXI, muchas pacientes de países musulmanes, en los que las mujeres tienen vetado el acceso a la medicina, sufren una deficiente atención médica porque su pudor y las leyes de la *sharia* les impiden un contacto directo con los hombres, lo que dificulta su examen por parte de los médicos, que son varones.

A pesar de las prohibiciones, tanto en la sociedad griega como posteriormente en la romana, las mujeres siguieron asistiendo a otras mujeres en el trance del parto y atendiendo a todo tipo de enfermos de forma más o menos oficial. Esto quedó recogido en los epitafios encontrados en las tumbas de médicas en Pérgamo y Roma,[206] y en varios monumentos epigráficos y bajorrelieves en Italia, Galia y la península ibérica que muestran a mujeres ayudando a otras en el parto.[207] En la Alta y Baja Edad Media, el cuidado de la salud siguió siendo tarea de las mujeres, tanto entre los nobles como en el pueblo llano. Esta situación se refleja en las referencias que aparecen en varias obras literarias como el poema épico anglonormando del siglo XII, *Tristán e Isolda*, en el que Isolda y su madre atienden a Tristán tras su combate con el dragón, tarea que también realiza Angélica en el *Orlando furioso* de Ariosto, publicado en 1532.[208]

Estas heroínas asistían a los enfermos de una forma no profesional, pero una gran parte de la asistencia médica profesionalizada se realizó durante la Edad Media en ámbitos en los cuales la presencia de las mujeres fue también numerosa: los monasterios. Tras la turbulenta época que siguió a la caída del Imperio romano, el saber se refugió en los monasterios, que se convirtieron en los centros del conocimiento, incluido el médico, por lo que la práctica de la medicina estuvo a menudo asociada a ellos, muchos de los cuales alojaban hospitales. Entre las personas que hicieron las mayores contribuciones en este campo, destaca la brillantísima Hildegarda de Bingen, abadesa de un convento en esta ciudad alemana a orillas del Rin que vivió en el siglo XII. Entre su variada y original obra, que incluye textos místicos, composiciones musicales y hasta una nueva lengua, aparecen el texto de botánica y mineralogía, *Physica*, y el de medicina, *Causae et curae*, que fue uno de los más usados en las universidades europeas hasta el siglo XV. En estas obras, mezcla singular de saberes empíricos y supersticiones, además de dar consejos muy sensatos sobre higiene, alimentación y uso de hierbas curativas, habla de cosas tan sorprendentes como el placer sexual femenino. De hecho, esta obra es la primera en la que se menciona abiertamente el orgasmo femenino.[209]

Trotula de Ruggiero (siglo XI) fue otra mujer que pasó a la historia por sus saberes médicos. Estudió en la escuela médica de Salerno, fundada en el siglo IX en las proximidades de Nápoles, que era una de las pocas escuelas de medicina laicas que existían en la época. Admitía mujeres entre su alumnado, a las que permitía estudiar todo lo relacionado con los males del cuerpo, no solo las enfermedades de las mujeres.[210] En su obra *Passionibus Mulierum Curandorum*, («Las dolencias de las mujeres»), Trotula planteaba la posibilidad de que los problemas de infertilidad también pudieran tener su origen en los hombres, lo cual fue completamente revolucionario en su época.[211] Defendió el uso de cocimientos de hierbas para mitigar los dolores del parto, como ya habían hecho las comadronas griegas contemporáneas de Fenarete, la madre Sócrates. A finales de la Edad Media estos tratamientos calmantes durante el parto fueron prohibidos, posiblemente porque violaban la maldición de Dios cuando expulsó a Adán y Eva del paraíso y le dijo a esta: «Parirás a tus hijos con dolor». Porque los hombres (que eran las autoridades religiosas y civiles en esa y en casi todas las épocas) han sido siempre diligentes a la hora de no ahorrarles sufrimientos a las mujeres.

La escuela de Medicina de Salerno decayó poco después de que estudiara allí Trotula y, como se indicó en el capítulo dedicado a la misoginia, el decreto papal *Periculoso*, emitido por el papa Bonifacio VIII en el año 1298, expulsó a las monjas de las bibliotecas de los conventos, con lo que les arrebató la posibilidad de estudiar y enseñar. Unos siglos después, una de las primeras disposiciones que adoptaron las universidades tras su creación fue prohibir el acceso de las mujeres a sus aulas. Con ello, les vetaron el acceso a la enseñanza reglada y al ejercicio de las profesiones que requerían cualificación, como la medicina.

ENSALMADORAS Y COMADRONAS EN LA EDAD MODERNA

A pesar de esta prohibición, a comienzos de la Edad Moderna, las mujeres siguieron ocupándose de aliviar los padecimientos de sus vecinos. Eran llamadas ensalmadoras, saludadoras o *wise women*, y solían conocer los remedios para paliar o curar enfermedades, en la mayoría de los casos basados en las hierbas descritas en el capítulo anterior, saberes que habrían adquirido por tradición oral, dado el escaso porcentaje de mujeres que sabía leer. Esos conocimientos y esa actividad les daban poder y autoridad en la comunidad, pero también podían ponerlas en peligro, porque practicaban una medicina que, como no podían acceder a las universidades, no estaba certificada por las autoridades religiosas ni académicas. Además, en el caso de que sus recetas fracasaran, cosa bastante probable, aquellos que las habían buscado tan afanosamente podían culparlas del avance de la enfermedad.

Las comadronas, como todas las curanderas, eran atacadas por dos frentes: por los médicos titulados y por sus pacientes cuando un parto terminaba mal. Eso no era nada infrecuente, dada la escasa higiene y el desconocimiento de la importancia de esta en los partos, la ausencia de tratamiento contra las infecciones, y el estado de salud y desnutrición de la población en general y de las mujeres en particular.[212] Por ello, la mortalidad infantil en el nacimiento o en los días posteriores al parto era enorme; uno de cada cinco niños no sobrevivía a la primera semana. La madre a veces desahogaba sus frustraciones por la pérdida de un hijo acusando a la persona que había estado cerca de ella y del recién nacido durante el parto. Pero el trabajo de comadrona entrañaba aún más riesgos: era la única profesión a la que el *Malleus* le dedicaba cuestiones específicas:

> De cómo las comadronas cometen horrendos crímenes cuando matan a los niños o los ofrecen a los demonios en la forma más aborrecible.
> Aquí se expone la verdad acerca de cuatro horribles delitos que los demonios cometen contra los niños, tanto en el útero materno como después. Y como lo hacen por medio de las mujeres, y no de los hombres, esta forma de homicidio se vincula más bien con las mujeres que con los hombres. Y los que siguen son los métodos con los cuales se hace.
> Los Canonistas tratan más a fondo que los Teólogos las obstrucciones debidas a la brujería; y dicen que es brujería no sólo cuando alguien es incapaz de ejecutar el acto carnal, de lo cual hablamos arriba, sino también cuando a una mujer se le impide concebir, o se la hace abortar después de haber concebido. Un tercer y cuarto método de brujería es cuando no lo-

graron provocar un aborto, y entonces devoran al niño o lo ofrecen a un demonio.[213]

Malleus, parte I, cuestión XI

Según el *Malleus*, el daño que las brujas causaban así era inmenso, porque los teólogos aseguraban que Satán se alegraba cuando los niños morían sin bautismo, puesto que no podían ir al paraíso, por lo que las comadronas eran unas auxiliares privilegiadas del Maligno.

Las brujas que son comadronas matan de distintas maneras a los niños concebidos en el útero, y procuran un aborto; o, si no hacen eso, ofrecen a los demonios los niños recién nacidos.

Porque en la diócesis de Basilea, en la ciudad de Dann, una bruja a quien luego se quemó confesó que había matado a más de cuarenta niños clavándoles una aguja en la cabeza hasta el cerebro en cuanto salían del seno materno. Por último, otra mujer de la diócesis de Estrasburgo confesó que había matado a más niños de los que podía contar. [...]

Ahora bien, la razón de tales prácticas es la que sigue: es de suponer que las brujas se ven obligadas a hacer estas cosas por orden de los malos espíritus, y a veces contra su propia voluntad. Pues el demonio sabe que, debido al dolor de la pérdida, o pecado original, esos niños no pueden entrar en el Reino de los Cielos. Y por este medio se demora el Juicio Final, en que los demonios serán condenados a la tortura eterna, ya que la cantidad de los elegidos se completa con más lentitud, y cuando haya terminado se consumirá el mundo.

Por otro lado, como ya se ha explicado, se decía que las brujas usaban la grasa de los niños para preparar sus ungüentos y otras partes corporales de aquellos no bautizados para sus encantamientos; además, su carne era servida en los banquetes del aquelarre, por lo cual las comadronas tenían muchas formas de servir a su señor:

Y además, como ya se mostró, el demonio enseña a las brujas a confeccionar, con los miembros de estos niños, un ungüento muy útil para sus hechizos. Pero, para que tan gran pecado sea detestado al máximo, no debemos guardar silencio respecto del siguiente y horrible delito. Porque, cuando no matan al niño, lo ofrecen al demonio, de manera blasfema, de esta manera. En cuanto nace el niño, la comadrona, si la madre misma no es una bruja, lo saca de la habitación con el pretexto de calentarlo, lo levanta y lo ofrece al Príncipe de los Demonios, es decir, Lucifer, y a todos los diablos. Y esto se hace sobre el fuego de la cocina.[214]

Malleus, parte II, cuestión I, cap. XIII

A veces las comadronas eran víctimas de sospechas acumuladas durante años, como el caso de la ciudad de Dilinga, en la que una comadrona llamada Walpurga fue acusada en 1587 de haber causado la muerte por brujería de hasta cuarenta niños, algunos de ellos doce años antes.[215] Dados los escalofriantes datos de mortalidad perinatal en la época, cuarenta niños muertos durante doce años de trabajo de comadrona se antojan pocos.

Para la Iglesia, las comadronas eran abortadoras y brujas en potencia, por lo que, siguiendo las directrices del Concilio de Trento, se pidió a los párrocos que investigaran su comportamiento y que se aseguraran de que sabían administrar el sacramento del bautismo.[216]

A pesar de la denuncia que el *Malleus* hizo de las comadronas, no fue este colectivo el que sufrió más denuncias por brujería. Las mujeres que cuidaban de la recién parida y de su hijo, que solían ser solteras o viudas y no estaban ya en edad de procrear, fueron el principal blanco de estas acusaciones, como puso de manifiesto la historiadora británica Lyndal Roper en su estudio de los procesos de brujería en Augsburgo en los siglos XVI y XVII.[217] Tal fue el caso de Anna Ebeler, que en 1699 fue acusada de dar muerte a la recién parida a la que cuidaba, tras lo cual otras mujeres para las que había trabajado la acusaron de haber matado a sus hijos recién nacidos. Ante la amenaza de ser torturada, confesó todos sus «crímenes»; fue ajusticiada y su cuerpo, quemado tan solo dos meses después de la primera acusación. Ebeler fue una de las dieciocho brujas asesinadas en esta ciudad, todas ellas excepto una acusadas por mujeres a las que habían atendido en trabajos relacionados con la maternidad. Más de dos siglos después de haberse publicado el *Malleus*, sus enseñanzas seguían vivas entre la población y las mujeres, que se habían convertido en las principales acusadoras de las brujas.

MÉDICAS INTRUSAS

No todas las mujeres que se dedicaban a curar eran comadronas y no todas las persecuciones que sufrieron estaban inspiradas en el *Malleus*, es decir, no todas lo fueron por motivos religiosos. Lo ha puesto de manifiesto la historiadora Monica Green en su estudio de la presencia femenina en la profesión médica en distintos países europeos desde finales de la Edad Media hasta finales de la Edad Moderna. Aunque cada país tiene sus peculiaridades, en todos había un número no despreciable de mujeres que vivían de la medicina.[218] Las motivaciones eran económicas por parte tanto de las sanadoras como de sus pacientes. Muchas mujeres tenían conocimientos médicos adquiridos por tradición oral, que les permitían curar a sus vecinos y ganarse la vida, y, por otro lado, la mayor parte de estos podían pagar a una curandera en dinero o en especie, pero no alcanzaban a pagar a un médico, cuyas tarifas eran mucho más elevadas. Y los médicos intentaron por todos los medios librarse de lo que consideraban competencia desleal e intrusismo.

En Castilla se fundó el primer tribunal para la práctica médica en 1477 con el fin de impedir el intrusismo profesional, sobre todo por parte de las curanderas, en la época de los Reyes Católicos. Felipe II fue un paso más allá al crear numerosos protomédicos examinadores que controlasen el cumplimiento de las normas y prohibieran a las mujeres dispensar medicinas. El protomedicato quedó definitivamente instituido bajo su reinado en 1588.[219]

A pesar de las regulaciones y prohibiciones, el trabajo de las curanderas y sanadoras era muy apreciado y valorado. Se estableció entonces una competencia feroz entre la medicina empírica, fruto de los conocimientos transmitidos oralmente, basada en el uso de hierbas medicinales y realizado por las mujeres, y la medicina galénica, fruto de estudios universitarios y basada en el empleo de *simples*, que era patrimonio exclusivo de los hombrcs. Una diferencia fundamental entre el trabajo de curanderas y médicos es que ellas usaban las manos, lo cual era imprescindible en procesos como los partos, mientras que ellos, en general, no se manchaban en esos menesteres. Finalmente, los hombres consiguieron relegar el trabajo de las curanderas a la ilegalidad, para lo cual contaron con el inestimable apoyo de la Inquisición, que consideraba que se establecía una peligrosa relación entre magia y salud cuando esta se encontraba en manos de las mujeres.

Por ejemplo, Ana Linda, una mujer de sesenta años de Ayamonte, Huelva, fue procesada en 1648 esencialmente por la popularidad que tenía en la comarca y quizá por la envidia que despertó en el colectivo de los médicos tras haber conseguido la curación de ciertos casos de pelagra, ante los cuales había fracasado el médico local. Se la acusó de utilizar hierbas a la vez que rezaba. Su avanzada edad la libró de la cárcel, pero ese no fue el caso de otras tres mujeres, que desarrollaron un trabajo similar en la zona y pagaron sus éxitos médicos con el ingreso en prisión. Además de los conocimientos empíricos y del uso de hierbas medicinales, las sanadoras empleaban en su trabajo ensalmos y oraciones, porque conocían su poder de sugestión. No obstante, no eran las sanadoras las únicas que acudían a métodos heterodoxos a la hora de curar, la medicina galénica que practicaban los hombres, que requería varios años de estudio en las universidades y que tenía cierto barniz científico, tampoco estaba libre de supersticiones. Por ejemplo, la astrología era parte del currículo universitario en los siglos XVI y XVII, y a comienzos del siglo XVIII tuvo en España ardientes defensores de su uso como una herramienta esencial en la medicina.[220] Pero la Inquisición solo persiguió a las mujeres.[221]

Hay numerosos ejemplos que muestran la alianza entre los poderes religioso, judicial o inquisitorial y los médicos varones para expulsar a las mujeres del ejercicio de la medicina. Aquí referiremos en detalle dos de ellos que fueron significativos por distintos motivos: el de Jacoba Felice, que ejerció como médica en París en el siglo XIV, y el de Elena de Céspedes, que ejerció como cirujana en Madrid en el siglo XVI. La información que tenemos de Jacoba es la que aparece recogida en las actas judiciales del proceso que le abrió la facultad de Medicina de París y es muy escueta. De Elena tenemos la información que se recoge en las actas del proceso que le incoó la Inquisición y es mucho más detallada.

JACOBA FELICE DE ALMANIA

En el siglo XIV, en Europa era muy difícil que una mujer estudiara o practicara la medicina o la cirugía, una situación muy distinta a la que se había dado en Salerno. En París, por ejemplo, la facultad de Medicina había promulgado en el año 1220 un edicto en el que se prohibía la práctica de esta profesión a todos aquellos que no pertenecieran a la facultad o hubieran estudiado en ella. Por otro lado, de acuerdo con sus estatutos fundacionales, solo podían acceder a la misma los hombres solteros. El mensaje que se lanzaba era claro: a las mujeres no se les permitía realizar estudios superiores porque no eran lo suficientemente inteligentes, por lo que no serían capaces de trabajar como médicos. No obstante, la oferta de médicos formados en las universidades era insuficiente para atender las demandas sanitarias de toda la población, por lo que había que recurrir a otras personas, aunque tuvieran una formación de menor nivel.

Las mujeres que, a pesar de estas prohibiciones, querían dedicarse a la medicina tenían que adquirir los conocimientos necesarios trabajando junto a los médicos o sanadoras que se lo permitieran o estudiando en libros. Esto último planteaba un problema adicional, porque esos libros solían estar escritos en latín, una lengua que no se acostumbraba a enseñar a las mujeres. Además, cuando estas aprendían la práctica de la medicina, se veían abocadas a ejercerla de manera extraoficial o ilegal. No es de extrañar por ello que ninguna mujer destacara en esos siglos por su ejercicio como médica o por la escritura de tratados de medicina.

A pesar de los impedimentos, en Francia, como en el resto de Europa, las mujeres se las arreglaron para seguir ejerciendo como médicas más o menos toleradas. De hecho, durante mucho tiempo el edicto de la facultad de Medicina de París fue papel mojado y así, en 1292, había censadas en París ocho mujeres médicas llamadas *miresses* o *médiciennes*, y algunas más dedicadas a la cirugía, conocidas por su nombre latino *cyrurgicae*.[222] No obstante, conforme la facultad de Medicina fue ganando poder e influencia y los médicos varones vieron crecer el número y el prestigio de las mujeres médicas, la facultad comenzó a presionar para que se cumplieran sus edictos. Una de las primeras víctimas de esa política fue Jacoba Felice, llevada ante los tribunales y condenada en noviembre de 1322 por incumplir un edicto publicado un siglo antes. Jacoba, junto con otras cinco personas practicantes de la medicina, dos hombres y tres mujeres, fue excomulgada y multada con la enorme suma de sesenta libras francesas por haber ejercido como médica sin disponer de título oficial para ello.[223]

El juicio fue un caso claro de intrusismo profesional, no hubo herejías ni ataques al dogma, a pesar de lo cual la condena más grave fue la excomunión de todos los acusados. El gremio de los médicos actuó en total sintonía con la Iglesia. Aunque esta pena se le impuso a todos el mismo día, sus juicios se desarrollaron de manera independiente y el registro del de Jacoba es el más detallado, porque incluye datos sobre sus prácticas como médica y los cargos que se le imputaron. Es de destacar que en el transcurso del proceso no se aportó información sobre mala praxis de Jacoba; muy al contrario, todos los testigos confirmaron su excelente desempeño como profesional de la medicina.

Ella fue acusada esencialmente por actuar como un médico varón: visitar a los enfermos, tomarles el pulso, examinar su orina, palparles el cuerpo y prescribirles medicinas. Se presentaron los testimonios de ocho pacientes, cuatro mujeres y cuatro hombres, que requirieron sus servicios por su buena reputación después de que otros médicos (varones) no hubieran sabido curar sus enfermedades. Todos los testigos confirmaron la profesionalidad de su trabajo como médica y explicaron que no pedía dinero hasta que sus pacientes no se habían curado, lo cual pone de manifiesto lo segura que estaba de su diagnóstico. Posiblemente el gremio de médicos consideró peligrosa esta táctica comercial, por lo que pudo ser el desencadenante de la denuncia.

El 2 de noviembre Jacoba ofreció una larga respuesta a los

cargos que se le imputaban, en la cual ella (o sus representantes legales) se refiere a sí misma como *nobilis mulier domina Jacoba*, lo que indica que era de una elevada clase social. Normalmente trabajaba sola, excepto en un caso en el que colaboró con el maestro Jean de Turre. A lo largo de su alegato demostró tener autoridad en la esfera social y profesional, a pesar de que carecía de la titulación preceptiva para el ejercicio de la medicina, la cual ni la Universidad de París ni ninguna otra en Europa expedía a las mujeres. De manera sorprendente, usó un discurso en el que impelía a los hombres a mantenerse fuera de los secretos de las mujeres, desarrollado unos años antes en Francia:

> Es preferible que una mujer inteligente y experta en el arte de la curación visite a una mujer enferma e investigue los secretos y la naturaleza de sus partes íntimas a que lo haga un hombre, al cual no le está permitido examinar dichas partes, ni palpar sus manos, pechos, vientre, etc.[224]

Como señala Monica Green, este razonamiento no parece aplicable al caso de Felice, dado que no consta que estuviera especializada en las enfermedades de las mujeres —trató indistintamente a hombres y a mujeres— y ninguna de sus pacientes hizo referencia al pudor que habría dificultado su examen por un médico varón.

Otro de los argumentos que usó Felice fue que, aunque no tenía licencia, había salvado muchas vidas, probablemente más que los médicos que la acusaban; de hecho, ella mantenía que el requerimiento de la licencia debía operar para las personas que practicaban mal la medicina, que no era su caso. El hecho es que ni este argumento ni su excelente praxis fueron tenidos en cuenta a la hora de dar el veredicto; el jurado ni siquiera se molestó en refutarlo. Jacoba fue declarada culpable. Uno de los argumentos empleados para impedirle ejercer la medicina fue que las mujeres no podían ser profesionales del Derecho:

> Si la ley prohíbe que una mujer practique el derecho o sea testigo en un caso criminal, con mucho más motivo le debe estar prohibido el acceso a la medicina, puesto que el peligro derivado de un mal ejercicio de la misma podría llegar a matar

a un hombre, lo que sería mucho más grave que perder un juicio por desconocimiento de las leyes.[225]

La persecución de Jacoba recuerda en cierto modo la que
sufrió Agnódice en Grecia. No obstante, el resultado fue el
opuesto: tras su expulsión de la medicina, las mujeres francesas
no tuvieron acceso a la misma durante más de cinco siglos, porque la escuela de Medicina de París no les abrió sus puertas
hasta 1868. La situación no fue mejor en otras ciudades europeas; de hecho, París fue una de las primeras universidades en
ofrecerles tal oportunidad. Por ello, entre las primeras mujeres
que obtuvieron allí sus títulos había muchas extranjeras, como
la británica Elizabeth Garrett y la estadounidense Mary Putnam,
pioneras de la medicina en sus respectivos países.[226] Otra de las
ilustres alumnas de esa facultad a finales del siglo XIX fue la po-
laca Bronisława Skłodowska, la hermana mayor de Marie Skłodowska Curie.

Elena/o de Céspedes

Esta mujer ejerció como cirujana durante varios años y obtuvo
el título oficial tras haberse examinado ante el tribunal del protomedicato en la corte; posteriormente fue acusada de brujería
ante la Inquisición y vivió para contarlo. Pero su historia va
mucho más allá de estos desempeños: es la única mujer acusada
de hechicería que he encontrado auténticamente poderosa,
tanto que no solo se enfrentó al poder de los gremios de sastres
y cirujanos, sino a los mandatos sociales y morales sobre relaciones sexuales, desarrollando las suyas libremente. Por no atenerse
a estos mandatos tuvo que enfrentarse a la Inquisición y, aunque
no llegó a ganar el pleito, consiguió seguir realizando su trabajo
como cirujana, lo que no era poco en los tiempos de su majestad católica Felipe II.[227]

Conocemos la historia de la vida de Eleno/a de Céspedes
gracias al detallado relato que hace en el *Discurso de su vida*, recogido en la documentación del proceso que la Inquisición de
Toledo le abrió en el año 1587. Esta narración, junto al desarro-

llo del proceso y la sentencia que condenó a la acusada en 1588, forma parte del expediente que se conserva en el Archivo Histórico Nacional. A partir de la misma, se han publicado varios libros y artículos sobre este fascinante personaje. Aquí se ha seguido el relato del texto que se publicó primero (en 1984), cuya autora es Marie-Catherine Barbazza,[228] completado con otros posteriores que aportan información original.

Tanto el resumen de su vida como el fallo condenatorio aparecen en el primer folio del legajo, que dice:

> Céspedes-Elena, alias Eleno de, natural de Alhama, esclava y después libre, casó con un hombre y tuvo un hijo; desaparecido y muerto su marido se vistió de hombre y estuvo en la Guerra de los Moriscos de Granada; se examinó de cirujano y se casó con una mujer. Fue presa en Ocaña y llevada a la Inquisición, donde se le acusa y condena por desprecio al Matrimonio y tener pacto con el Demonio.

El pacto con el demonio es uno de los principales crímenes cometidos por Elena, a pesar de la dificultad de probarlo, y por ello fue condenada.

> Penitenciada a salir al Auto Público de Fe que se celebró en la Plaza de Zocodover de Toledo el domingo 18 de diciembre de 1588, al que salió en forma de penitente con coroza e insignias que manifestaban su delito; abjuró de leve y se le dieron cien azotes por las calles públicas de Toledo y otros cien por las de Ciempozuelos, reclusión de diez años en un hospital para que sirviese sin sueldo en las enfermerías.[229]

De niña esclava en Granada a soldado en las Alpujarras

Elena nació en torno a 1545 en Alhama, una ciudad cercana a Granada que había sido conquistada por los Reyes Católicos en 1482, diez años antes de la caída de Granada. A mediados del siglo XVI la ciudad, que había sido repoblada por familias castellanas nobles, contaba con cerca de mil vecinos, entre los cuales se incluía un numeroso grupo de esclavas de raza negra al servicio de las familias pudientes de la ciudad. Oficialmente, Elena era hija de una de estas esclavas, Francisca de Medina, y de un modesto labrador, pero parece más probable que fuera fruto de las relaciones que su madre habría mantenido con su dueño, don Benito de Medina (o de la violación sufrida por ella a manos del susodicho) y que este fuera uno de los motivos por los que se le concedió a Elena la libertad. Mantener relaciones sexuales con las jóvenes esclavas del África subsahariana (o violarlas) era una práctica frecuente en la época. Siendo aún una niña, Elena fue a trabajar con la hija de sus amos a Vélez-Málaga; a los dos años volvió a Alhama y se le concedió la libertad. A los dieciséis años la casaron con Cristóbal Lombardo, no se sabe si antes o después de su embarazo, ni si el hijo era de él o de otro. El matrimonio duró poco, se separaron a los tres meses y ella se quedó con su hijo y con su madre. Cuando esta murió, dejó a su hijo al cargo de una familia en Sevilla, y con veinte años escasos comenzó a vivir por su cuenta. Se trasladó a Granada y aprendió el oficio de calcetera, tejedora y sastra, a pesar de que las mujeres estaban excluidas de este, como de la mayor parte de los oficios, controlados férreamente por los gremios. Poco después se fue a Sanlúcar de Barrameda y allí intentó tener su primera relación sexual con una mujer, Ana de Albánchez, esposa de uno de sus clientes. Pero, viendo que no podía consumarla y que se le inflamaba la protuberancia que le había salido sobre la vagina por los esfuerzos del parto, se fue en busca del cirujano Tapia, que

> la dixo que hera hermafrodito [...] y le dio a esta una nabajada y con la nabajada salió un miembro de hombre [...] y quedo con abtitud de poder tener quenta con mujer.[230]

Tampoco estuvo en Sanlúcar mucho tiempo: de allí se fue a Jerez, donde siguió trabajando de sastra y calcetera. Tuvo, sin embargo, la mala fortuna de pelearse con un rufián, al que le dio una puñalada y la prendieron. Se puede imaginar que esa pelea sería consecuencia de uno de los muchos ataques que sufriría como mujer joven sin marido ni familia. A la salida de la cárcel, Elena decidió vestirse de hombre —imaginamos que para acabar con las agresiones—, hacerse llamar Céspedes y trabajar de mozo de labranza y, posteriormente, como pastor.

Corría el año 1568 y había comenzado la guerra de las Alpujarras para sofocar la rebelión de los moriscos. Céspedes se alistó en el ejército de su majestad católica, pero lo detuvieron sospechando que era monfí, probablemente por haber nacido en Alhama y ser su piel «de color moreno del membrillo cocido». Los monfíes eran los bandidos moriscos que formaban la vanguardia de los sublevados y resultaban en especial peligrosos por ser bilingües y poder integrarse tanto en la comunidad cristiana como en la morisca. Además, tanto a los moriscos como a los monfíes se les suponía complicidad con los piratas de Berbería, que representaban una seria amenaza porque hacían frecuentes incursiones en las costas de Andalucía.

Cuando Céspedes salió de la cárcel tuvo que volver a vestirse de mujer por orden del corregidor y entró al servicio del cura Juan Núñez, lo que aprovechó para mantener relaciones con las dos hermanas del cura, una casada y otra soltera. Allí tampoco estuvo mucho tiempo, volvió a vestirse de hombre y se alistó, probablemente para desmentir las sospechas de que era monfí, en el ejército de su majestad que combatía a los moriscos de la Serranía de Ronda. Otra razón por la que se alistó fue la económica: obtuvo una buena suma de un vecino quintado al que sustituyó; pagar para no ir a la guerra era una práctica habitual en la España de entonces.

Acabada la guerra, volvió a ejercer su oficio de sastre en diversos pueblos andaluces, pero lo hizo de forma legal tras obtener el título de «sastra». A comienzos de 1576, adoptó definitivamente el nombre de Eleno de Céspedes, y se trasladó a Madrid, posiblemente buscando el anonimato de la corte.

Cirujana

En Madrid conoció a quien habría de cambiarle la vida:

> Tomó amistad con un cirujano valenciano [posiblemente converso] que le llevó a su casa por huésped y comenzó a dar a esta liciones de curar, y como esta aprendió bien, a los pocos días curaba tan bien como el dicho cirujano y como esta vio

que aquel officio le era de provecho, dejó del todo el officio de sastre y comenzó a husar el de cirugía. [231]

En esa época, la cirugía no formaba parte de los estudios oficiales de medicina impartidos en las universidades. En España, para adquirir las destrezas necesarias y obtener el título, se trabajaba durante dos o tres años junto a un cirujano titulado o en un hospital, tras lo cual se debía superar un examen ante el protomedicato o las pruebas a las que eran sometidos cuando solicitaban ingresar en los gremios o cofradías de las ciudades. Elena desconocía el latín, por lo que solo podía aspirar a ser un cirujano «romance», pero consiguió reunir una notable biblioteca que incluía más de veinticinco volúmenes, entre los que se contaban los más importantes textos médicos de la época, como la famosa *Anatomía* del médico italiano Vesalio, y las obras de autores romanos y griegos como Galeno, Cicerón y Aristóteles, hecho que pudo comprobarse al hacer un inventario de sus pertenencias tras su detención. A pesar de los conocimientos que debió de adquirir gracias a su práctica como cirujana y por el estudio de esos libros, no se presentó al examen del protomedicato durante bastantes años, posiblemente debido a la ambigüedad de su sexo. Mientras estaba en Madrid, inició una relación con Isabel Ortiz, viuda y madre de dos hijos, a la que luego abandonó, por lo que ella lo denunció por promesa de matrimonio incumplida. Isabel jamás pensó —y así lo testificó en el juicio— que Elena «tuviese natura de mujer».

Tras más de tres años de formación, Eleno comenzó a trabajar de cirujano de forma ilegal en 1579, dado que entonces el ejercicio de la medicina y cirugía estaba vedado a las mujeres, salvo en el caso de parteras o matronas. Su fama hizo que lo llamaran de El Escorial, donde se estaba construyendo el monasterio, para curar a uno de los maestros de cantería de esta magna obra. Eleno permaneció ejerciendo como cirujano en el Escorial durante dos años hasta que fue acusado de intrusismo. Esto hizo que se decidiera a presentarse ante el tribunal calificador de Madrid, en el que obtuvo la titulación de cirujana, además de la licencia para «sangrar y purgar». Dejó Madrid en 1581 y trabajó como cirujana en Cuenca y en La Guardia y, entre 1585 y 1586, lo hizo de forma itinerante en Pinto, Valdemoro, Yepes, Ocaña, Aranjuez y Ciempozuelos.

Matrimonio como varón

En esta última ciudad cayó enfermo y se enamoró de María del Caño, mucho más joven que él, que era la hija de la familia que lo cuidó durante su enfermedad. Entonces, con cuarenta años, decidió que había llegado el momento de sentar la cabeza (como varón) tomando esposa. Por ello, solicitó al vicario de Madrid la licencia para efectuar las amonestaciones y poder casarse,

> pero el Vicario [...] la dixo que si era capón y esta respondió que no, que la mirasen y bería como no lo era.

Elena fue explorada por numerosos médicos y matronas (diez personas en total), entre ellos el doctor Francisco Díaz, médico y cirujano de cámara de Felipe II, que declaró

> que ha visto sus miembros genitales y los márgenes vecinos y a la vista de estos y tocados con las manos, declaraba [...] que él tiene su miembro genital, el cual es bastante perfecto con sus testículos formados como cualquier hombre y que en la parte inferior junto al ano tiene una manera de arrugación que a su parecer a la que tocó y vido no tiene semejanza de cossa que pueda presumirse de natura, porque procuràndole tocar no pudo ni fue posible allarle perforación alguna de que se pudiese presumir tal cossa y ansí declaró que este es su parecer y la verdad y bajo su juramento, lo firmó con su nombre.

Una vez superado este exhaustivo examen médico obtuvo la licencia de matrimonio.

> Y con la licencia se vino a Cientpozuelos y se desposó con la dicha María del Caño y de allí se vinieron a Yepes donde se casaron y velaron yn facie eclesial [...] y vivió allí en Yepes más

de un año haciendo vida maridable con la dicha María del
Caño.

Cuando la pareja se fue a vivir a Ocaña, porque allí no había
cirujanos, el alcalde mayor la reconoció y

> escribió al gobernador que siendo él auditor del Campo en la
> Guerra de Granada avía conocido a ésta y que decían que era
> mujer y otros que decían hera macho y hembra, y con esta car-
> ta el dicho gobernador abrá un mes que la hizo presa.

Se le acusaba de que

> so color de andar en ávito de hombre está casado con María del
> Caño su mujer sin ser onbre.

Proceso e inquisición

Elena fue imputada de dos faltas muy graves, vestir hábito de
hombre siendo mujer y hacer burla del matrimonio, por lo que
fue encarcelada y se le confiscaron sus bienes para pagar su manutención. De nuevo fue sometida a una exploración exhaustiva
a partir de la cual se certificó que sus genitales eran femeninos.
Las personas que habían certificado su hombría se encontraron
en una situación difícil, porque podían ser acusados de perjurio
tras haber sido sobornados por Elena. Llamaron a declarar a uno
de los médicos, que encontró una forma de salir con bien del
atolladero afirmando

> que no puede entender la causa mas de que se entiende que sea
> alguna ylusión del diablo y que la dicha Elena de Céspedes
> debe ser hechicera.

El tribunal planificó su estrategia para demostrar que Elena
era culpable del crimen de sodomía, el pecado nefando cuya
pena había quedado especificada por los Reyes Católicos en
1497: «ser quemados en la hoguera y confiscación de bienes».
Cuando se le preguntó:

con que miembro y de que metal o materia era con lo que conocía a la dicha María del Caño y le hacía entender ser el natural de onbre.

Elena respondió que en la época en la que estuvo casada con María del Caño tenía miembro de varón, pero que, durante su estancia en la cárcel, se le había «podrido y caído» por tener un cáncer. Siendo cirujano, él sabía de su mal y se había curado a sí mismo. No quedando contentas sus señorías con esta respuesta, llevaron a cabo un interrogatorio minucioso a ambas esposas sobre la naturaleza de su trato carnal.

María respondió:

> que aunque le metía por su natura, esta confesante nunca bió lo que era, mas que parecía cosa lisa y tiesa.

Ese miembro postizo, tieso y liso, que el tribunal buscaba que confesaran que usaban —para poder acusar a Elena de «burladora» y a ambas de sodomía— era probablemente un dildo revestido con baldés, una piel de cordero muy suave.

Pero la justicia civil no pudo terminar el proceso, dado que, a petición de un capellán de Ocaña, el juicio se transfirió a la Inquisición, la cual orientó la causa de forma diferente, al considerar que el menosprecio del sacramento del matrimonio y la hechicería eran delitos más graves que la sodomía. En su defensa, Elena recordó que sus padres eran cristianos viejos, cosa que no debía de ser muy creíble debido al «color de membrillo maduro de su piel», y basó su estrategia en su hermafroditismo, que defendió bien gracias a sus amplios conocimientos de medicina. Comenzó por negar las acusaciones en todo y por todo, y presentó una carta exculpatoria dos días antes de que se dictara la sentencia, alegando que lo contrario de prodigioso y raro era común y corriente, no anormal ni enfermo; el suyo era un caso prodigioso por inusual.

> [...] porque yo con pacto expresso e tácito de demonio, nunca me fingí hombre para casarme con muger como se me pretende imputar, e lo que pasa es que como en este mundo muchas veces se han visto personas que son andróginos, que por

211

otro nombre se llaman hermafroditos que tienen entrambos sexos, yo también e sido uno de estos y al tiempo que me pretendí casar ni calecía c provalei ia más en el sexo masculino e naturalmente era onbre, e tenía todo lo necesario de onbre para poderme casar [...] porque yo naturalmente e sido onbre y mujer y aunque esto sea cosa prodigiosa y rara, que pocas veces se ve, pero no son contra naturaleza los hermafroditos como yo lo he sido.[232]

Como se indica al comienzo de esta historia, Elena/o fue condenado/a a abjurar *de levi*, a recibir cien azotes por las calles de Toledo y otros cien por las de Ciempozuelos, y a reclusión de diez años en un hospital de Toledo. Pero no pudo cumplir la última pena porque su fama se había extendido tanto que venía gente de todas las partes del reino a que los curara, por lo que las autoridades del hospital solicitaron y obtuvieron del Santo Oficio su traslado a otro centro más apartado. No hay más noticias de la vida de Elena en los legajos de la Inquisición ni en ningún otro documento. Algunos autores han sugerido que pudo acabar en Lima (Perú), porque hay noticias de la existencia en esta ciudad de un cirujano mulato en esa época.[233]

Aunque en ninguno de los estudios realizados sobre ella lo destaca, creo que es indudable que Elena/o, aparte de sus méritos como cordelera, sastra, soldado y cirujana, debía de tener una oratoria y una capacidad de convicción impresionantes. Y, por encima de todas esas prendas, una capacidad de supervivencia y de adaptación y una inteligencia extraordinarias. Ese fue su auténtico poder y no la magia que la acusó de practicar la Inquisición.

En España, la exclusión de las mujeres de la medicina continuó hasta la segunda mitad del siglo XX, pero en el primer cuarto del siglo XXI la situación ha cambiado radicalmente: más del 75 por ciento de los estudiantes de las facultades de Medicina son mujeres y su presencia en el ejercicio de la profesión es también mayoritaria.

A pesar de la asociación que se ha hecho de las brujas con las mujeres sabias, el porcentaje de las mujeres con conocimientos médicos era muy bajo; fueron más la excepción que la regla. No obstante, en casos como los aquí presentados y en otros similares, las denuncias por brujería resultaron muy útiles para excluir a las mujeres de un ámbito de conocimiento y poder como era la profesión médica en sus múltiples facetas. Por otro lado, las acusaciones del *Malleus* contra las comadronas arrojaron una sombra de sospecha sobre las mujeres sabias, de la que no nos hemos librado hasta épocas muy recientes.

12

Mapa geográfico y humano de los procesos

En la abundantísima bibliografía sobre la caza de brujas hay una gran disparidad sobre el número de personas que se dice fueron acusadas y procesadas como brujas por tribunales religiosos o civiles. Hay que admitir que nunca sabremos las cifras reales, porque, debido a la disparidad de instituciones judiciales, no hay archivos de todos los procesos incoados por tribunales civiles y religiosos, locales, de distrito y nacionales. Además, muchos documentos originales se han perdido y, como recoge Robbins en su *Enciclopedia de la brujería y demonología* en la voz «Ejecuciones», las observaciones de viajeros, supuestos testigos de algunas ejecuciones, y los datos recogidos en actas no siempre coinciden.[234]

A finales del siglo XVIII, Gottfried C. Voight estimó en nueve millones de personas el número de víctimas de la caza de brujas sin ninguna base documental, en un escrito sobre la importancia de la educación para erradicar la superstición. Voight dio esa cifra para criticar las estimaciones del filósofo francés Voltaire (siglo XVII) de unos cientos de miles de víctimas. Es posible que las personas afectadas directa o indirectamente de forma severa por el pánico desatado por la caza de brujas fueran más de nueve millones, pero el número de víctimas directas fue dos órdenes de magnitud inferior, como se puso de manifiesto conforme fueron desarrollándose los estudios sobre el fenómeno. Así, las estimaciones de G. L. Burr, que publicó sus primeras obras sobre la caza de brujas a finales del siglo XIX, eran de cien mil personas ajusticiadas solo en Alemania. En su *Enciclopedia,*

Robbins acepta ese valor y calcula que en toda Europa la cifra debio de ser el doble.

En la segunda mitad del siglo xx se alcanzó un consenso sobre el número de víctimas de esta persecución, mucho más cercano a la estimación realizada por Voltaire que la que hizo Voight. Esta cifra está en torno a cien mil personas, de las cuales aproximadamente la mitad correspondería a Alemania. El historiador estadounidense Brian P. Levack aporta estos datos tras llevar a cabo una revisión exhaustiva de los estudios pormenorizados realizados en varias regiones europeas y extrapolaciones a partir de otras fuentes de información. Levack es autor de uno de los textos de referencia sobre la caza de brujas y editor de la enciclopedia online sobre este tema publicada en 2012 por la Universidad de Oxford.

Distribución geográfica

Los focos de mayor número de procesos se dan en Alemania y las regiones limítrofes: al este, en Polonia, donde se registraron al menos quince mil juicios; al sur, en Suiza, considerada el centro de la persecución, con diez mil procesos; al oeste, en Lorena, el Franco Condado y el reino de Francia con otros diez mil procesos en total. En el resto de las regiones, las persecuciones fueron menos intensas: cinco mil procesos en Escandinavia, otros tantos en las islas británicas, menos de cuatro mil en Hungría y Rusia, y unos diez mil en España e Italia.[235] Con pequeñas diferencias y desglosados con más o menos detalle, estos valores son generalmente aceptados y aparecen recogidos en las obras de historiadores posteriores, como *Las brujas en la historia de España* del español Carmelo Lisón Tolosana,[236] *El miedo en Occidente* del francés Jean Delumeau,[237] o *Introducción* a la obra de fray Martín de Castañega del argentino Fabián Campagne,[238] por nombrar solo algunos.

Como puede verse en estos datos, hubo notables diferencias geográficas. El Sacro Imperio Romano Germánico registró el mayor número de ejecuciones: la mitad de las personas acusadas de brujería en Europa eran alemanas y entre ellas el porcentaje de las ejecutadas llegó en algunos lugares y momentos a representar casi el cien por cien de las sentenciadas. En Francia, la caza de brujas tuvo lugar de una forma muy eficiente gracias a la cooperación del poder real y la Iglesia: las autoridades civiles reprimieron la superstición de forma que tuvo un carácter aleccionador para toda la sociedad. No obstante, la ferocidad en la persecución fue tal que desde 1600 el Parlamento de París (similar a un Tribunal Supremo, con jurisdicción sobre todo el país) puso freno a los procesos por brujería, oponiéndose a las resoluciones de jueces y clero locales. En Lorena, que tenía una jurisdicción independiente, hubo una activa caza entre 1580 y 1630, en la que jueces laicos, como Jean Bodin, ejercieron un papel determinante.

En Inglaterra la brujería estuvo muy extendida, pero no hubo demasiadas ejecuciones. La promulgación en 1563 del Estatuto de Persecución de las brujas significó el inicio de una gran represión, en parte porque estas fueron asociadas con los enemigos de Isabel I. A comienzos del siglo XVII encontramos en Inglaterra y Escocia (unidas en el reinado de Jacobo I) dos posturas diferentes frente a las brujas: por un lado, los grupos populares expresaban un tremendo odio hacia ellas y demandaban castigos severos, y, por otro, los estamentos jurídicos se mostraban tanto más flexibles y benévolos cuanto menos local era su jurisdicción. Jacobo I, autor de un texto sobre demonología, introdujo las teorías demonológicas continentales y promulgó en 1604 la ley contra la brujería, el conjuro y el trato con espíritus malignos e infames, que castigaba con la pena de muerte y la confiscación de bienes a los culpables de tales delitos. Tras la calma, durante el reinado de Carlos I, llegaron los años turbulentos de la guerra civil, pero a partir de 1688 las persecuciones disminuyeron y en el siglo XVIII se abolió el estatuto de Jacobo I. Escocia tenía una historia previa diferente debido, entre otras cosas, a que en este país, en contraste con lo que ocurrió en Inglaterra, sí se admitió la tortura durante los procesos por brujería, por lo que el porcentaje de condenas y de penas capitales fue mucho más elevado.

En Escandinavia el proceso de caza de brujas, instigado por el clero luterano procedente de Alemania, fue más tardío. Tenían ciertas restricciones: en Dinamarca, a diferencia de lo que ocurría en el resto del continente, las leyes *The Copenhagen Articles* de 1547 solo autorizaban a considerar aquellas delaciones de brujería realizadas por personas honradas. Por otro lado, a comienzos de la Edad Moderna, Noruega solo creía en la hechicería, que, a diferencia de la brujería, excluía el pacto con el demonio; algo parecido ocurrió en Suecia. En Polonia tampoco creyeron en la influencia diabólica de las brujas hasta el siglo XVI, tras ser introducida la idea desde Alemania, pero en este país la tortura se usó tan masivamente que el propio clero condenó la crueldad de las persecuciones. En Finlandia la mayoría de los brujos fueron varones.

En Rusia nunca se aceptaron las teorías demonológicas y el 70 por ciento de los acusados fueron hombres. En Hungría, tuvo lugar una caza moderada por parte de tribunales civiles, a pesar de lo cual la última ejecución se llevó a cabo en una época tan tardía como el año 1777. En Portugal, hubo pocos casos debido al escepticismo de inquisidores y jueces. En Italia, solo hubo caza en las zonas alpinas, subalpinas y en Venecia, porque la Inquisición romana, como la española, era muy escéptica ante el fenómeno.

La suma de los datos resumidos proporciona un valor ligeramente inferior a ciento diez mil procesos, mucho menor que los datos manejados en las obras publicadas antes de mediados del siglo XX. El porcentaje de ejecuciones con respecto al total de acusados oscila mucho dependiendo del momento y del lugar, pero en conjunto se estima que hubo unas sesenta mil ejecuciones en toda Europa, que algunos historiadores han rebajado a cincuenta mil,[239] distribuidas de manera no uniforme. Así, en algunos sitios, como el condado de Essex, en Inglaterra, el porcentaje de los ejecutados frente a los procesados fue del 25 por ciento, mientras que en algunas regiones de Alemania, norte de Francia y este de Suiza, ese porcentaje superó el 90 por ciento.

Behringer ha realizado un resumen de las victimas distribuidas por países, que ha recogido en la Tabla 4.5 de su obra *Witches and Witch-Hunts*. A partir de esa información hemos elaborado la Tabla 12.1, que recoge el número total de víctimas de varios de los países, sus poblaciones en la época y el porcentaje de víctimas en orden decreciente de este último valor.

TABLA 12.1: Porcentaje de víctimas de la caza de brujas en Europa distribuidas por países en orden decreciente

País	N.º víctimas	Población	Porcentaje de víctimas
Liechtenstein	300	3.000	10,00%
Suiza	4.000	1.000.000	0,400%
Bélgica y Luxemburgo	2.500	1.300.000	0,190%
Dinamarca	1.000	570.000	0,180%
Alemania	25.000	16.000.000	0,156%
Polonia	4.000	3.400.000	0,120%
Noruega	350	400.000	0,090%
Rep. Checa	600	1.000.000	0,060%
Islandia	22	50.000	0,044%
Eslovaquia	400	1.000.000	0,040%
Suecia	300	800.000	0,037%
Finlandia	115	350.000	0,033%
Hungría	800	3.000.000	0,026%
Austria	500	2.000.000	0,025%
Francia	5.000	20.000.000	0,025%
Gran Bretaña	1.500	7.000.000	0,021%
Italia	2.500	13.000.000	0,019%
Holanda	200	1.500.000	0,013%
España	500	8.100.000	0,006%
Portugal	10	1.000.000	0,001%
Irlanda	4	1.000.000	0,0004%

Como se puede ver en ella, el pequeño territorio de Liechtenstein tiene el mayor porcentaje: con una población total de tres mil habitantes, ejecutaron a trescientos, es decir, el 10 por ciento. En Suiza, con una población aproximada de un millón de habitantes, se ejecutó a cuatro mil personas, lo cual representaba el 0,4 por ciento de su población. Como ya se ha indicado, el país donde se ejecutó el mayor número de personas fue Alemania, en torno a veinticinco mil, algo más de un 0,15 por ciento de su población. En Francia, el país europeo más poblado en esa época con unos veinte millones de habitantes, el número de víctimas fue de unas cinco mil, lo que representaba un 0,025 por ciento de su población. El número total de víctimas en España según la mayor parte de los historiadores hasta épocas recientes era de una veintena; el que proporciona Behringer es superior, unas trescientas, dado que cuando publicó su obra ya se estaban empezando a conocer las de los juicios de los tribunales seculares de Cataluña. No obstante, los estudios recientemente publicados por Castell y Alcoberre elevan a cuatrocientas las víctimas solo en Cataluña, como se discute en detalle más adelante, por lo que se ha considerado una cifra global de quinientas para el conjunto de los reinos españoles. Aun así, España sigue siendo, junto con Portugal e Irlanda, el país con un menor porcentaje de víctimas.

Como todos estos datos numéricos pueden resultar difíciles de asimilar, se han representado de forma gráfica en un mapa de Europa incluido en la Figura 12.1, en el cual en cada país se han dibujado unos círculos cuyo diámetro es proporcional al porcentaje de víctimas. Se ha excluido Liechtenstein, dado que el porcentaje era tan grande que el círculo ocupaba prácticamente todo el continente.

El dato global de sesenta mil víctimas mortales no incluye las que murieron en la cárcel, huyeron, o no fueron juzgadas a pesar de haber sido acusadas. Tampoco refleja las que vivirían aterrorizadas con el temor de ser denunciadas, cuyo valor podría elevarse a millones.

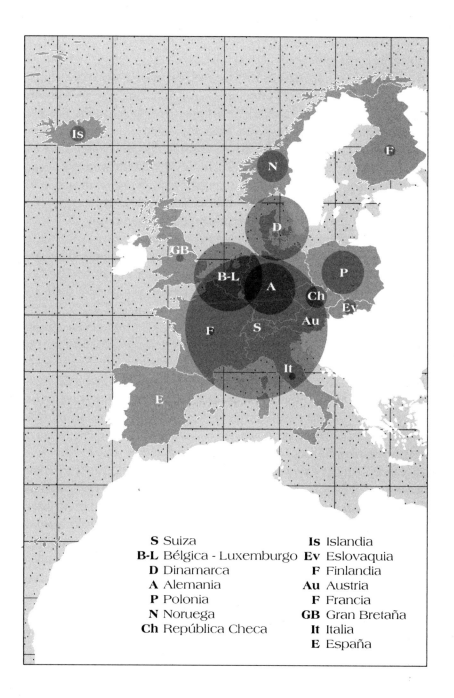

S	Suiza	
B-L	Bélgica - Luxemburgo	
D	Dinamarca	
A	Alemania	
P	Polonia	
N	Noruega	
Ch	República Checa	

Is	Islandia
Ev	Eslovaquia
F	Finlandia
Au	Austria
F	Francia
GB	Gran Bretaña
It	Italia
E	España

PERFIL HUMANO

Todos los datos recogidos más arriba no reflejan un aspecto que en el siglo XXI resulta muy difícil de asimilar: que la caza de brujas se inició y continuó a lo largo de varios siglos porque muchas personas estaban convencidas de su existencia y de su capacidad para hacer daño, por lo que les daban más miedo las brujas que las injusticias que pudieran cometer sus perseguidores.

La mayoría de los estudios confirman la creencia popular según la cual la mujer estaba directamente implicada en el crimen de brujería. En promedio, las mujeres representan un 70 por ciento de las personas acusadas, pero este porcentaje también se distribuye de forma muy heterogénea en las distintas regiones europeas. Así, en el condado de Essex las mujeres procesadas representaron el 91 por ciento del total desde el siglo XIV hasta finales del XVII; en algunos departamentos del norte de Francia y en Baden-Wurtemberg eran mujeres el 82 por ciento de las acusadas. No obstante, en Rusia, Finlandia e Islandia había un predominio masculino que llegó al 92 por ciento en este último. Como se discute en el último capítulo, el hecho de que las mujeres fueran las principales acusadas se debe a distintos motivos, probablemente uno de los más importantes es la misoginia imperante que aparece reflejada en el *Malleus Maleficarum*, del que hemos hablado en el capítulo 6.

Otro de los estereotipos que se cumplen es que las brujas solían ser mujeres viejas. Aunque en muchos procesos no hay información sobre la edad de las acusadas, en aquellos en los que sí la hay, se observa que la media solía superar los cincuenta años, y en muchas regiones incluso los sesenta, que era una edad extraordinariamente avanzada en una época en la que la esperanza media de vida no llegaba a los cuarenta años. Al parecer, la sociedad de entonces no disponía de un lugar donde ubicar a las mujeres de edad avanzada que, no estando casadas y no teniendo hijos, tenían pocas formas honradas de ganarse el pan, y menos aún de costearse una casa. Se veían, pues, obligadas a trabajar en oficios poco prestigiosos, lo que las convertía en el blanco de las iras o el desahogo de las frustraciones de sus vecinos. Por el mismo motivo, entre las acusadas de brujería las mujeres no casadas se encontraban, en comparación, en una proporción muy superior a su presencia en la sociedad.

Aunque el nivel social de las procesadas variaba mucho, la mayoría de ellas solían ser más pobres que sus «víctimas». Levack y Delumeau, al recoger los resultados de los estudios de varios historiadores, concluyen que la mayor parte de las brujas procedían de los sectores más bajos de la sociedad.[240] No obstante, no todas las acusadas eran mujeres pobres o marginales, ni se adaptaban al modelo que estableció el historiador francés Jules Michelet (1798-1874), en su obra *La bruja*, publicada en 1862. En ella, creó el estereotipo romántico de la bruja como campesina desheredada que se levantaba contra sus opresores. Aunque no aportaba datos que apoyaran su modelo, tuvo el indudable mérito de tratar a las brujas como víctimas y no como delincuentes, y de construir un personaje con una fuerza tal que muchos historiadores lo han considerado real y han buscado datos y evidencias que apoyaran su existencia. Es el caso de la historiadora italoamericana Silvia Federici en su obra *Calibán y la bruja*.[241] No obstante, a pesar de lo que cuenta Michelet y de la fuerza dramática de su personaje, ningún estamento, franja de edad, clase social o sexo estaba a salvo de ser acusado y de sufrir un proceso por brujería en la época más virulenta de la caza de brujas.

OLAS DE CAZA DE BRUJAS

La intensidad de la represión de la brujería tampoco fue uniforme a la largo del tiempo, hubo varias «olas» determinadas por las condiciones religiosas, políticas, económicas o climáticas, entre otros factores. Levack identifica las siguientes etapas, en las que se alternan periodos de persecución con otros de calma:

1. En una primera ola, cuyo comienzo se puede situar en torno a 1375, la creencia en las brujas y en sus poderes maléficos se fue extendiendo entre los intelectuales, con la aparición de varias publicaciones sobre demonología y brujería, siendo una de las más significativas y combativas la del inquisidor catalán Nicolás Eimeric, mencio-

nada en los capítulos dedicados al diablo y el *Malleus*. Paralelamente, se comienza a incoar procesos a las brujas, a las que se pasa de acusar de hechicería a realizar pactos con el demonio, lo que abre la puerta a las acusaciones de herejía y al aumento de la dureza de las denuncias y penas. Hasta el año 1435 hay un incremento paulatino del número de procesos, pero todavía siguen siendo fenómenos aislados.

2. De 1500 a 1550 tuvo lugar una reducción del número de procesos y se interrumpieron las ediciones de las obras sobre brujería y demonología. Esta disminución se debió muy probablemente a la irrupción de la Reforma protestante y las consiguientes y sangrientas guerras de religión, que agotaron la crueldad de la sociedad y distrajeron la atención sobre las brujas.

3. De 1550 a 1570 hubo un estallido masivo de la caza en el ambiente de pánico colectivo surgido tras las guerras de religión y los conflictos políticos que originaron. En esta época se aprobaron leyes contra la brujería en Alemania, Escocia e Inglaterra, y tuvo lugar un incremento de la represión, que coincidió con el desarrollo de la Contrarreforma y el calvinismo. El historiador británico Trevor-Roper resume el efecto de la Reforma y Contrarreforma en la caza de brujas: lo que espoleó la caza no fueron los católicos o los protestantes, sino el conflicto entre ambos.[242]

4. La tercera ola, entre 1580 y 1650, fue la más virulenta, pues conoció juicios masivos y cientos de ejecuciones. Coincidió con la aparición de las publicaciones más relevantes del género demonológico. La psicosis alcanzó regiones que hasta entonces no habían sido afectadas por la «brujomanía», como Escandinavia. No obstante, la mayor virulencia de la persecución se dio en los principados eclesiásticos del oeste de Alemania. Así, entre 1585 y 1635, en los minúsculos principados de Tréveris, Colonia, Maguncia, Bamberg, Wurzburgo y Eichstätt fueron condenadas a muerte cerca de ocho mil personas. Solo el arzobispo de Colonia, Ferdinand von Bayern,

envió a la hoguera entre 1624 y 1634 a dos mil doscientas personas. Teniendo en cuenta las poblaciones de esos estados, los porcentajes fueron espeluznantes. Una situación similar se dio en Lorena (con los jueces Jean Bodin y Nicolas Rémy), donde algunos viajeros hablaban de aldeas desiertas porque habían quemado a todas las mujeres y muchas se habían salvado porque habían huido de la quema.

5. De 1650 a 1700 remite el fenómeno en todas partes, aunque en algunas zonas, como Polonia, persiste hasta 1725. En esta disminución influirán cambios judiciales, como las restricciones en el uso de la tortura, la exigencia de pruebas concluyentes relativas al *maleficium* y el pacto, cambios intelectuales y el nuevo clima religioso y socioeconómico.

6. Se registraron hasta veinticuatro casos de posesión diabólica a lo largo de los siglos XVI a XVIII, pero los más sonados tuvieron lugar en conventos de monjas en la primera mitad del siglo XVII: el de las ursulinas de Aix-en-Provence, entre 1609 y 1611; el de las monjas del convento de San Plácido en Madrid, en 1628; el de las ursulinas de Loudun, entre 1632 y 1638; y el de las monjas de Louviers, en 1648. A ellas les dedicamos un capítulo.

7. A finales del siglo XVII hubo un proceso al otro lado del Atlántico que se hizo muy famoso, el de las brujas de Salem, entre 1692 y 1693, que se saldó con más de ciento cincuenta detenidos, catorce mujeres y cinco varones ahorcados y uno muerto por aplastamiento. También le dedicamos un capítulo por su repercusión y por ser el responsable de la popularización de la expresión «caza de brujas» en la obra del dramaturgo Arthur Miller *El crisol*, para describir situaciones de persecución social masiva e injusta.

Levack señala que los regímenes inquisitoriales, los primeros en aceptar las nuevas interpretaciones demonológicas, fueron también los primeros en abandonarlas, mientras que los países donde predominaba el procedimiento de acusación privada, como Inglaterra y Escandinavia, fueron más tardíos tanto en la introducción como en el abandono de la caza.

CAZA DE BRUJAS EN ESPAÑA

La caza de brujas en España presentó un comportamiento similar al de Portugal e Italia. Sin embargo, esta se distingue de los dos países en que fue el blanco de una leyenda negra que ha conseguido ocultar la verdad respecto a los sucesos relacionados con la persecución durante más de cuatro siglos.

Como se indica en el capítulo dedicado a la Inquisición, esta fue el principal organismo encargado de atajar hechicerías y supersticiones. Se dispone de información exhaustiva de los procesos incoados por el Tribunal del Santo Oficio en el periodo comprendido entre 1540 y 1700, lo cual excluye el periodo inicial, de 1478 a 1540, época en la que este tribunal fue muy activo. No obstante, su principales víctimas de entonces no fueron las brujas, sino los judaizantes. A partir de varias fuentes, incluida la obra del inquisidor J. A. Llorente, se sabe que de 1540 a 1700 hubo un total de 49.092 procesos incoados por los tribunales de distrito del Santo Oficio, de los cuales 3.750, es decir, un 7,6 por ciento, fueron catalogados como «supersticiones» por la propia Inquisición. Esta clasificación incluía los delitos, en general de poca monta, de charlatanes, curanderos, saludadores, astrólogos, adivinas, exorcistas y echadoras de cartas, junto con los de más envergadura porque se consideraban prácticas heréticas, de las hechiceras maléficas, brujas y meigas.

El antropólogo español Carmelo Lisón Tolosana, en su obra *Las brujas en la historia de España*, muestra los resultados de su análisis de los procesos catalogados como «supersticiones» en los distintos tribunales de la España peninsular (excluye los casos enjuiciados en los tribunales de Sicilia, Lima y Cartagena de Indias) para distintos periodos históricos. Entre 1540 y 1559, solo el 1,5 por ciento tenían relación con creencias supersticiosas; en el periodo entre 1560 y 1614, fue del 2,6 por ciento, y entre 1615 y 1700 (tras el proceso de Zugarramurdi) el porcentaje de los casos de supersticiones ascendía al 12 por ciento. Lisón Tolosana prosigue su análisis global de las actuaciones de la Inquisición española indicando que, de los casi cincuenta mil procesos incoados por esta, aproximadamente el 1 por ciento de los acusados terminó en la hoguera —en torno a quinientos— y, de estos, muy pocos correspondieron a brujas. Se estima que en total unas veinte personas fueron condenadas en España por la Inquisición a morir en la hoguera acusadas de brujería en todo el periodo investigado. Historiadores extranjeros dan cifras aún menores.[243]

Para poner de manifiesto las enormes diferencias entre la situación que se dio en España y la que vivieron los países centroeuropeos que sufrieron la caza de brujas más cruel, se ha calculado el número de víctimas en función de la población total de los distintos países y se ha recogido en la Tabla 12.1 y en la figura 12.1. Teniendo en cuenta que la población de España en esa época era de unos ocho millones, el porcentaje es casi despreciable. En cambio, en Alemania, con una población en esa época de unos dieciséis millones de habitantes (un 50 por ciento más que en España), hubo una proporción infinitamente mayor, dado que el número de procesados se estima en cincuenta mil, y el de condenados a muerte, veinticinco mil. Como se ha indicado anteriormente, dejando aparte Liechtenstein, cuya población era muy pequeña, la mayor proporción se dio en Suiza, con un millón de habitantes y unas cuatro mil personas condenadas a muerte.

Por ello, a pesar de la creencia popular, en España no hubo prácticamente caza de brujas y ello se debió, sobre todo, a la Inquisición. Han llegado a esta conclusión los historiadores y antropólogos españoles citados anteriormente, Carmelo Lisón Tolosana, Ricardo García Cárcel o Julio Caro Baroja, y otros muchos no citados hasta ahora, como María Lara,[244] así como numerosos historiadores y antropólogos extranjeros. Uno de las primeros estudiosos que habló de la singularidad del caso español y del papel extraordinariamente positivo que tuvo la Inquisición en la caza de brujas en España fue el historiador estadounidense Henry Charles Lea, que a finales del siglo XIX acometió la formidable tarea de reunir toda la documentación relativa a la persecución que tuvo lugar en Europa a comienzos de la

Edad Moderna.[245] Posteriormente, la singularidad del caso español ha sido resaltada por muchos otros historiadores extranjeros; ya en el siglo XXI cabe destacar al estadounidense Brian P. Levack y al alemán Wolfgang Behringer, que se encuentran entre los más reconocidos en el estudio de la caza de brujas, al británico Henry Kamen, autor de *La Inquisición española: una revisión histórica*, que actualmente es la principal obra de referencia en este tema, o el danés Gustav Henningsen, al que nos referiremos en el capítulo dedicado a las brujas de Zugarramurdi. Además de los historiadores que confirman estos datos respecto al ínfimo impacto de la caza de brujas en España, con la excepción de Cataluña, de la que hablaremos más adelante, no hay estudiosos que los contradigan.

PODER JUDICIAL NACIONAL FRENTE A JUSTICIA LOCAL

Para entender esta singularidad de España, varios historiadores han destacado que uno de los factores que contribuyeron a la locura desatada durante la caza de brujas fue la autonomía con la que actuaron ciertos tribunales locales de señoríos, ciudades, condados o diócesis respecto al poder central político y judicial. El papa, los monarcas o las asambleas nacionales aprobaban leyes o promulgaban edictos para perseguir a las brujas, pero generalmente los responsables de aplicarlas fueron los jueces de tribunales locales, porque en ellos se juzgaban la mayoría de los procesos. Estos jueces locales fueron los que dictaron sentencias más severas, como puso de manifiesto Levack en sus trabajos sobre el papel que las élites locales jugaron en la mayoría de los episodios de caza de brujas en Europa y los esfuerzos de los poderes centrales para frenar o limitar las persecuciones. El estadounidense mostró una relación inversa entre el grado de centralización político-judicial de un territorio y la intensidad de la persecución, relación que ha sido confirmada en estudios posteriores. Por ello, en los territorios con un poder central sólido y un sistema judicial centralizado, las persecuciones fueron menores, mientras que las grandes cazas de brujas tuvieron lugar en territorios con gobiernos más autónomos de las élites locales.

Para mostrar el efecto que la ausencia de un control judicial eficaz tuvo en las pautas de la caza de brujas, Brian Levack hizo una comparación entre dos países con una población bastante grande, en los que hubo más y menos condenas de brujas, respectivamente: Alemania y España. Aunque los distintos territorios alemanes estaban incluidos en el Sacro Imperio Romano y la Dieta promulgaba leyes para todos los súbditos del emperador, el país se componía de unas dos mil unidades políticas que contaban con sus propios tribunales, los cuales funcionaban con una gran autonomía judicial, dado que no existía una institución central que supervisara el comportamiento de la justicia local de forma eficaz. Por ello, los jueces e inquisidores locales gozaron de enorme libertad para perseguir a las brujas, guiándose por sus criterios personales. Según Levack, esta descentralización es el motivo fundamental de que las mayores cazas de brujas y las torturas más bárbaras tuvieran lugar en el ámbito alemán y de que la cifra total de ejecuciones por brujería en el imperio fuera superior a la de todos los demás países juntos.

En la Edad Moderna no existía un Estado español, como no existía un Estado alemán; España era también un país políticamente descentralizado, compuesto por varios reinos, pero, según Levack, presentaba grandes diferencias con Alemania:

> Sin embargo, España contó con una institución judicial fuertemente centralizada que asumió el control de la mayor parte de los procesos por brujería: la Inquisición, cuya máxima autoridad, el Inquisidor General, era nombrado por el rey y confirmado por el papa. [...] Los veintiún tribunales regionales repartidos por el Imperio español estaban subordinados a un tribunal central, el Consejo de la Suprema, que aseguraba el cumplimiento del conjunto de normas procesales criminales que hacían de la condena y ejecución de las brujas algo mucho más difícil que en otras partes de Europa. El Consejo de la Suprema conocía también las apelaciones referentes a casos de brujería, lo cual permitía a las autoridades centrales pasar por encima del juicio de sus subordinados locales o regionales.[246]

Los datos que aporta Levack y el resto de los historiadores que han estudiado la caza de brujas en Europa son incuestionables; su hipótesis sobre la centralización de la justicia para explicarlos puede ser discutible. Sin embargo, otros historiadores como Agustí Alcoberro y Pau Castell han llegado a conclusiones parecidas al comparar los procesos por brujería que tuvieron lugar dos regiones mucho más próximas geográfica y socialmente: Cataluña, comunidad en la que la mayoría de las acusaciones de brujería fueron juzgadas por los tribunales laicos locales, y el resto de España, donde estos procesos fueron incoados por la Inquisición. Aunque los juicios que se vieron en los tribunales laicos fueron muchísimo más numerosos que los incoados por la Inquisición, han sido mucho menos estudiados debido a que la documentación de los mismos estaba mucho más dispersa, lo que ha dificultado su análisis. Los resultados de estos estudios han comenzado a publicarse en los últimos años.[247] Entre ellos cabe destacar la tesis doctoral de Pau Castell, que, junto con Agustí Alcoberro, ha elaborado un atlas de los procesos a las brujas en Cataluña en la Edad Moderna. Estos autores han examinado documentación de setecientas personas juzgadas como brujas por tribunales laicos de jurisdicción local, de las cuales fueron condenadas a la pena capital más de cuatrocientas, cifra que multiplica por veinte las víctimas mortales de la Inquisición en todos los reinos de España. Los autores de este estudio concluyen que la autonomía, derivada de la particular situación política y jurisdiccional de Cataluña, fue la responsable de la dureza de la represión sufrida por las brujas en la región, muchísimo mayor que la sufrida en el resto de los territorios gobernados por los monarcas españoles.

Estos investigadores proporcionan información sobre otros aspectos relevantes en el desarrollo de estos procesos, como quiénes fueron los instigadores de las denuncias. Ponen de manifiesto que la mayoría de ellas surgieron «desde abajo», es decir, a partir de las acusaciones de vecinos que presionaban a las autoridades locales para que procedieran a la identificación, captura y ejecución de las supuestas responsables de sus desgracias. Según indica Pau Castell:

> La preocupación social relativa a la existencia de *males gents* con capacidad para dañar a sus familiares y haciendas facilitó la

confección de encuestas judiciales, en las que hombres y mujeres expresaban sus sospechas relativas a la intervención maléfica en las enfermedades y muertes acaecidas en su comunidad, y señalaban además a ciertas personas como responsables de las mismas, a través de unas dinámicas fuertemente condicionadas por la fama y el rumor vecinal. El componente herético y demonolátrico, del todo ausente durante la instrucción de las causas, aparecería en exclusiva durante los sucesivos interrogatorios bajo tortura (carentes de garantías y rigor procesal), hecho que permitía justificar una eventual sentencia por crimen de brujería una vez obtenida la confesión de boca de las acusadas, única y definitiva prueba de su culpabilidad. Una confesión que venía a confirmar las sospechas de los vecinos sobre el origen maléfico de sus desgracias y que permitía a su vez identificar a las supuestas cómplices de la acusada, motivando así la apertura de nuevos procesos por parte de unos tribunales locales y baroniales alejados del control de la administración virreinal y reacios a la intervención de la justicia inquisitorial.[248]

Esta descripción del origen de las acusaciones, que puede generalizarse a las zonas de Europa donde la caza de brujas fue más virulenta, desmiente otra de las creencias populares, propuesta por primera vez por Michelet· que las brujas eran las mujeres de clases bajas oprimidas por los estamentos superiores. Aunque las brujas solían pertenecer a los estamentos más bajos de la sociedad, la mayoría de las denuncias por brujería no surgieron de las autoridades políticas o religiosas, sino de sus convecinas. Lyndal Roper también pone de manifiesto la relevancia de las acusaciones por parte de mujeres, como hemos indicado anteriormente.[249] Clive Holmes llega a unas conclusiones parecidas: en un estudio realizado en Inglaterra entre finales del siglo XVI y mediados del XVII, observa que un porcentaje creciente de mujeres actuaron como testigos de la acusación y que en los procesos de brujería este porcentaje fue superior al 50 por ciento.[250]

Estos resultados tienen gran relevancia porque, aunque la caza de brujas es sin duda el producto de una sociedad machista y misógina, no se puede resumir diciendo que fue un proceso de castigo sufrido por las mujeres e infligido por la élite masculina, especialmente la religiosa.

CAZA

13

En el corazón de la caza: Alemania

Como acabamos de indicar, la inmensa mayoría de los procesos de brujería se dieron en Alemania, Francia y Suiza. A finales del siglo xv y comienzos del xvi los episodios más violentos de la caza tuvieron lugar en territorio francés, en las regiones del noreste limítrofes con Suiza, pero desde finales del siglo xvi, cuando la caza entró en su fase más intensa, Alemania se convirtió en el principal foco de los procesamientos. A lo largo del siglo xvii, los juicios continuaron en Francia, especialmente en la zona del País Vasco francés, y también hubo varios casos de posesión demoniaca en algunos conventos del país. Sin embargo, de nuevo las persecuciones más virulentas y el mayor número de ejecuciones se dieron en los territorios de habla alemana, enmarcados en el Sacro Imperio Romano Germánico. Se calcula que allí pudo haber treinta mil procesamientos,[251] aunque algunos autores hablan de un número hasta tres veces superior. El historiador alemán Wolfgang Behringer da la cifra de veinticinco mil víctimas mortales en Alemania del total de cincuenta mil que hubo en toda Europa en uno de los textos más recientes sobre el tema.[252]

El imperio era una confederación de pequeños reinos, principados, ducados y territorios que actuaban como estados soberanos, algunos de los cuales estaban sometidos al control de un príncipe-obispo y otros eran ciudades imperiales que actuaban con relativa autonomía. De los cerca de dos mil territorios virtualmente independientes, había siete príncipe electorados, cuarenta y tres principados seculares, treinta y dos principados eclesiásticos, ciento cuarenta señoríos y condados, setenta y cinco ciudades imperiales y cuarenta abadías imperiales.[253] Por ello, a pesar de que en la Constitución de 1532 se otorgó a todo el imperio el código de justicia *Constitutio Criminalis Carolina*, como no había mecanismos eficaces para el control de la aplicación de dicho código ni un procedimiento para apelar al Tribunal Supremo imperial de Espira, no hubo unidad legal y se ejerció muy poco control judicial sobre los tribunales que conocían casos de brujería. Incluso en algunos territorios, que eran confederaciones de entidades menores, la actuación de jueces de paz de pequeñas ciudades o aldeas no fue controlada por ninguna autoridad judicial de nivel superior.

El código *Carolina* era muy duro respecto a la brujería cuando esta se empleaba para hacer daño, incluía castigos que podían llegar a la pena de muerte, pero la mera práctica de la brujería no era suficiente para ser condenado si no se hacía daño a personas o haciendas. No obstante, los jueces alemanes, o bien las autoridades locales encarnadas en señores, alcaldes o magistrados locales, tanto protestantes como católicos, dispusieron de una discrecionalidad en el tratamiento de los casos de brujería que hizo que la caza se desarrollara sin control.[254] Behringer dice explícitamente que el pluralismo en las formas de gobierno y de la administración de la justicia hizo que señores, abades, condes u obispos cometieran terribles crímenes que en la mayoría de las ocasiones quedaron impunes. Un caso paradigmático fue el del *Fürstpropstei* (príncipe preboste) de Ellwangen, un diminuto territorio católico en el sudoeste de Alemania casi del todo independiente política y eclesiásticamente, que nunca permitió apelaciones a tribunales superiores. Fue uno de los lugares donde tuvo lugar la caza de brujas más terrible de la historia de Alemania; se cobró cuatrocientas cincuenta víctimas entre 1611 y 1618, de las cuales algo más de la mitad procedían de la ciudad, que entonces contaba con mil seiscientos habitantes, y el resto de los pueblos de los alrededores.[255] Inicialmente casi todas las víctimas fueron mujeres, pero, conforme la persecución progresó, fueron acusados muchos hombres, que llegaron a representar la tercera parte de las víctimas. La caza fue tan generalizada que no hubo estamento social ni rango de edad que se librara de ella. Por ello, además del inconmensurable sufrimiento humano, dio lugar a un gran cambio demográfico en la población, así como a problemas económicos, aunque lo peor fue la quiebra de la confianza social en la justicia y en el Gobierno.[256]

Esa dislocada y arbitraria autonomía judicial hacía que la intensidad de la caza dependiera de la voluntad de los responsables políticos y judiciales, a veces incluso de su estado de ánimo. El arzobispo de Maguncia, J. P. von Schönborn, influido por su amigo el jesuita Spee, autor del vigoroso alegato en contra de la caza de brujas comentado en el capítulo del *Malleus*, dejó en libertad a todas las personas arrestadas por brujería en esta ciudad en torno a 1655. Tuvo menos suerte la acción similar que emprendió un siglo antes el príncipe-obispo de Münster, que se opuso a las persecuciones desatadas tras un juicio en 1563 y hubo de dimitir por ello tres años más tarde. Otras veces, la discrecionalidad de las personas que actuaban como jueces hacía que la situación en un determinado territorio cambiara drásticamente en función de la opinión de los responsables políticos. Por ejemplo, el príncipe-obispo de Wurzburgo, Philipp von Ehrenberg, quemó a cientos de brujos, incluido a su propio sucesor, pero alrededor de 1630 cambió de opinión, ordenó que se detuviera la persecución y que se celebraran servicios religiosos en memoria de las personas ejecutadas. En el ducado de Jülich la situación tuvo un viraje en el sentido opuesto: el duque Guillermo III, protestante muy influido por su médico personal, Weyer, autor de otro alegato contra la caza de brujas, no la permitió en su ducado durante la mayor parte de su mandato, pero, tras sufrir una apoplejía en 1581 y despedir a Weyer, autorizó las torturas a las brujas.

En la primera mitad del siglo XVI solo hubo casos aislados de caza de brujas, pero esta se materializó en su forma más agresiva tras el Concilio de Trento (1563), en el que se decidió que había que recuperar el catolicismo en el país (muchas regiones de Alemania habían abrazado el protestantismo). La Compañía de Jesús se hizo cargo de materializar la reconversión y a su celo en la lucha contra el protestantismo se unió de forma natural su lucha contra las brujas.[257] Por ello, las persecuciones más crueles se dieron en Bamberg, Wurzburgo y Tréveris, obispados en los que los jesuitas tenían gran influencia. Siguiendo el principio de aplicar mano dura contra las brujas, Claudio Acquaviva, el general de la Compañía de Jesús, ordenó en 1589 a los jesuitas de Renania que exhortaran a los gobernantes locales a celebrar procesos por brujería y a los fieles a que delataran a sus conciudadanos, lo que dio lugar a un gran incremento del número de juicios.

Los protestantes no le fueron a la zaga en el celo en la persecución de las brujas, y así se dieron casos como el de Quedlinburg, en la Sajonia protestante, donde en un solo día de 1589 quemaron a ciento treinta y tres personas de una población total de doce mil.[258] Además, como muchas regiones estaban controladas por protestantes y católicos alternativamente, la actitud frente a las brujas podía cambiar de un año para otro. Estudios recientes han puesto de manifiesto que en la terrible caza de brujas desatada en el obispado de Bamberg a finales del siglo XVI tras volver a ser liderada por los católicos, la persecución de las brujas pudo ser en gran medida una persecución encubierta a los protestantes.[259] La caza llegó a su apogeo en las tierras alemanas durante la guerra de los Treinta Años (1618-1648), espoleada por la crueldad de los combatientes y el odio religioso. Por ejemplo, en Miltenberg, pequeña ciudad de tres mil habitantes de la archidiócesis de Maguncia, tuvo lugar la ejecución de más de doscientas personas solo en el año 1629.

En Alemania la persecución no solo ocasionó más víctimas, sino que fue más cruel en cuanto al trato de las prisioneras, a las que infligieron los mayores, más crueles y más prolongados tormentos, tales como pinchar a las acusadas con hierros al rojo vivo mientras las martirizaban en la garrucha, descrita en el capítulo dedicado a la Inquisición. También idearon torturas originales, como la silla de hierro bajo la cual se prendía fuego, arrancarles las uñas con tenazas a las prisioneras o no dejarlas dormir, método que, según el infausto cazador de brujas inglés, Matthew Hopkins, era la forma más eficiente de hacer confesar, que contaba, además, con la indudable ventaja de que no dejaba huellas ni mataba al reo. Otro de los aspectos más escandalosos de la persecución de brujas en Alemania fue la obtención de beneficios económicos para los perseguidores, lo que hizo que aumentara el número de acusadas entre las mujeres acaudaladas y dio a las más pobres cierto respiro. Como caso extremo y descarado de búsqueda del beneficio económico, en la ciudad de Offenburg (en Baden), las cazas eran suspendidas cuando no había acuerdo en el reparto de los bienes incautados entre los distintos beneficiarios: municipalidad, órdenes religiosas, emperador y archiduque.[260]

Además de la situación social, económica, política, religiosa y bélica, uno de los factores detonantes de las terribles persecuciones en Alemania fue de índole climática. Nos da pistas sobre este hecho el llamativo resumen de la caza de brujas en la archidiócesis de Tréveris que hizo un cronista local cuando estaba al frente de la misma el arzobispo Johann von Schönenberg (1581-1598):

> Difícilmente un arzobispo tuvo que gobernar su diócesis en unas condiciones de privación, dificultades y extrema pobreza como Johann III [...] durante el tiempo que estuvo al frente del Gobierno, sufrió de falta de cereales, condiciones climáticas adversas y cosechas perdidas. Solo los años 1584 y 1590 de los dieciséis que gobernó fueron fértiles. [...] Debido a la creencia generalizada de que todos esos años de infertilidad fueron causados por las brujas guiadas por un odio satánico, el pueblo entero se levantó para conseguir su erradicación.
>
> Joseph Linden, *Gesta Treverorum*[261]

Aquí nos encontramos con una primera referencia explícita a que unas condiciones climatológicas adversas que dieron lugar a la pérdida de las cosechas desencadenaron cazas de brujas.[262] Esta asociación se generalizó durante los gélidos años a comienzos del siglo XVI, en el marco de la denominada «Pequeña Edad de Hielo»,* el enfriamiento extremo entre los siglos XVI

---

* El origen de la Pequeña Edad de Hielo, según la hipótesis más aceptada hoy, no fueron los pactos que las brujas hicieron con el diablo para poder volar a los aquelarres, sino un marcado incremento en la actividad volcánica de la Tierra que, junto con determinados desplazamientos de masas de aire en las capas altas de la atmósfera, originó un manto de cenizas y dióxido de azufre que reflejó la radiación solar en una gran parte de Europa, produciendo un marcado enfriamiento. Un efec-

y XIX ocurrido en amplias zonas del hemisferio norte en torno al Atlántico. Aunque la temperatura fue inferior a la media a lo largo de esos cuatro siglos, hubo años a finales del siglo XVI y a comienzos del XVII, como 1616, 1617 y 1626, el año sin verano, en los que se alcanzaron las temperaturas más bajas registradas en el centro y el norte de Europa. Cuando estos fenómenos climatológicos inusitados arruinaron las cosechas de una población que vivía en condiciones límite de supervivencia, debido, entre otras causas, a la injusta distribución de la riqueza y a las guerras, tuvieron lugar estallidos de violencia que se cebaron con las brujas como chivos expiatorios.

El relato del cronista de Tréveris indica que la caza de brujas surgió desde abajo, que fue una demanda espontánea del pueblo, situación que se dio en otros lugares y otras épocas de la persecución, como los casos de Cataluña y Augsburgo anteriormente citados. Pero hay que recordar que no fue el pueblo el primero que estableció la conexión entre un clima desfavorable, que arruinaba cosechas y mataba a los animales, con las brujas que obtenían poder del demonio a cambio de lanzar heladas y granizadas. Esa idea aparecía en el *Tractatus de confessionibus maleficorum et sagarum* (1589) de Peter Binsfeld, el obispo sufragáneo (auxiliar) de la archidiócesis de Tréveris.

Binsfeld hizo una versión de *El martillo de las brujas* adaptada a su tiempo, en la que eliminó las fantasías sexuales y las prácticas supersticiosas, como la identificación de las brujas mediante la detección con pinchazos en la marca del diablo. En contrapartida, eliminó el derecho a la defensa de las acusadas y autorizó el uso repetido e ilimitado de la tortura. *De facto*, justificó la supresión de todas las cautelas del código *Carolina* al argüir que la brujería era un crimen extraordinario que requería un tratamiento extraordinario. Como se trataba de un *processus extraordinarius*, compelía a los jueces a que se saltaran la ley, ellos que eran las personas encargadas de velar por su cumplimiento. Esta recomendación tuvo consecuencias funestas en las dos genera-

---

to parecido a los que podrían estar produciendo a finales del año 2021 las emanaciones del volcán Cumbre Vieja de la isla de la Palma (Islas Canarias) a pequeñísima escala.

ciones siguientes de jueces, que llevaron a miles de brujas a la hoguera.

Volviendo a Tréveris, aunque los jesuitas no tuvieron un protagonismo directo en los procesos incoados a las brujas, contribuyeron indirectamente a los mismos, al alojar en sus colegios a chicos que decían haber acudido a los aquelarres y actuaban como médiums. Estos eran fácilmente manipulables y los emplearon como única fuente de información, lo que les permitía manejar las acusaciones a su antojo. A pesar de que algunas autoridades jesuitas protestaron contra esta burda manipulación, Acquaviva, el prepósito general de los jesuitas entre 1581 y 1615, mantuvo su apoyo al rector del colegio de Tréveris, John Gibbons, firme aliado de Binsfeld. El resultado fue que la caza de brujas de esa época en dicho principado y en la abadía imperial de Saint-Maximin produjo un elevado número de víctimas mortales. Ese macabro y temprano récord hizo que Tréveris se convirtiera en un modelo de firmeza en la caza de brujas para todos los estados católicos. Otro de los motivos para que la persecución de Tréveris sirviera de ejemplo es que fue el primer lugar en el que se persiguió a personas de clase alta, especialmente a hombres adinerados.

Según Levack, Alemania puede dividirse en dos regiones: los territorios del norte y el este, que incluían el principado de Baviera, en los que hubo un control judicial relativo y la persecución fue menos intensa, y los territorios del sur y el oeste, que incluían Wurzburgo, Bamberg, Eichstätt, Wurtemberg y Ellwangen, ciudades donde tuvieron lugar las cazas de brujas más crueles. Hay una excepción a esa división: el ducado nororiental de Mecklemburgo, un punto especialmente negro de la historia de la brujería alemana.[263] En contraste con esas zonas candentes, en toda Baviera «solo» hubo trescientas ejecuciones, y en Bohemia, mil; cantidades elevadas, pero mucho menores que las de las ciudades del sudoeste y de Mecklemburgo si se tienen en cuenta las poblaciones de cada una.

Behringer hace una revisión de la distribución de las cazas de brujas más importantes ocurridas en la regiones de habla alemana entre los siglos XV y XVII, cuyo resumen se incluye en la Tabla 13.1, que recoge los datos más relevantes de todas ellas:

número de víctimas, territorio donde tuvo lugar, confesión religiosa oficial durante la persecución y fechas en las que se desarrollaron los episodios más cruentos.

TABLA 13.1: Las mayores cazas de brujas en Alemania.*

N.º de víctimas	Territorio	Confesión	Fechas
2.000	Electorado de Colonia	Católica	1625-1635
2.000	Mecklemburgo	Luterana	1570-1630
1.800	Electorado de Maguncia	Católica	1590-1630
1.200	Obispado de Wurzburgo	Católica	1580-1620
907	Austria Anterior	Católica	1560-1650
900	Obispado de Bamberg	Católica	1616-1630
600	Pomerania-Wolgast	Luterana	1600-1660
600	Schleswig-Holstein	Luterana	1600-1660
450	Ellwangen	Católica	1588-1627
400	Condado de Nassau	Calvinista	1590-1660
400	Condado de Büdingen	Calvinista	1590-1660
387	Mergentheim	Católica	1590-1665
300	Electorado de Tréveris	Católica	1581-1595

En esta tabla, las cifras del número de víctimas son conser-
vadoras, es decir, recogen solo aquellas perfectamente documentadas; el número real pudo ser superior, dado que pueden
haberse perdido los archivos locales, además, al no haber registros centrales, resulta más difícil realizar el análisis. Aun así, Behringer estima que la desviación máxima respecto a los datos
recogidos en la tabla sería del 20 por ciento. El número de víctimas es abrumador, a pesar de que en la tabla solo se incluyen
las cazas masivas. Como se ha indicado al comienzo del capítulo, el número total de víctimas en los territorios que hoy están
dentro de las fronteras de Alemania fue el doble de los recogidos
en esta tabla. Podemos ver que hubo persecuciones en territo-

* Elaboración propia a partir de la Tabla 4.3 de Behringer (2004), p. 130.

rios en los que las confesiones eran católica, luterana o calvinista, y que la mayoría de estas persecuciones se dieron entre 1580 y 1650.

En el mapa de la figura 13.1. se ha representado sombreado de gris el territorio del Sacro Imperio Romano Germánico a finales del siglo XVI. En él se han señalado con líneas blancas las fronteras de los países que se encuentran en esa zona actualmente: Alemania en el centro; al este, de norte a sur, Polonia, República Checa, Austria y Eslovenia; al sur, Italia y al oeste, de norte a sur, Holanda, Bélgica, Luxemburgo y Francia. En el mapa se han ubicado las regiones donde tuvieron lugar las persecuciones más cruentas a las cuales nos referimos en este capítulo. Con la excepción de Mecklemburgo, que está al norte, todas están al sur de lo que hoy es Alemania.

Aunque la caza de brujas fue de tal magnitud que cada uno de los territorios merecería un capítulo, vamos a dar información de dos de ellos: uno de confesión católica y otro de confesión protestante. En primer lugar, trataremos de forma escueta la que tuvo lugar en Mecklemburgo, de la cual no hay mucha información a pesar de que el número de víctimas fue muy elevado. En segundo lugar, trataremos con cierto detalle la caza de brujas en Bamberg, territorio bajo el dominio de un príncipe-obispo, de la cual hay abundante documentación.

CAZA DE BRUJAS EN MECKLEMBURGO

La mayoría de los estudios de caza de brujas en Alemania se han centrado en los territorios del sur y sudoeste, dedicando especial atención a los obispados católicos, lo que ha dado lugar a una visión desequilibrada que apenas tiene en cuenta las condiciones especiales en los territorios del norte y este protestantes. La falta de estudios de las cazas de brujas en estas regiones se ha debido a las dificultades inherentes al sistema político de la República Democrática Alemana. Por ello, la mayoría de los estudios sobre las persecuciones en esta región han aparecido a comienzos del siglo XXI, unas decenas de años después de la reunificación de Alemania, y han sido publicados en alemán.[264]

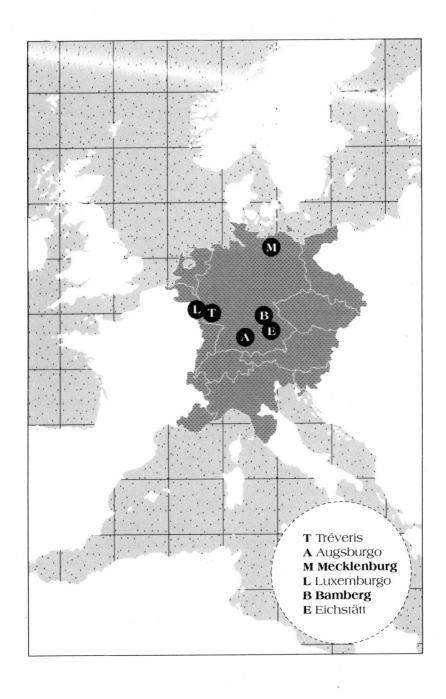

T Tréveris
A Augsburgo
M Mecklenburg
L Luxemburgo
B Bamberg
E Eichstätt

La región de Mecklemburgo, situada en la costa del mar Báltico, en el nordeste de Alemania, estaba dividida en dos ducados autónomos a comienzos del siglo XVII, el de Schwerin y el de Güstrow, que compartían algunas instituciones. Mecklemburgo formaba parte de Europa del Este, donde había pocas ciudades y grandes señoríos, en los que los campesinos vivían en una segunda servidumbre desde el final de la Edad Media. En conjunto había unos doscientos mil habitantes y la densidad de población era más baja que la del resto de los territorios del imperio. La jurisdicción estaba fragmentada y la mayoría de sus cortes criminales estaban regidas por señores feudales, por lo que correspondían al modelo de autonomía judicial existente en la mayor parte de los territorios del Sacro Imperio Romano. Aunque gran parte de los archivos de estas cortes locales se han extraviado, a partir de informaciones indirectas de universidades como la de Rostock, se estima que entre 1570 y 1700 hubo unos cuatro mil procesos,[265] la mayoría de ellos incoados en los periodos de 1599 a 1625 y 1661 a 1675. El número total de víctimas, unas dos mil, correspondía a la mitad de las personas procesadas, y representaba un elevadísimo porcentaje de su población (se ejecutó a uno de cada cien habitantes). Existieron además los llamados castigos más leves, que implicaban la expulsión del país. La situación en otras ciudades imperiales luteranas, como Rothenburg o Núremberg, o en los territorios luteranos como Sajonia y Wurtemberg, fue muy distinta: en ellas, la caza de brujas incidió de forma mucho más leve.

El trabajo más extenso sobre las persecuciones en Mecklemburgo es la tesis doctoral presentada por Katrin Moeller en 2002, de la cual solo hay una versión en alemán. Su conclusión principal es que también hubo persecuciones masivas en las regiones protestantes del Sacro Imperio Romano, como consecuencia de las cuales tuvo lugar un elevado número de ejecuciones. Una peculiaridad de los procesos incoados a las brujas de Mecklemburgo es que se siguieron las cautelas del código *Carolina* y que los juristas rara vez definieron la brujería como un crimen excepcional, a pesar de lo cual sí fue excepcionalmente elevado el número de ejecuciones. Son las primeras informaciones de la caza masiva que tuvo lugar en esta región; en su día, esta persecución también pasó inadvertida porque se produjo a lo largo de grandes periodos de tiempo, con lo cual su intensidad fue baja.

LAS BRUJAS DE BAMBERG

Unas de las regiones en las que la matanza de brujas adquirió las mayores proporciones fueron los territorios regidos por los príncipes-obispos de Tréveris, Wurzburgo y Bamberg. En estos dos últimos gobernaron dos primos, conocidos como *Hexenbischof* (obispos de las brujas), que fueron excepcionalmente crueles: Philipp Adolf von Ehrenberg (1623-1631), que mandó quemar a más de novecientas personas en Wurzburgo, y Johann Georg II Fuchs von Dornheim (1623-1633), que ordenó quemar como mínimo a seiscientas personas en Bamberg con la ayuda del obispo auxiliar Friedich Förner.

La documentación de los juicios de Bamberg, que se encuentra en la biblioteca estatal de esta ciudad, ha llegado hasta nosotros de una forma tortuosa. Los registros originales de interrogatorios, testamentos, confesiones, juicios, notas de gracia, facturas de leña, gastos de manutención, cartas y acusaciones fueron subastados como papel usado entre 1830 y 1840 por el tribunal regional de Bamberg durante una acción de limpieza. Un fabricante de jabón y otros artículos llamado Beyer compró estos documentos para usarlos como envoltorio de sus productos; poco después, uno de sus clientes, interesado en la historia, descubrió que los clavos que había comprado estaban envueltos en los documentos antiguos de los procesos de brujería y compró toda la documentación que seguía en poder de Beyer. Sus herederos legaron toda la colección a la biblioteca estatal de Bamberg, donde hoy se encuentran la mayoría de estos documentos.

En esta ciudad la persecución había comenzado durante el mandato del príncipe-obispo Johann Gottfried von Aschhausen (1609-1622), que mandó quemar a unas trescientas personas acusadas de brujería. Aprovechó una mala cosecha y una helada en el invierno de los años 1616 y 1617 para arrestar y torturar a centenares de supuestas brujas y brujos, como unas décadas antes había hecho Von Schönenberg en Tréveris. Cuando Von Aschhausen murió en 1622, había registrado ciento cincuenta y nueve procesos, la mayoría de los cuales habían terminado en condenas a muerte.

No obstante, la caza a gran escala tuvo lugar durante el mandato del siguiente regidor, Johann Georg II Fuchs von Dornheim, uno de los obispos de las brujas, que, entre otras cosas, mandó construir una *Hexenhaus* o cárcel de brujas en la ciudad de Bamberg y otras más pequeñas en las aldeas colindantes de Zeil, Hallstadt y Kronach. La época más cruel de la caza se dio entre los años 1626 y 1630, durante la cual se ejecutaron a cuatrocientas personas bajo la dirección del doctor Ernst Vasolt, que trabajaba a las órdenes del obispo. Aunque no se sabe exactamente cuál fue el detonante de dicha caza porque la documentación está incompleta, parece ser que en mayo de 1626 la cosecha anual fue destruida en su totalidad por las heladas. A causa de ello, los ciudadanos, que debían de conocer las hipótesis de Binsfeld, quien asociaba las malas cosechas con los maleficios de las brujas, pidieron a las autoridades que investigaran estos hechos criminales. En el transcurso de las investigaciones, se detuvo a una mujer que confesó haber provocado la helada mediante la brujería. Gracias a sus confesiones, arrancadas bajo tortura, detuvieron al resto de los acusados, inicialmente gente humilde.

El canciller de Bamberg, Georg Haan, logró frenar en un principio esta caza de brujas, pero esto lo convirtió a él en sospechoso de practicar la brujería, lo que causaría el exterminio de toda su familia. Haan (cuya madre había sido acusada de brujería unas décadas antes) había servido al obispo de Bamberg y a la liga católica durante muchos años, a pesar de lo cual su intento de detener la caza en su ciudad hizo que en 1627 arrestaran a su mujer, Catharina (hija de otra mujer acusada también de brujería) y a su hija Ursula. Entonces él, junto con su hijo, Georg Adam Haan, que había recibido un doctorado en Derecho años antes y era uno de los juristas más prometedores de la región, fue a pedir amparo al emperador. Este ordenó la liberación de ambas, pero la guerra de los Treinta Años impidió su intervención directa. Cuando Georg Haan y su hijo regresaron a Bamberg se encontraron con que Catharina y Ursula habían sido ejecutadas y, antes de morir, los habían acusado al ser interrogadas bajo tortura. Ellos, a su vez, fueron detenidos y, a pesar de que el emperador Fernando II ordenó su liberación porque su arresto violaba las leyes del imperio,[266] fueron torturados y obligados a delatar a otras personas, tras lo cual fueron quemados en la hoguera. Posteriormente detuvieron a Ursula Haan, la mujer de Georg Adam Haan (el hijo del canciller) nacida Neudecker; al padre de esta, el hombre más rico de Bamberg; a la madre y a sus hermanas. Las familias Haan y Neudecker, las más prominentes de Bamberg, fueron masacradas a causa de la caza de brujas. La persecución entró en fase explosiva, porque las delaciones originaban reacciones en cadena y el número de acusados se multiplicaba. Por otro lado, el obispo descubrió que podía obtener cierto apoyo popular deteniendo a las personas más acaudaladas de la ciudad, que hasta entonces se habían considerado intocables, por lo que la cantidad de víctimas pudientes se disparó.

Una de las personas delatadas por el canciller Georg Haan y su hijo fue el burgomaestre Johannes Junius, que fue detenido el 28 de junio de 1628 y ejecutado a principios de agosto de ese año. El 28 de julio escribió una desgarradora carta de despedida a su hija, en la que relataba su tormento, que se reproduce a continuación.[267]

CARTA DEL BURGOMAESTRE JOHANNES JUNIUS A SU HIJA VERÓNICA

Buenas noches cientos de miles de veces, queridísima hija Verónica. Entré en prisión inocente, inocente he permanecido mientras me torturaban e inocente moriré. Pues quien entra en la prisión de los brujos, o se hace brujo o lo atormentan hasta que se inventa algo y —Dios tenga misericordia— se le ocurre cualquier cosa. Voy a contarte lo que me ocurrió a mí.

Se encontraba presente mi cuñado, el doctor Braun, el doctor Kötzendörffier y otros dos doctores desconocidos. El doctor Braun me preguntó: «Pariente, ¿cómo has llegado hasta aquí?». Yo le contesté: «Por falsedades y desgracias». «Pero tú eres brujo

—replicó—, ¿confesarás voluntariamente? Si no, traeremos a testigos y al verdugo». Yo dije: «No soy brujo. Tengo la conciencia tranquila. Aunque hubiera mil testigos no me preocuparía. Estoy dispuesto a oírlos».

Entonces trajeron ante mí al hijo del canciller quien aseguró haberme visto. Yo pedí que le hicieran prestar juramento y que lo interrogaran legalmente, pero el doctor Braun se negó. Después trajeron al canciller, el doctor Haan, y dijo lo mismo que su hijo. [...]

Yo dije: «Jamás he renegado de Dios y nunca lo haré. Que Dios me libre de tal cosa. Prefiero sufrir cualquier castigo».

Y entonces —¡que el Dios de los cielos tenga misericordia!— apareció el verdugo y me puso las empulgueras,* con las manos atadas de forma que me salió la sangre a chorros de las uñas y de todas partes, y durante cuatro semanas no he podido utilizar las manos como podrás observar por mi caligrafía.

A continuación me desnudaron, me ataron las manos a la espalda y me colocaron en la estrapada.** Creí que había llegado mi último momento. Me izaron ocho veces y me dejaron caer otras tantas; padecí dolores terribles. Le dije al doctor Braun: «Que Dios te perdone por maltratar así a un hombre honorable e inocente». Él replicó: «Eres un bellaco».

Esto sucedió el viernes 30 de junio y aguanté el suplicio con la ayuda de Dios. Cuando el verdugo me llevaba a la celda me dijo: «Señor, os ruego por el amor de Dios que confeséis algo, aunque no sea verdad. Inventad algo porque no podréis resistir el tormento a que os van a someter, e incluso si lo soportáis, no quedaríais libre, ni aun siendo conde. Os torturarán ininterrumpidamente hasta que admitáis que sois brujo. Hasta entonces no os dejarán en paz, como ocurre en todos los procesos, porque todos son iguales».

Después llegó Georg Haan y dijo que los miembros de la comisión habían dicho que el príncipe-obispo quería que yo sirviera de ejemplo para escarmiento de todos.

Como me encontraba en un estado lamentable rogué que

---

* Empulguera: instrumento de tortura que aprisiona los dedos pulgares hasta machacarlos.

** Estrapada o garrucha: ataban las manos del reo a la espalda, lo izaban lentamente con una polea y se le dejaba caer de golpe sin que llegara a tocar el suelo. Provocaba terribles dolores y podía causar la dislocación de los brazos.

me concedieran un día para reflexionar y que me enviaran un sacerdote. No me dejaron ver a un sacerdote, mas me concedieron el día de reflexión. Querida hija, mi situación era terrible. Tenía que decir que soy brujo aun sin serlo; tenía que renegar de Dios aunque jamás lo he hecho. Pasé todo el día y toda la noche terriblemente afligido.

[...]

A continuación te cuento lo que hube de confesar, querida hija, con el fin de librarme de la terrible angustia y los crueles suplicios que ya no podía soportar.

Junius realizó una confesión en la que incluyó todos los ingredientes que supuso que agradarían a los jueces: pacto con el diablo y nuevo bautismo en su nombre, relaciones carnales con un súcubo, viajes a los aquelarres montado en un perro negro, petición del diablo de que sacrificara a sus hijos, a lo cual él se negó y respondió sacrificando un caballo.

Lo más duro fue cuando le pidieron que nombrara a las personas que había visto en los aquelarres (lo que supondría que las detendrían y las torturarían) y él aseguró no conocerlas, solo dijo haber visto al canciller Georg Haan cuando le recordaron que lo había denunciado. Entonces sus torturadores le dijeron:

«Vayamos calle por calle. Empieza por el mercado, continúa por una calle y después por la siguiente». Tuve que dar los nombres de varias personas. Después fuimos a la calle larga. No conocía a nadie, pero tuve que decir ocho nombres. [...]
Volvieron a ponerme en manos del verdugo, le dijeron que me desnudara, que me afeitara todo el cuerpo y me torturase. «El muy bribón conoce a alguien en el mercado, una persona con la que va a diario y no quiere decir su nombre». Se referían al burgomaestre Dietmeyer y también tuve que denunciarlo. A continuación tenía que explicar los delitos que yo había cometido, pero no dije nada... «Izad a ese bribón». Entonces dije que pensaba matar a mis hijos, pero en su lugar había sacrificado a un caballo. No sirvió de nada. También confesé que había robado una hostia consagrada y la había enterrado. Después me dejaron en paz.
Y estos, hija mía queridísima, son mis actos y mi confesión

y por ellos voy a morir y es todo mentira e invención, así que Dios me ayude, pues me obligaron a hacerlo bajo la amenaza de someterme a suplicios aún peores que los que ya había padecido. [...] Moriré inocente, como un mártir.

Querida hija mía, mantén esta carta en secreto, con el fin de que nadie la descubra, pues en otro caso me atormentarán sin piedad y decapitarán a los carceleros, ya que les está terminantemente prohibido...

Querida hija, dale a este hombre un tálero. He tardado varios días en escribir esto... tengo las manos destrozadas. Me encuentro en un estado lamentable...

Buenas noches, hija mía, pues tu padre, Johan Junius, no volverá a verte jamás.

En la postdata le contaba que las seis personas que lo habían delatado le habían pedido que las perdonara en nombre de Dios antes de que las ejecutasen, que las habían obligado a confesar, pero que de él solo podían decir cosas buenas.

Es admirable la entereza con la que Junius afrontaba su destino y la ausencia de rencor para sus verdugos y acusadores. Su mayor angustia era tener que renegar de Dios, en quien siguió creyendo firmemente hasta el final, y tener que delatar a otras personas inocentes.

Las quejas y protestas de los familiares y amigos de muchos otros ciudadanos notables, como Dorothea Flock, que habían sido detenidos y eran sometidos a crueles sesiones de tortura durante los interrogatorios, llegaron de nuevo al emperador e incluso al papa de Roma, quienes ordenaron que se detuvieran los procesos y se liberara a los prisioneros, pero el obispo hizo caso omiso de estas órdenes directas. El proceso de Dorothea Flock y del resto de acusados siguió su curso y todos fueron quemados en 1630. No se dieron a conocer las acusaciones presentadas contra Dorothea ni se le permitió ser asistida por un abogado.

La rapidez con la que se desarrollaban los procesos era asombrosa. Se puede observar en el caso de Anna Hansen, que tuvo lugar en 1629, en el cual transcurrió menos de un mes entre el encarcelamiento y la ejecución:[268]

17 de junio. Encarcelaba bajo sospecha de brujería.

18 de junio. Se niega a confesar y es azotada.

20 de junio. Torturada con las empulgueras. Confiesa.

28 de junio. Se lee su confesión.

30 de junio. Confirma voluntariamente su confesión. Se dicta sentencia.

4 de julio. Se le comunica la fecha de ejecución.

7 de julio. Es decapitada y quemada.

Además de en Bamberg, la persecución se extendió a las aldeas anejas como Zeil, que tenía unos ochocientos habitantes, de los cuales, tras la caza, solo quedaron ciento cincuenta; el resto había sido ejecutado o había huido. Allí, además de una pequeña cárcel, construyeron un horno de obra para quemar a las brujas. Su alcalde, Hans Langhans, registró en un diario lo que ocurría en su alcaldía, incluidos los nombres de los ciento veintinueve ejecutados y los ciento veintidós arrestados, hasta que él mismo fue ejecutado en 1628.[269]

En Zeil fue detenida y encarcelada Barbara Schwarz (de soltera Barbara Hanssen), que, pese a haber sido torturada varias veces, se negó a confesar. Consiguió escapar de la cárcel, pero fue delatada por su marido, que no quería que su mujer, acusada de brujería, le echara a perder el negocio, y fue encarcelada de nuevo. Entonces redactó una carta para el emperador Fernando II pidiendo justicia y en enero de 1631 se la hizo llegar a Ratisbona. El regente, que ya había recibido muchas otras quejas de la crueldad del obispo de Bamberg, en un caso sin precedentes, consiguió la anulación de su acusación y la liberación de Barbara. No obstante, cuando ella volvió a su casa, se encontró con que su marido se había casado con otra mujer y no quería cuentas con la «bruja». En 2011, se creó en Zeil un centro de documentación de la caza de brujas en Franconia en memoria de las numerosas víctimas que hubo allí.

Cuando Barbara consiguió hacer llegar su carta al emperador, ya habían transcurrido cinco años de caza salvaje, el obispo había perdido el apoyo popular con el que contó al principio, la climatología mejoró y no se perdieron más cosechas, y no se pudo ocultar que el obispado se había hecho indecentemente rico tras incautar los bienes de los encausados. En un documento de comienzos de 1631 se asegura que el obispo y sus secuaces se habían embolsado quinientos mil florines de las personas ya ejecutadas y doscientos veinte mil de las que aún permanecían en prisión.

El emperador, a quien su confesor había dicho que no podría darle la absolución y que su sucesor no podría acceder al trono si no ponía fin a las matanzas de Bamberg, no pudo seguir tolerando la insubordinación del obispo y envió a la ciudad a Anton Winter, conocido por su oposición a la caza de brujas, en julio de 1631 para que encabezara la comisión de Bamberg que había creado el príncipe-obispo para la investigación de los casos de brujería. De todas formas, la persecución se había atemperado tras la muerte del obispo auxiliar Förner, su verdadero ideólogo, en diciembre de 1630, y habían cesado las ejecuciones.

Cuando Winter llegó a la ciudad, liberó a todas las personas presas en las cárceles de brujas y cerró los procesos. No pudo pedir cuentas al obispo porque este había huido y se había refugiado en Austria, aunque no pudo disfrutar mucho de sus riquezas porque murió en 1632, año en el que las tropas suecas protestantes entraron en la ciudad, entre otras cosas para acabar con la crueldad de los asesinatos de las brujas.

A pesar de los hechos relatados aquí, es España quien carga con la leyenda negra por haber quemado a infinidad de brujas.

14

Las brujas de Zugarramurdi

Los sucesos que acaecieron a comienzos del siglo XVII en las montañas navarras, en Zugarramurdi y Urdax, tuvieron tanta trascendencia que debido a ellos se acuñó el nombre del acto brujeril por antonomasia: el aquelarre. Además, de la abundante documentación de la Inquisición, se obtuvieron las descripciones del desarrollo del aquelarre, los vuelos de las brujas, los banquetes caníbales, los asesinatos rituales de niños o las orgías sexuales descritas en el capítulo dedicado al aquelarre, que sirvieron de inspiración al resto de las brujas europeas (o, más bien, a sus perseguidores).

SUPERSTICIÓN FRENTE A RAZÓN

Se ha escrito y novelado mucho sobre las brujas de Zugarramurdi, por lo que es difícil llegar a saber cuál de los relatos de sus hechos se ajusta más a la realidad: ¿el que confesaron las brujas esperando satisfacer a sus acusadores? ¿El que recogieron en sus actas los inquisidores Valle y Becerra, firmes creyentes en los malvados actos de las brujas? ¿El que editó Mongastón sobre el auto de fe de Logroño, que recogía lo más truculento de los procesos y fue un best seller de la época? ¿El del inquisidor Alonso de Salazar Frías, un descreído de los cuentos de brujas? ¿O quizá el del escritor Leandro Fernández de Moratín, que dos siglos después reeditó el texto de Mongastón y lo sazonó con notas de su cosecha?

La introducción de la relación del auto de fe editado por Mongastón dice así:

Juan de Mongastón, impresor, al lector:

Esta relación ha llegado á mis manos, y por ser tan sustancial, y que en breves razones comprende con gran verdad y puntualidad los puntos y cosas mas esenciales que se refirieron en las sentencias de los reconciliados y condenados por la demoniaca seta de los brujos, he querido imprimirla, para que todos en general y en particular puedan tener noticia de las grandes maldades que se cometen en ella, y les sirva de advertencia para el cuidado con que todo cristiano ha de velar sobre su casa y familia.

Y hace la presentación de los brujos reconciliados como sigue:

Las diez y ocho personas restantes fueron reconciliadas por haber sido toda su vida de la seta de los brujos, buenas confidentes, y que con lágrimas habian pedido misericordia, y que querian volverse á la fe de los cristianos. Leyéronse en sus sentencias cosas tan horrendas y espantosas, cuales nunca se han visto; y fué tanto lo que hubo que relatar, que ocupó todo el dia dende que amaneció hasta que llegó la noche, que los señores inquisidores fueron mandando cercenar muchas de las relaciones, porque se pudiesen acabar en aquel dia. Con todas las dichas personas se usó de mucha misericordia...

En una de sus notas, Moratín (que firma como el bachiller Ginés de Posadilla) hace referencia a la gran misericordia que se había tenido con los condenados:

Yo lo creo. ¿Qué tribunal ha habido jamás tan piadoso? Él no hacia otra cosa que aprisionar, atormentar, desterrar, confiscar, afrentar, excomulgar, azotar, ahorcar y quemar a los miserables que cogía debaxo: Si sé le morían en los calabozos, los condenaba en estatua y les quemaba los huesos; y los nombres, apellidos y patria de estos y de aquellos los ponía en letras bien gordas a la entrada de las iglesias, para que todo el que supiera leer lo leyese, y durasen por siglos en las familias que dexaban los efectos de su clemencia clerical. Ni estos debieron llamarse tribunales, sino congregaciones filantrópicas.[270]

Esta y otras notas del descreído y afrancesado escritor eran, según Menéndez Pelayo, «volterianas hasta los tuétanos e hijas ilegítimas del Diccionario filosófico».[271]

A pesar de que comparado con otros procesos el número de condenados a muerte que fueron ejecutados, seis, es muy pequeño, el proceso de Zugarramurdi ha atraído una gran atención, por lo que, además de Mongastón, han escrito sobre él prácticamente todos los historiadores y antropólogos que se han ocupado de la caza de brujas. Tal es el caso del inquisidor español J. A. Llorente a comienzos del siglo XIX,[272] el historiador americano H. C. Lea a inicios del XX,[273] el alemán W. Behringer a principios del XXI, y los historiadores españoles Marcelino Menéndez Pelayo,[274] Julio Caro Baroja[275] y Carmelo Lisón Tolosana[276] en los siglos XIX y XX, entre otros muchos. Pero el que más atención le ha dedicado ha sido el historiador danés Gustav Henningsen, que redescubrió en 1967, en el Archivo Histórico Nacional, los documentos de fray Alonso de Salazar Frías, uno de los tres inquisidores que incoó el proceso, que habían estado perdidos desde que Lea los había consultado en Simancas a finales del siglo XIX. Henningsen llama al inquisidor Salazar «el abogado de las brujas» en un libro del mismo título que dedica sus casi cuatrocientas páginas al proceso de las brujas de Zugarramurdi.[277] En esta obra podemos encontrar las claves de la afirmación de Lea de que este caso

permitió entender la naturaleza de la locura de las brujas, haciendo imposible que, en fechas posteriores al mismo, España sufriera la desgracia de los asesinatos judiciales, más bien masacres, que en cualquier otro lugar [de Europa] ensombrecieron los anales del siglo XVII.[278]

Veamos lo que pudo suceder en los valles del Pirineo navarro a comienzos del siglo XVII.

El juez Pierre de Lancre había desencadenado una feroz matanza de brujas en el Labourd, el País Vasco francés, que solo se detuvo cuando cinco mil pescadores volvieron de Terranova y amenazaron con arrasarlo todo. Para huir de la orgía de sangre y fuego desatada por De Lancre, muchas personas cruzaron la frontera para refugiarse en Navarra y en el País Vasco español. Pero también cruzaron la frontera el pánico y el convencimiento de estar sufriendo un terrible ataque del Maligno, ejecutado por mediación de sus siervas, las brujas. Cualquier muerte súbita de un niño, tempestad que llevara a pique a los barcos o granizada que echara a perder una cosecha, en resumen, cualquier tipo de desgracia repentina era atribuida por los aldeanos a las acciones de las brujas.

En su desesperación, el pueblo acudía a las autoridades —alcaldes, jueces de paz, inquisidores locales o párrocos— en demanda de auxilio, pidiendo un escarmiento con acciones ejemplares que arrancaran el mal de raíz. La mayoría de las autoridades locales (religiosas o seglares) estaban tan convencidas de la existencia y poder de las brujas como sus fieles y conciudadanos. Además, obras como *El martillo de las brujas*, de Kramer y Sprenger, la *Demonología* del juez Bodin, o bulas papales como *Summis desiderantes affectibus* se lo confirmaban. ¿Cómo iba a estar equivocada toda esta gente tan principal?

Según las máximas autoridades de la Inquisición, lo estaban. El inquisidor general y los miembros de la Suprema seguían la máxima adoptada en la reunión celebrada en Granada en 1526, tras la cual el consejo dirigió una carta a todos sus tribunales urgiendo a la cautela y moderación en materia tan compleja y delicada como era la brujería.[279] En una de las instrucciones enviadas por la Suprema a los tribunales locales en 1538, se llegaba incluso a desautorizar el *Malleus*. La cúpula de la Inquisición era muy reacia a tratar con dureza los actos de brujería. Estaban convencidos de tener la razón, pero estaban en minoría.

Los párrocos, los alcaldes o los campesinos se dirían, seguramente, que el señor inquisidor general y los consejeros de la Suprema bien podían pensar así porque a ellos no les habían aojado a un hijo y se lo habían matado, ni les habían echado a perder la cosecha causando una gran mortalidad por las consiguientes hambrunas posteriores. Además, los aldeanos sabían quiénes eran las brujas, las conocían de toda la vida. Eran tan culpables que hasta su propia familia las acusaba y las empujaba a confesar y a pedir perdón. Y los alcaldes y párrocos no sabían cómo controlar a sus fieles o a sus ciudadanos para que no las lincharan y el enfrentamiento terminara en un baño de sangre. Lisón Tolosana resume la situación:

> Tuvo lugar el enfrentamiento de dos mentalidades: la minoría contra la mayoría, la élite contra la masa, unos pocos inquisidores, obispos y sacerdotes contra muchos curas, autoridades e inquisidores, unos vecinos contra otros. [...]
> Aplaudiremos el triunfo de los primeros pero no porque lograran convencer con sus argumentos racionales a los segundos, sino porque controlaban el poder y ejercían la autoridad. El peso de ésta aplastó la creencia brujeril en su configuración mítica y ya no fue tomada en serio en los tribunales inquisitoriales.[280]

ZUGARRAMURDI Y URDAX

La pequeña aldea de Zugarramurdi, cerca de la frontera con Francia, tenía unas doscientas almas que dependían del monasterio premonstratense de Urdax, en el cual, entre frailes y criados, había otras cien personas. Tanto los habitantes de Zugarramurdi como los de Urdax estaban bajo la autoridad del abad del monasterio. Unas veinticinco personas de las condenadas en el auto de fe ya referido procedían de estos dos pueblos, lo que representa casi un 10 por ciento de sus poblaciones, un porcentaje enorme.

Todo empezó en diciembre de 1608, cuando regresó a Zugarramurdi para trabajar como sirvienta María de Ximildegui, una muchacha de unos veinte años nacida en la aldea, pero que había vivido en Francia los últimos años. Esta no tardó en dejar impresionadas a sus amigas de Zugarramurdi al contarles hazañas de su vida en Francia: según ella, allí había sido miembro de un conventículo de brujas y había asistido con ellas a las reuniones que hacían en la playa bajo la presidencia del demonio, en las que bailaban y se divertían mucho. No sabía que esas reuniones eran aquelarres hasta que sus amigas de Francia la obligaron a hacerse bruja. Para ello tuvo que abjurar de la fe cristiana; no obstante, durante el año y medio que fue miembro de la secta, nunca llegó a renegar de la Virgen Santísima.

En la cuaresma de 1608 tuvo un presentimiento y quiso convertirse al cristianismo, pero no lo hizo por temor al resto de brujas. La angustia y los remordimientos hicieron que cayese enferma y así permaneció durante siete semanas, llegando a estar al borde de la muerte. Finalmente decidió confesarse y recibió grandes remedios espirituales con los que combatir al diablo. El sacerdote solicitó permiso al obispo de Bayona para darle la absolución; esta llegó a finales de julio, tras lo cual María pudo tomar la comunión y desde ese momento se curó completamente de su «enfermedad».

Lo que más interesó a sus amigas navarras fue que había asistido volando a dos aquelarres celebrados en Zugarramurdi cuando todavía era bruja en Francia. Cuando María nombró a varias de las personas a las que se había encontrado en el aquelarre, las protestas de las aludidas no tardaron en llegar. El primero que se presentó a pedirle cuentas fue Esteve de Navarcorena, esposo de María de Jureteguía, una de las que Ximildegui afirmaba haber visto en los aquelarres. Este le dijo que su mujer estaba muy enfadada por el falso testimonio que había levantado contra ella, y la Ximildegui le contestó que si hablaba con la mujer haría que esta lo confesase todo. Esteve y sus familiares la acompañaron entonces a la casa de los Navarcorena, donde la acusada negó de plano todo cuanto decía, pero la francesa era tan elocuente y daba tantos detalles que, al final, todos empezaron a dudar de la esposa de Navarcorena. Al darse cuenta de que estaba acorralada, empezó a sudar y a acongojarse «dando a entender que en la garganta tenía algo que le impedía decir la verdad» y se desmayó. Al volver en sí, «con un gran suspiro que dio y echó por la boca un aliento de mal olor» reconoció que había sido bruja desde que era niña tras haber sido iniciada por María Chipía de Barrenechea, su tía materna.

El triunfo de la francesa fue absoluto: todo el mundo había aceptado su versión de la historia. A continuación, llevaron a María de Jureteguía ante el párroco fray Felipe de Zabaleta, monje del monasterio de Urdax. A él le dijo en confesión secreta que era bruja y le contó la misma versión de los hechos. El fraile le impuso como penitencia confesarse en la iglesia de Zugarramurdi delante de todos los feligreses; así lo hizo y al terminar pidió perdón por los daños que había cometido contra ellos mientras había sido miembro de la secta diabólica.

María de Jureteguía se obsesionó con las brujas hasta tal punto que se sentía perseguida por ellas constantemente. Para protegerla, gente del pueblo la llevó a un caserío propiedad del suegro de ella, al que acudieron por la noche muchos vecinos, que formaron un círculo alrededor de María. A medianoche, se presentó el demonio y sus secuaces para llevarse a María con ellas; la gente los vio en figuras de perros, gatos y cerdos. Algunos brujos se subieron a un banco para ver dónde estaba María, que veía sus cabezas detrás del grupo de gente que la rodeaba para protegerla, pero nadie más que ella podía ver a los brujos «porque el demonio los había encantado». Entonces aparecieron por la boca de la chimenea su maestra y otra tía suya y le hicieron señas para que las siguiese. Como no les hizo caso, juraron que la castigarían. Pero María cogió la cruz de su rosario y, mientras la sostenía en alto delante de sí, gritó que se había acabado para siempre lo de servir al diablo. Al oírla, brujos y brujas desaparecieron, pero a la mañana siguiente descubrieron que la corte de Satanás se había vengado en el suegro de la Jureteguía. Le habían destrozado el huerto, arrancando de raíz las hortalizas y los frutales, estropeando el molino de agua y colocando la rueda encima del tejado. No hubo declaraciones posteriores que confirmaran estos destrozos.

Así termina el relato de María de Jureteguía, cuya parte final recuerda mucho a una conocida leyenda popular, pero la semilla de la locura ya estaba sembrada en Zugarramurdi. A finales de año, diez personas irrumpieron en las casas de Miguel de Goiburu, Estevanía de Yriarte y Graciana de Barrenechea, de los que se sospechaba que eran brujos, para tomarse la justicia por su mano. Al día siguiente, Juanes de Goiburu, marido de Estevanía, fue a quejarse al monasterio de Urdax. Pero fray Felipe, tan crédulo como el que más, le ordenó que le llevara a su mujer y, cuando estuvo frente a ella, le preguntó si era bruja. Estevanía negó vehementemente, pero el fraile se revistió de sus ropas ceremoniales, se puso la estola y algunas reliquias sobre la cabeza y la exhortó a que dijera la verdad. Sintiéndose intimidada por el fraile y otras personas presentes, Estevanía terminó por confesar que era y había sido bruja. Tras ella, otros sospechosos, siete mujeres y tres hombres, fueron obligados a delatarse bajo amenaza de tortura si no lo hacían.

Tras esta confesión, los vecinos llegaron a un acuerdo para solucionar la crisis: se reconciliarían con los brujos una vez que estos hubieran pedido perdón. La ceremonia se realizó en la iglesia de Zugarramurdi, en la cual, un día de enero de 1609, más de cincuenta personas se reunieron para oír la confesión pública de los brujos cuyo número exacto no se sabe; en las actas se recogen los nombres de nueve personas, incluidas Graciana de Barrenechea y sus dos hijas, María y Estevanía de Yriarte; el pastor Miguel de Goiburu; su hijo Juanes y su sobrino Juanes de Sansín, mozo de veinte años; Estevanía de Navarcorena, de ochenta años y viuda de un campesino, y María Pérez de Barrenechea, de cuarenta años y mujer de un carpintero.

El conflicto parecía haberse solucionado, pero el pánico de los vecinos y las consultas en el monasterio de Urdax habían hecho que llegara a oídos de la Inquisición. Aunque no hay registro documental de la persona que informó del suceso, Henningsen opina que debió de hacerlo el abad del monasterio de Urdax, fray León de Araníbar, máxima autoridad religiosa de la comarca, que además debía de estar enterado de los detalles del suceso por las idas y venidas de los vecinos de Zugarramurdi con fray Felipe.[281] Fuera quien fuese el chivato, la Inquisición consideró que el caso merecía su atención y envió a uno de sus comisarios a Zugarramurdi para que evaluara la situación, tomara nota de lo sucedido y mandase una relación al tribunal de la inquisición de Logroño. El comisario hizo su trabajo diligentemente y el 12 de enero de 1609 envió una relación de lo sucedido al tribunal.

Tribunal de Logroño

Alonso Becerra Holguín y Juan de Valle Alvarado, inquisidores del tribunal de Logroño, recibieron la relación del comisario y buscaron antecedentes de hechos parecidos en los archivos del tribunal. Se encontraron con cartas de la Suprema de 1526 y 1555 en las cuales se referían a la secta de los brujos como algo carente de realidad, producto de la imaginación y de los sueños. Pero decidieron asegurarse y para ello eligieron a cuatro de las brujas confesas: Estevanía de Navarcorena, Graciana de Barrenechea, Juana de Telechea y María de Jureteguía, y las encarcelaron en la prisión secreta de la Inquisición en Logroño. Tras duros interrogatorios, que tuvieron que hacer con ayuda de intérprete, pues ellas no hablaban castellano y los inquisidores no entendían euskera, todas confesaron ser brujas.

Becerra y Valle concluyeron que los de la Suprema estaban equivocados, porque no había duda de la existencia de la secta de las brujas. El 13 de febrero de 1609, tan solo un mes después de que el comisario hubiera enviado su escrito desde Zugarramurdi, el tribunal envió el suyo a la Suprema, con la información de lo que habían descubierto, y pidió instrucciones sobre cómo seguir adelante.

El miembro más antiguo de este tribunal, Alonso Becerra, era natural de Cáceres, tenía cuarenta y ocho años, pertenecía a la Orden de Alcántara y era miembro del tribunal de Logroño desde 1601. Juan de Valle era santanderino, tenía cincuenta y cinco años y era cura. Ambos establecieron una buena relación fruto de su sintonía en muchos temas; por ejemplo, ambos creían en la existencia de las brujas, en sus vuelos y orgías nocturnas y en sus crímenes, por lo que estaban convencidos de la bondad y necesidad de su misión: descubrirlas y castigarlas para erradicar la presencia del Maligno en la sociedad. Pero en la Suprema continuaban reacios a aceptar la veracidad de los hechos brujeriles, por lo que el 11 de marzo del mismo año envió al tribunal un cuestionario para que indagaran sobre la realidad de aquellos y así dejar de lado las percepciones subjetivas.

Hay extractos del cuestionario en varias obras, por ejemplo, en la de Henningsen[282] y en la de Lisón Tolosana.[283] Aquí reproducimos el de este último, que es el más completo:

1. En qué días y cuánto tiempo están en el aquelarre, a qué horas van y vuelven, si en el camino oyen gallos, perros o campanas y a qué distancia están.

2. Si saben de antemano el día de la reunión o si alguien les avisa.
3. Si las personas que van tienen maridos, mujeres, hijos y parientes que duerman en el mismo aposento de forma que puedan comprobar su ausencia.
4. Si llevan o no a los niños de leche consigo y con quien los dejan caso de llevarlos a las juntas.
5. Si van vestidas o desnudas y, en este último caso, dónde dejan sus vestidos.
6. Qué tiempo tardan en ir y volver, qué distancia recorren, si en el trayecto se encuentran con otras personas y si durante la reunión ven pasar cerca pastores.
7. Si por pronunciar el nombre de Jesús se deshace el aquelarre y, si sucede en el camino, ¿puede el demonio seguir prestando su ayuda?
8. Si para ir a los conventículos se sirven de conjuros y de ungüentos, quién fabrica éstos. Si encuentran el ungüento, lo entregaran a médico y boticario para que lo analicen y dictaminen los efectos que naturalmente pueden obrar.
9. Si para desplazarse es necesario embadurnarse.
10. Si entre una y otra reunión se ven y hablan los participantes y si comentan los incidentes de lo ocurrido.
11. Si se confiesan y comulgan, si comentan sus andanzas con los confesores y si rezan oraciones de cristianos y, en este caso, cuáles.
12. Si tenían por cierto que iban corporalmente a dichas juntas o se les imprimen las dichas cosas en la imaginación.
13. En cuanto a muertes de niños o de otras personas, se procure verificar estos delitos y actos con testigos.
14. Necesario es investigar si reos y testigos coinciden en cuanto a actos y delitos para que mejor se pueda averiguar y aclarar la verdad.

Estas cuestiones son un modelo de coherencia y racionalidad, y muestran el deseo sincero de los miembros de la Suprema de conocer la verdad. No sabemos si los señores inquisidores del tribunal de Logroño se congratularon al recibir este cuestionario, porque, si bien era el detallado protocolo de actuación que ellos habían demandado, desprendía un tufo de desconfianza en el criterio del tribunal que no debió de agradarles mucho. Además, seguía poniendo en tela de juicio la veracidad de los hechos que habían confesado las brujas, lo que para los dos inquisidores era incuestionable.

Pero, si no quedaron contentos con el cuestionario, aún más descontentos debieron de sentirse cuando en junio de 1609 llegó a Logroño el tercer miembro del tribunal, Alonso de Salazar Frías, tras ser nombrado para el puesto por el flamante inquisidor general, don Bernardo de Sandoval y Rojas, su protector. Natural de Burgos, Salazar había obtenido el título de bachiller en Derecho canónigo en la Universidad de Salamanca y el de licenciado en Sigüenza. Tras ordenarse sacerdote, entró al servicio del obispo de Jaén, Francisco Sarmiento de Mendoza, que lo nombró visitador general y poco después lo hizo canónigo con una renta anual de mil quinientos ducados. Representó con éxito a la diócesis de Jaén en un pleito contra la archidiócesis de Granada, durante el cual negoció con el nuncio papal, que posteriormente solo tuvo elogios para él. La carrera de Salazar prosperó aún más cuando Bernardo de Sandoval y Rojas se convirtió en su nuevo superior tras acceder al obispado de Jaén y lo nombró primero procurador general de los obispos castellanos, cargo en el cual desempeñó tareas diplomáticas en Roma, y después inquisidor para el tribunal de Logroño. Este nombramiento fue el primero que hizo Sandoval y Rojas tras acceder al cargo de inquisidor general.[284]

El biógrafo de Salazar, Coronas Tejada, lo describe de la siguiente forma:

> Salazar no se daba nunca por vencido, pese a las dificultades e incluso a la oposición de máximas autoridades, fuese el Rey o el Papa [...]. Hacía un estudio previo de las cuestiones que se le proponían para defender sólo aquellas que consideraba justas. Valoraba las pruebas documentales considerando que sin ellas no se podía ir adelante en ningún proceso, lo que le llevaría en alguna ocasión a la búsqueda de documentos en archivos.

Por ello, cuando Salazar se encargaba de una causa

no regateaba esfuerzos ni dejaba cabo suelto y desde aquel momento vivía en permanente vigilia para conseguir un resultado satisfactorio.[205]

Tras haber estudiado a fondo la documentación personal de Salazar, Henningsen comparte este retrato moral e intelectual del inquisidor y aporta la información que sobre su estampa y consideración entre las gentes de la época dio su coetáneo Pedro del Castillo, que luego sería obispo de Calahorra: era hombre guapo y querido y uno de los eclesiásticos más brillantes de la corte.

A pesar de las prendas que lo adornaban, no hubo sintonía entre Becerra y Valle y el nuevo inquisidor. Los primeros lo consideraron arrogante e insoportable; él los encontró crédulos, tercos y obcecados. Debió de ser odio a primera vista. Salazar los sometió al acoso de la razón y la lógica y terminó derrotándolos, pero le llevó años. Sus beneficiarias fueron las brujas que no se quemaron en España tras su triunfo.

Resulta triste constatar que la única forma que tenían de prosperar las mentes brillantes e íntegras que no eran de alta cuna era a través de la religión, y dentro de ella, a través de la institución más prestigiosa, la Santa Inquisición. ¡Cuánto talento no usado en ciencia, política, comercio o derecho y en tantas otras disciplinas en las que España estaba tan necesitada de mentes brillantes!

Mientras tanto, las cuatro brujas seguían en las cárceles secretas de la Inquisición de Logroño y, aunque formalmente estaban aisladas, un carcelero oyó una conversación privada entre dos de ellas muy relevante. Durante la misma, una le contaba a la otra la dificultad que tenía para confesar lo que sus señorías los inquisidores querían oír, porque ella no había sido bruja nunca y creía que las otras tampoco, pero había confesado porque pensaba que era la única manera de poder salir de la prisión. El buen carcelero lo puso en conocimiento del tribunal, por lo que quedó recogido en las actas, pero los inquisidores no lo tuvieron en cuenta. Se descubrió mucho después en los escritos de Salazar, que lo había registrado en sus documentos sobre el caso.

Más brujas van a Logroño

En Zugarramurdi los vecinos comenzaron a inquietarse por la suerte que habrían corrido las cuatro mujeres, a las que parecía haberse tragado la tierra tras haber sido prendidas por los alguaciles de la Inquisición. Y entonces hicieron algo aparentemente incomprensible: entre todos los habitantes del pueblo contrataron a un guía para que llevara a Logroño a un grupo de seis de los «brujos» confesos, que explicarían al tribunal que todo había sido una farsa montada para escapar de la furia de los vecinos. Los tribunales de la Inquisición debían de tener fama de ser muy compasivos en el tratamiento de los casos de brujería, porque, si no, no se entiende que estos seis vecinos fueran por su propio pie y pagándolo de su bolsillo a meterse en la boca del lobo. Así es cómo Graciana de Barrenechea y sus dos hijas, María y Estevanía de Yriarte, junto con el marido de esta última, Juan de Goiburu, el padre de este, Miguel de Goiburu, y Juanes de Sansín se presentaron ante el tribunal el día 9 de febrero de 1609. Becerra y Valle, que debieron de quedarse atónitos, los mandaron de vuelta a la posada y les dijeron que se quedaran en la ciudad, que ya los llamarían.

Tras terminar el documento sobre los interrogatorios a las cuatro brujas encarceladas y enviarlo a la Suprema, se informaron a través de los familiares de la Inquisición de la vida y milagros de los brujos y brujas que habían venido de Zugarramurdi a declarar espontáneamente, y a los pocos días los detuvieron y los encerraron en las cárceles secretas de la Inquisición en Logroño. Después de esa detención, todos declararon de manera independiente su inocencia: nunca habían sido brujos ni pertenecido a ninguna secta, pero se habían visto obligados a confesar ante las amenazas y violencias de sus vecinos. Temían a los magistrados de los tribunales navarros, pero confiaban en que el tribunal de la Inquisición les haría justicia cuando dijeran la verdad de buena fe. Becerra y Valle interpretaron esta nueva información, aparentemente veraz, de modo que se ajustara a la idea que ya tenían de los hechos acaecidos en Zugarramurdi: estas confesiones no eran más que una nueva artimaña del diablo para confundirlos. Ellos sabrían encontrar la verdad verdadera. Acosaron en los interrogatorios a las mujeres de tal forma que, aunque no hay constancia de que se empleara la tortura física, terminaron confesando que eran brujas. Y no solo eso, dieron abundantes detalles sobre los aquelarres y delataron a otras brujas de su pueblo, así como a muchos niños y niñas menores de catorce años que participaban en los conventículos. Henningsen cree que muy probablemente estas mujeres sufrieron un lavado de cerebro a manos de sus persistentes interrogadores. Poco después los hombres también se rindieron y confesaron ser brujos, aunque Juanes de Goiburu se retractó al poco tiempo; no obstante, tres semanas adicionales aislado en el calabozo lo hicieron cambiar de opinión.

Así es que, en julio de 1609 (poco después de la llegada de Salazar a Logroño), cuando Valle, siguiendo las instrucciones de la Suprema, emprendió viaje a Zugarramurdi y a Urdax para investigar sobre el terreno la terrible plaga hechicera, dejó encarcelados en Logroño a siete brujas y a tres brujos confesos. Hizo una entrada triunfal en el monasterio de Urdax con las campanas repicando y toda la comunidad a la entrada del edificio para recibirlo. Allí habló con el abad, que le contó que los campesinos temían tanto a las brujas que cuando iban por los senderos de la montaña gritaban: «sorgiñak, sorgiñak!» («¡brujas, brujas!») para espantarlas. Obedeciendo las órdenes de la Suprema, Valle publicó un edicto de gracia, según el cual se perdonaba a todo el que confesara espontáneamente. Este edicto tuvo un éxito escaso: solo confesaron cinco personas de no mucha entidad, dos niñas de doce años y tres muchachas de quince, diecisiete y veinte.

Para seguir las instrucciones de la Suprema, que insistía en que debían prestar atención a los hechos concretos y recabar la información no solo de brujos y testigos, sino de todos aquellos que podían tener conocimiento directo de los sucesos, Valle entrevistó a dos personas que aseguraron que, cuando una bruja asistía al aquelarre, dejaba en su cama una copia exacta de su cuerpo por mediación del demonio, de forma que nadie se daba cuenta de su ausencia. También comprobó los decesos de los niños de cuyas muertes eran acusadas las brujas. Descubrió que, además de en Zugarramurdi, había aquelarres en Lesaca, Santesteban y Vera. Mientras realizaba sus investigaciones trató correctamente a testigos, confidentes y brujas, e incluso pagó el transporte y avituallamiento de los más pobres. También atendió y absolvió a muchos niños que se confesaron brujos.

Valle hizo algo más. Para informarse mejor sobre el proceder de las brujas de los valles pirenaicos y la forma de actuar contra ellas, aprovechó su estancia en Urdax para conocer el punto de vista de los jueces franceses que actuaban en el país del Labourd, donde el mismo rey Enrique IV había enviado a D'Espaignet y a De Lancre para limpiar la zona de aquella plaga. Valle obtuvo copia de las actas de algunos de los procesos incoados por estos jueces, cuyas sentencias estaban muy lejos del espíritu de prudencia y clemencia que la Suprema había mostrado hasta entonces frente a los delitos de brujería. Se enteró también de la desbandada de brujas que estos jueces habían originado, muchas de las cuales estaban atravesando la frontera española, a unos pocos kilómetros de los pueblos en los que trabajaban los jueces franceses, con la excusa de peregrinar a Montserrat o a Santiago de Compostela, cuando en realidad huían de la quema que organizaban De Lancre y D'Espaignet.

Los jueces y comisarios franceses le confirmaron sus sospechas acerca de la existencia de una plaga de brujería en la zona a ambos lados de la frontera. Los campesinos, atemorizados por el poder y las maldades que hacían las brujas, pedían justicia, y los tribunales civiles, en atención a sus demandas, ya habían cursado numerosas órdenes de detención. Todo confirmaba la necesidad de la persecución de las brujas navarras, así es que Valle dejó Zugarramurdi en octubre de 1609 con la firme decisión de hacer un auto de fe que mostrara la firmeza de la Inquisición en la persecución de la brujería.

Pero, incluso en ese clima de histeria generalizado, en la región había muchas personas que negaban la existencia de una secta de brujas, y entre ellas se encontraba Venegas de Figueroa, obispo de Pamplona, que giró visita a esa región de su diócesis unos meses después de que lo hiciera Valle. Terminó su visita en marzo de 1610 y llegó a conclusiones opuestas a las del inquisidor: nunca, ni siquiera entre los más viejos, se había conocido una secta en esas montañas hasta que llegaron noticias de ella desde Francia. Esas noticias las habían traído los vecinos de Vera, Echalar, Lesaca, etc., pueblos justo al lado de la frontera, que pasaban a Francia para presenciar la quema de brujas; allí aprendían las historias de los aquelarres, que, según él dedujo, no existían más que en las mentes de personas crédulas e impresionables.

No obstante, el proceso inquisitorial ya estaba en marcha. Durante la estancia de Valle en Zugarramurdi fueron inculpadas casi trescientas personas, niños aparte, de esta aldea y los pueblos de los alrededores, Lesaca, Santesteban, Vera y otros. De ellas detuvieron y llevaron presas a Logroño a las cuarenta que parecían más culpables. El 8 de junio de 1610 tuvo lugar una primera consulta en la que ya participó Salazar, que mostró su discrepancia con el criterio de sus colegas, y solicitó más pruebas.

Sentencia y auto de fe

A pesar de las reticencias de Salazar, Valle y Becerra consideraron que la realidad de los hechos estaba suficientemente demostrada, por lo que dictaron las sentencias, y el 7 y 8 de noviembre de 1610 se pudo celebrar en Logroño el auto de fe al que nos hemos referido al comienzo del capítulo. La relación más conocida de dicho auto, la del editor Juan de Mongastón, fue aprobada por fray Gaspar de Palencia, que actuó por comisión del doctor Vergara de Porres, según testifica él mismo al comienzo del siguiente texto:

> Por comisión del señor doctor Vergara de Porres, chantre y catedrático de la colegial de la ciudad de Logroño, vicario por el señor obispo de Calahorra: yo, fray Gaspar de Palencia, guardián del convento de San Francisco de la dicha ciudad de Logroño, y consultor del santo Oficio, ví y examiné una relación de los procesos y sentencias que se relataron en el Auto que celebraron los señores inquisidores en la dicha ciudad en 7 y 8 días del mes de noviembre de 1610 años, y hallo ser toda muy conforme á lo que se relató en dicho Auto, y ninguna cosa de la dicha sumaria relación es contra nuestra santa fe católica y buenas costumbres cristianas antes muy verdadera, y necesario que

venga á noticia de todos los fieles para desengaño de los engaños de Satanás.

Fecha en San Francisco de Logroño
en 6 de enero de1611. Fray Gaspar de Palencia

Esta relación puede consultarse completa en varios sitios.[286]
Tanto fray Gaspar como Vergara de Porres califican la doctrina expuesta en ella como excelente. Y, de hecho, es el documento que presenta las «evidencias» y la estructura de la supuesta secta de brujería de manera más clara y ordenada entre todos
los que se pueden consultar. Por ejemplo, comparado con el
texto del juez francés Pierre de Lancre,[287] nuestros dos inquisidores crédulos, Valle y Becerra, redactaban mucho mejor y tenían las ideas más claras. El problema de la información que
aportan ambos es que no procede solo de las confesiones espon-
táneas de los miembros de la «secta», sino que en gran medida
era fruto de su trabajo, como se ha sabido a partir del estudio de
los documentos de Salazar. Este último observó que no se tenían en cuenta las confesiones completas, sino solo las partes
concordantes con las de los otros convictos, y aun estas se reor-
ganizaban para que fueran coherentes. Salazar cuenta también
que se amenazaba y maltrataba a los testigos o acusados que
intentaban retractarse.

Según el resumen que hace Julio Caro Baroja de la información contenida en la razón del auto, usada con posterioridad
como fuente de inspiración en otros procesos contra las brujas
en el resto de Europa, en la secta de brujería había unos maestros, transmisores de los dogmas y encargados de conseguir
nuevos adeptos, que hacían propaganda entre gente de edad y
juicio suficiente para renegar de Dios.[288] Su tarea consistía en
presentar a los novicios en los aquelarres, en los que todos adoraban al cabrón, forma en la que solía presentarse el diablo. En
Zugarramurdi, los aquelarres se celebraban en una cueva u hon-
donada cercana al pueblo y que tenía una parte elevada, una
especie de púlpito, donde se ubicaba el diablo, y estaba atravesa-
da por un riachuelo denominado «arroyo del Infierno». En ese
escenario tan a propósito, el novicio realizaba el ósculo infame

tras haber renegado de Dios, la Virgen y los santos, y a continuación era marcado con una uña por el diablo, que también le imprimía un estigma diminuto en el ojo de la figura de un sapo; esta segunda marca servía para que los brujos se reconocieran entre sí. La maestra o maestro que lo había llevado al aquelarre recibía unas monedas de plata como pago por el nuevo esclavo que entregaba al diablo; había que gastar rápidamente las monedas, porque a los pocos días desaparecían. Cuando los neófitos habían hecho suficientes maldades, ascendían de categoría, se les permitía hacer ponzoñas, se les entregaba un sapo vestido que debían cuidar y alimentar y se les daba acceso a los mayores secretos de la secta, que no eran conocidos por los más jóvenes. Otros neófitos eran niños de más de seis años, que eran captados con manzanas, nueces u otras golosinas y que quedaban bajo la tutela de los maestros y se encargaban de cuidar la gran manada de sapos. También había niños menores de seis años, que eran llevados sin su consentimiento e incluso arrancados de los brazos de sus madres.

En el auto de fe de Logroño se castigó a los miembros de la secta según el cargo que ocupaban en la misma: a mayor rango, mayor pena. Los castigos más duros fueron para Graciana de Barrenechea, «reina del aquelarre», y Miguel de Goiburu, «rey» del mismo.

Entre las maldades que cometían estaba las metamorfosis:

> El demonio (al parecer) los trasforma en aquellas figuras y apariencias, y en las de puercos, cabras y ovejas, yeguas y otros animales, según qué es mas á propósito para sus intentos. Y en la dicha forma confiesan todos que salieron á espantar a Martin de Amayur, molinero, una noche que iba desde Zugarramurdi á su molino, y él se defendió con un palo que llevaba, y alcanzó un golpe á María Presona, que se llegó muy cerca, y cuando lo recibió dio un gran grito, y estuvo muy mala por algunos días; y el dicho molinero, del grande espanto que tuvo, en llegando al molino cayó desmayado, y refiere todo el suceso.[289]

También levantaban tempestades para hundir los navíos que entraban o salían del puerto de San Juan de Luz, o para destruir cosechas. Pero, nombrando a Jesús, el embeleco terminaba.

Y María de Echaleco refiere que habiéndola llevado la reina Graciana de Barrenechea por el aire un día después de comer á un campo donde estaba una cueva, y pasado un rato vio que la dicha Graciana y Estevanía de Telechea salieron de la cueva llevando en medio y abrazado al demonio en muy espantosa figura, y que todos tres iban acia donde ella estaba, de que con el espanto que tuvo nombró el nombre de Jesus, y luego al punto se desaparecieron. Y quedando ella sola reconoció como estaba en el prado Berroscoberro, donde acostumbraban á hacer sus juntas, y por su pié se volvió al lugar, que estaba cerca.

Además, realizaban maleficios contra campos, bestias y personas, de los que no se libraban ni los familiares de los brujos. Por ejemplo, María Presona y María Ioanto, que eran hermanas, se acusaron de haber dado muerte al hijo e hija de la otra. Otros brujos confesaron haber realizado también actos de vampirismo y necrofagia, en los que habían devorado los restos putrefactos de sus propios familiares.

En el solemne auto de fe para castigar tan horrendos pecados que se celebró en Logroño el 7 y 8 de noviembre de 1610, hubo un total de cincuenta y cuatro personas procesadas, de las cuales seis lo fueron por judaizantes, una por mahometismo, una por luteranismo, una por bigamia, trece por proposiciones heréticas y blasfemas, dos por haberse hecho pasar por agentes de la Inquisición y veintinueve fueron acusadas de brujería. Se montó un teatro de veinticinco metros por cada lado, que daba cabida a mil espectadores en sus gradas. Se había dispuesto que los inquisidores subieran por la escalera interior de una de las casas que daban a la plaza, de forma que aparecieran ante los ojos de la muchedumbre con la mayor dignidad en el balcón. En total, contando la factura del armazón de madera del teatro, los sambenitos, los muñecos que representaban en efigie a los muertos, los gastos en cera, los ágapes para inquisidores y condenados, el pago al verdugo y las once partidas de leña para los once negativos, el coste del auto ascendió a 2.541 reales, una cantidad muy modesta si se compara con la de los autos celebrados en Sevilla, Valladolid o el de Madrid relatado en el capítulo dedicado a la Inquisición. No por esta economía de medios dejó de atraer a

multitudes, como le escribía un empleado del tribunal al teso-
rero Pedro Gámiz, a cuya disposición ponía una habitación en
la posada, que le había costado no poco trabajo conservar dada la
gran demanda por parte de las más de treinta mil almas que
habían llegado a la ciudad desde Francia, Aragón, Navarra, Vizcaya y diferentes sitios de Castilla.[290] A pesar de las estimaciones
de algunos asistentes al auto de fe, treinta mil personas parece
una cantidad excesiva para una ciudad que en la época debía de
tener como mucho cinco mil habitantes.[291]

El primer día del auto terminó con la entrega a la justicia
secular de los seis negativos y las cinco efigies de los reos que
habían muerto en la cárcel para que fueran ejecutadas las sentencias de muerte en la hoguera. Además de estos cinco, en la cárcel
murieron otros siete acusados de brujería, entre ellos Miguel de
Goiburu, Graciana de Barrenechea y sus dos hijas, María y Estevanía. Los cuatro últimos, junto con otros quince, se encontraban entre los *confitentes*, por lo cual no fueron condenados a la
pena capital. Al final del auto los supervivientes fueron reconciliados tras haber admitido sus culpas y haber pedido misericordia con lágrimas en los ojos, tras lo cual fueron readmitidos en
la Santa Madre Iglesia. Seis fueron las brujas y brujos que murieron en la hoguera en este proceso, el más conocido y el de
más envergadura de los dedicados por la Inquisición española a
la caza de brujas, un número muy pequeño comparado con las
víctimas de los procesos incoados en los territorios de Alemania
descritos en el capítulo anterior, en los que las víctimas se contaron por centenares. Lo más importante de este proceso es que
dejó huella.

Informe de Salazar

Aunque aparentemente el juicio fue un gran triunfo de la Inquisición, que desplegó todo su poder en la represión de la
secta de los brujos, no faltaron críticos dentro y fuera del tribunal. El de dentro, Alonso de Salazar Frías, había mostrado su
disconformidad votando en contra de las penas impuestas, por
lo cual tuvo un violento enfrentamiento con Valle, que consi-

deró que su autoridad y su dignidad estaban siendo menoscabadas por el recién llegado. La persona de más alto rango ajena al tribunal que señaló su repulsa a la quema de las brujas fue Venegas de Figueroa, obispo de Pamplona, que no asistió al auto a pesar de haber sido invitado de manera reiterada. (Tampoco asistió el rey Felipe III, que en principio había garantizado su asistencia, por lo que, entre unas y otras ausencias, el auto quedó algo deslucido.) Por otro lado, los sacerdotes Oragaray, Labayen y el visitador Zalba, que entregaron una protesta a los inquisidores que habían juzgado el caso, fueron otras voces críticas que se unieron a la del obispo de Pamplona, que había presentado una queja a la Suprema. Además, al parecer, este auto no solo no erradicó la epidemia de brujería, sino que la empeoró. Estos hechos, unidos al desacuerdo de Salazar con las penas impuestas, hicieron que los tres inquisidores enviaran una solicitud a la Suprema el 14 de febrero de 1611, en la que pidieron que se mandase a la zona una persona preparada para que investigara lo que allí sucedía. Para sorpresa de Valle y Becerra, el consejo respondió casi a vuelta de correo: ordenó que se aplicase un edicto de gracia en la zona y que fuera Salazar quien lo administrara.

Desde nuestra perspectiva es difícil llegar a entender la magnitud del poder conferido a Salazar con la administración de este edicto de gracia, porque le daba la potestad no solo de restablecer la honra de los acusados y su vida en sus respectivos pueblos, sino también de abrirles de nuevo las puertas del paraíso en la otra vida. Por ello, no es de extrañar que Valle y Becerra se enfadaran mucho por el honor concedido a su compañero e incluso lo acusaran de haber estado en comunicación con la Suprema a sus espaldas.

Salazar se puso en camino en mayo de 1611 con dos intérpretes, un franciscano y un párroco de la zona, y durante ocho meses recorrió el norte de Navarra, Guipúzcoa y Vizcaya, y regresó a Logroño por Vitoria. A partir de sus indagaciones, elevó una memoria a la Suprema que constaba de dos volúmenes de folio que recogían las declaraciones de 1.802 personas, de las cuales 1.384 correspondían a niñas menores de doce años y a chicos menores de catorce. En su meticuloso cuaderno de campo fue rellenando once mil doscientas páginas manuscritas con información exhaustiva de las personas entrevistadas.

Salazar se encontró con una comunidad enfrentada y enloquecida de terror, en la que los vecinos de un pueblo eran apedreados por los del pueblo de al lado, y los padres de los niños que habían sido llevados al aquelarre, según las propias confesiones de los niños, que nada más dormirse soñaban con ello, querían matar por su mano a las maestras principales de la secta. El clero también estaba dividido: el comisario inquisitorial de Vera pedía más mano dura al tribunal, mientras que Labayen, comisario del pueblo vecino de Echalar, intentaba poner coto a las bravuconadas del primero; los jesuitas, muy escépticos respecto a la realidad de los aquelarres, eran acusados de querer proteger a las brujas. En medio de estos enfrentamientos dialécticos, se sucedían las escenas de pánico y los intentos de linchamiento. Fray León de Araníbar, el crédulo abad de Urdax, apresó a dos brujas de Santesteban y el pueblo ató a una de ellas a un poste y la maltrató hasta que la dieron por muerta. Mientras discutían si enterrarla o echarla al río, la bruja se recuperó y, cuando la acuciaron a que dijera el nombre de Jesús, le llegó su última hora y expiró. En Legasa, dos bandos acabaron a cuchilladas tras discutir si unas mujeres llevaban o no niños al aquelarre; en Lesaca, el pueblo prendió a varias mujeres, pusieron a una de ellas en un cepo y luego la apedrearon; el vecindario de Errazu ahogó a una niña y el de Zubieta estaba dispuesto a hacer tajadas de los caudillos de la secta.[292] En otro pueblo, en lo más duro del invierno, echaron desde un puente al río a un supuesto brujo, al que habían atado previamente, pero este sobrevivió, así que lo lanzaron de nuevo; en otra población, a los supuestos brujos, se les introducían los pies en agua y los dejaban a la intemperie hasta que esta se congelaba.[293]

En ese clima de violencia y pánico generalizado, Salazar, al visitar a los vecinos en su ambiente y oírlos expresarse en su propia lengua, vino a traer consuelo a los atribulados por la creencia en el diablo, y paz a los que habían declarado falsamente por miedo al tormento. Estableció un ritmo de trabajo frenético de más de doce horas diarias, en el que atendía a las personas que venían a acogerse al edicto de gracia en cada pueblo, las oía en confesión y las absolvía, mientras que sus secretarios tomaban nota de todas las declaraciones. Como el número de los reconciliados que buscaban el perdón tras confesar su perjurio iba creciendo, fue delegando en sus colaboradores. En el transcurso de su peregrinaje por pueblos y aldeas, su postura se fue acercando cada vez más a los escépticos que, desde el principio, creían que las historias de brujas eran fruto de la imaginación o de la superchería. Aunque dio consuelo a muchos y contribuyó a que se calmaran los ánimos, en algunos casos, como en el de Mariquita de Atauri, llegó tarde. Tras haber sido reconciliada en el auto de Logroño, esta vivía atenazada por el remordimiento por haber hecho falsas delaciones. Para aliviar su congoja, su hija la convenció de que descargara su conciencia confesándose, cosa que hizo con un comisario de la Inquisición, Felipe Díaz. Pero este, firme creyente en los aquelarres, la despachó de malas maneras tachándola de embustera y diciéndole que la verdad era la que había confesado ante el Santo Oficio, al que siempre podría volver para desdecirse y ser quemada por ello. Desesperada, se mató tirándose al río.

> A una Mariquita de Atauri, que venía de revocar sus confesiones, la hicieron desesperar ahogada en un río.

Salazar anotó 1.672 perjurios y falsos testimonios levantados a inocentes y recusó el valor de la «pública voz y fama» porque se apoyaba en principios completamente viciosos.

Mandó que los ungüentos de las brujas que se guardaban en las ollas fueran analizados por médicos y boticarios. En la mayoría de los casos, se comprobó que no causaban ningún efecto en los animales en los que fueron probados

> porque en los dichos procesos y causas fueron descubiertas ollas y una nómina de los potajes y ungüentos o polvos de los maleficios de su brujería, se verificó [...] haber sido todas y cada una de ellas hechas con embuste y ficción por medios y modos irrisorios.

Estudió todas las declaraciones con espíritu racional y crítico, por muy fantasiosas que fueran, buscando evidencias que las confirmaran o desmintieran. Así, si unas brujas decían que habían parido sapos tras la cópula con el demonio, hizo que se buscaran con ahínco tales sapos, sin encontrarlos, claro está. A la vista de sus descubrimientos afirmó que, si «en procesos como el de Logroño hubo error, no debía seguirse errando u ocultando el yerro por pundonor de razón de estado, porque en puntos de justicia y de conciencia no cabían esos escrúpulos».[294]

Concluyó de forma categórica:

> Y así, regulando todo en la ygualdad y rectitud conveniente, e tenido y tengo por muy más que cierto que no a pasado real y corporalmente ninguno de todos los actos deducidos o testificados en este negocio.[295]

Mientras Salazar avanzaba en sus trabajos, el inquisidor general pedía la opinión de otras personalidades sobre la brujería, como el obispo de Pamplona, que desde los inicios del asunto de las brujas de Zugarramurdi militó en el bando de los escépticos, o Pedro de Valencia, filósofo, teólogo y helenista español, discípulo de Arias Montano y muy respetado en la época. Este último escribió su magnífico *Discurso acerca de los cuentos de las brujas*,[296] cuyo título ya es una declaración de intenciones, en el cual mostraba lo incierto y contradictorio de las confesiones de los reos, muchas de ellas obtenidas bajo coacción. Aunque no negaba la posibilidad del pacto con el diablo, dudaba mucho que Dios lo permitiera y aconsejaba cautela en el examen y condena de tales crímenes, porque todas las pruebas eran falibles.

Tras una lucha denodada de Salazar con sus colegas del tribunal de Logroño, que no aceptaban de buena gana tener que admitir su «yerro», la razón se fue abriendo paso y finalmente fue sancionada a la disputa por la autoridad: el 29 de agosto de 1614, la Suprema envió una instrucción sobre los asuntos de brujería, en la que se recogían las ideas de Salazar prácticamente al pie de la letra. Este se adelantó en más de un siglo a los que se atrevieron a lanzar en Europa ideas similares a las suyas; además, a diferencia del holandés Weyer o del escocés Scot, tuvo la osadía de hacerlo desde dentro de la institución que había contribuido a fomentar la locura y tenía el poder de detenerla. Según Lea, esta instrucción de la Suprema, un modelo de sensatez único en Europa, salvó a nuestro país de la locura de las brujas que entonces arrasaba el resto de Europa.[297]

Salazar murió décadas después, en 1635, el mismo año que Lope de Vega, siendo canónigo de Jaén y miembro del consejo de la Suprema. Como todas las memorias que había enviado al consejo continuaron siendo secretas, en España se le consideró el miembro más cruel del tribunal del auto de fe de Logroño, dado que así apareció en el texto de Mongastón, y ni él ni nadie se habían ocupado de desmentirlo. Y así seguía considerándolo Moratín en sus notas al relato del auto realizadas a comienzos del siglo XIX. Luego cayó en el olvido hasta que el historiador estadounidense Charles Henry Lea vino a descubrirlo, a finales del siglo XIX, como el adelantado de la razón y la justicia en los asuntos de brujería. Por esa fama tan tardía y justa, el historiador británico Charles Williams dedicó su libro *Witchcraft* «A la inmortal memoria de Alonso de Salazar Frías», publicado por primera vez en 1941.[298]

Sin embargo, no hay una gran novela, similar a las que escribieron Arthur Miller y Aldous Huxley sobre las brujas de Salem y las endemoniadas de Loudun, descritas más adelante, que narre el papel que Salazar tuvo en la caza de brujas en España, aunque méritos no le faltaban. Un firme creyente en Dios y en el servicio que la Santa Inquisición prestaba a la fe y a sus fieles, se enfrentó a la locura que en Europa estaba por entonces arrasando la vida de miles de personas y los principios de justicia más elementales, y lo hizo impulsado por sus convicciones y por su sentido de la justicia. Contó con su inteligencia y su trabajo como únicas herramientas y consiguió finalmente transformar la implacable perseguidora de herejes en la principal defensora de las brujas. Su gesta bien merece un relato épico.

15

Demonios en los conventos

No todas las personas acusadas de brujería lo fueron por las autoridades religiosas o por vecinos envidiosos. Algunas afirmaron estar poseídas por el mismísimo demonio.

La posesión es un fenómeno religioso complejo que se da en muchas fes y sociedades. La persona endemoniada se siente poseída por un espíritu que la hace comportarse al margen de sus deseos, porque este se convierte en el dueño de su cuerpo. En la época que nos ocupa había dos posibles orígenes de la posesión: que el demonio se metiera directamente en el cuerpo de una persona, o que otras que tenían tratos con este, es decir, brujas o brujos, la endemoniaran.

En España todavía perdura la creencia de que hay gente que tiene mal fario o cenizo, y hasta no hace mucho se pensaba que había personas que echaban mal de ojo o aojaban.[299] Fray Martín de Castañega le dedica a este fenómeno un capítulo entero de su *Tratado de las supersticiones*, publicado en el siglo XVI.[300] Un caso extremo de aojamiento consistía en hacer que una persona quedara poseída o endemoniada; para conseguirlo, se empleaba un objeto que el brujo hacía llegar a su víctima. Ese objeto fue un ramo de flores en el caso de las endemoniadas de Loudun, que tratamos en detalle más adelante.

Podría pensarse que los conventos, al estar habitados por personas dedicadas en cuerpo y alma a la oración, estarían libres del acoso del Maligno, pero no fue así; estos lugares fueron particularmente propicios para sus ataques, por lo que los episodios más famosos de posesión diabólica en el siglo XVII se dieron entre sus paredes.

El hecho de que estas epidemias de posesión fueran extraordinariamente virulentas en los conventos se ha atribuido a la situación de enclaustramiento de mujeres jóvenes, muy a menudo carentes de vocación y recluidas en contra de su voluntad, que además realizaban frecuentes y extenuantes ayunos y vigilias, lo que tampoco debía de ayudar a la salud física y mental. Otro de los factores decisivos era la situación antinatural de aislamiento de la sociedad y la obligación de tener un portavoz varón en su relación con esta. De hecho, como señala Caro Baroja, estas epidemias de posesión se dieron en torno a personalidades masculinas dominantes más o menos desequilibradas y con gran influencia sobre un grupo de mujeres aisladas, como era el caso de los confesores o directores espirituales de los conventos.[301] A todo ello hay que añadir la concupiscencia, lo que hoy llamaríamos represión sexual, de monjas y confesores, que en los casos que vamos a referir tuvo un gran protagonismo.

No todas las posesiones eran iguales; existían distintos grados. En el escalón más bajo, encontramos las «obsesas», que sentían a veces que los demonios no se despegaban de ellas, lo cual alteraba su comportamiento. El siguiente grado lo detentaban las «sugestionadas», grupo al que pertenecían las personas muy sensibles a la acción de los demonios, por lo que se hallaban sumidas en un estado de melancolía, angustia, depresión, dolores inexplicables e intranquilidad. Por último, en el grado máximo se encontraban las «posesas», también llamadas «energúmenas», que estaban por completo dominadas por el demonio, que se había adueñado de sus cuerpos, por lo que las controlaba física y mentalmente. Esto se manifestaba a través de un comportamiento anormal: mostraban una fuerza desmesurada, hablaban lenguas extrañas o podían prever el futuro. Algunos han atribuido estos síntomas a enfermedades mentales más o menos graves; otros a puro teatro.

Según los manuales de la época, la posesión causaba terribles efectos sobre los afectados: se autolesionaban, los ojos brillaban como centellas, la lengua se hinchaba, los dientes rechinaban, las venas adquirían un color verdusco, echaban espuma por la boca, la nariz se abría en exceso, el rostro empalidecía, lanzaban aullidos y voces espantosas y adquirían de repente una gran fuerza. En ocasiones, los poseídos se quedaban paralizados, pero en otras adquirían tal agilidad que daban saltos por los aires.

Las personas convencidas de la veracidad de estos hechos creían que para neutralizar la posesión demoniaca el único remedio era recurrir a los exorcismos, proceso para expulsar al demonio del cuerpo. Su complejo ritual fue extraído del Nuevo Testamento y durante su ejecución se recomendaba tomar medidas de precaución, como realizarlos siempre delante de testigos, especialmente en el caso de que las víctimas fueran mujeres. La ceremonia se dividía en varias etapas, en las que se alternaban las oraciones y los exorcismos con insultos al demonio.

La Iglesia instituyó oficialmente la figura del exorcista mediante la bula *Super illius specula*, promulgada en 1326 por Juan XXII. Posteriormente, en 1614, Pablo V fijó las reglas del procedimiento que fueron incluidas en el *Ritual Romano*. El sacerdote debía llevar sobrepelliz y una estola violeta, con la que tocaría o ataría a la persona poseída, a la que a veces fumigaba y flagelaba; además, debía rociar con agua bendita a todos los presentes. No todo el mundo estaba capacitado para practicar exorcismos; antes era necesario realizar un examen minucioso de las capacidades personales del aspirante a exorcista.[302] Cuando se realizaba un exorcismo, lo primero que había que hacer era comprobar si el demonio era bueno o malo; después, averiguar cómo y cuándo se había introducido dentro del cuerpo; a continuación, había que preguntarle su nombre, número de entes y motivo de la posesión; y, por último, averiguar el tiempo que esta duraría. Resulta sorprendente el interrogatorio tan exhaustivo al que había que someter al demonio, y es aún más sorprendente que las autoridades religiosas esperaran que el susodicho respondiera al mismo. Dado que se trataba de rituales complejos, se publicaron numerosas antologías de ritos para el exorcismo que explicaban desde la sintomatología que presentaba el poseso hasta la terapia a seguir en cada caso, siendo la referencia fundamental el *Ritual Romano* mencionado más arriba. Hay una versión de 1999 de este documento que contiene no solo los rituales de exorcismos, sino todos los de la Iglesia católica, excepto los de la celebración de la eucaristía.

En la Edad Moderna abundan los relatos sobre exorcismos. En Austria encontramos en 1584 una primera causa célebre, cuando una muchacha ingresada en el hospital de Viena fue liberada de 12.652 demonios por el jesuita Georg Scherer; en España, hubo una epidemia de posesiones entre 1637 y 1642 en las localidades oscenses de Tramacastilla y Sandiniés. Una de las plagas más extendidas fue la que trató el vicario de un pueblo del Piamonte italiano a finales del siglo XVII, en la que exorcizó en pocos meses a doscientas setenta mujeres y doscientos sesenta y un hombres; de entre todas estas víctimas, noventa y ocho padecían un mal desconocido, doscientas veinticinco fueron descritas como obsesas, posesas o embrujadas y el resto eran personas cojas, paralíticas, tullidas o enfermos de otros males. En Bratislava, en 1642, una mujer de veinte años fue atormentada por el fantasma de un paisano convertido al catolicismo antes de morir. Tras interrogar a treinta y dos testigos, el caso se resolvió felizmente una vez realizados los deseos religiosos del difunto y exorcizada la joven, con lo que el espíritu del finado pudo pasar del purgatorio al cielo.[303]

Estos son solo algunos de los numerosos casos de posesión registrados entre los siglos XVI y XVIII. Agustín Celis Sánchez registra veinticuatro casos de posesión múltiple entre 1691 y 1868, que él denomina «epidemias de posesión», la mayoría en conventos de monjas.[304] Entre ellas no abundaron los finales felices. En Francia hay tres casos muy bien documentados que en su día resultaron muy famosos: las de los conventos de monjas ursulinas de Loudun y Aix-en-Provence, y el de franciscanas terciarias de Louvois. En España el caso más notorio de posesión diabólica fue el de las monjas benedictinas del convento de San Plácido de Madrid, durante el reinado de Felipe IV, uno de nuestros reyes hechizados (supuestamente).

LOS DEMONIOS DE LOUDUN

Uno de los procesos más famosos y mejor documentados de la historia de la brujería europea es el que tuvo lugar en 1634 en la pequeña ciudad francesa de Loudun. El escritor Aldous

Huxley recopiló toda la información sobre el caso y la empleó para escribir su espléndida obra *Los demonios de Loudun*, que sirvió de base para los guiones de varias películas y obras de teatro. Gracias en parte a ella, el caso de las endemoniadas de Loudun es uno de los más conocidos, pese a que no es de los más representativos de la caza de brujas, porque la víctima principal fue un hombre y los testigos de cargo, varias mujeres, las cuales, a su vez, fueron también víctimas de una u otra forma. Aunque formalmente se trató de un caso de posesión, y como tal fue objeto de la atención de la Iglesia, veremos que en realidad fue una macabra lucha por el poder, en el que tuvieron un papel determinante la envidia y la venganza, junto con la frustración sexual.

En el siglo XVII era conocida la rivalidad entre los sacerdotes y los monjes, que en algunas ocasiones llegaba a ser un odio profundo. Según cuenta el historiador francés Jules Michelet en su obra *La bruja*, en la pequeña ciudad de Loudun, situada en el oeste de Francia, los monjes eran los que tenían el monopolio de las confesiones de las damas y de la defensa de la fe. A esta ciudad llegó en 1617

> procedente de Burdeos un joven sacerdote educado en los jesuitas, un hombre de letras, de modales refinados que escribía bien y hablaba mejor[305]

para hacerse cargo de la parroquia de Saint-Pierre-du-Marché. Urbain Grandier tenía veintisiete años y, además de las prendas intelectuales y la labia que encarece Michelet, era apuesto y elegante. Como muchos otros sacerdotes de la época, no se sentía comprometido por el voto de castidad, por lo que pronto comenzó a tener relaciones íntimas con las damas más agraciadas de la localidad. Al parecer, a las habitantes de una aburrida ciudad de provincias llena de gañanes más o menos adinerados les resultaba irresistible un guía espiritual que, además de culto y de modales refinados, era apuesto y seductor. Una de sus conquistas más conocidas fue Madeleine du Brou, con la que se decía había realizado un «matrimonio de conciencia». El padre Grandier se había atrevido incluso a publicar un ensayo en contra del celibato. Hay que recordar que en esa época las costumbres de la Iglesia en cuanto a este aspecto de la vida sacerdotal eran mucho más laxas que a finales de la Edad Media, tras la reforma gregoriana, cuando se castigaba con dureza a los sacerdotes que no lo cumplían. Por ello, las costumbres licenciosas del padre Grandier, que en apariencia causaban gran escándalo, en realidad eran secretamente admiradas y envidiadas. Por todo ello, el susodicho era muy popular entre las damas de la ciudad y muy impopular entre la mayoría de los varones, que envidiaban sus modales, su cultura y su éxito con las damas, incluidas sus mujeres e hijas. Grandier no hizo nada para suavizar esos sentimientos; más bien parecía disfrutar provocándolos.

Se comportó de manera especialmente ruin con una de sus conquistas, Philippa Trincant, hija del fiscal de Loudun. Este dignatario había abierto a Grandier las puertas de su casa y de su corazón cuando el sacerdote llegó a la localidad y, a pesar de la fama que le precedía, le encomendó la educación de su única hija, apenas una adolescente. En un comportamiento nada original, tras seducirla y tener conocimiento de que estaba embarazada, Grandier no solo no la socorrió ni la confortó, sino que cortó radicalmente la relación con ella, dejándola sumida en la desesperación y la deshonra. No es de extrañar que se granjeara el odio visceral del que había sido su primer amigo y protector en la ciudad. El comportamiento licencioso del padre Grandier hizo que fuera acusado de inmoralidad en 1630 ante el obispo de Poitiers, que lo condenó y le prohibió ejercer sus deberes eclesiásticos. Pero él recurrió a una jerarquía superior, al arzobispo de Burdeos, su protector, y el castigo le fue levantado.

Aun así, Grandier tenía una especial habilidad para ganarse la enemistad de personajes poderosos. Mucho antes de que se desencadenaran los hechos que dieron lugar al proceso, se las había arreglado para ofender al que llegaría a ser la persona más poderosa de Francia: el cardenal Richelieu. Este, tras haber caído en desgracia en la corte, en esa época era un humilde obispo de una localidad cercana a Loudun. La enemistad con Grandier surgió a raíz de una procesión: Richelieu reclamó su preeminencia haciendo valer su cargo de obispo, pero Grandier dijo que esta le correspondía a él como párroco de la localidad y no accedió a los deseos de Richelieu, quien tuvo que tragarse su orgullo, pero no olvidó la ofensa. El rey sin corona de Francia se convirtió en el enemigo más poderoso de Grandier; no desaprovecharía la oportunidad de vengarse del altivo párroco cuando se presentara la ocasión.

Esta llegó pronto, porque Richelieu y Grandier se convirtieron en rivales políticos: el cardenal trabajaba para establecer un poder central fuerte y el sacerdote defendía cierta autonomía de las ciudades, en concreto de Loudun, cuyo castillo y principal bastión defensivo Richelieu quería demoler. El cardenal pretendía romper el acuerdo al que los católicos habían llegado con los hugonotes y expulsar a estos últimos del Gobierno de Loudun para debilitarlo y que no tuviera fuerza para enfrentarse a él. Pero en la ciudad todos se oponían a la demolición, porque dejaría la ciudad indefensa en caso de ser atacada por la fuerza de las armas. Por otro lado, a Grandier se le atribuía la autoría de un panfleto anónimo en contra de la demolición que había circulado por la región, lo cual Richelieu consideró un ataque personal. En la situación de emergencia, Grandier consiguió poner de acuerdo a los representantes de las dos religiones para presentar un frente común ante Richelieu, con lo que obtuvo un gran protagonismo político que exaltó aún más los odios y envidias de sus enemigos en Loudun.

La superiora del convento de ursulinas de la localidad, la madre Jeanne des Anges, había solicitado a Grandier que fuera el confesor de las monjas de su convento.[306] Según Aldous Huxley, este rechazó su solicitud; según otros historiadores, no lo autorizaron a desempeñar el cargo porque este se hallaba destinado a otra persona: el canónigo Mignon, sobrino del fiscal Trincant y, por tanto, enemigo de Grandier. La llegada de Mignon al convento coincidió con una serie de extraños sucesos. Por la noche, las monjas creían ver fantasmas que entraban por las ventanas o atravesaban las paredes, y oían ruido de cadenas. La superiora comenzó a mostrar extraños síntomas: caía en raptos de conciencia, en los que su cuerpo convulsionaba. Poco después otras monjas comenzaron a mostrar síntomas parecidos, según declaró un testigo de las vistas públicas del proceso que tendría lugar después:

Sus cabezas se movían en forma de péndulo con extraordinaria rapidez, golpeando sus pechos y espaldas, como si el cuello se les hubiera roto. Sus brazos se retorcían como si se descoyuntaran de los hombros y los codos. Estando tiradas en el
suelo sobre sus estómagos, podían estirar sus brazos por detrás
hasta que las palmas de sus manos tocaban las plantas de sus pies,
mientras sus rostros hacían muecas escalofriantes, tanto que uno
tenía que volver la mirada hacia otro lado para no verlas. Sus
ojos permanecían abiertos pero no parecían darse cuenta de lo
que veían. Tan pronto sus lenguas salían de sus bocas en toda su
extensión, pero horriblemente transformadas, negras, enfureci-
das y cubiertas de granos y pústulas, como se contorsionaban
hacia atrás hasta que su cabeza se juntaba con sus pies y se ponían a caminar en esta posición... Emitían gritos y lamentos de
espanto con tal fuerza que uno no podía creer que fueran capaces de hacerlo. Cuando hablaban usaban expresiones tan inde-
centes que podían avergonzar a los hombres más rudos, mientras que sus acciones, tanto en la exposición de partes de sus
cuerpos como en las señas de incitación a los presentes, eran de
mucho mayor bajeza que las que pudieran verse en los peores
burdeles del país.[307]

Jeanne des Anges pidió ayuda al padre Mignon y este sacerdote vio en este raro suceso la oportunidad para propiciar la
caída de Grandier.

No obstante, algunos autores, entre los que se encuentra
Robbins,[308] dicen que los eventos del convento fueron planea-
dos por Mignon desde el principio, que todo empezó cuando él
diseñó el plan y pidió a Jeanne des Anges que fingiera los síntomas en una primera sesión para provocar el contagio de algunas
de sus pupilas, de forma que estuviera justificada la realización de
un exorcismo que llevaría a cabo él mismo. Siguiendo este plan,
Mignon trajo a un cura que certificó que las monjas estaban
poseídas por el diablo, por lo que había que practicarles un
exorcismo para expulsar los demonios de sus cuerpos. Se celebraron varias sesiones al efecto, al principio en privado y luego
ante un público ansioso de sensaciones nuevas. Las monjas se
acostaban en sus camas, ubicadas en la capilla del convento y, tras
los primeros requerimientos del sacerdote, entraban en trance y

hacían que el demonio hablara por ellas. La madre superiora aseguró que estaba poseída por dos demonios, Asmodeo y Zabulón, y que estos habían sido enviados por el padre Grandier. Alarmado por las acusaciones en su contra, el acusado, con la autoridad que le confería ser el párroco de una de las iglesias de la ciudad, ordenó que las monjas fueran confinadas en sus celdas, pero el fenómeno siguió su curso y Grandier tuvo que apelar de nuevo al arzobispo de Burdeos, quien envió a su médico para que examinara a las afectadas. Este no encontró evidencias de actividad diabólica, por lo que ordenó que se suspendieran los exorcismos y que las monjas permanecieran en sus celdas; de esa forma se restableció la paz en el convento. No obstante, esta no duró mucho, porque a los pocos meses llegó a la ciudad Jean de Laubardemont, un sacerdote pariente de la madre superiora que determinaría el destino de Grandier.

Laubardemont había sido enviado por el cardenal Richelieu para preparar la demolición del castillo defensivo de la ciudad, proyecto que, como ya se ha indicado, tenía la oposición general, encabezada por Grandier. Laubardemont informó a Richelieu de este hecho, así como de la investigación sobre las endemoniadas del convento, entre las que había también una pariente del cardenal. Este debió de pensar que había llegado la hora de vengarse del altivo párroco y de librarse de un molesto enemigo político, y nombró una comisión de exorcistas que estuviera predispuesta a condenar a Grandier. Formaron la comisión el capuchino Tranquille, el franciscano Lactance y el jesuita Surin, ante los cuales las monjas renovaron sus acusaciones. Estas se vieron reforzadas por las de amantes despechadas de Grandier, que aprovecharon la ocasión para vengarse. En las vistas públicas lo acusaron de haberlas forzado a realizar toda clase de perversiones y actos sacrílegos en el transcurso de su relación. Pero no fueron ellas sus únicas acusadoras, hubo

> setenta testigos que declararon que el acusado había cometido adulterios, incestos, sacrilegios y otros delitos incluso en los lugares más recónditos de su iglesia, como en la sacristía donde se guardaba la sagrada hostia, todos los días y a cualquier hora.[309]

La comisión volvió a poner en marcha el circo de los exorcismos realizados en público, convirtiéndolos en un espectáculo
de masas, que a veces era contemplado por más de siete mil
personas. Estos espectáculos espolearon el odio hacia Grandier
y reforzaron la creencia de que era un ser diabólico. Por último,
le obligaron a que él mismo exorcizara a las monjas, pero todo
estaba amañado, de forma que ese acto se convirtió en la prueba
definitiva de la culpabilidad del delito del que lo acusaron las
monjas: brujería.

En cuanto comenzaron los rituales, Jeanne des Anges declaró que el padre Grandier era el responsable de la posesión, que
había sido introducida en el convento en un ramo de rosas arrojado por encima de los muros del monasterio. Declaró, además,
tener sueños eróticos extraordinariamente explícitos, en los que
se veía sometida a la voluntad de Grandier, que la obligaba a
realizar toda clase de perversiones. La mentalidad mágica de la
época hacía responsable de los pensamientos pecaminosos (según la Iglesia católica) de una mujer a un hombre que apenas
había tenido relación con ella. Sobre la base de estas declaraciones, varios historiadores han explicado que lo ocurrido en Loudun fue debido a la obsesión sexual insatisfecha de la priora y de
muchas de las monjas del convento por el irresistible padre
Urbain Grandier.

Mientras se sucedían los espectáculos de los exorcismos, el
párroco no tomó ninguna medida para defenderse, porque pensó que nunca podrían condenarlo por un delito imaginario,
pero se equivocó. El 30 de noviembre de 1633 fue arrestado
y encerrado en el castillo de Angers. Allí fue examinado por
un médico, enemigo acérrimo de Grandier, que no tardó en
encontrarle la marca del diablo después de examinarlo de forma
cruel, pinchándolo con un estilete que le hincaba hasta el hueso
en las nalgas, la espalda y los testículos, donde, según la hermana
Jeanne des Anges, que lo había visto desnudo en sueños, estaban
dichas marcas. Como luego contó uno de los testigos, el médico
encontraba las marcas tocando con un punzón romo una zona
cercana a la que acababa de pinchar hasta el hueso, por lo que
Grandier, en shock por la agresión anterior, no mostraba sensibilidad ante ese contacto.

El juicio fue una farsa repleta de procedimientos irregulares. En primer lugar, tendría que haberse realizado ante un tribunal civil, que eran los encargados en Francia de juzgar todos los delitos, lo que habría permitido a Grandier apelar al Parlamento, que era muy reacio a admitir las acusaciones de brujería. Una de las cosas más llamativas de este proceso fue la prueba que se empleó como documento de cargo contra el párroco: una carta escrita en latín de derecha a izquierda que Grandier habría firmado con su propia sangre en presencia de un grupo de demonios que actuaron como testigos y que también firmaron, uno de ellos con el dibujo de un tridente por ser iletrado. Se decía que este documento había sido robado por el demonio Asmodeo de los archivos personales de Lucifer. Varios tratados de brujería reproducen imágenes del mismo.[310]

Afectadas por el cariz criminal que estaba tomando el juicio, algunas monjas intentaron retirar las acusaciones que habían hecho contra Grandier. En una intervención muy teatral, la hermana Jeanne des Anges apareció en una de las audiencias con una cuerda atada al cuello y amenazó con colgarse porque no soportaba el remordimiento por haber cometido perjurio y quería retractarse. No obstante, su declaración y la de otras monjas, que también confesaron haber cometido perjurio bajo la amenaza de los monjes enemigos de Grandier, no fueron aceptadas por los jueces porque dijeron que esos intentos de retractación no eran más que una estratagema de Satanás para salvar a uno de los suyos. Algunos amigos del acusado que quisieron declarar a su favor fueron amenazados por el enviado de Richelieu con ser arrestados y acusados de brujería si lo hacían. El doctor Claude Quillet, que había visto imposturas en los exorcismos, quiso declarar ante la comisión, pero Laubardemont ordenó su detención y el médico tuvo que huir a Italia para salvar su vida. Los miembros de una comisión organizada por las autoridades civiles de Loudon que quisieron testificar a favor de Grandier fueron acusados por Laubardemont de atacar al rey y, por tanto, del gravísimo delito de traición.

El 18 de agosto de 1634 se dictó sentencia contra Grandier:

Es nuestra decisión condenar al tal Grandier a mostrar signos de arrepentimiento con la cabeza rapada, una soga atada al cuello llevando en su mano una antorcha encendida de un peso de dos libras; así irá a colocarse delante de la puerta principal de la iglesia de Saint Pierre du Marché y antes de eso la de Sainte Ursule y ahí, postrado de rodillas, pedirá el perdón de Dios, del Rey y de la justicia. Una vez cumplido esto, será llevado a la plaza de Santa Cruz donde será atado a una estaca sobre el patíbulo que se erigirá en dicha plaza para este propósito. Allí será quemado en vida junto con los pactos y los elementos de hechicería que serán colocados en la pira, como también lo será su manuscrito contra el celibato sacerdotal. Sus cenizas serán esparcidas al viento.[311]

Antes de cumplir su terrible condena, Grandier fue sometido a crueles torturas administradas por el padre Tranquille. Sus piernas fueron descoyuntadas con el estiramiento en el potro; luego, le trituraron los huesos de los pies con la «bota» hasta destrozarlos por completo. Pero él se negó a admitir su culpabilidad y a delatar a sus supuestos cómplices:

Declaro solemnemente que nunca fui hechicero, ni cometí sacrilegio, ni conocí otra magia que la de la Biblia.[312]

Su entereza enfureció a sus acusadores y los llevó a redoblar su crueldad. Con las piernas machacadas fue arrastrado hasta la plaza de la Santa Cruz y encaramado en el cadalso, en el que ni siquiera podía tenerse en pie, por lo que tuvieron que hacerle un asiento de hierro para sentarlo. Sus jueces no dejaron que el verdugo lo ahorcara antes de encender el fuego, por lo que fue quemado vivo. El padre Lactance encendió la pira y, junto a la señora de Laubardemont, observó los sufrimientos atroces que padeció Grandier mientras ardía. Cuando estaba a punto de morir aún tuvo fuerzas para gritar:

¡Perdonadlos, Señor! ¡Perdonad a mis enemigos![313]

Estas palabras impresionaron en gran medida a sus verdugos, por lo que la salud mental de varios de ellos se vio afectada.

La muerte de Grandier no puso fin a las manifestaciones de posesión diabólica y la ciudad se convirtió en centro de peregrinación para ver los exorcismos. Una sobrina de Richelieu que visitó el pueblo y el convento de las endemoniadas, llegó al convencimiento de que todo había sido un farsa y así se lo hizo saber a su tío, el cual, una vez muerto Grandier, había perdido interés por el tema. El cardenal suspendió entonces la pensión que les había prometido a las monjas por declarar contra Grandier, y estas, faltas de aliciente, dejaron de representar su teatro.

Muchos de los que habían participado en la condena y ejecución de Grandier fallecieron al poco tiempo o se volvieron locos. Lactance murió demente al cabo de un mes. Sus últimas palabras fueron:

Grandier, yo no fui responsable de tu muerte.[314]

El padre Tranquille también sucumbió cinco años después, tras haber perdido el juicio y vivir como si estuviese poseído por los demonios más de un año. El cirujano que había encontrado las marcas del diablo en el cuerpo de Grandier murió al poco tiempo, tras haber visto el fantasma de su víctima una noche que volvía de atender a un paciente. El padre jesuita Surin, el único que había intentado poner cordura durante el proceso, intentó suicidarse tirándose por una ventana tras años de inestabilidad emocional. Sobrevivió, pero fue tratado como loco durante años, lo que en esa época significaba sufrir todo tipo de malos tratos físicos y mentales.

Sin embargo, la hermana Jeanne des Anges pareció escapar a la maldición de los verdugos de Grandier, aunque estuvo a punto de morir a causa de una enfermedad poco después del proceso. Su recuperación *in extremis* se atribuyó a una intervención milagrosa de san José, por lo que se hizo enormemente popular. Se retractó de su momento de lucidez cuando dijo que toda su denuncia había sido una farsa, y atribuyó esta confesión, que sin duda fue sincera, a una artimaña del demonio. Realizó un gira por toda Francia, en la que fue recibida por el mismo cardenal Richelieu y la reina. Cuando finalmente murió, al cabo de más de treinta años, lo hizo en olor de santidad.[315]

Aunque con toda la información que tenemos hoy sobre el proceso resulta evidente que hubo fingimiento por parte de las monjas, según la opinión generalizada de la época, Grandier fue un agente del diablo que tuvo la muerte que merecía.

EL CONVENTO DE SAN PLÁCIDO

Unos años antes de que estallara el escándalo de Loudun, el 8 de septiembre de 1628, fray Francisco García Calderón tuvo que declarar energúmena a una de las monjas benedictinas del convento con advocación de san Plácido, situado en la calle Pez de Madrid, a causa de sus acciones, gestos y palabras. Fray Francisco era el director espiritual y confesor de esta comunidad, que constaba de treinta monjas, todas al parecer virtuosas y que habían profesado por libre vocación, y estaba dirigida por doña Teresa Valle de la Cerda de Silva, que había contribuido a su fundación aportando veinte mil ducados para la construcción del convento. A los pocos días del primer caso de posesión, fray Francisco hubo de declarar energúmena a otra monja y al poco tiempo apareció igualmente poseída la priora doña Teresa; a finales de año estaban endemoniadas veinticinco de las treinta monjas, hecho extraordinario que llamó muchísimo la atención del pueblo de Madrid. Modesto Lafuente, en su *Historia general de España*, narra la evolución del suceso:

> [...] fray Francisco exorcizaba todos los días el convento y llegó a tener la custodia en rogativa en la sala de labor de la comunidad. Mas no por eso dejaban los malos espíritus de seguir apoderados de las monjas. Había uno que llamaban Peregrino, el cual decían que era el jefe de los otros demonios, y al que todos obedecían. A los tres años de esta singular ocurrencia tomó mano en el asunto el tribunal de la Inquisición, comenzando por llevar a las cárceles del Santo Oficio al director, a la priora y a otras de las energúmenas (1631).[316]

Aunque de pequeña fui a un colegio de monjas, no conocía la expresión «tener la custodia en rogativa». Sí recuerdo haber asistido a la adoración del Santísimo Sacramento, durante la cual la hostia consagrada estaba expuesta en la iglesia en épocas de especial devoción. Imagino que, al tener la custodia en rogativa, fray Francisco esperaba que el Santísimo Sacramento protegiera de los demonios a las devotas monjas. El tribunal dictó sentencia dos años después, en la que condenó al abad

a reclusión perpetua, privación de celebrar y de ejercer ningún cargo, ayuno forzoso a pan y agua tres días a la semana, y dos disciplinas circulares, una de ellas en el convento que se le designaría para la reclusión. Se le habían dado tres tormentos cruelísimos, y abjuró *de vehementi*.[317]

Las disciplinas circulares eran un tipo de pena especial para los condenados por solicitación, es decir, por solicitar los favores sexuales de las penitentes durante la confesión, pena que podía agravarse si las susodichas eran religiosas.

La disciplina circular consistía en un acto relativamente solemne, celebrado en la sala capitular del monasterio, donde el religioso condenado a tal pena por el Santo Oficio era azotado por toda la comunidad, que, de esta forma, se convertía en ejecutora colectiva de la justicia, al propio tiempo que recibía esta lección ejemplificadora, sin que tal penitencia transcendiera al exterior, conforme al criterio de mantener la discreción en las penas impuestas por los tribunales de la Inquisición en los delitos de solicitación.[318]

Por lo que se dedujo del proceso, que incluyó los tres tormentos severísimos a fray Francisco, los verdaderos causantes del comportamiento de las hermanas habían sido el mismo fray Francisco y la priora, la madre Teresa. El tribunal del Santo Oficio concluyó que el religioso pertenecía a la secta de los alumbrados, también denominada herejía iluminista, relacionada con el protestantismo, cuyos miembros afirmaban que de la relación carnal entre un religioso y una religiosa había de nacer un santo. Los seguidores de este movimiento aseguraban que mediante la oración se podía llegar a un estado de gracia, por lo que no se requería practicar los sacramentos e incluso podían llevarse a cabo las acciones más reprobables sin que el hecho fuese considerado pecado. Los alumbrados tenían además la costumbre de profanar lugares sagrados y obligar a las mujeres a mantener relaciones sexuales como penitencia. Estas creencias libertinas llevaron a fray Francisco a cometer actos pecaminosos con las jóvenes monjas, a las que habría convencido, desde la autoridad moral que le daba ser su confesor, de la necesidad de alcanzar la gloria de Dios a través de actos carnales que, si eran llevados a cabo en caridad, no eran pecaminosos. Lafuente proporciona más información de los delitos anteriores de fray Francisco:

> Probósele que siendo confesor de una mujer seglar reputada por doncella, no sólo la había solicitado en el acto de la confesión, sino que después y por mucho tiempo había hecho con ella una vida obscena, cuyos pormenores, que en la sentencia se expresan, no permite el pudor reproducir; siendo lo más criminal que, entretanto, aquella mujer comulgaba todos los días, y su confesor la hacía pasar a los ojos del público por santa. Muerta aquella mujer, el fray Francisco la hizo enterrar honoríficamente, atavió su cadáver con ropas de seda y otros adornos, dejó en el sepulcro un lugar que había de servir para su cuerpo cuando él muriese, y traía la llave del ataúd colgada al cuello. De cuando en cuando visitaba y abría la sepultura, le ponía epitafios latinos en que la llamaba «la amada de Dios», le daba el mismo epíteto en los sermones, exponía su cuerpo a la veneración, repartía sus vestiduras por reliquia, daba algunas cintas de ellas a las personas reales como remedios para recobrar la salud, sacó un breve del nuncio para que se hiciese información de la santa vida y costumbres de aquella mujer, y por último la expuso al culto público y hacía leer un librito que se compuso de su vida.

Según los historiadores del siglo XIX Modesto Lafuente y Marcelino Menéndez Pelayo, quien incluye el caso en su *Historia de los heterodoxos españoles*, los principales delitos de fray Francisco fueron haber mancillado el sacramento de la confesión y haber predicado la doctrina iluminista entre las vírgenes del convento. A estos enormes sacrilegios se unió el hecho de que, para disimular estos crímenes execrables, había hecho pasar a las monjas por energúmenas, con la ayuda de la priora. Lafuente se extiende en una descripción prolija de las libertades que se tomaba el sacerdote con las monjas y cuenta, además, las profecías que les había obligado a decir, que incluían su ascensión hasta las más altas jerarquías de la Iglesia, en la cual él sería nombrado primero cardenal y posteriormente papa. Por ello, dados los enormes crímenes del sacerdote, Lafuente consideraba que las penas que le habían impuesto (reclusión, azotes y ayuno a pan y agua) habían sido levísimas.

La priora Teresa Valle, que se encontraba recluida en el convento de Santo Domingo el Real de Toledo con las restantes monjas, fue condenada a abjurar *de levi* y a permanecer cuatro años encerrada en el convento toledano, privada de voto activo y pasivo y sin posibilidad de volver a la corte, mientras que el resto de las monjas fue repartido en varios conventos para evitar que los hechos, el escándalo y la lujuria que rodearon el caso de las endemoniadas de San Plácido se reprodujeran en el futuro.

Esta sentencia no significó el fin de esta historia, porque en 1638 según Lafuente, o en 1640 según Llorente,[319] la prelada doña Teresa, animada por los superiores de la orden de san Benito, entabló recurso al Consejo de la Suprema, en el que pedía que se viera nuevamente su causa para reivindicar su honra, la de sus hermanas en Cristo y la de la orden de san Benito. Sorprendentemente la apelación fue admitida, lo que según Llorente y Lafuente se debió a que había contado con el apoyo del conde-duque de Olivares, el todopoderoso valido del rey Felipe IV, y del protonotario de Aragón, Jerónimo de Villanueva, protector y cofundador del convento. Abierto nuevo juicio y reexaminadas las pruebas, resultó que las monjas no habían sido energúmenas ni alumbradas, ni fray Francisco había estado nunca a solas con ellas. En este segundo proceso, la priora doña Teresa defendió su virtud y la de sus hermanas de forma tan llana y sincera que emocionó a Llorente y a Menéndez Pelayo, a pesar de que en ella ratificó su convencimiento absoluto de haber estado auténticamente poseída por un demonio llamado Peregrino.

Sus argumentos debieron de parecer válidos al tribunal, por lo que el 2 de octubre del año 1638 (1642, según Llorente) los diez calificadores, el inquisidor general y los miembros de la Suprema pronunciaron una sentencia absolutoria, declarando que ni las prisiones, ni la sentencia anterior debían perjudicar al buen nombre de las religiosas, ni de su orden y monasterio. Se mandó copia de este auto a su majestad el rey y a su santidad el papa. Como del sacerdote no se decía nada en esta nueva sentencia, Menéndez Pelayo deduce que no le había alcanzado el desagravio.[320]

Tanto este historiador (defensor de la institución) como Lafuente (muy crítico con la misma) consideraron esta rectificación de la Inquisición como una prueba de su buen funcionamiento. No obstante, a pesar de las alabanzas que la nueva sentencia del Santo Oficio mereció a ojos de ambos autores, los motivos por los cuales la apelación fue admitida a trámite son más bien una prueba de su corrupción:

> Exponía entre otras cosas la prelada que la anterior sentencia había sido una intriga y una venganza de otro monje benedictino, fray Alonso de León (que había sido el denunciante del caso ante la Inquisición), resentido de fray Francisco García, de quien había sido antes muy amigo; y que el comisionado de la Inquisición, Diego Serrano, instigado por el fray Alonso, había hecho escribir las declaraciones de las monjas a su manera, y aquellas por aturdimiento y por miedo habían firmado cosas muy diferentes de las que habían dicho.[321]

Desde el punto de vista de una lega del siglo XXI, esta declaración pone de manifiesto que las intrigas que podían dar lugar a una condena indebida se consideraban posibles y probables, lo cual no dice bien del funcionamiento del Alto Tribunal.

Por si las versiones de ambas sentencias no fueran lo suficientemente contradictorias, el antropólogo Julio Caro Baroja da una tercera versión: la más popular, recogida por Mesonero Romanos en su obra *El antiguo Madrid*, publicada por primera vez a finales del siglo XIX.[322] Su autor relata un sucedido en este convento que implicaba al rey:

> [...] San Plácido, situado al confín de la calle de San Roque a la del Pez, y fundado en 1623 por doña Teresa Valle de la Cerda [...]
> El recuerdo histórico-anecdótico de este convento consiste particularmente en cierta aventura galante del rey D. Feli-

pe IV, el que, según parece, prendado de una de las monjas de esta casa, llamada Margarita (a quien había visto por intervención de D. Jerónimo de Villanueva, protonotario de Aragón y patrono del convento, que tenía sus casas contiguas a él), siguió este galanteo profano en tal sitio y entre tales personas, a pesar de un piadoso ardid de la prelada, que dispuso sorprender al Rey exponiendo como difunta de cuerpo presente a la religiosa; terminó este escandaloso suceso, no sin haber dado motivo a un notable proceso por la Inquisición, que fue hasta Roma, aunque de allí se hizo desaparecer, y de que resultó castigado el protonotario.

Dícese también que, a costa del Rey y a demanda de la abadesa, se colocó en la torre de esta casa el reloj, que aún hoy conserva, y que en el tañido de su campana recuerda el clamoreo de difuntos, en memoria de aquel suceso.[323]

Mesonero Romanos mezcla en su obra la historia del reloj, que al parecer fue real y donde no hubo demonio ni brujería, sino un rey empeñado seducir a una monja, con el fenómeno de posesión en el convento que tuvo lugar unos años antes y con la detención y escandaloso proceso que la Inquisición incoó a Jerónimo de Villanueva años después. Dicho autor dice que las endemoniadas lo estaban por las continuas visitas de personajes de la corte, como el conde-duque de Olivares, el rey Felipe IV y el protonotario cofundador del convento, Jerónimo de Villanueva. Sean ciertos o falsos esos rumores, se hace eco de que uno de los principales entretenimientos de su majestad era salir a conquistar mozas, y da por cierto que no respetaba ni los conventos. Además de esos pasatiempos, Felipe IV tuvo una relación con la actriz María Calderón, conocida como la Calderona, de la cual nació un hijo bastardo —tuvo al menos otros veintinueve— llamado Juan de Austria en honor al que tuvo Carlos V, bisabuelo del rey. Don Juan de Austria gozó de la salud y firmeza de carácter que le faltaron a su medio hermano y heredero al trono, el infausto Carlos II, de cuyo hechizo nos ocupamos en el capítulo siguiente. Una cosa curiosa respecto a los galanteos de este rey es que una leve sospecha de que la reina pudiera haber tenido una relación singular con uno de los nobles de la corte bastó para que este apareciera muerto.

Vistos todos los testimonios, el hecho de que las monjas estuvieran verdadera... que... que todo fuera una argucia para disimulo de los galanteos del párroco o de su majestad es cosa que no se terminó de aclarar ni pareció interesarle a nadie. La opinión de las monjas al respecto no ha quedado registrada, pero el hecho de que en una de las historias una de ellas se fingiera muerta para escapar al acoso del rey hace suponer que no debía de sentirse muy feliz con el pretendiente.

En todo este trasiego, ellas no fueron más que juguetes para divertimento de nobles, reyes, demonios o confesores.

MADELEINE BAVENT

Uno de los procesos que tuvieron lugar en un convento francés en los años posteriores al caso de Loudun fue el de las monjas de Louviers, una pequeña ciudad de Normandía, en el que tuvo un especial protagonismo la monja Madeleine Bavent. De ella nos ha llegado una biografía escrita a partir de su confesión, realizada libremente durante su estancia en las mazmorras de Rouen. El historiador Michelet señala que esa confesión y su posterior publicación fue posible porque se hizo en tiempos de la Fronda, durante los cuales se disfrutó en Francia de una perfecta libertad.[324]

Hasta aquí hemos resumido los hechos, trabajos y estudios realizados por inquisidores, jueces, antropólogos e historiadores, pero, con la excepción de Elena de Céspedes, pocas veces aparecen las voces de mujeres acusadas de brujería porque apenas existen documentos que recojan sus testimonios directos, y ellas, analfabetas, tampoco nos dejaron sus relatos. Así, esta confesión es un documento único porque es de los pocos que recoge la voz de una mujer acusada de brujería.

El documento puede descargarse del repositorio oficial de la Biblioteca Nacional de Francia, Gallica.[325] En la introducción se explica que se hizo sin que mediara tortura, aunque, cuando realizó su confesión, Madeleine estaba recluida en una mazmorra, solo era alimentada con pan y agua algunos días de la semana y tenía como única compañía las ratas, contra las que luchaba para que no se la comieran viva. Viviendo en esas condiciones, no es de extrañar que intentara quitarse la vida varias veces. Su caso viene recogido en la mayoría de los libros que hablan de la caza de brujas en Europa, pero el enfoque varía mucho de unos textos a otros. En los trabajos más antiguos, se habla del comportamiento libidinoso de la monja o de su desbordante imaginación, y solo en los más recientes se explicita lo que verdaderamente sufrió la hermana Bavent: acoso y violación de forma continuada desde que era poco más que una adolescente.[326] De los textos antiguos, el redactado con una sensibilidad más cercana a la del siglo XXI es el del historiador Jules Michelet, que le dedica un capítulo en su obra *La bruja*.[327] De la confesión, este afirma:

> No conozco ningún libro más importante, más terrible o que merezca más ser impreso. Es el relato más poderoso de su clase.[328]

Madeleine, nacida en Rouen entre 1602 y 1607, fue tutelada por un tío apellidado Sadoc, tras haber quedado huérfana con nueve años.[329] Hacia los quince comenzó a trabajar en un taller de costura que confeccionaba ropa para monjas y sacerdotes, cuyo dueño absoluto era el fraile cordelero Bontemps, el intermediario de los encargos religiosos. Este ser siniestro, el primero en la vida de Madeleine, había hecho creer a tres muchachas del taller que las habían llevado al *sabbat* y que allí habían sido poseídas por el demonio (él mismo), muy probablemente con ayuda de belladona y de otras drogas alucinógenas. Al poco tiempo de entrar en el taller, Madeleine se convirtió en su cuarta víctima: sufrió los abusos y violaciones de Bontemps en un ambiente de pactos diabólicos y drogas, una forma muy traumática de iniciarse en las relaciones sexuales. Ella vio esta situación como su primer gran pecado.

Roland Villeneuve, autor de *El universo diabólico*, señala que probablemente era una mujer muy hermosa.[330] Su belleza, junto con su personalidad indómita, explica la fascinación que ejerció sobre varios hombres con poder sobre ella, que hicieron de su vida un infierno. Madeleine era muy religiosa y especialmente devota de san Francisco de Asís, por lo que, para escapar de las visitas al *sabbat* decidió ingresar en un convento de franciscanas terciarias dedicado a san Luis y a santa Isabel de Hungría que había en los bosques cercanos a la ciudad de Louviers. Los conventos de la orden terciaria eran los únicos accesibles para una muchacha pobre que no podía pagar una dote.[331] Este lo regía el padre Pierre David, que tenía fama de santo y que se había convertido en el director espiritual del claustro. Sin embargo, no era tan santo como aparentaba, sino un adamita que estaba a favor de la desnudez de Adán en sus días de inocencia en el paraíso y que vio en la fundación del convento una forma de satisfacer sus inclinaciones. Introdujo en el mismo a una monja con la cual tenía una relación previa, conocida como madre Françoise, a través de la cual dominó la congregación.[332] Cuando la fundadora y primera madre superiora del convento murió, su puesto fue ocupado por la madre Françoise. A través de ella, el padre David convenció a las monjas de Louviers de que sometieran a las novicias a sus deseos de pasearse en traje de Eva por los jardines interiores e, incluso, de ir así a la capilla y comulgar.

Madeleine, que no era una niña cuando entró en el convento, era demasiado orgullosa, o quizá todavía demasiado pura, para someterse sin protestar a esa extraña forma de vida, por lo que era severamente amonestada y obligada a desnudarse. A pesar de ello, para recibir la comunión se cubría el pecho con el paño del altar o con los brazos, lo que le valía castigos y reprimendas por parte de las monjas. Tampoco estaba dispuesta a descubrir su alma ante la madre superiora, una costumbre usual en el convento a la cual la abadesa era muy aficionada. Ella prefería confesar con el viejo padre David, pero este no la confortó, sino que la atribuló aún más, dado que dio en enseñarle la doctrina iluminista que regía el convento. Le decía que los pecados del cuerpo no mancillaban el alma, que la única manera de estar a salvo del pecado era pecando, y que estando en quietud devocional no había actos pecaminosos; todas estas ideas desembocaban en prácticas sexuales lésbicas entre las religiosas.[333] Madeleine estaba horrorizada por la depravación alcanzada por las monjas, que infundían a las novicias las teorías heréticas de forma que el padre David consideraba virtuosas, santas y fieles a las monjas que se desnudaban por completo y bailaban ante él [...] Pero eso no era todo. Nos obligaba a darnos abrazos lujuriosos y, apenas me atrevo a decirlo, a entregarnos a las infamias más viles y pecaminosas. Yo presencié una circuncisión de un enorme falo que parecía de barro que unas monjas cogieron a continuación para satisfacer sus caprichos.[334]

Ella se negó a participar en muchos de estos actos y nunca llegó a tener relaciones sexuales completas con el padre David, aunque sí tocamientos y masturbaciones. Para mantenerse lo más alejada posible de estas prácticas, solicitó y obtuvo el puesto de tornera, que le permitía vivir prácticamente fuera del convento. El padre David, cuya avanzada edad le había impedido prosperar en sus actos sexuales sobre Madeleine, murió en 1628. En la obra *La piété affligée*, publicada en Rouen en 1652, su autor, Esprit du Bosroger, hace un bonito retrato del padre David, que, con su andar grave, su larga barba, sus modales dulces y sus predicaciones enfervorizadas durante la misa aparentaba ser un gran servidor de Dios, cuando en realidad era «un gran fariseo e hipócrita, un gran y furioso lobo al cuidado de un pobre e inocente rebaño».[335]

Con su sucesor, el padre Mathurin Picard, la situación de Madeleine no solo no mejoró, sino que empeoró, porque este, mucho más joven que el padre David, no estaba dispuesto a aceptar la negativa de la muchacha. Todas las prácticas obscenas siguieron realizándose como en vida de su antecesor y, al negarse Madeleine a participar en ellas, las monjas la tacharon de insoportable. Cuando fue a confesarse por Pascua, el padre Picard le declaró la pasión que sentía por ella y la manoseó. Comenzó a perseguirla de forma incansable y ella intentó escapar de su acoso buscando otro confesor, pero las monjas se lo prohibieron, porque no querían que se divulgaran los secretos de la vida en el convento. Picard intentó conseguir su compasión fingiéndose enfermo y rogándole que fuera a verlo, pero como Madeleine persistió en su negativa, conociendo su historia con Bontemps por ser su confesor, la acosó y, con ayuda de drogas alucinógenas, la convenció de que estaba poseída por los demonios. Como consecuencia de esos abusos mentales, Madeleine estuvo muy enferma, casi al borde de la muerte. Picard aprovechó su extrema debilidad para aterrorizarla y hacerle creer que había estado en el *sabbat* en el que ella había sido altar y víctima, y se había convertido en la puta del demonio; desde entonces, él se convirtió en su dueño y la violó repetidas veces.

Como hemos visto en los capítulos anteriores, en esa época no era infrecuente que los directores espirituales tuvieran relaciones sexuales con sus penitentas de cuyo fruto nacieron hijos ilegítimos, por lo que el comportamiento de Picard no era inhabitual, pero sí era bastante más retorcido que el de la mayoría de los curas rijosos.

Picard, investido de todo su poder e influencia, gracias a la cual había atraído grandes donaciones al convento, no regateaba en todo lo relacionado con Madeleine. Por ello, le pagó una dote para que dejara de pertenecer a la orden terciaria y pudiera convertirse en monja. De esta forma, la joven dejó la portería y pasó a ocupar una de las celdas del convento, donde él podía tener acceso carnal a ella cuando quisiera. Allí también podía dar a luz en la intimidad, lo cual hizo no una, sino varias veces sin la ayuda de los médicos, con el único socorro de las drogas que le daba Picard y no sabemos si de alguna monja conocedora de sus secretos. Puede que algunos embarazos no llegaran a término, que le produjeran abortos con ayuda de las plantas que Picard parecía conocer muy bien. Madeleine dijo no saber qué había sido de los recién nacidos.

Según cuenta Michelet, a medida que Picard fue cumpliendo años, temió que Madeleine pudiera abandonarlo y se le ocurrió otra idea diabólica: atar el destino de ella al de él, forzándola a hacer un testamento vital, en el cual ella prometiera «morir cuando él muriera e ir dondequiera que él fuese». La convenció de que su alma estaba perdida para siempre porque había cometido terribles pecados y que se había convertido en su propiedad. Era su instrumento para hacer las cosas más vergonzosas, como controlar al resto de las monjas, lo cual Picard había conseguido impregnando una hostia consagrada con sangre menstrual de Madeleine y enterrándola en el jardín.

Todo esto sucedía el año en el que Urbain Grandier fue

quemado y en toda Francia no se hablaba de otra cosa. El penitenciario de Évreux, ciudad cercana a Louviers que había participado en este evento, llevó a Normandía la terrible historia. Madeleine se imaginaba a sí misma poseída, golpeada por los demonios y perseguida por un gato lujurioso con ojos de fuego que la violaba en su celda. Otras monjas se contagiaron de su locura y ella buscó ayuda en un monje capuchino y después en el obispo de Évreux, quien hizo oídos sordos a los ruegos de Madeleine durante seis años, seguramente por miedo a que Richelieu, que había acometido la reforma de los claustros para terminar con los escándalos, actuara contra él.

Picard murió al fin en 1642, y, aunque no arrastró a Madeleine hasta el fondo del infierno como ella se temía, tampoco esta muerte puso fin a su calvario. La dirección espiritual del convento recayó sobre el padre Boullé, ayudante y cómplice de Picard en todos sus desmanes, y un nuevo suceso contribuyó a deteriorar aún más la vida del convento: al menos catorce de las cincuenta y dos monjas empezaron a presentar signos de posesión, con convulsiones, aullidos y quejas de los tormentos que les infligían los demonios. Las posesas fueron exorcizadas durante dos años, sin que llegaran a experimentar mejoría, y acusaron a Madeleine de ser la causante de sus males. A esto se sumó la llegada al convento de una nueva monja, Anne de la Nativité, de fuerte temperamento, que se enfrentó a la joven en una lucha a muerte. Las demás monjas la secundaron y Madeleine se convirtió en el chivo expiatorio de todas ellas.

Fue acusada formalmente ante el obispo de Évreux, que buscó en su cuerpo las marcas del diablo por el conocido método de punción. Tras su hallazgo, formalizó los cargos de hechicería, pacto con el diablo, sacrilegio, copulación con el diablo y robo de hostias, entre otros. Madeleine fue torturada, expulsada de la orden y condenada a cadena perpetua. Habría de cumplir esta pena en una mazmorra subterránea llamada *in pace*, una especie de zulo donde nunca entraba la luz del día y donde la reclusa vivía incomunicada y rodeada de sus propias inmundicias. Trató de suicidarse obstaculizando el flujo menstrual, tragándose las arañas que había en la celda e intentando cortarse el cuello con un trozo de metal que encontró allí, pero su fortaleza física la libró varias veces de la muerte. En su confesión, habla de que en la oscuridad de su celda un ángel le salvó la vida cuando estaba a punto de ingerir el veneno que le había dado uno de los carceleros para matar las ratas que pugnaban por comérsela, y de que otro ángel la había salvado del asalto de unos carceleros que pensaron que podían satisfacer su lujuria con la bruja, el peor deshecho de la sociedad. Aunque intentó mantener la coherencia de sus actos, finalmente se desmoronó y terminó firmando cuanta declaración le pusieron por delante para inculparse de los crímenes más abyectos, o para inculpar a los enemigos de sus perseguidores. Una de esas declaraciones fue la prueba de cargo que se empleó para condenar a un hombre a la hoguera. Después la sacaron del zulo subterráneo cuando estaba a punto de morir de hambre y la llevaron al convento de ursulinas de Rouen, donde siguieron maltratándola. Pero ese alivio duró poco, porque pronto volvieron a encerrarla en la mazmorra y de nuevo le robaron lo único bueno que había recuperado: la luz del sol.

Este nuevo castigo coincidió con la publicación que realizó Yvelin, el joven cirujano de la reina, que había ido a Louviers para estudiar el caso de las monjas posesas. Descubrió que todo era una farsa, pero nadie le hizo caso, por lo que él mismo editó un panfleto en el que contaba su hallazgo, y lo repartió en la esquina del Pont Neuf de París.

Madeleine murió en prisión en 1647, el mismo año que Boullé era quemado vivo por brujo junto con los restos del padre David. El convento, que Michelet llama la Sodoma de Louviers, fue desmontado y las monjas repartidas por otros lugares. Todo ello indica que al final las autoridades dieron crédito a la confesión de Madeleine, pero a ella no le restituyeron ni la libertad, ni la vida, ni la honra.

No hay garantías de que su biografía, publicada en 1652 por el clérigo que la había escuchado en confesión general durante su estancia en la prisión, sea el auténtico relato de su vida, pero los hechos que se han podido cotejar son ciertos. Lo que no se ha podido comprobar, aparte de sus viajes al *sabbat* o los ataques que sufrió por el íncubo en forma de gato, resultan verosímiles. Por ello, el sacerdote que la oyó en confesión, el impresor que publicó el relato de su vida en 1652, el que la reeditó en 1878 y autores como Michelet o más recientemente Alberto Ortiz[336] consideran cierto lo relatado en esta biografía. A pesar de ello, Ernest Hildesheimer, archivista departamental de L'Aisne, en su estudio de las posesas de Louviers publicado en 1938, pone en duda casi todas las afirmaciones que hace Madeleine y cita erróneamente su biografía. Entre otras cosas, afirma que la joven vivió en la prisión a sus anchas —en ninguna prisión anterior a la segunda mitad del siglo XX vivían los presos pobres a sus anchas— y considera que el padre David en realidad fue un hombre santo, para lo cual cita solo la primera parte del terrible retrato que hace de él E. de Bosc-Roger.[337] Este trabajo de Hildesheimer vuelve a poner de manifiesto que las mujeres, por el solo hecho de serlo, no han tenido credibilidad ni en el siglo XVII (ni en el XX ni en el XXI), ni siquiera cuando estaban encarceladas en una mazmorra subterránea a la espera de la muerte.

Tras leer el relato de la vida de Madeleine, puede verse que lo más terrible no es el abuso sistemático sufrido a manos de varios hombres que deberían haberla protegido y confortado, ni siquiera la falta de una persona en la que confiar a lo largo de su vida, sino el desvalimiento y la desesperación que siente al saber que, accediendo a los deseos de sus violadores, cometía unos pecados terribles. Por ello Madeleine pensaba que, aunque no los hubiera cometido por voluntad propia, no sería merecedora de la misericordia de Dios y sufriría la condenación eterna. Es desgarrador ver que una persona con una fe absoluta no se rebelara contra el dios que había permitido que tuviese esa vida, sino contra ella misma.

Una mujer hermosa, inteligente, con una fuerte personalidad y una fe en Dios inquebrantable, pero pobre y sin familia, fue usada y abusada por varios religiosos con la complicidad de la priora y otras monjas del convento, sin haber recibido auxilio de una sola de las personas a las que pidió ayuda. Solo la del sacerdote que la escuchó en la prisión tuvo la oportunidad de resucitarla de entre los muertos, al permitir que su historia haya llegado hasta nosotros.

Porque yo no comencé a vivir de acuerdo con la ley de Dios hasta que estuve en las prisiones de Rouen, cuando me preparé para bien morir.[330]

Aunque los tres procesos en los que tuvieron lugar episodios de posesión diabólica sucedieron de manera casi simultánea, las penas que sufrieron los condenados en Francia fueron infinitamente más crueles que las sufridas por los acusados en España.

16

Hechizos en la corte

EL HECHIZO DE CARLOS II

En la segunda mitad del siglo XVII, en España hacía decenios que no se quemaban brujas, en Europa la razón empezaba a abrirse paso y las mentes más brillantes del continente contemplaban con estupor las cenizas humeantes de las hogueras que habían segado la vida de tantas mujeres y hombres. A pesar de ello, la fe en los *maleficia* no había decaído, por lo que los conjuros y hechizos seguían muy presentes en la vida de los europeos y llegaban incluso a las cortes.

En España había existido la tradición de atribuir a hechizos la incapacidad de algunos reyes para las tareas de gobierno. Tal fue el caso de Enrique IV de Castilla (el hermanastro de Isabel I), cuya sumisión al marqués de Villena y su «notoria falta de voluntad no podía deberse más que a hechicerías y a bebedizos que lo tenían enajenado de su propio ser de hombre».[339] La creencia en el poder de los hechizos como justificante del mal gobierno continuaba a mediados del siglo XVII y condicionó la vida cortesana e incluso las relaciones diplomáticas de 1650 a 1700, periodo correspondiente a los reinados de los últimos monarcas de la casa de Austria, Felipe IV y Carlos II.

Ya durante el reinado del padre se decía en la corte y en toda España que el rey estaba dominado por el conde-duque de Olivares mediante bebedizos que le suministraba el valido, que era tenido por gran hechicero. En 1627, cuando el valido detentaba mucho poder, apareció un informe atribuido a don Miguel de Cárdenas, según el cual Olivares administraba hechizos al rey elaborados por una mujer llamada María Álvarez, por mediación de una tal Leonora o Leonorilla y un clérigo que convivía con María. Leonora fue detenida, pero pronto cayeron los que habían propiciado su detención, por lo que fue liberada y Cárdenas, destituido.

Años después, la caída del valido espoleó las habladurías que le atribuían poderes de nigromante y, dos semanas después de que Olivares hubiera sido defenestrado, corrió por Madrid un panfleto muy mal escrito y muy poco verosímil, en el cual se relataba la historia de sus hechuras mágicas. Una de las cosas que decía era que Olivares llevaba un diablo dentro de la muleta que usaba para caminar que le ayudaba en sus tejemanejes con el rey Felipe IV. En este opúsculo vuelve a aparecer Leonorilla como la hechicera que había conocido cuando llegó a Sevilla, siendo joven, y a través de la cual captó la voluntad del rey y se convirtió en su valido. En el panfleto se habla también de los hechos del convento de San Plácido, sazonados con detalles escabrosos.

Del rey Felipe IV se decía que había sido hechizado para enajenar su atención y distraerlo de las tareas de gobierno y para dificultar su capacidad de generación. La última afirmación resulta harto extraña en una persona que tuvo quince hijos legítimos y más del doble de ilegítimos. Su sucesión planteó un problema debido a la elevada mortalidad infantil, que segó la vida de varios infantes nada más nacer y la de sus dos herederos varones, Felipe Próspero y Baltasar, Carlos con cuatro y dieciséis años, respectivamente. Una de las causas de esta elevada mortalidad fue la consanguinidad de las monarquías europeas, que hizo que Carlos II, el único hijo legítimo que le sobrevivió, tuviera grandes discapacidades y sufriera de impotencia.

Carlos II (1661-1700), el último de los Austrias, fue un rey desdichado, cuyo reinado desembocó en una guerra civil al morir sin descendencia. Este monarca no gozó de buena salud precisamente: no anduvo hasta los cuatro años, no habló hasta los ocho, se le cayeron los dientes y el pelo siendo muy joven, sufrió de impotencia y murió a los treinta y nueve años, aparentando tener el doble de edad.

Como no engendró descendencia con su primera y muy amada esposa María Luisa de Orleans, ni parecía que fuera a tenerla con la segunda, la iracunda Mariana de Neoburgo, crecieron las sospechas de que a él le faltaba la capacidad de generación que le sobró a su padre. La preocupación por la falta de un heredero hizo que el Consejo del Rey, compuesto por su confesor, el dominico Froilán Díaz, el cardenal Luis de Portocarrero y el inquisidor general, Juan Tomás de Rocabertí, decidiera encontrar una forma de curar su impotencia. No habiendo servido los remedios recomendados por los médicos, el consejo tuvo la brillante idea de que su impotencia era debida a los efectos de un hechizo.

Estos eclesiásticos supuestamente inteligentes, razonables y bien formados, recopilaron manuales para exorcizar al rey y librarlo del hechizo, pero los exorcismos tampoco remediaron los problemas del monarca. En esta situación, que empezaba a ser desesperada por la falta de herederos, fray Froilán se enteró de que en Asturias había otro dominico, vicario de un convento que en ese momento estaba exorcizando a tres monjitas endemoniadas en Cangas de Tineo y el Consejo decidió preguntar al diablo que las acechaba qué tipo de hechizo afectaba al rey y si había manera de conjurarlo.

Las conversaciones con los demonios interrogados sobre este hechizo pueden leerse en varios textos de historia de la brujería y en la *Historia general de España*, de Modesto Lafuente, pero deberían figurar más bien en una ópera bufa, dado su comicidad y total ausencia de sentido común.

Según nos cuenta el escritor Leandro Fernández de Moratín:

> Fray Antonio (el confesor de las monjas), poniendo la mano de una de las energúmenas sobre una ara (un altar), exorcizándola y mojándola de pies a cabeza con agua bendita, logró que el demonio le respondiese que efectivamente el rey estaba hechizado y que se le dio el maleficio en bebida líquida a los 14 años de su edad para destruir la materia generadora en el rey y hacerle incapaz de administrar el reino.
>
> Precediendo juramento del demonio (de que había de decir la verdad (¡!)) le preguntó:
> Vicario: ¿De qué forma se le dio el hechizo al rey?
> Demonio: En chocolate, a 3 de abril del año 1675.
> Vicario: ¿De qué se había confeccionado?

Demonio: De los miembros de un hombre muerto.

Vicario: ¿Cómo?

Demonio: De los sesos de la cabeza para quitarle el Gobierno, de las entrañas para quitarle la salud, y de los riñones para corromperle el semen e impedirle la generación.

Vicario: ¿Qué persona fue, macho o hembra?

Demonio: Hembra.

Vicario: ¿Y a qué fin?

Demonio: A fin de reinar.

Vicario: ¿En qué tiempo fue?

Demonio: En tiempo de Don Juan de Austria, a quien sacaron de este mundo con los mismos hechizos pero más fuertes, pues le acabaron tan presto.

Vuelto a preguntar el diablo, respondió que al rey le habían dado hechizos dos veces por mandato de su madre, doña Mariana de Austria. Que la que hizo el primer hechizo se llamaba Casilda, era casada, tenía dos hijos y vivía en la calle de los Herreros, y los hizo ella sin más cómplice que Lucifer. Ella propia buscó el cadáver de un ajusticiado en la misericordia. El hechizo se lo dio a su Augusta Majestad uno que quiere que reine en España la flor de lis [alusión a las pretensiones borbónicas]. La segunda toma de hechizos que le dieron al rey la dispuso una hechicera famosa que vivía en la calle Mayor y se llamaba María.

Diéronse a buscar por Madrid Marías y Casildas pero por más que hicieron no hallaron las que deseaban y entretanto el bueno del rey eligió por abogado protector a San Simón para que le sacara con bien de tan enrevesado negocio.

El Inquisidor General, señor Rocabertí, y el padre confesor aconsejados por el Vicario de Cangas, se iban todos los días a palacio luego que amanecía y apenas despertaba Su Majestad, le hacían desayunar con un gran cuenco de aceite bendito, lo ponían en cueros y estregándole primero muy bien la cabeza con el mismo aceite, le ungían después lo restante del cuerpo como un atleta, sin dejar parte o resquicio que no bendijeran o pringaran, y a mayor abundamiento le propinaban de cuando en cuando una buena purga, en la que además de los diluentes y laxante que son de estilo, había incienso bendito, pedacillos de Agnus Dei, huesos de mártires pulverizados y tierra del Santo Sepulcro. Bebíase el rey esta pócima con una devoción ejemplar, y lo que es bien admirable, a pesar de todas las diligencias aún no se había muerto.[340]

Entre tanto el diablo de Cangas, a quien el Vicario seguía preguntando cada vez más, llegó a decirle que no se cansara en repetir conjuros porque no respondería a derechas a nada de lo que le preguntasen, si no se lo demandara en la capilla de Nuestra Señora de Atocha de Madrid y esto a fin de que se restituyese la devoción a aquella santa imagen, que estaba muy resfriada entre los fieles.

Según comentaba Moratín: «Aquel demonio parecía un demonio muy devoto».[341]

Modesto Lafuente sigue contando el suceso en su *Historia general de España*:

> Lo peregrino del caso es, que a pesar de las extravagancias de aquellas revelaciones, en Madrid se practicaba con el rey todo lo que el demonio por conducto del vicario de las monjas de Cangas prevenía que se hiciese, excepto lo que evidentemente se conocía que era más a propósito para matarle que para sanarle. Pero se le llevó a Toledo, se trajeron a la cámara médicos de fuera, y se hicieron otras cosas de que nadie acertaba a darse explicación, y era que venían sugeridas de Asturias. El pobre Carlos sufría muchos tormentos, y no era el menor de ellos el de la aprensión en que le habían metido; y cada vez que se advertía algún alivio o mejoría en su salud, se atribuía a la eficacia de los exorcismos y de los otros remedios.

Pero las cosas se complicaron porque murió el inquisidor general, Rocabertí, con lo cual desapareció la persona de autoridad que avalaba las purgas, pócimas, unciones e interrogatorios a los demonios, y todos estos trabajos realizados en beneficio del rey pasaron a ser actividades sospechosas de brujería.

> La reina no se apercibió de lo que pasaba hasta poco antes de morir Rocabertí: en el enojo y la indignación que le produjo semejante superchería, ya que no pudo vengarse del inquisidor porque la muerte le libró de sus iras, meditó como tomar venganza del confesor Fr. Froilán.[342]

Como la falta de un heredero en el trono de España era cosa que preocupaba a toda Europa, apareció Harrach, el embajador de Austria, trayendo la sorprendente noticia que le había transmitido al emperador Leopoldo un obispo austriaco: en la iglesia de Santa Sofía de Viena, un niño poseso había declarado que el hechizo del rey había sido causado por una tal Isabel que vivía en la calle Silva de Madrid y que era posible encontrar pruebas materiales de ello tanto en casa de la mujer como en cierta habitación del palacio. La Inquisición investigó el asunto y apareció una Isabel en la calle Silva, así como los instrumentos del hechizo donde dijo el embajador que debían estar. Se mandó llamar a Madrid a un exorcista alemán, fray Mauro Tenda, experto de gran prestigio, del que los diablos «marchaban zumbando a los infiernos para no sufrirle», que encontró a una posesa en Madrid, a la que sometió a exorcismos con el fin de hacer hablar al diablo. Este, sin embargo, dijo que el rey no había sido hechizado a través de una taza de chocolate, sino con polvo de tabaco, y que la causante del maleficio no había sido la madre del rey, doña Mariana de Austria, sino su esposa, doña Mariana de Neoburgo, que era quien entonces manejaba las riendas del poder.

La reina, que no era precisamente pacífica, no se tomó a bien esta acusación y destituyó de manera fulminante al confesor del rey, fray Froilán. El monarca, para compensar, lo nombró obispo de Ávila, pero el dominico no llegó a tomar posesión del obispado, porque el sustituto de Rocabertí, el inquisidor general Mendoza, lo hizo procesar por «sospechoso de herejía, por supersticioso y reo de doctrina condenada por la Iglesia, por dar crédito a los demonios y valerse de ellos para dar crédito a cosas ocultas». Fray Froilán fue encarcelado y se vio involucrado en un largo proceso en el que se presenciaron y oyeron afirmaciones peregrinas, como que el diablo de Tineo le había dicho a fray Antonio, el dominico confesor de las monjas que

Dios ha hechizado el rey y ahora no permite que sean deshechos los hechizos porque Su Majestad tolera que el Santísimo Sacramento de la Eucaristía esté sin luminaria de cirio ni de lámpara; que los religiosos de algunos conventos mueran de hambre; que los hospitales estén cerrados sin abrirse para los enfermos pobres; que las almas de los fieles padezcan graves penas en el purgatorio porque no se ofrecen misas en sufragio suyo, y porque el rey es negligente sobre administración de justicia permitiendo que no se haga lo que corresponde en favor de un crucifijo que la tiene solicitada.[343]

Como decía Moratín, se trataba de un demonio muy devoto, que además tenía inquietudes sociales inusitadas en la época.

Leyendo el relato de las desventuras del rey y de la manera en la que intentaron ponerles remedio, cabe preguntarse si el problema de España era que el rey estuviera hechizado o aquellos que lo rodeaban.

El rey murió sin descendencia en el año 1700, dos años después de los infructuosos intentos de curarlo mediante exorcismos. El relato de sus desdichas, y las de fray Froilán, fue recogido en detalle por Modesto Lafuente en su *Historia general de España*, en la que, como colofón del reinado de la casa de Austria, dice desolado:

> ¡Cuán triste espectáculo estaríamos dando a todas las naciones del mundo! Entretenida la corte de España con puerilidades y sandeces ridículas, con los cuentos y chismes de los energúmenos, con los conjuros y exorcismos de un rey que se suponía hechizado, manejado este negocio por inquisidores, frailes y mujeres, en tanto que las potencias de Europa se ocupaban en repartirse nuestros dominios, y en disputarse con encarnizamiento la pobre herencia que del inmenso poder de la España del siglo XVI había de dejar a su muerte el desgraciado Carlos II.[344]

En 2009, unos investigadores de la Universidad de Santiago de Compostela descubrieron la auténtica naturaleza del hechizo que sufrió el rey Carlos II: la reiterada consanguinidad en los matrimonios de sus antepasados, que, además de sus males, había provocado la muerte de numerosos infantes españoles. Si Felipe el Hermoso tenía un índice de consanguinidad de 2,5, en Carlos II ese índice se había elevado hasta 25. Esa cercanía fue la causa de su decrepitud, impotencia y temprana muerte.[345]

El asunto de los venenos en Versalles

Los conjuros y hechizos no solo estuvieron presentes en la corte española de los Austrias cuando la caza de brujas estaba llegando a su fin. En las últimas décadas del siglo XVII, en la época más brillante del reinado de Luis XIV, en Francia se adoraba al Señor de las Tinieblas, con el concurso de adivinas y curas renegados que atendían las cuitas de las damas y caballeros de la alta sociedad. En la mayoría de los casos, se limitaban a explotar la credulidad humana adivinando el porvenir con la lectura de las líneas de la mano, los horóscopos o las cartas. Cumplían una importante función social porque consolaban a las malcasadas y daban esperanzas a las enamoradas que temían perder a sus amantes, a los herederos que deseaban entrar en posesión de sus herencias, a los militares que pedían un talismán que les salvara la vida en el campo de batalla, a los buscadores de tesoros escondidos o a los jugadores víctimas de la mala suerte. Aunque todos aspiraban a ser ricos, hermosos y amados, usualmente los hombres ansiaban el poder, mientras que las mujeres anhelaban el amor o librarse de un mal marido, porque para ellas la única forma de acceder al poder era entrando en el lecho de los hombres poderosos.

Para convertir en realidad los deseos de sus clientes, las adivinas no le hacían ascos a la religión, por lo que igual rezaban novenas en las iglesias que realizaban actos sacrílegos durante la misa, como pasar los polvos del amor bajo el cáliz, o decir conjuros durante la consagración de la santa hostia. Otra de las actividades de las brujas era modelar muñecos de cera que representaban a las personas odiadas para ser asaeteados con alfileres o lanzados al fuego.

Estas supercherías no tenían consecuencias graves, pero, como tampoco solían tener mucho éxito, si el deseo de la dama o del caballero era muy intenso y su bolsa estaba bien repleta, las brujas ofrecían otros servicios más costosos, como suministrar los venenos que obtenían de los alquimistas. La ciencia de los venenos había avanzado mucho, por lo que las plantas mágicas del taller de Celestina, un par de siglos antes, habían sido desplazadas por el arsénico (en realidad sus compuestos), llamado eufemísticamente «polvos de la sucesión» porque, añadido a la comida o bebida de la persona adecuada, facilitaba el cobro de herencias. Tenía la ventaja de ser más o menos accesible, porque era usado como matarratas, y ser incoloro, insípido y muy soluble, por lo que podía dosificarse para matar de una vez o a lo largo de meses. Más raramente se usaba el vitriolo (ácido sulfúrico) o el sublimado corrosivo (cloruro de mercurio), porque estos venenos, aunque efectivos, no eran discretos. Aquellos obtenidos de plantas como la cicuta o el acónito estaban francamente *démodés*.

Tanto las brujas como sus clientes eran profundamente creyentes y consideraban que Dios y el demonio representaban dos caras de la misma moneda, por lo que eran frecuentes los rituales satánicos de misas negras. Estas debían ser oficiadas por sacerdotes renegados y se realizaban por la noche en habitaciones alumbradas por velones de cera negra, sobre el vientre desnudo de una mujer tumbada en una mesa a modo de altar. Durante la elevación de la hostia se pedía al Maligno que se cumplieran los deseos de la dama, cuya cara solía estar cubierta. Muy a menudo la ceremonia iba acompañada de besos y tocamientos obscenos, tras los cuales la mujer se libraba a los deseos impúdicos del oficiante, que también solía estar desnudo bajo las ropas talares. En los casos más difíciles y mejor pagados, la ceremonia culminaba con el asesinato de un recién nacido o con un feto abortado, cuya sangre se recogía en un cáliz. Los fetos nunca escaseaban porque, entre los servicios que prestaban las adivinas, no faltaba la práctica de abortos o partos clandestinos para ocultar el fruto de amores adulterinos. Las aborteras y brujas también se encargaban de hacer desaparecer a los recién nacidos.

Las autoridades comenzaron a sospechar de la existencia de un numeroso gremio de brujas cuando en 1673 los confesores de la penitenciaría de Notre Dame avisaron a la policía de que muchos reos confesaban haber participado en envenenamientos antes de ser ajusticiados por otros crímenes. No obstante, lo que desató el pánico entre los parisinos fue la ejecución de la marquesa de Brinvilliers, en 1676, condenada por haber asesinado a su padre y a sus dos hermanos y haber intentado asesinar a su marido para quedarse con la herencia familiar y casarse con su amante.

Por ello, cuando en 1679 un abogado parisino invitado en una cena en casa de madame Vigoreaux oyó que una invitada, una tal madame Bosse, exclamaba:

> ¡Qué bello trabajo! ¡Qué bella clientela! ¡Marquesas, duquesas, princesas, señores! Tres envenenamientos más y podré retirarme,[346]

le prestó atención. Cuando madame Bosse se dio cuenta de que había hablado de más porque el vino le había soltado la lengua, ya era tarde, el abogado había tomado nota de su afirmación y esa misma noche lo puso en conocimiento de la policía. Esta se apresuró a enviar a la mujer de uno de sus agentes de incógnito a casa de madame Bosse, que le suministró un frasco de veneno tras hacerle pagar una sustanciosa cantidad de dinero. Habiéndola pillado *in fraganti*, La Reynie, jefe de policía de París, mandó detener a la Bosse y la Vigoreaux en plena noche y las encarceló en el castillo de Vincennes. Tras ser interrogadas, ambas declararon ser adivinas y admitieron que había por lo menos cuatrocientas personas practicando la brujería y haciendo uso de venenos en París y en la misma corte, con acceso incluso a las residencias del rey. Revelaron que su maestra en el arte del veneno era una tal Catalina Deshayes, señora de Monvoisin, más conocida como *la Voisin* («la Vecina» en francés). En los primeros interrogatorios apareció el nombre de madame de Poulaillon, una dama perteneciente a un ilustre linaje de la alta magistratura de Burdeos, casada con un viejo y rico terrateniente. Esta se había enamorado de un gigoló que la arruinó; cuando no pudo sacarle a su marido más dinero, intentó matarlo y para ello buscó la ayuda de Marie Bosse. Madame de Poulaillon fue la primera dama de alcurnia de una larga lista de clientas de las envenenadoras parisinas.

Ante la gravedad del caso, La Reynie acudió a informar a su superior, el marqués de Louvois, ministro de la Guerra, quien informó al rey. En una decisión sin precedentes, Louvois sostuvo que no era conveniente llevar el asunto al Parlamento, cuyos miembros actuaban como Alto Tribunal de Justicia; era preferible crear un tribunal especial para juzgar tan horrendos crímenes sin dar publicidad al caso, porque ello sería lesivo para el prestigio de Francia. Louvois también temía que los parlamentarios no actuaran con el rigor necesario si algunos de los acusados fuesen familiares o amigos.

Así, en la primavera de 1679, se habilitó en París por orden real un tribunal especial que tuvo su sede en el Arsenal, el depósito de armas próximo a la fortaleza de la Bastilla. Fue conocido como *Chambre ardente*, nombre que hacía referencia a otra cámara judicial creada durante el reinado de Enrique II para juzgar a los herejes calvinistas, donde los acusados eran procesados al resplandor de las antorchas, en el interior de cámaras abovedadas tapizadas con telas negras.

Las deliberaciones de la segunda *Chambre ardente* serían secretas, y sus veredictos, inapelables. El procedimiento consistía en arrestar a las personas que La Reynie consideraba sospechosas, tanto brujas y envenenadoras de los arrabales de París como nobles y príncipes, someterlos a un interrogatorio individual y, si era necesario, carearlos con otros acusados. Tras estos careos, el tribunal decretaba su libertad o lo sometía a otro interrogatorio, que consistía en una o varias sesiones de tortura. Dos de las más terribles eran la del agua (una versión de la toca de la Inquisición española), en la cual hacían ingerir a los encausados enormes cantidades de agua por medio de un embudo que les llegaba a la garganta, o la de los *brodequins*, en la que les machacaban los huesos de las piernas, introduciendo tablas en unas botas sobre las que ejercían tal presión que los huesos estallaban (ese fue el tormento sufrido por Urbain Grandier en Loudun). Resulta fácil imaginar que, bajo esos tormentos, la mayoría de los reos confesaban lo que les pidieran. Si el sospechoso era considerado culpable, los jueces dictaban sentencia de forma definitiva e inapelable. Las ejecuciones no resultaban más compasivas: los condenados eran quemados vivos o descoyuntados en la rueda; las menos crueles decapitaciones estaban reservadas a los nobles.

A pesar de que en casa de la Bosse se encontró arsénico, recortes de uñas, polvos de cangrejo, cantáridas, sangre menstrual y algunas inmundicias supuestamente afrodisiacas, la Voisin se convirtió en el centro de las investigaciones policiales y se perfiló como la auténtica criminal. Ambas mujeres fueron careadas y Bosse acusó a la Voisin de haber envenenado y matado a su propio marido y haber suministrado el veneno a las señoras Dreux y Leféron para que también asesinaran a los suyos, que eran miembros del Parlamento. Ambas damas, junto con madame de Poulaillon, fueron arrestadas y encerradas en el castillo de Vincennes, para escándalo de la alta sociedad parisina. Durante los interrogatorios, la Voisin confesó haber practicado dos mil abortos, haber matado a muchos recién nacidos no deseados y haber participado en ritos en los que se sacrificaban al diablo niños vivos, secuestrados en los barrios más pobres de París.

Cuando finalizó el interrogatorio de la Voisin, La Reynie confesó haber perdido su fe en la naturaleza humana:

> Las vidas humanas están a la venta y se negocia con ellas a diario como con cualquier artículo; se tiene al asesinato como único remedio cuando una familia atraviesa dificultades; se practican hechos abominables en todas partes: en París, en los suburbios y en provincias.

En octubre de 1679 se detuvo a Lesage (*le sage*, que en francés significa «el sabio»), que había sido condenado a galeras por crímenes anteriores e indultado por la intercesión de un poderoso protector en la corte. Había sido amante de la Voisin y su detención desencadenó una lucha feroz entre ambos. Inventor del método de la bola de cera, hacía que sus clientes escribieran sus peticiones en un papel que él mezclaba con cera y echaba al fuego, donde ardía con una llama brillante. Hábil escamoteador, en el último instante cambiaba el papel, de forma que días después el original era presentado a los clientes con la respuesta de Satán, que Lesage guardaba. A causa de sus declaraciones, fue arrestado el duque de Luxemburgo, mariscal de Francia y uno de los más brillantes generales al servicio de su majestad, cuyos deseos eran que muriera su mujer, conseguir el amor de su cuñada, casar a su hijo con la hija de Louvois, obtener muchas victorias militares y salir indemne de las batallas.

La Voisin contraatacó entonces con otras declaraciones aún más escandalosas: las condesas de Soissons y Roure y la vizcondesa de Polignac habían solicitado sus servicios para causar la muerte de Louise de la Vallière cuando esta era la amante del rey. Pero no fue esa confesión lo que motivó las órdenes de arresto de Olympe Mancini, condesa de Soissons, y de su hermana Marie-Anne Mancini, duquesa de Bouillon —ambas eran sobrinas del cardenal Mancini y una de ellas fue el amor de juventud de Luis XIV—, sino el asesinato del marido de la primera y el intento de asesinato del marido de la segunda, así como el asesinato de un lacayo de la segunda que sabía de sus amores adúlteros.

La Voisin, la Vigoreaux y la Bosse fueron condenadas a muerte y quemadas vivas, mientras que otra de las envenenadoras, la Filastre, murió durante las sesiones de tortura. En cambio, las señoras Dreux, Leféron y Poulaillon, a pesar de ser las instigadoras de varios envenenamientos, acabaron su vida recluidas en conventos. La condesa de Soissons huyó antes de ser detenida, pero la duquesa de Bouillon, el duque de Luxemburgo y otros nobles encausados confesaron con entera franqueza haber sido clientes de la Voisin. Sin embargo, como no se pudo probar que hubieran participado en hechos delictivos, fueron absueltos y puestos en libertad; los tribunales franceses no juzgaban ya los delitos de herejía (al menos mientras no hubiera hugonotes por medio). El presidente del tribunal de la *Chambre ardente*, olvidándose de la justicia ciega y ecuánime, dictó sentencias para sus parientes y amigos muy diferentes de las que había dictado para las adivinas y truhanes de los bajos fondos.[347]

En verano de 1680, cuando La Reynie mandó detener el proceso para reorganizar toda la información acumulada e intentar cerrarlo, la hija de la Voisin, Marguerite Monvoisin, declaró que iba a confesar toda la verdad dado que no tenía que proteger a su madre, porque ya había sido ejecutada. Aunque entre las primeras acusadas había varias mujeres próximas a la marquesa de Montespan, la reina sin corona de Versalles, la amante oficial del rey durante casi veinte años, ella había quedado al margen. Pero en agosto de ese año, cuando se reanudó el proceso, Marguerite Monvoisin declaró la existencia de un complot para asesinar al mismísimo rey, supuestamente urdido por la marquesa de Montespan, despechada tras haber perdido el favor real. Su testimonio fue corroborado y adornado por Lesage, que había conseguido el estatus de confidente especial de Louvois y una cuasi promesa de perdón real.

A pesar de que la Voisin nunca la había incriminado, su hija contó que la marquesa de Montespan había sido clienta asidua de su madre desde el comienzo de su relación con el rey, y que su interés por las pócimas que preparaba su madre se acrecentaba cada vez que el monarca descubría una nueva dama en la corte que atraía su atención y sus favores, cosa que ocurría muy a menudo. Según Marguerite Monvoisin, estas pócimas habían sido decisivas para que el rey entronizara a la marquesa de Montespan como *maîtresse in titre*, («amante oficial») destronando definitivamente a su anterior amante, Louise de la Vallière. También habían hecho que el rey volviera a su lecho tras haber tenido una hija con mademoiselle des Oeillets y posteriormente otra con mademoiselle de Fontanges.

Estas graves acusaciones contra la marquesa de Montespan, que le había dado siete hijos al rey y con la cual mantenía una relación cordial a pesar de que su fogosidad ya se había atemperado mucho, desencadenaron una crisis de Estado. No se sabe si el cambio en la naturaleza de la relación con la Montespan era debido a la edad del rey, a que la marquesa había engordado mucho tras el séptimo parto, o a que él ya atendía a madame de Maintenon. Esta era la institutriz que cuidaba de los hijos bastardos que el monarca había tenido con la condesa de Montespan. Madame de Maintenon terminaría por desplazar, efectivamente, a la condesa de Montespan en el corazón y en el lecho del rey, quien se casó con ella tras la muerte de la reina María Teresa de Austria.

Aceptar los testimonios de Marguerite Monvoisin y Lesage implicaba admitir que la amante o examante del rey, que aún tenía en Versalles más habitaciones que la propia reina, había participado en actos tan execrables como las misas negras, en las que el cáliz se habría consagrado sobre su vientre desnudo, y, lo que era más grave, en las que podrían haberse sacrificado recién nacidos, que habrían sido ofrecidos al diablo para que la dama mantuviera el favor real.

Ante estas acusaciones a la marquesa de Montespan, el rey, en contra de la opinión del comisario La Reynie, decidió detener el proceso y condenar al olvido eterno todos los hechos registrados. Se envió a los prisioneros pendientes de juicio una carta sellada, en la que se les comunicaba que sus acusaciones quedaban en suspenso y que no serían condenados ni torturados, pero tampoco liberados: permanecerían en prisión repartidos por varios castillos franceses hasta su muerte, muchos de ellos sin poder comunicarse con nadie. La última de las personas acusadas cuyo proceso había quedado en suspenso murió cuarenta y dos años después.

En 1682, cuando se selló el proceso, habían sido acusadas cuatrocientas cuarenta y dos personas, se habían ordenado trescientas diecinueve detenciones, emitido ciento cuatro juicios que resultaron en treinta y seis condenas a muerte y treinta y cuatro al exilio, y varios acusados habían muerto durante los interrogatorios. El monarca ordenó archivar toda la documentación y en 1709, a la muerte de La Reynie, ordenó quemarla, así como los archivos privados del comisario. No contó con la tenacidad del policía, que había mandado realizar varias copias, una de las cuales escapó al fuego y se conserva hoy en la Biblioteca Nacional Francesa. A partir de ella, se ha podido reconstruir el proceso.[348]

El rey no pareció dar crédito a las acusaciones de Marguerite Monvoisin y Lesage sobre las actividades de la Montespan, especialmente las que hablaban del complot para asesinarlo. La mayoría de los historiadores consideran hoy que esas declaraciones estuvieron motivadas por el deseo de los prisioneros de mantenerse con vida prometiendo que al día siguiente relatarían nuevos y más espectaculares complots para asesinar a gente de alcurnia.

La marquesa de Montespan no recuperó el favor real, pero se mantuvo varios años más en Versalles. En 1689 lo abandonó y se retiró a un convento, repartió su fortuna entre los pobres y vivió haciendo penitencia para expiar sus pecados. Cuando murió, en 1711, dicen que la única que la lloró fue madame de Maintenon, su sucesora en el lecho real; sus hijos ni siquiera fueron autorizados a llevar luto por ella.

El brillo de la corte del Rey Sol fue la antesala de la desaparición del régimen que él encarnó. Mientras Luis XIV vivió, sus deseos fueron obedecidos ciegamente, pero, una vez muerto, fueron burlados por la eficacia y perspicacia de un probo funcionario.

17

Las brujas de Salem

La feroz caza de brujas no se quedó a este lado del Atlántico. El fanatismo acompañó en su travesía a los puritanos que huyeron de las persecuciones religiosas en Inglaterra y los Países Bajos a comienzos del siglo XVII y se estableció con ellos en las colonias que crearon en la costa este de Estados Unidos. Muchas de ellas aunque formalmente dependían de la Corona británica, se gobernaban de acuerdo a los designios divinos, o más precisamente a la interpretación que los vicarios de Dios en la tierra hacían de ellos en unos gobiernos que eran de hecho teocracias.

LA COLONIA PURITANA

Las colonias vivían acosadas permanentemente por tierra por los indios, pobladores originales de la región, y por los militares franceses, aspirantes a convertirse en los únicos colonos del lugar. Además, los piratas realizaban frecuentes incursiones en sus costas, y los impuestos que había que pagar a la metrópoli eran insostenibles. Los ataques en el terreno espiritual no eran menos virulentos que en el ámbito material: el diablo era una amenaza contra la que había que estar en guardia constantemente. Por ello, a finales del siglo XVII, cuando en Europa la caza de brujas ya estaba tocando a su fin, tuvo lugar uno de los más crueles episodios en la colonia que habían establecido los Padres Peregrinos cerca de la ciudad de Salem. Esta, en el estado de Massachusetts y situada a unos veinticinco kilómetros de Boston, es hoy conocida como «la ciudad de las brujas», motivo por el cual recibe cada año más de un millón de visitantes deseosos de conocer los lugares donde tuvo lugar la última gran caza de brujas.

El año 1692 fue particularmente difícil para los habitantes de Nueva Inglaterra debido a que, además de los ataques de franceses, indios y piratas, se desató una epidemia de viruela muy agresiva, el invierno fue muy frío, y las cosechas, malas. Para colmo, la convivencia entre los habitantes de la colonia no era fácil; había conflictos enquistados debidos a enfrentamientos entre las familias más poderosas a causa de los límites entre las distintas propiedades. Las relaciones con los pastores de la Iglesia, institución fundamental en la colonia, eran tan complicadas que tres de ellos habían abandonado el cargo en pocos años, entre otras cosas, porque no les habían pagado el sueldo estipulado. Para los puritanos de la colonia no cabía duda de que todas las desgracias que habían caído sobre ellos eran un castigo de Dios por sus pecados. Estaban convencidos del poder del Maligno y de la existencia de las brujas, sus servidoras en la Tierra.

A este avispero llegó el reverendo Samuel Parris, natural de Londres y procedente de Barbados, donde había gestionado la plantación de caña de su familia tras la muerte de su padre. Años antes había comenzado sus estudios en el Harvard College, pero los había tenido que abandonar para ir a Barbados. Cuando la plantación familiar resultó dañada por un tifón, Parris vendió parte de la misma y volvió a Boston. Allí comenzó a predicar y a buscar una parroquia en la que pudiera tener un puesto estable. Entretanto, se casó con una mujer muy hermosa y algo mayor que él, con la que tendría tres hijos. Finalmente, obtuvo un puesto de predicador en la aldea de Salem y se instaló allí con su familia y una esclava negra, Tituba, a la que había traído de las Antillas junto con su marido, John Indian, que se encargaban de la casa y de los niños. Cuando tuvieron lugar los hechos que desencadenaron la caza de brujas, vivía con la familia Abigail, una sobrina que se había quedado huérfana porque los indios habían matado a sus padres. A Samuel Parris, que estaba obsesionado con servir a Dios y hacerse respetar por los demás, no se le daban bien las relaciones personales, por lo que, en lugar de solucionar las disputas que tenían enfrentados a unos parroquianos con otros en Salem, parece ser que las exacerbó al tomar partido por unos y oponerse a otros.

En febrero de 1692, la hija del reverendo Parris, Elizabeth, de nueve años, y su prima Abigail, de once, comenzaron a entrar en trance y a sufrir convulsiones. También desarrollaron un comportamiento irrespetuoso en el hogar y en la iglesia, rebelándose contra la autoridad del reverendo. Al parecer, ambas, junto a otras jóvenes solteras de la colonia, asistían a reuniones en el bosque en las que Tituba les contaba historias de su tierra antillana y hacía conjuros. Alguien vio a las chicas correr desnudas por el bosque, lo que escandalizó a los intransigentes puritanos, que decidieron dar un escarmiento a esas desvergonzadas.

Lo que hoy calificaríamos como rebeldía adolescente, con algún que otro escarceo sexual entre chicas, entonces se consideró un comportamiento intolerable. Las mujeres solteras ocupaban el último peldaño de la escala social y no podía pasarse por alto su conducta sin castigarla severamente. No se sabe si fueron las chicas las que llegaron a la conclusión de que su única salvación era simular que estaban poseídas, o si algún adulto propuso esa hipótesis como única explicación posible de un comportamiento tan fuera de lugar. El caso es que el médico de la colonia, al no encontrar motivo para la supuesta enfermedad de las dos niñas, dijo que se trataba de un caso de brujería. Después de estos primeros sucesos, otras jóvenes asistentes a las reuniones mágicas en el bosque empezaron a presentar los mismos síntomas: tenían convulsiones, se quedaban como muertas y decían que veían espectros que las atormentaban. Tras el primer diagnóstico, culparon a Tituba, y esta, después de haber sido azotada por el reverendo Parris, confesó ser bruja. También dijo que ella era solo una de las muchas brujas que habitaban la zona, y que un hombre alto de Boston le enseñó un libro donde figuraban los nombres de todas ellas. La colonia estaba conmocionada, el diablo quería tomar posesión de la comunidad a través de las jóvenes, por lo que todos los fieles tenían que estar unidos para luchar contra él y expulsarlo.

Tras la confesión de Tituba, las chicas, encabezadas por Ann Putnam, de tan solo doce años, acusaron a otras personas de la colonia de ser brujas. La primera fue Sarah Good, una mendiga que fumaba en pipa, algo completamente reprobable en una mujer, y Sarah Osborne, una inválida casada en terce... nnpu ia. La comunidad vio con satisfacción cómo señalaban a esas personas, que no gozaban de gran estima. Por ejemplo, Martha Corey, que posteriormente sería acusada y ejecutada, dijo respecto a la condena de Tituba y Sarah Good:

> No culpo al diablo de haberlas hecho brujas, porque son personas inútiles y perezosas que nunca se han ocupado de nada bueno.[349]

Pero las acusaciones no quedaron ahí. Una de las mujeres con mejor reputación en la colonia, Rebecca Nurse, que entonces contaba más de setenta años y estaba impedida, fue acusada de brujería junto a sus dos hermanas menores. Al parecer, Rebecca había llegado a la conclusión de que aquello no era más que un juego macabro en el que podía morir gente y se enfrentó a las niñas. Como las chicas no podían permitir que las desenmascararan, la acusaron de brujería a ella y a sus hermanas.

No todas las muchachas estuvieron de acuerdo con esta nueva denuncia, la primera que afectaba a una persona respetable. A Elizabeth Parris, su padre la envió a vivir en la rectoría de otro pueblo, donde «se curó» de la enfermedad de la posesión y no volvió a participar en las denuncias. Otras dos de las denunciantes iniciales, Sarah Churchill, que trabajaba en la casa de George Jacobs, el cual posteriormente sería acusado, y Mary Warren, asistenta en casa de la familia del señor Proctor, otro respetable ciudadano que también sería acusado, horrorizadas ante las consecuencias de sus actos, intentaron retractarse de las acusaciones, pero fueron amenazadas por el resto: si insistían en declarar que todo había sido una farsa, ellas también serían acusadas de ser brujas.

TRIBUNAL Y CONDENAS

En junio de ese mismo año se constituyó el tribunal especial para juzgar estos casos de brujería que dio por buenas las declaraciones delirantes de las chicas, que decían que eran torturadas por el espíritu de las acusadas, clavándoles agujas y provocándoles ataques, aunque estuvieran muy lejos de ellas. Para que esto fuera posible, había que aceptar la existencia de unos «espectros» con la apariencia de las acusadas y que simulaban actuar normalmente, mientras que estas atacaban a sus víctimas o practicaban la brujería. El tribunal admitió la existencia de tales espectros, lo que dejaba a las acusadas sin coartadas.

Poco después, los vecinos, enfrentados por antiguas rencillas, empezaron a acusarse unos a otros, mientras que las chicas, además de denunciar a otras personas del pueblo, señalaron a personas de pueblos vecinos, como Andover y Gluocester, en los que sus servicios como detectoras de brujas habían sido requeridos.

Incluso un personaje tan querido y respetado como John Alden, que se había destacado en la lucha contra los indios y los franceses y había posibilitado el rescate de muchos blancos que habían sido apresados por los indígenas, fue acusado por las chicas cuando pasó por la ciudad camino de Boston, donde tenía que negociar la liberación de su hijo, que estaba en manos de los franceses. Durante el juicio, Alden se mostró perplejo ante el hecho de que los miembros del tribunal se creyesen la pantomima de las chicas: al entrar en la sala, estas cayeron de bruces, y, cuando pusieron la mano de Alden sobre ellas, las muchachas se recuperaron al instante, lo que, según dijeron, significaba que él era brujo. A pesar de que Alden intentó razonar con los jueces, uno de los cuales era un antiguo conocido suyo, no lo creyeron y ordenaron su ingreso en prisión, pero, al estar la cárcel local llena, lo enviaron a Boston. Una vez allí, sus amigos lo convencieron de que debía huir si quería salvar su vida, y, aunque al principio se resistió porque creía en la justicia, al final se escapó a caballo en plena noche, a pesar de que tenía más de sesenta y cinco años. Aunque se dijo que había ido a Nueva York, parece más probable que huyera hacia el sur, en dirección al pueblo en el que vivían muchos de sus familiares, en cuyas casas pudo haberse refugiado varios meses.

Su detención y posterior huida de la cárcel de Boston hizo que no pudiera llegar a tiempo para intercambiar a su hijo por otros prisioneros franceses, por lo que este fue llevado a Francia, donde permaneció encarcelado y tardó diez años en volver a Nueva Inglaterra. Alden se hizo mucho más conocido por ser el protagonista del poema *The Courtship of Miles Standish*, escrito por el estadounidense Henry W. Longfellow a mediados del siglo XIX, y que versa sobre un triángulo amoroso entre los pasajeros del Mayflower, el buque en el que llegaron los primeros peregrinos a las costas de Nueva Inglaterra. En él, además de Alden, aparece la que luego sería su mujer y otro peregrino.

Hubo más de ciento cincuenta encausados, la mayoría de los cuales se salvaron declarándose brujas o brujos. La primera en ser condenada y ejecutada fue Bridget Bishop, ahorcada el 10 de junio de 1692. Tras ella, fueron ahorcados cinco hombres y trece mujeres; otras dos murieron en la cárcel, así como el hijo de una de las condenadas a la horca, nacido en la cárcel. Del resto de las treinta y una personas procesadas que se negaron a declararse brujas y fueron condenadas a muerte por el tribunal, cuatro mujeres fueron indultadas, dos vieron retrasada su ejecución por estar embarazadas y finalmente también fueron indultadas, y un hombre y una mujer huyeron. Tituba salvó su vida al declararse bruja, pero permaneció encarcelada hasta que «pagaron» su liberación con el dinero de su venta como esclava.

El último de los condenados, Giles Corey, murió por aplastamiento el 19 de septiembre, después de dos días de agonía. Robert Calef, comerciante convertido en escritor y autor de una versión no oficial de los procesos titulada *More Wonders of the Invisible World*, incluyó en su obra el interrogatorio que le hicieron a Corey, tras el cual lo condenaron a muerte:

> *Interrogatorio de Giles Corey, en la corte de Salem, realizado por John Hathorne y Jonathan Corwin, 19 abril 1692.*
> —Giles Corey, se le ha traído ante la autoridad por sospechas de varios actos de brujería. Diga la verdad sobre estos hechos.
> —Espero hacerlo por la gracia de Dios. En este asunto no tuve intervención en mi vida.
> —¿Quién de vosotras ha visto a este hombre hacerle daño?
> Mary Walcott, Mercy Lewis, Ann Putnam jr. y Abigail Williams afirmaron que él les había hecho daño.

Tras lo cual, todas las afectadas sufrieron ataques y dijeron que estaban siendo molestadas con pellizcos. Entonces la corte ordenó que le ataran las manos a Corey y le dijo:

—¿Cómo? ¿No ha sido suficiente que hayáis ejercido la brujería otras veces, ahora también tenéis que ejercerla frente a la autoridad?[350]

Este hombre, que entonces contaba ochenta años, se negó a declararse culpable o inocente aun sabiendo que el castigo por permanecer mudo era la *peine forte et dure*, un lento aplastamiento con una cantidad creciente de bloques de hierro hasta que el acusado moría desnudo bajo un peso insoportable. No se le daba al reo alimento ni agua, excepto tres trozos de pan infecto el primer día y tres tragos de agua estancada el segundo día. Robert Calef relata la agonía de Corey en un descampado cercano a la cárcel de Salem, mientras que el alguacil, con su bastón, le empujaba una y otra vez la lengua dentro de la boca.

Para contrarrestar el rechazo que este espectáculo inhumano debió de generar en los habitantes de Salem, la familia Putnam, en la cual nueve personas habían actuado como acusadores, urdió una última mentira, la más atroz según Robbins, que en su *Enciclopedia de la brujería y demonología* le dedica al proceso de Salem su entrada más larga, con más de veinte páginas. Thomas Putnam, el padre de Ann, la chica que asumió el liderazgo de las jóvenes denunciantes desde el principio, declaró ante el tribunal:

> Anoche (el día antes de la muerte de Corey) mi hija Ann sufrió terribles suplicios que le infligieron unas brujas, que la amenazaron con matarla ante Giles Corey; mas, gracias a la infinita bondad de Dios, tuvo unos momentos de alivio. Acto seguido se le apareció un hombre envuelto en una sábana ondeante que le dijo que Giles Corey lo había asesinado apretándolo con los pies; que entonces se le apareció [a Corey] el Diablo y firmó con él un pacto por el que el Diablo le prometió que no lo ahorcarían. La aparición le dijo que Dios había endurecido su corazón para que desoyera los consejos del Tribunal y así no tuviera una muerte fácil, porque hay que hacer lo que le hagan a uno.[351]

Esta declaración se basaba en un hecho real: dieciséis años atrás, acusaron a Giles Corey de haber matado a un hombre en una pelea. Según este relato fantasioso de Thomas Putnam, el espíritu del hombre muerto había vuelto del más allá para que su supuesto asesino muriera de una forma horrible. El juez dio por buena la declaración de Thomas porque, según él, nadie se acordaba de ese hecho luctuoso hasta que el espíritu de la víctima de Corey se lo recordó a Ann Putnam. Es obvio que alguien de la familia de la chica tenía suficiente memoria para ir acumulando agravios desde que se establecieron en la colonia, y sí lo recordaba. Es probable que Corey comprendiese que, al aceptar el tribunal la existencia de espectros y no tener en cuenta las leyes aplicables a los demás delitos, carecía de posibilidad de tener un juicio justo, por lo que decidió mostrar su desprecio y gritar al mundo su protesta permaneciendo mudo, a pesar de que con ello se condenaba a una muerte atroz.

Entre las historias de los más de ciento cincuenta acusados, cuyo relato completo haría interminable este capítulo, hay una especialmente dramática: la de la familia Proctor. Cuando los padres, John y Elizabeth Proctor, fueron acusados y encarcelados, los cinco hijos del matrimonio, el menor de tres años, quedaron al cuidado de Mary Warren, una chica de escasas luces. Un jefe de policía no muy escrupuloso aprovechó la situación para saquear la casa de los Proctor:

> Fue a la casa y cogió todos los objetos, alimentos y reses con los que se topó, vendió varias cabezas de ganado a mitad de precio, mató otras y las envió a las Indias Occidentales; sacó la cerveza del barril y se la llevó [entonces no se bebía agua porque era una peligrosa transmisora de enfermedades, las bebidas alcohólicas, como la cerveza de baja graduación, eran mucho más seguras], vació una cacerola de caldo y también se lo llevó, sin dejar nada para la manutención de los niños.[352]

Mary no había tenido valor para declarar contra su jefe, pero, en lugar de apoyar a los cincuenta y dos vecinos del señor Proctor que proclamaron su inocencia en una petición pública, les contó sus vacilaciones a sus amigas. Al ver el peligro que esta deserción representaba, Ann Putnam, Mercy Lewis y Abigail Williams acusaron de bruja a Mary Warren, que fue encarcelada. Desde el 21 de abril hasta 12 de mayo, Mary fue acosada por los magistrados y por las otras cabecillas de la acusación, sus supuestas amigas, hasta que confesó que la atormentaba el espectro de John Proctor. Mientras estuvo en la cárcel, donde no sufría la presión de sus acusadoras ni de los jueces, dijo que no podía asegurar que hubiera sufrido tales tormentos.

El tribunal no tuvo en cuenta las declaraciones de los cincuenta y dos vecinos ni otras pruebas que cuestionaban las acusaciones a John y Elizabeth Proctor. Ambos se negaron a declararse brujos, lo que les habría salvado la vida, por lo que John Proctor fue ahorcado el 19 de agosto. Elizabeth escapó momentáneamente de la pena capital al estar embarazada y más adelante fue indultada. No sabemos si sus otros cinco hijos sobrevivieron al proceso.

Otra de las personas ahorcadas el 19 de agosto fue Martha Carrier, la cual había sido condenada a partir del testimonio de su hija de siete años. ¿Qué le depararía la vida a esa niña responsable de la muerte de su madre?

Solo cuando las acusaciones llegaron a personas de las clases altas, en concreto a la mujer de uno de los jueces, se detuvo la locura colectiva. Así, en octubre del mismo año, el gobernador disolvió el tribunal especial para constituir el tribunal supremo, que no admitió como prueba la existencia de espectros, y a partir de entonces se absolvió a todos los condenados. No obstante, estos no salieron enseguida de la cárcel, porque antes tuvieron que pagar los gastos de su manutención. También se les obligó a pagar por el derecho a ser liberados, incluso aunque hubieran sido absueltos, la suma nada despreciable de cinco libras (el sueldo de un año de Samuel Parris como pastor de la iglesia de Salem era de sesenta libras). Por ello, muchas personas absueltas o declaradas inocentes permanecieron en la cárcel e incluso murieron en ella.

Los acontecimientos acaecidos durante los juicios tuvieron una profunda influencia en la región y mermaron considerablemente la autoridad de los puritanos en el Gobierno de Nueva Inglaterra. Años después se ofrecieron disculpas e indemnizaciones (con cantidades ridículas) a las familias afectadas. No obstante, poco después de las ejecuciones, cuando ya se habían admitido las irregularidades del proceso, los familiares de algunas de las víctimas, en particular los de Rebecca Nurse y sus hermanas, tuvieron que luchar para que Parris fuera llevado ante un tribunal por haber respaldado con su autoridad los testimonios de las chicas. Su responsabilidad fue grande porque, sin ese respaldo, los testimonios de las muchachas no habrían tenido valor jurídico por ser mujeres solteras y menores de edad. La reclamación de los afectados solo consiguió que Parris escribiera un panfleto en el que pedía unas someras disculpas. Finalmente, ante la insistencia de las familias de las víctimas, este, muy ofendido, renunció a su puesto en la parroquia de Salem.

En cuanto a las acusadoras que desencadenaron el terrible suceso, Elizabeth Parris dspareció de la ciudad una vez iniciado el proceso, y a su prima Abigail Williams se le pierde la pista a mediados de 1692. Ann Putnam, la cabecilla del grupo, pidió perdón a la Iglesia y a las familias de los ejecutados quince años después, pero se eximió de culpa al decir que había actuado engañada por Satanás. Además de Ann Putnam, de doce años, las otras siete chicas que formaron el núcleo duro de la acusación fueron Elizabeth Hubbard, de diecisiete años; Mary Walcott, de dieciséis; Mary Warren, de veinte; Mercy Lewis, de diecinueve; Susannah Sheldon y Elizabeth Booth, de dieciocho ambas. Otras muchachas que tuvieron comportamientos extraños y acusaron a algunos de sus vecinos fueron Sarah Churchill, de veinte años; Sarah Trask, de diecinueve; Margaret Reddington, de veinte; Phoebe Chandler, de doce, y Martha Sprague, de dieciséis.

El comportamiento de estas muchachas es incalificable, por lo que muchos historiadores les han atribuido toda la responsabilidad de la locura desencadenada en Salem. No obstante, resulta mucho más reprobable la conducta de los jueces que les dieron credibilidad e impusieron penas terribles a los condenados: ellos eran los encargados de velar por la justicia en la colonia y, en lugar de eso, desencadenaron una ola de asesinatos. No fueron menos culpables los vecinos adultos que aprovecharon la situación para vengar ofensas antiguas o, sencillamente, lucrarse.

Por otro lado, hay que destacar la coherencia personal e integridad de las personas que se negaron a mentir declarándose brujas, por respeto a ellas mismas y a la justicia, vilipendiada por ese tribunal, y que perdieron la vida a consecuencia de ese acto heroico.

Textos sobre el suceso

Poco después de que tuvieran lugar estos hechos, aparecieron varios textos que daban cuenta de los mismos. El primero y más completo fue el de Cotton Mather, realizado por encargo del gobernador del Estado Phips, titulado *Wonders of the Invisible World*, que dio una versión «oficial» del proceso. Esta obra incluye las actas completas de cinco procesos representativos, por lo que es muy útil para entender los protocolos seguidos. Sin embargo, a pesar de ser muy crítica con la teoría de los espectros, libera de toda culpa a los jueces del tribunal que juzgó y condenó a muerte a tantas personas inocentes. No es de extrañar, por ello, que fuera respondida y criticada por la obra de Robert Calef *More Wonders of the Invisible World* anteriormente citada.

Para entender la génesis de la obra de Cotton Mather es necesario conocer el entorno social y familiar del autor. Su padre, Increase Mather, era miembro de una distinguida familia que dedicó su vida a defender la moral puritana y los intereses de los colonos frente a los de la Corona de Inglaterra. Por ello, en la undécima edición de la *Enciclopedia Británica* lo sitúan entre los estadounidenses más destacados de antes de la guerra de la Independencia, a la altura de Benjamin Franklin. Increase obtuvo el doctorado en Teología en el Harvard College, el embrión de lo que luego sería la universidad homónima, del cual sería rector durante más de quince años. Tuvo varias responsabilidades en el gobierno de las colonias de la bahía de Massachusetts, en cuyo nombre viajó a Londres para pedir al rey mayor rigor en la persecución del catolicismo. Increase Mather, puritano estricto que consideraba que por encima de todo había que cumplir la ley de Dios según él la interpretaba, también fue responsable de los crímenes perpetrados en Salem, porque dio soporte moral e intelectual a los jueces que condenaron por brujería a más de cincuenta personas. Dados estos antecedentes, no resulta sorprendente que quemara la obra de Calef en el patio del Harvard College. También fue corresponsable de los crímenes de Salem el gobernador Phips quien, para no desacreditar la justicia, no detuvo el proceso en cuanto supo de él y posteriormente intentó «blanquearlo» al encargar un relato del mismo a una persona comprensiva con los jueces.

Ese hecho histórico ha quedado como el pecado original de una joven nación que hizo una de sus señas de identidad la acogida de fieles de todas las confesiones y darles la oportunidad de prosperar, en el marco de una justicia que había de ser igual para todos. Los sucesos de Salem dinamitaron todos esos principios, por lo que aún persisten las investigaciones para desentrañar los auténticos motivos de lo que ocurrió. Algunos historiadores creen que las posesas pudieron ser víctimas de enfermedades desconocidas entonces, como el síndrome de Huntington. Una de las hipótesis más curiosas, relacionada con los ingredientes de los cocimientos de las brujas, es la de Linnda Caporael, según la cual el detonante de esta locura colectiva pudo ser una intoxicación alimentaria por cornezuelo de centeno, nombre vulgar del *Claviceps purpurea*. Este es un hongo parásito del cereal del mismo nombre, una especie de cuernecillo de color morado oscuro, con un olor muy desagradable y que contiene una droga similar al LSD que provoca alucinaciones y tiene efectos paralizantes y vasoconstrictores. Su ingestión da lugar a la enfermedad del ergotismo, conocida en la Edad Media como fuego sagrado o fuego de san Antonio.

Caporael explica que el frío y la humedad del invierno de 1691 habrían facilitado la aparición del cornezuelo en el centeno, que se sembraba en Massachusetts en abril, se cosechaba en agosto y se ingería a partir de diciembre. Según afirma, las niñas de Salem, que comenzaron a manifestar síntomas extraños en diciembre de 1691, se habrían alimentado del centeno de la zona más húmeda del condado y, por tanto, más contaminada; su menor peso corporal sería la causa de que resultaran intoxicadas y los adultos no. Esta hipótesis fue publicada en la prestigiosa revista *Science* en 1976[353] y provocó un encendido debate en los ambientes científicos, a partir de los cuales se descartó que la afección sufrida por las jóvenes convulsas de Salem fuera ergotismo.

Lo que es indudable es que el *Claviceps purpurea* ha sido una de las toxinas que más muertes ha causado a lo largo de la historia, además de otras alteraciones sociales, como la llamada *Grande Peur*, «el gran miedo», que se desencadenó en julio de 1789 en Francia. En numerosos testimonios médicos se asegura que muchos campesinos «perdieron la cabeza» tras consumir harina en mal estado y se rebelaron contra los terratenientes en una revuelta que se enmarca en la Revolución francesa. La ergotamina, el ingrediente activo de dicha toxina, tiene otra cara positiva: su capacidad para controlar las hemorragias, especialmente tras el parto, por lo que era conocida por las herboristas de la antigüedad y usada asiduamente por las comadronas francesas en el siglo XVIII.

Hipótesis singulares aparte, para la mayoría de los historiadores y antropólogos, las motivaciones de las acusaciones fueron esencialmente sociales. Los puritanos, que gobernaban la colonia de la bahía de Massachusetts prácticamente sin control de la Corona inglesa desde 1630, atravesaban un periodo de histeria resultado del asfixiante clima de puritanismo y de la educación represiva que imperaba en estas colonias a finales del siglo XVII. Sin olvidar que estaban sometidas al acoso constante de los indios de la región, que estaban siendo expulsados de sus tierras por el hombre blanco y que cometían atrocidades, como el asesinato de los padres de Abigail.

Tras las obras de Mather y Calef se han publicado muchísimas más, por lo que la bibliografía relacionada con este hecho histórico es hoy abundantísima, prácticamente inabarcable. El número de creaciones artísticas —obras de teatro, películas, series radiofónicas, musicales, relatos, etc.— sobre este suceso es muy elevado. Pero, sin duda, la más famosa es la obra de teatro *El crisol*, publicada por Arthur Miller en 1952, en la época de mayor actividad del Comité contra las Actividades Antinorteamericanas dirigido por el senador McCarthy, en el punto álgido de la Guerra Fría. Arthur Miller admitió haber participado en reuniones con escritores de izquierdas, pero negó ser comunista y no dio los nombres de ninguno de sus «cómplices», cosa que sí hizo el escritor Elia Kazan, entre otros. Por su negativa a colaborar con el comité McCarthy, a Miller le fue retirado el pasaporte y amenazaron con encarcelarlo. Por ello, se estableció un paralelismo entre la situación que se vivió en Salem y la que en esos momentos se vivía en Estados Unidos, hasta el extremo de que se denominó «caza de brujas» a la persecución del senador de los intelectuales sospechosos de ser comunistas. Esta expresión se ha usado posteriormente para definir otros procesos de persecución indiscriminada por motivos ideológicos. Porque, a pesar de las enormes diferencias entre el caso de las brujas de Salem, a finales del siglo XVII, y el de los comunistas estadounidenses, a mediados del siglo XX, ambos hechos tienen algo en común: la autoridad dejó de respetar los derechos básicos de los ciudadanos y estableció unas normas de enjuiciamiento excepcionales en nombre de la defensa de la seguridad, reprimiendo cualquier tipo de desobediencia a los que detentaban el poder en ambas sociedades.

Esta situación se da siempre en las dictaduras, en las que se sigue invocando la necesidad de adoptar medidas excepcionales en situaciones excepcionales. Pero también se dio en España durante la Transición, cuando se creó el GAL para luchar contra el terrorismo de ETA. Más recientemente se ha invocado ese principio en Estados Unidos para luchar contra el terrorismo islámico tras el ataque a las Torres Gemelas de Nueva York, lo que dio lugar a aberraciones como las de la cárcel iraquí de Abu Ghraib, bajo el control del ejército estadounidense a comienzos del siglo XXI.

Terminamos este capítulo con la Obertura del acto I de la obra de Arthur Miller:

> También Massachusetts trató de matar a los Puritanos, pero ellos se aliaron; establecieron una sociedad comunal que, en el comienzo, fue poco más que un campo armado bajo una dirección autocrática muy devota. Fue, empero, una autocracia por consentimiento, pues estaban unidos de arriba abajo por una ideología común cuya perpetuación era la razón y justificación de todos sus sufrimientos. Así pues, su abnegación, su resolu-

ción, su desconfianza hacia todo propósito vano, su despótica justicia, fueron en conjunto instrumentos perfectos para la conquista de este espacio tan hostil al hombre. [...]

La tragedia de Salem fue el producto de una paradoja. Es una paradoja en cuyas garras vivimos aún y todavía no hay perspectivas de que descubramos su resolución. Simplemente, era esto: con buenos propósitos, hasta con elevados propósitos, el pueblo de Salem desarrolló una teocracia, una combinación de Estado y poder religioso, cuya función era mantener unida a la comunidad y evitar cualquier clase de desunión que pudiese exponerla a la destrucción por obra de enemigos materiales o ideológicos. [...] Evidentemente, llegó un momento en que las represiones en Nueva Inglaterra fueron más severas de lo que parecían justificar los peligros contra los que se había organizado ese orden. La «caza de brujas» fue una perversa manifestación del pánico que se había adueñado de todas las clases cuando el equilibrio empezó a inclinarse hacia una mayor libertad individual. [...]

La «caza de brujas» no fue, sin embargo, una mera represión. Fue también, y con igual importancia, una oportunidad largamente demorada para que todo aquel inclinado a ello expresase públicamente sus culpas y pecados cobijándose en acusaciones contra las víctimas. [...]

Viejos odios de vecinos largamente reprimidos ahora podían expresarse abiertamente y vengarse, a despecho de los caritativos mandamientos de la Biblia. La codicia de tierras, antes puesta de manifiesto en continuos altercados por cuestiones de límites y testamentos, pudo ahora elevarse a la arena de la moralidad.[354]

18

¿Por qué?

Cuando hace unos años empecé a leer sobre la caza de brujas, intentaba encontrar el motivo de esa locura que asoló Europa a comienzos de la Edad Moderna. Este libro incluye información sobre varios aspectos relacionados con la caza que espero que ayuden a la lectora o lector a encontrar sus propias respuestas. También me pareció que podía resultar útil incluir una recopilación de las hipótesis que se han ido proponiendo para explicarla.

Una de las primeras teorías que se propusieron fue que la raíz del problema se hallaba en el dolor y en la desolación que trajeron las epidemias que asolaron Europa en esa época. No obstante, estas eran frecuentes, y la más virulenta, la epidemia de peste bubónica, conocida como la peste negra, sucedió a mediados del siglo XIV, más de un siglo antes de que se iniciara la persecución sistemática de las brujas. Según algunos autores, uno de los motivos principales de la caza fueron las tensiones originadas por el cambio socioeconómico que tuvo lugar en la transición de la Edad Media a la Edad Moderna; en relación con esto, se ha propuesto que la caza fue una consecuencia de la lucha de clases en una sociedad en transformación, en la cual las élites intentaban mantener su poder sobre el pueblo. Otros autores, en cambio, proponen un motivo contrapuesto: que la caza fue una consecuencia de la presión ejercida «desde abajo», es decir, por las clases populares, ante la necesidad de reprimir unas actividades que sentían como una amenaza para la sociedad en la que vivían. Otro de los motivos argüidos ha sido el religioso: la aparición de la Reforma y la subsiguiente Contrarreforma, tras las cuales surgieron enfrentamientos violentos entre protestantes y católicos. También se ha hablado de que las brujas eran los chivos expiatorios, mediante los cuales la sociedad liberaba las tensiones acumuladas por los conflictos enumerados más arriba. Pudo haber otros motivos más mezquinos: la avaricia de inquisidores, jueces o campesinos que querían hacerse con las posesiones de sus vecinos procesados, o el odio y rencillas acumulados durante años entre distintos grupos sociales.

En cuanto al hecho de que las víctimas más numerosas de la caza fueran las mujeres, se ha propuesto que la persecución tenía como objetivo principal castigar a aquellas que no respetaban las normas sociales establecidas, o bien que las brujas eran en realidad enfermas mentales, hipótesis defendida por personas tan alejadas en el espacio y el tiempo como el holandés del siglo XVI Johann Weyer y el psiquiatra español del siglo XX López Ibor.[355] También hemos hablado de los factores climatológicos, como la Pequeña Edad de Hielo, que ocasionó la pérdida de cosechas, lo que dio lugar a hambrunas y unas tensiones sociales que se liberaban con las brujas como chivo expiatorio. Y no podemos olvidar el papel que tuvieron algunos desarrollos tecnológicos, como el de la imprenta, que ayudó a difundir las teorías demonológicas del *Malleus* por toda Europa. Algunas de estas hipótesis se han discutido en los capítulos anteriores, otras han sido descartadas y algunas están en fase de análisis y revisión.

No obstante, es evidente que existieron una serie de circunstancias y de factores que contribuyeron a que la locura de la caza de brujas surgiera y se expandiese a lo largo de tres siglos.

MENTALIDAD MÁGICA

La aproximación inicial de los estudiosos europeos de la caza de brujas en la época de la Ilustración fue la negación de la existencia real de todo fenómeno de brujería, por lo que los procesos y ajusticiamientos de las brujas fueron calificados como «asesinatos judiciales» por el historiador August L. Schlözer (1735-1809) a raíz de la última ejecución legal de una bruja en Europa. Unas décadas más tarde, comenzó a crearse el mito romántico de que las brujas eran la encarnación de la rebeldía frente a los poderes religiosos o laicos, personificada en las mujeres. Jacob Grimm (1785-1863) redefinió a las brujas como las «mujeres sabias», herederas de una sabiduría antigua fieramente perseguidas y castigadas por la Iglesia católica. La culminación de este mito romántico tuvo lugar en la obra del historiador Jules Michelet, que las presentó como las heroínas campesinas precursoras de la Revolución francesa. La aproximación al estudio de la brujería como fenómeno inventado fue la de los historiadores de finales del siglo XIX encabezados por Lea, para el cual todo lo que se dijo en los procesos fue producto de las mentes calenturientas de inquisidores y jueces.

Esta teoría, que subyace en la *Enciclopedia de la brujería y demonología* de Robbins, es la que de forma natural acude a la mente de la autora, porque los hechos que supuestamente realizaban las brujas, según se relataron en los procesos que les incoaron, resultan inconcebibles e increíbles. No obstante, conforme nos adentramos en los relatos de los episodios de la caza, se llega a la conclusión de que no es posible realizar un estudio del fenómeno sin aproximarnos a la mentalidad de las personas que vivieron en esa época, una mentalidad mágica de la que hoy muchas personas carecemos.

Como he indicado en el capítulo dedicado a las diosas, desde los albores de la historia y aun antes de que existieran documentos escritos, el ser humano tenía la necesidad de creer en seres sobrenaturales para explicar sucesos extraordinarios, como las tempestades, u ordinarios, como la sucesión del día y la noche, así como para encontrar consuelo frente a los hechos adversos. Con el desarrollo de las sociedades, esa mentalidad mágica evolucionó, se hizo más compleja y dio lugar a las distintas religiones politeístas características de cada cultura, que inicialmente tenían un marcado carácter local. Una religión más evolucionada trajo consigo el monoteísmo, que fundió las creencias de los pobladores de una región de Oriente Próximo con su historia, y que se tradujo en la colección de libros que forman el Antiguo Testamento. El paso de las tradiciones orales a la palabra escrita unificó las creencias de esta religión monoteísta e hizo que perdurara a lo largo de más de un milenio con pocas alteraciones, además de servir como seña de identidad de un pueblo no demasiado exitoso en el ámbito militar. En el seno de los judíos, el pueblo elegido por Dios, surgió otra religión monoteísta en torno a la persona de uno de ellos, Jesucristo, creador de una religión que comenzó su apostolado entre los desheredados y las mujeres, pero que al cabo de menos de cuatro siglos terminó siendo hegemónica en el continente europeo. Siglos después aparecería el islam, otra religión monoteísta surgida de El Libro.

A pesar de la existencia de esas creencias bien establecidas y documentadas en sus libros —la Biblia, el Corán, los Evangelios—, en las sociedades europeas pervivieron residuos de otras religiones politeístas del Mediterráneo o incluso de la lejana Persia, además de las prácticas de magia que buscaban soluciones a los problemas cotidianos. A Dios se le adoraba y reverenciaba, se le rezaba e invocaba para que sirviera de guía para llevar una vida santa, porque la fe en el dios de los cristianos abriría las puertas al paraíso en la otra vida. Pero ello no excluía la creencia en la eficacia de las prácticas mágicas, que podían dar una respuesta inmediata a las demandas de salud, dinero, amor o poder en la vida terrenal.

Los conocimientos científicos que explicaban que las tormentas, eclipses o epidemias son fenómenos naturales y no castigos o manifestaciones del poder divino comenzaron a adquirirse hace apenas tres siglos. Los remedios para los dolores del cuerpo, que hoy encontramos en los calmantes, existen desde hace escasamente un siglo, mientras que los consuelos para los dolores del alma, que hoy podemos encontrar en psiquiatras, psicólogos o ansiolíticos, son aún más recientes. Pero nuestros antepasados europeos de inicios de la Edad Moderna solo contaban con la fe en Dios y con el poder de las artes de hechicería y magia para lidiar con la muerte y el dolor que traían las guerras, las catástrofes naturales y los males del cuerpo y del alma. Por ello, su sistema de creencias era muy diferente al nuestro, pero no justifica que lo desacreditemos como fruto de la incultura y la ignorancia.

En una sociedad en la que la religión, para bien y para mal, controlaba todos los aspectos de la vida tanto del rey como del mendigo, desde la cuna hasta la tumba, la maldad se encarnó en la figura del diablo como antítesis de la bondad que representaba Dios. Como hemos mostrado en el capítulo dedicado al diablo, este personaje se fue desarrollando a lo largo de los primeros siglos del cristianismo y alcanzó su cenit en la eclosión de textos de demonología publicados en los siglos XVI y XVII, citados a lo largo de este libro y referidos más extensamente en el capítulo dedicado al *Malleus*. Estos textos fueron escritos por las mentes más brillantes de la época —como el jesuita español Martín del Río, consejero de Felipe II, los jueces franceses Henry Boguet, Nicolas Rémy, Pierre de Lancre y Jean Bodin, los alemanes Peter Binsfeld o Nider y el italiano Guazzo, entre otros— y alcanzaron gran difusión gracias a la imprenta. La variedad e importancia de estas obras es tan grande que el historiador Lea les dedica más de la mitad de uno de los cuatro volúmenes de su obra magna de documentación sobre la brujería.[356] Los autores de estos textos formaban parte de la pequeña élite cultivada de la Europa de la Edad Moderna y dieron forma y contenido a las creencias difusas de las clases populares sobre este ser maligno. Tanto los estamentos superiores de la nobleza y las autoridades eclesiásticas como el pueblo llano creían con total firmeza en la existencia del diablo y, tras ser convenientemente instruidos desde los púlpitos, también creyeron que las brujas eran sus instrumentos en la Tierra para hacer el mal. Así es que sus *maleficia* no solo existían en las mentes de los inquisidores, eran una realidad para la inmensa mayoría de la sociedad de la época.

Las actividades de las brujas, que a lo largo de la Edad Media habían sido toleradas, adquirieron un carácter herético al ser asociadas con el diablo, lo que hizo que fueran objeto de persecución por las autoridades eclesiásticas o seculares, dependiendo de la ordenación jurídica de cada país. Teniendo en cuenta que la población de la época estaba inmersa en un sistema de creencias basado en la adoración a Dios y horror al demonio, no es difícil entender su reacción ante lo que consideraban un ataque a la base de la sociedad en la que vivían. Aunque hoy parece inconcebible la creencia en los vuelos de brujas, sus cópulas con el demonio y los poderes que esa relación les confería para hacer el mal, si hubiéramos vivido en los siglos XVI y XVII, posiblemente habríamos compartido sus ideas y no nos habríamos comportado de manera muy distinta a como lo hizo la sociedad de la época. Muy probablemente habríamos preferido estar en el bando de aquellos que quemaban a las brujas que pertenecer al de estas últimas y ser quemados.

Chivos expiatorios de una sociedad en transformación

Además de otros factores de gran calado, varios historiadores, como los británicos Keith Thomas, Alan Macfarlane y Alan Farmer[357] y la italoamericana Silvia Federici,[358] han resaltado la importancia de los cambios socioeconómicos que tuvieron lugar en Europa a comienzos de la Edad Moderna. Tras la mejora de las condiciones de vida con el fin de la situación de servidumbre que se había vivido durante el feudalismo, en Europa se produjo un gran incremento de la población. Por ejemplo, la de Inglaterra —que estuvo relativamente libre de guerras de religión— se duplicó entre 1540 y 1660, y las ciudades crecieron mucho. A su vez, tuvo lugar un cambio de modelo productivo, en el que se fue abandonando la economía de subsistencia basada en el autoabastecimiento y comenzó a desarrollarse un novedoso capitalismo mercantil y agrario en el que la riqueza, y por ende el poder, dejó de ser patrimonio exclusivo de la Iglesia y la nobleza y comenzó a ser compartida por los campesinos más acaudalados y una incipiente burguesía.

Por ello en Inglaterra a partir del siglo XVI se generalizó el uso de «cercamientos», que consistían en limitar un trozo de tierra con cercas, acequias u otras barreras al libre tránsito de hombres y animales, y la ocupación exclusiva de un territorio, tras realizar diferentes procesos legales.[359] Ello dio lugar a un crecimiento de la riqueza de la nación, porque el patrimonio ya no era monopolio del clero y la nobleza, pero también acarreó la pérdida de las propiedades comunales que permitían sobrevivir a los campesinos que no habían logrado hacerse con el control de terrenos tras emanciparse de los señores feudales. La privatización de la tierra hizo que los precios de los alimentos, que habían permanecido estancados durante dos siglos, se incrementaran mucho, mientras que los salarios disminuyeron porque los campesinos no tenían medios de subsistencia alternativos a su trabajo como braceros. Como suele suceder en las crisis, los miembros más débiles de la sociedad se vieron negativamente afectados por la nueva distribución de la riqueza.[360]

El empobrecimiento de la clase trabajadora europea dio lugar al aumento del número de mendigos y personas que vivían bajo el umbral de la pobreza, muchas de las cuales no tenían otra alternativa que subsistir gracias a la caridad de los estamentos más ricos, que no siempre estaban dispuestos a ayudarlos. Las mujeres solteras o viudas que vivían solas eran las que menos recursos tenían para reubicarse en la nueva sociedad, por lo que se vieron marginadas, convirtiéndose así en personas incómodas, que a veces descargaban su rabia y frustración maldiciendo a los que no las ayudaban. De ahí a ser declaradas brujas mediaba muy poco. De hecho, a finales del siglo XVI, Felipe II promulgó una orden en la que declaraba que las mujeres viejas resultaban sospechosas, por lo que había que vigilarlas para que no realizaran actos de brujería.[361] Ser vieja y pobre, lo cual implicaba ser fea, convertía a una mujer en sospechosa, a los ojos del llamado rey prudente.

De esta forma, muchas mujeres llegaron a convertirse en los chivos expiatorios de una sociedad en la que habían surgido conflictos a consecuencia de los grandes cambios socioeconómicos que estaban teniendo lugar tras el paso del feudalismo al incipiente capitalismo.

Otro de los focos de tensión en el norte y centro de Europa a comienzos del siglo XVII fue la pérdida de cosechas debido a las condiciones climatológicas extremas, como las que se dieron durante algunos años de la Pequeña Edad de Hielo, fenómeno que, según autores como Behringer, hizo que las mujeres fuesen de nuevo los chivos expiatorios y la caza de brujas alcanzase una gran virulencia.

Conflictos religiosos entre católicos y protestantes

A comienzos del siglo XVI tuvo lugar en Europa un movimiento religioso de gran trascendencia, la Reforma, a la cual se ha atribuido un incremento de la persecución de las brujas. Los primeros reformadores, Martín Lutero y Juan Calvino, propusieron la restauración de la pureza original que tenía la Iglesia durante los primeros siglos del cristianismo, como antes habían hecho los cátaros y los valdenses en Francia. Pero los protestantes se organizaron mejor y consiguieron el apoyo de varios príncipes alemanes, por lo que la Iglesia no solo no pudo eliminarlos como a sus antecesores, sino que se convirtieron en unos formidables competidores que le arrebataron una parte sustancial de los fieles de Europa, territorio en el que la Iglesia había gozado del monopolio religioso durante más de diez siglos. Proclamaron la autonomía de la conciencia individual y una relación directa entre el creyente y Dios, lo cual hacía innecesarios la mayoría de los miembros del superabundante estamento religioso que la Iglesia de Roma había creado como intermediario entre Dios y los fieles. Teniendo en cuenta su poder y sus privilegios, no es de extrañar que el clero, el segundo Estado en la Francia del Antiguo Régimen, fuera incluso más odiado que la nobleza.

Entusiasmados con el nuevo credo, millones de europeos abandonaron la fe católica, y el protestantismo se convirtió en la religión dominante en Alemania, Suiza, Países Bajos, Escocia, Escandinavia y en amplias zonas de Francia, Hungría y Polonia. El éxito de la Reforma animó a los católicos a realizar un movimiento similar dentro del catolicismo, que fue denominado Contrarreforma, cuyas bases se establecieron en el Concilio de Trento, celebrado en esta ciudad italiana entre 1545 y 1563. Sus objetivos eran eliminar la corrupción dentro de la Iglesia, educar al clero, inspirar y reforzar la fe de los creyentes y recuperar la lealtad de los hijos pródigos que habían dejado de obedecer al papa para seguir el credo protestante. A pesar de los intentos de mantener las disensiones en el plano intelectual, la batalla por las almas se transformó pronto en una guerra convencional. Las armadas católicas, entre ellas la de su majestad Felipe II, pelearon contra los protestantes en varios conflictos nacionales e internacionales, entre ellos la guerra civil en Francia, a finales del siglo XVI, entre católicos y hugonotes (protestantes), cuyos jefes fueron diezmados en la Noche de San Bartolomé, y la guerra de los Treinta Años, en el centro y norte de Europa.

Como los primeros años de la Reforma coincidieron con una de las etapas más virulentas de la caza de brujas, varios historiadores apuntan a que dicho movimiento espoleó esta última. Aunque la concordancia de fechas no es exacta, es indudable que el clima de inseguridad, al desmoronarse todo el sistema de creencias y de culto que había estado vigente durante quince siglos, y de violencia, debido a las guerras de religión, incrementó las tensiones dentro de las comunidades. Estas aumentaron muy en especial en las regiones limítrofes, cuya confesión oficial era alternativamente católica o protestante, como ocurrió con varios obispados y otros territorios del Sacro Imperio Romano. Este fue el caso del obispado de Bamberg, ya descrito, en el que la cruel masacre de personas acusadas de brujería supuso también una persecución de aquellas sospechosas de ser protestantes. Bamberg no fue un caso único; en el resto de los territorios de confesión católica los protestantes fueron acusados de brujería, mientras que en los territorios de confesión protestante los acusados de brujería fueron los católicos, creando una espiral de violencia de persecución de herejes y brujas que se retroalimentaba.

Los economistas estadounidenses Peter T. Leeson y Jacob W. Russ, basándose en el análisis cuantitativo de los cuarenta y tres mil procesos de brujería de veintiún países, han puesto números a lo que ellos denominan una estrategia de católicos y protestantes por el mercado de creyentes en Europa.[362] Según estos autores, con la aparición de la Reforma, el catolicismo perdió el monopolio como religión oficial de los reinos europeos, lo que llevó a que extremara su celo en la persecución de las brujas, como forma de captar o retener a los creyentes en su confesión. Pero también los protestantes fueron beligerantes en la persecución de las brujas, las cuales eran igualmente sus enemigos más temibles por ser aliadas del diablo. Los autores de este trabajo, publicado en una revista de economía, hacen un examen de las distintas hipótesis sobre la causa de la caza de brujas, proponiendo para cada una de ellas unos parámetros identificativos; concluyen que la lucha por el mercado de fieles es la hipótesis cuyos datos se ajustan mejor con los casos estudiados.

Aunque no comparto la idea de que un modelo matemático con unas cuantas variables pueda representar un fenómeno tan complejo como la caza de brujas en Europa, el amplísimo número de procesos examinados y el hecho de que las persecuciones más virulentas se dieran en las zonas más conflictivas de las guerras de religión apuntan a que los enfrentamientos entre católicos y protestantes fueron uno de los factores determinantes en la caza de brujas.

ENFERMEDAD MENTAL

La primera persona que relacionó la brujería con un trastorno mental fue Johann Weyer, un médico holandés formado en la Universidad de París que trabajó en la corte del ducado de Cleves, del Sacro Imperio Romano. Su obra publicada en 1563, no mucho después del *Malleus*, era abiertamente crítica con la persecución de las brujas y en ella señalaba que el crimen de brujería era imposible. Para explicar las confesiones que muchas de las acusadas hacían de manera espontánea, afirmó que padecían de melancolía, que era como se denominaban en la época las enfermedades mentales, por lo que, según Weyer, estas mujeres requerían atención médica y no ser encarceladas y maltratadas. Dijo que las brujas no eran fuertes, sino débiles, no eran perversas, sino que estaban enfermas y que no debían ser castigadas, sino tratadas con cariño. Su ajusticiamiento no podía justificarse en ninguna circunstancia; según él, la caza de brujas fue una masacre de inocentes.[363] Recientemente las explicaciones de Weyer han sido reinterpretadas como problemas de senilidad en mujeres mayores, pobres, malnutridas y sin un techo.[364] Su libro sirvió de inspiración a obras posteriores críticas con la persecución de las brujas, como la de Reginald Scot (1584), y fue duramente atacado en otras, cuyos autores sí creían en esos actos perversos, como Jean Bodin (1580), que dedicó un capítulo a criticar la obra de Weyer, al que acusó de ser brujo.

Varios siglos después, en 1885, y durante sus años de estudio en la Universidad de París, Sigmund Freud se interesó por los procesos de brujería a través de uno de sus profesores, que buscaba una relación entre el fenómeno de la histeria femenina y el misterioso fenómeno de la posesión demoniaca sufrido por muchas mujeres durante la caza de brujas y referida anteriormente. Tras dedicar varios años al estudio de estos procesos y descartar distintas teorías, Freud llegó a la conclusión de que los fenómenos de posesión no eran más que casos de desdoblamiento de la personalidad. También afirmaba que los procesos a las brujas, con su marcado componente sexual, reflejaban los sueños y deseos secretos tanto de jueces y torturadores como de las propias acusadas. Posteriormente se han realizado varios estudios desde un punto de vista psicoanalítico, y se ha publicado en tiempos recientes un libro monográfico sobre este tema.[365] También se han intentado explicar episodios de caza de brujas particularmente virulentos, como el de Salem, como fenómenos de histeria colectiva, pero esta hipótesis no goza en la actualidad de mucho apoyo.

El psiquiatra español Juan José López Ibor recoge en su obra *Cómo se fabrica una bruja* otro de los casos que analizó Freud, el del pacto con Satanás del pintor austriaco Johann Christoph Haizmann y el posterior exorcismo que tuvo lugar en la ciudad austriaca de Mariazell en 1677.[366] Freud descubrió este caso en 1922, cuando llegó a sus manos un manuscrito del siglo XVII que lo describía y elaboró un diagnóstico sobre la posesión demoniaca, que resumió en su trabajo *Una neurosis demoniaca en el siglo XVII*. El artista, al parecer, había hecho un pacto con el diablo, en el que le vendió su alma a cambio de librarse de la desesperación en la que lo había sumido la muerte de su padre. Freud llegó a la conclusión de que era un enfermo mental que sufría una neurosis.[367]

López Ibor describe varios casos, que él mismo trató en los últimos años de la dictadura franquista, de pacientes convencidas de ser brujas. Uno de ellos es el de una joven sana, casada y con una hija pequeña, sin problemas personales o familiares, que al estar convencida de estar poseída por el diablo intentó quitarse la vida. Por ello, se disparó en la cabeza y, aunque no consiguió matarse, sí perdió un ojo en el intento. Tras ser ingresada en el hospital psiquiátrico y tratada por López Ibor, se recuperó completamente de su enfermedad mental y llevó una vida normal. Después de analizar este y otros casos, el psiquiatra español llega mucho más lejos que Freud en sus conclusiones, afirmando que la enfermedad mental desempeña en el mundo moderno la misma función social que las brujas desempeñaron en la Edad Moderna. Cita al historiador de la medicina Henry Sigerist para señalar que la psiquiatría moderna nació como una disciplina médica a raíz de un cambio de actitud de la sociedad con respecto a las brujas, que no eran más que enfermas mentales.[368]

Un caso particularmente triste que recoge el historiador alemán Behringer es el de Ursula Haidering, una habitante de la ciudad bávara de Nördlingen, en la que no se habían dado casos de persecución de brujas, como en la mayor parte de Baviera, en el siglo XVI.[369] Huérfana de padre y madre desde muy joven, padecía dolores de cabeza y ataques que la dejaban sin habla ni capacidad de movimiento; además, a veces tenía alterada la percepción de la realidad, lo que algunos médicos han relacionado con la existencia de un tumor cerebral más que con una enfermedad mental. Sin familia ni nadie a quien acudir en caso de necesidad, era la más pobre de los pobres de la ciudad. Quizá por el deseo de llamar la atención y de ser importante, alardeó de estar poseída por el demonio y de haber tenido relaciones sexuales con él delante de otras chicas, que no la creyeron y se rieron de ella; para todos era evidente que estaba loca.

El drama se desencadenó cuando, en 1589, tuvo uno de sus ataques en casa de los familiares de un niño que acababa de morir y Ursula confesó ser la responsable de esa muerte. Entonces sí la creyeron, por lo que fue detenida, pero al ser interrogada, intentó retractarse de la confesión. No le hicieron caso y siguieron con el interrogatorio: sus confesiones no fueron más que un cúmulo de contradicciones y sinsentidos, lo que podía deberse a una enfermedad mental o a un tumor. Para sacarle más información, fue torturada y, aunque durante el tormento sus declaraciones siguieron siendo incoherentes, delató a otras dos chicas, dando con ello comienzo a la caza que se desató en esta ciudad. Seis meses después de su primera confesión fue quemada en la hoguera junto con las dos chicas a las que había delatado. Aunque la información disponible no permite establecer un diagnóstico fiable de la hipotética enfermedad de Ursula, resulta verosímil que fuera víctima de su soledad, desamparo y afán de protagonismo, o tal vez tenía un tumor cerebral u otra enfermedad física o mental.

El drama de Ursula no debió de ser el único de esas características, porque en una región como Alemania, donde las guerras de religión y la caza de brujas habían causado innumerables muertes (más de un 30 por ciento de la población), la situación de orfandad debía de ser bastante usual. Por otro lado, el encarcelamiento (que en las prisiones secretas de la Inquisición española implicaba incomunicación total) y la tortura seguro que causaron enfermedades mentales incluso en las personas más fuertes y sanas mentalmente, por no hablar del deterioro físico que los regímenes carcelarios debían de causar en los reclusos.

Aunque, como es obvio, no todas las brujas eran enfermas mentales, y es probable que este tipo de condición no fuese el desencadenante de su persecución, es evidente que los trastornos mentales, antes o después de las detenciones, estuvieron presentes a lo largo de los procesos incoados a las brujas.

Misoginia

La inmensa mayoría (un 70 por ciento) de las personas ajusticiadas durante la caza de brujas de la Edad Moderna en Europa fueron mujeres, por lo que no cabe duda de que en dicho fenómeno tuvo un papel muy relevante la misoginia, tratada extensamente en el capítulo 5. No obstante, un examen superficial de un proceso tan complejo como la caza de brujas ha llevado a algunas historiadoras, entre ellas varias feministas, a definir el que nos atañe como un proceso de disciplina y castigo de las autoridades masculinas a las mujeres que no se adaptaban a la norma. Ello dista mucho de ajustarse a una realidad en la que las mujeres estaban tan sojuzgadas que no se tienen noticias de la existencia de ninguna rebelde, aislada o en grupo. La única mujer auténticamente rebelde y poderosa de las aquí presentadas fue Elena de Céspedes, la sastra y cirujana súbdita del rey Felipe II, y Madeleine Bavent, la cual, a pesar de haber sido maltratada sin descanso, siguió teniendo sus propias creencias respecto a sus responsabilidades y las de los sacerdotes que abusaron de ella.

¿Cómo era la relación entre mujeres y hombres a comienzos de la Edad Moderna? Los estereotipos de género eran uno de los pilares de la sociedad y condicionaban todos los aspectos de la vida, tanto el social como el económico, religioso, político y cultural. Las mujeres eran consideradas y muy probablemente se veían a ellas mismas inferiores a los hombres. Las bases de la superioridad del hombre estaban en la teología y en la ley, y arrancaban del momento en el que, según el Génesis, Eva arrastró a Adán al pecado que causó la expulsión de ambos del paraíso. Como consecuencia de esas ideas asumidas por unos y otras, la superioridad del hombre en el matrimonio era sacrosanta, y a las mujeres no se les permitía recibir educación alguna ni practicar la mayor parte de las profesiones, sobre todo aquellas que las obligaban a salir de sus casas. Su buena reputación dependía exclusivamente de su castidad y fidelidad, no de su educación ni de sus logros profesionales.* A esta situación se unieron las doctrinas del *Malleus Maleficarum*, que explicaba que el demonio se cebaba en las mujeres por su insaciable lujuria, y las de demonólogos como Jean Bodin, quien decía que las mujeres eran cincuenta veces más proclives a sucumbir a la tentación de la brujería que los hombres.

Por otro lado, desde los albores de la historia, la brujería se ha asociado con las mujeres, por lo que, si alguien sospechaba ser víctima de un acto de *maleficia*, enseguida se pensaba que la culpable era una mujer, retroalimentando así ese estereotipo. A pesar de ello, no se puede olvidar que hubo muchos hombres procesados por brujería, en torno a un 30 por ciento. Estos no solían ser los primeros acusados, sino que aparecían en los casos de grandes persecuciones, como la de Zugarramurdi, o cuando las cazas resultaban incontrolables, como la de Bamberg. Hay que recordar, además, que en muchos casos, las acusaciones fueron impulsadas desde abajo y que las acusadoras fueron mujeres.

* La escala de valores para las mujeres de mi familia, en un pueblo de Jaén en la década de 1960, seguía siendo esa misma. A pesar de lo cual yo pude estudiar en la universidad, cosa que las mujeres de la Edad Moderna no pudieron hacer.

Algunos historiadores como Jacob Grimm, de comienzos del siglo XIX, o Deirdre English,[370] de mediados del XX, han expuesto que las brujas eran mujeres sabias con conocimientos médicos, y en el *Malleus* se habla del peligro que entrañaba ejercer de comadrona. Sin embargo, solo una pequeña parte de las mujeres acusadas de brujería eran comadronas o médicas. Es más, muchas de las primeras fueron llamadas para testificar contra mujeres acusadas de brujería. Por todo ello, no se puede afirmar que la caza de brujas fuese una persecución orquestada por los hombres para someter a las mujeres, aunque sin duda fue el fruto de una sociedad misógina. Tampoco se trató de una represión por parte de las autoridades tras una protesta de las clases populares, porque en muchas ocasiones los acusados fueron las mismas autoridades civiles, como es el caso del canciller Haan en Bamberg, o religiosas, como el padre Grandier en Loudun.

En su artículo «Witchcraft and Gender in Early Modern Europe», Alison Rowlands señala que las interpretaciones poco rigurosas de algunas feministas han hecho que muchos historiadores no hayan tenido en cuenta la perspectiva de género en sus estudios sobre la caza de brujas, lo que hace que estos no estén equilibrados. Porque, aunque este fenómeno no afectó a un solo sexo, sin embargo, sí estuvo muy condicionado en la mayor parte de las víctimas. Esta autora también llama la atención sobre un hecho curioso: a pesar de que el *sabbat* representaba una inversión de todos los valores de la sociedad y a pesar de que sus protagonistas eran mayoritariamente mujeres, la fuerza del patriarcado era tal que este acto estaba gobernado y dirigido por entes masculinos, como el diablo o el rey del *sabbat*.[371]

De esta amplia panoplia de respuestas al por qué de la caza de brujas se llega a la conclusión de que no hay un único motivo para un fenómeno tan complejo, al igual que no hay un único episodio representativo de la persecución.

Epílogo

Brujas en el siglo XXI

A comienzos del siglo XXI, cuando el concepto de Dios ha dejado de ser el eje central de la sociedad, cuando el demonio no sirve más que para inspirar guiones de películas enrevesadas y la Iglesia ha perdido su hegemonía (que no su poder), ¿siguen teniendo las brujas una razón de ser?

Si nos atenemos a las novedades editoriales, parece que sí. Sin haber hecho una búsqueda exhaustiva, tengo encima de la mesa cinco libros de los últimos tres años en cuyo título aparece la palabra «bruja»,[372] además del publicado por Mona Chollet: *Brujas: ¿estigma o la fuerza invencible de las mujeres?*;[373] su título ya nos augura el mensaje que pretende transmitir: identifica las brujas con mujeres poderosas y transgresoras. Otro libro que se publicó hace algunos años es el de Susannah Marriott, *Witches, Sirens and Soothsayers*, que conecta las brujas del pasado con la nueva visión de las brujas, cuyo antecedente más conocido es el de la serie de televisión estadounidense de los años sesenta *Embrujada*. Este texto tiene una impresionante colección de ilustraciones de las imágenes asociadas con la brujería a lo largo de la historia, lo que lo convierte en una pequeña joya.

Todos estos libros hablan

> del mundo extraño y misterioso de estas poderosas mujeres, que fueron ultrajadas e inspiraron el mundo con sus capacidades de ver el futuro y comunicarse con los espíritus, de curar y hacer magia con sus pociones, de cambiar el curso de los hechos con su capacidad de seducción.[374]

Esa imagen, que no concuerda en absoluto con la realidad que vivieron las brujas de la Edad Moderna, resulta «inspiradora».

El hecho es que estos libros recogen la idea que se ha ido gestando desde mediados de los años sesenta con el culto de la wicca (que definimos más adelante), a partir del cual el mito de la bruja se ha transformado en un icono feminista.

Estas brujas idealizadas de los países desarrollados contrastan violentamente con la realidad de otras brujas de países del África subsahariana, América Central y el Sudeste Asiático. Ellas ahora viven también en Europa y protagonizan noticias como la aparecida en un periódico sevillano el 25 de septiembre de 2021:

> La Policía Nacional intervino hace unos días en un caso de canibalismo y brujería africana ocurrido en el Polígono Norte de Sevilla. Los agentes de este cuerpo detuvieron a una mujer que había agredido brutalmente a su compañera de piso, a la que había arrancado a mordiscos un par de dedos y se los había comido y a la que intentó extraer también las tripas.[375]

La agresora, una mujer de cuarenta y cinco años, natural de Kenia, intentaba librar del demonio a la agredida, su compañera de piso, de cuarenta y ocho años y natural del Congo.

¿Cómo se han generado dos situaciones tan opuestas actualmente? En los capítulos anteriores dejamos los obispados y ciudades imperiales alemanas inmersos en una orgía de fuego y tortura de brujas y brujos, mientras que en Francia el demonio se enseñoreaba en las monjas poseídas de los conventos, llegaba a la corte del Rey Sol a mediados del siglo XVII y a finales del mismo hechizaba al último monarca español de la casa de los Austria y volvía locas a las jóvenes de una colonia de puritanos en la costa este de Nueva Inglaterra. Pero, a lo largo del siglo siguiente, la razón y la sensatez ganaron terreno, y la riada ingobernable de odios, demonios y fuego fue bajando el nivel poco a poco, especialmente entre las élites, tanto religiosas como laicas. Otra cosa es lo que pensaba el pueblo llano.

A pesar de que, en líneas generales, la caza de brujas oficial iba extinguiéndose, seguía cobrándose víctimas a finales del siglo XVIII. La última persona legalmente ajusticiada por practicar la brujería en Europa fue Anna Göldi, nacida en 1734 en la localidad suiza de Sennwald. Alta, morena y de ojos grises, Anna encajaba a la perfección en el estereotipo de la bruja: mujer, pobre, marginada y víctima en sus relaciones amorosas; al parecer era también orgullosa. Como procedía de una familia muy humilde, empezó a trabajar como criada siendo muy joven. A los treinta y un años se quedó embarazada de un mercenario que la abandonó. El niño murió asfixiado en su primera noche de vida y, aunque la mortalidad infantil era pavorosa en esa época, ella fue acusada de ser la responsable de su muerte, por lo que fue condenada a seis años de arresto domiciliario que la obligaron a vivir en casa de su hermana. Escapó al cantón vecino de Glaris y comenzó a trabajar como criada en casa de los Zwicky; allí inició una relación con el hijo de la familia, Melchior, con quien pretendía casarse tras haber tenido un hijo con él, pero la familia de él impidió esa boda.

Lo siguiente que sabemos de ella es que en 1780 empezó a trabajar de nuevo como sirvienta, esta vez para la familia del médico y juez Johann Jakob Tschudi, en la que se ocupaba de cuidar a sus hijas. Una mañana, las niñas dijeron que había agujas en su leche y acusaron a Anna de haberlas puesto allí. La echaron de la casa y le pidieron que se fuera de la ciudad, pero, dieciocho días después de su marcha, la hija menor se puso enferma con fiebre y vomitó agujas y otros objetos metálicos, según la familia, y el padre acusó a Anna de haberle echado una maldición. Ella intentó escapar, pero las autoridades de Glaris publicaron una orden de busca y captura y la detuvieron. Durante el juicio, en el que se violaron todos los protocolos judiciales vigentes, se evitó acusar a la procesada de brujería, porque esta actividad no estaba penada en aquella época.[376] Al principio Anna negó todos los cargos que se le imputaban, pero, después de tres meses de torturas, confesó haber pactado con el diablo. Fue condenada a muerte por «envenenamiento», a pesar de que este tipo de delito en aquella época no implicaba la pena capital. Se la describía como orgullosa, atractiva y muy bien educada. El 13 de julio de 1782 fue decapitada. Su muerte originó muchas protestas y el proceso fue calificado por algunas autoridades de la época de justicia criminal.[377]

Walter Hauser, un periodista del cantón de Glaris, descubrió el caso a comienzos del siglo XXI, promovió la exoneración de la ajusticiada, que fue realizada en el Parlamento suizo en 2007, y creó el museo Anna Goldi, que abrió sus puertas en agosto de 2017.

En España, con la excepción de Cataluña, el delito de brujería dejó de perseguirse tras las instrucciones que la Suprema envió a todos sus tribunales en 1614, a raíz del estudio del inquisidor Salazar. Pero el hecho de que no se persiguieran no impedía que las brujas siguieran existiendo para mucha gente. Y, cuando se producían muertes aparentemente injustificadas, esas brujas eran culpadas y, en algunos casos, ajusticiadas. No sabemos cuántas de ellas morirían en España a manos del pueblo una vez que dejaron de perseguirse oficialmente, pero conocemos la versión de uno de los linchamientos, que fue relatado por el escritor sevillano Gustavo Adolfo Bécquer. Lo recogió en una de sus *Cartas desde mi celda*, escritas durante su estancia en el monasterio de Veruela, donde pasaba una temporada para tratarse su tuberculosis.

El relato se hace eco de un hecho que tuvo lugar en Trasmoz, pueblo situado en la comarca del Moncayo, en la provincia de Zaragoza, el único de España excomulgado, aunque no por méritos propios, sino como resultado de las disputas entre la Iglesia y la Corona. La excomunión del pueblo se materializó en el siglo XIII y la realizó el abad del monasterio cisterciense de Veruela, y sigue estando excomulgado hasta la fecha, porque ningún papa ha levantado la excomunión.

El pueblo está dominado por las ruinas de un imponente castillo, que, según se dice, levantaron unos entes malignos en una noche tras pactar con el diablo. También se dice que sus ocupantes se dedicaban a acuñar monedas falsas y que, para evitar que se investigara el ruido del martilleo, comenzaron a expandir el rumor de que en el castillo habitaban brujas y hechiceros que hacían sonar cadenas y removían sus calderos con pociones mágicas por la noche, para que nadie se acercara a fisgar y pudiera descubrir el fraude de las monedas. A mediados del siglo XIX, en 1860, hubo una plaga que causó una gran mortandad en Trasmoz, y los vecinos del pueblo culparon a Joaquina

Bona Sánchez, conocida como la tía Casca, con fama de bruja y a la que se atribuían todo tipo de poderes malignos. La despeñaron por un precipicio, aunque hay quien dice que la echaron a un pozo.

Según cuenta Bécquer en su sexta carta, volviendo de dar un paseo por los alrededores del monasterio, se perdió y, cuando pidió ayuda a un pastor que andaba por allí con su rebaño para llegar al pueblo, este le advirtió que no se le ocurriera ir por el sendero de la tía Casca y a continuación lo ilustró sobre la muerte de la misma.

La tía Casca era famosa en todos estos contornos, y me bastó distinguir sus greñas blancuzcas que se enredaban alrededor de su frente como culebras, sus formas extravagantes, su cuerpo encorvado y sus brazos disformes, que se destacaban angulosos y oscuros sobre el fondo de fuego del horizonte, para reconocer en ella á la bruja de Trasmoz. Al llegar ésta al borde del precipicio, se detuvo un instante sin saber qué partido tomar. Las voces de los que parecían perseguirla sonaban cada vez más cerca, y de cuando en cuando la veía hacer una contorsión, encogerse ó dar un brinco para evitar los cantazos que le arrojaban. Sin duda no traía el bote de sus endiablados untos, porque, á traerlo, seguro que habría atravesado al vuelo la cortadura, dejando á sus perseguidores burlados y jadeantes como lebreles que pierden la pista. ¡Dios no lo quiso así, permitiendo que de una vez pagara todas sus maldades...! Llegaron los mozos que venían en su seguimiento, y la cumbre se coronó de gentes, éstos con piedras en las manos, aquéllos con garrotes, los de más allá con cuchillos.

La tía Casca intentó salvarse pidiendo clemencia, pero no tuvo suerte, porque sus crímenes eran muy grandes:

¡Ah, bruja del Lucifer, ya es tarde para lamentaciones, ya te conocemos todos! —¡Tú hiciste un mal á mi mulo, que desde entonces no quiso probar bocado, y murió de hambre dejándome en la miseria!, decía uno. —¡Tú has hecho mal de ojo á mi hijo, y lo sacas de la cuna y lo azotas por las noches!, añadía el otro; y cada cual exclamaba por su lado: ¡Tú has echado una suerte á mi hermana! ¡Tú has ligado á mi novia! ¡Tú has emponzoñado la hierba! ¡Tú has embrujado al pueblo entero!

La bruja, viendo que estaba a punto de morir, pidió unos minutos para arreglarse con Dios y pedirle perdón por sus pecados, pero, como su plegaria parecía no acabar, los mozos se impacientaron

bien porque en su turbación la bruja no acertara con la fórmula, ó, lo que yo más creo, por ser viernes, día en que murió Nuestro Señor Jesucristo, y no haber acabado aún las vísperas, durante las que los malos no tienen poder alguno, ello es que, viendo que no concluía nunca con su endiablada monserga, un mozo la dijo que acabase, y levantando en alto el cuchillo, se dispuso á herirla. La vieja entonces, tan humilde, tan hipocritona hasta aquel punto, se puso de pie con un movimiento tan rápido como el de una culebra enroscada á la que se pisa y despliega sus anillos irguiéndose llena de cólera. —¡Oh! no; ¡no quiero morir, no quiero morir!, decía; ¡dejadme, ú os morderé las manos con que me sujetáis...! Pero aún no había pronunciado estas palabras, abalanzándose á sus perseguidores, fuera de sí, con las greñas sueltas, los ojos inyectados en sangre, y la hedionda boca entreabierta y llena de espuma, cuando la oí arrojar un alarido espantoso, llevarse por dos ó tres veces las manos al costado con grande precipitación, mirárselas y volvérselas á mirar maquinalmente, y por último, dando tres ó cuatro pasos vacilantes como si estuviese borracha, la vi caer al derrumbadero. Uno de los mozos á quien la bruja hechizó una hermana, la más hermosa, la más buena del lugar, la había herido de muerte en el momento en que sintió que le clavaba en el brazo sus dientes negros y puntiagudos.

La bruja no llegó al fondo del barranco porque la ropa se le enganchó en las zarzas y, según el pastor, agarrándose con uñas y dientes habría llegado al borde del precipicio de no ser por

una piedra gruesa, con la que le dieron tal cantazo en el pecho, que piedra y bruja bajaron á la vez saltando de escalón en escalón por entre aquellas puntas calcáreas, afiladas como cuchillos, hasta dar, por último, en ese arroyo que se ve en lo más profundo del valle... Una vez allí, la bruja permaneció un largo rato inmóvil, con la cara hundida entre el légamo y el fango del arroyo que corría enrojecido con la sangre; después, poco á poco, comenzó como á volver en sí y á agitarse convulsivamente. El agua cenagosa y sangrienta saltaba en derredor batida por sus manos, que de vez en cuando se levantaban en el aire crispadas y horribles, no sé si implorando piedad, ó amenazando aún en las últimas ansias... Así estuvo algún tiempo removiéndose y queriendo inútilmente sacar la cabeza fuera de la corriente buscando un poco de aire, hasta que al fin se desplomó muerta.[378]

Bécquer no presenció el ajusticiamiento de la tía Casca porque ocurrió en 1862, unos años antes de que él visitara el monasterio de Veruela, pero el suceso debió de ocurrir de una manera muy parecida a como él lo relata: una multitud enfurecida que acorrala y derriba a una mujer indefensa, y además lo hace en el nombre de Dios.

La creencia en las brujas siguió muy viva a lo largo del siglo XIX y de la primera mitad del siglo XX, especialmente en Galicia y el País Vasco, pero no parece que murieran más mujeres a causa de esa acusación. No obstante, sí hubo víctimas mortales en otros países europeos; por ejemplo, en Irlanda apalearon y quemaron a la joven Bridget Cleary en 1894, y en un pueblo alemán a la anciana Elizabeth Hahn en una fecha tan tardía como 1974.[379]

Aunque sin daños físicos, el calificativo de bruja se sigue usando hasta nuestros días. El 21 septiembre de 2021 un diputado de Vox llamó «bruja» a una diputada del PSOE por defender el derecho al aborto en el Parlamento andaluz.[380] Lo que pretendía ese diputado al llamarla así era acusarla de ser mala y de tener poder, que es justamente lo que han hecho todos los perseguidores de brujas. Las perseguidas han sido en su mayoría mujeres, pero los perseguidores han sido siempre hombres; hombres malos y con poder, como ese diputado de Vox, que aún se cree con la potestad para excluir a la mitad de la población de la toma de decisiones que les conciernen.

Pero esa no es la única percepción que existe hoy en día del vocablo «bruja». Como hemos indicado al comienzo, las brujas se han convertido en un icono feminista, cuyo antecedente se encuentra en la obra de Michelet *La bruja* (1862). Posteriormente, la egiptóloga Margaret Murray lanzó en 1921 la teoría de que las brujas de la Edad Moderna eran en realidad miembros de un culto de fertilidad precristiano cuyos ritos de adoración a la diosa Diana fueron malinterpretados por jueces y clérigos. Pero esta hipótesis tiene poca credibilidad porque no hay rastros de sus reuniones, como sí las hay de las reuniones clandestinas de otros grupos religiosos ocultos. Por otro lado, cuando se leen los extractos de los procesos y las invocaciones de las detenidas a Dios, a la Virgen y a los santos al ser torturadas, se pone de manifiesto la sinceridad de su fe en el dios de los cristianos y se llega a la conclusión de que no eran más que desgraciadas que habían tenido la mala fortuna de estar en el lugar y momento equivocado: al alcance de los cazadores en temporada de caza de brujas.

A partir de la hipótesis de Margaret Murray, se desarrolló un culto basado en la brujería iniciado en Estados Unidos en la década de 1960 por Gerald Gardner, que posteriormente se expandió a otros países, sobre todo a Gran Bretaña y Australia. La nueva religión se denominó *wicca*, que era la forma arcaica de llamar a las brujas en inglés. A finales del siglo XX se calculaba que contaba con algo menos de un millón de adeptos en todo el mundo. No obstante, esta es solo una de las nuevas corrientes de cultos basados en la brujería, que cuentan sus seguidores por centenares de miles.[381]

¿Qué tienen en común las nuevas brujas con las antiguas? Aparte del ritual y la parafernalia, muy poco. Las brujas de hoy en los países desarrollados no solo no son perseguidas, sino que se denominan «brujas» a sí mismas con orgullo, algo que en la época de la caza era cuasi sinónimo de una condena a muerte o al ostracismo.

Estas nuevas brujas del mundo occidental tampoco tienen mucho en común con las de los países en vías de desarrollo, donde el término «bruja» sigue siendo uno de los peores insultos, y ser acusada de ello supone una maldición y, en muchos casos, una condena a muerte. Esas creencias son las responsables del episodio de canibalismo que tuvo lugar en Sevilla en septiembre de 2021, que no es más que el eco de lo que viene sucediendo en países de Latinoamérica como México, Ecuador, Perú y Bolivia; de Asia como India, Indonesia y Papúa Nueva Guinea, y en la mayor parte de los países del África subsahariana

(Costa de Marfil, Ghana, Togo, Nigeria, Benín, Camerún, Angola, Zaire Zambia, Zimbabue, Sudáfrica, Mozambique, Tanzania, Kenia, Malaui, Congo y Uganda).[382]

Cuando todavía nos estremecemos al leer las actas de los procesos incoados a tantas personas inocentes, resulta aterrador saber que en estos países han sido asesinadas más personas en la segunda mitad del siglo XX que en Europa en toda la Edad Moderna. Muchos historiadores europeos se preguntan qué pueden enseñarnos las cazas de brujas que tienen lugar en la actualidad sobre lo que sucedió en Europa en la Edad Moderna. Lo que más bien habría que plantearse es qué puede enseñarnos la caza de brujas acaecida en Europa hace cuatro siglos para ayudarnos a entender y detener la persecución que sigue produciéndose hoy en muchos países en vías de desarrollo.

Pero entender la locura que asoló Europa en la Edad Moderna puede ayudarnos también a madurar como sociedad, porque los factores que la desencadenaron siguen existiendo: el desconcierto ante el dolor y el sufrimiento, el odio a las personas diferentes, la avaricia, la venganza, la supresión de las cautelas legales ante un problema supuestamente extraordinario.

Aunque la sociedad europea ha cambiado mucho —por ejemplo, hoy no es universal la creencia en Dios que confería a los miembros de la Iglesia un poder infinito— parte de la población sigue creyendo en la existencia de fuerzas ocultas, lo que la convierte en manipulable por expertos en el manejo de redes sociales. Esos nuevos sacerdotes sin escrúpulos no dudan en señalar chivos expiatorios, despojando de la categoría de seres humanos a personas que no poseen los pasaportes adecuados, como en su día se despojó de esa categoría a las acusadas de brujería. A pesar de todo, hoy hay una fuerza que no existía en la Edad Moderna: la de las mujeres, que entonces no tuvieron más protagonismo que el de ser las principales víctimas de la persecución.

Los hombres organizaron la caza de brujas en la Edad Moderna, las mujeres tenemos que encabezar la lucha para que nunca más se vuelva a repetir un ataque a seres humanos por el simple hecho de ser diferentes.

En Sevilla a 6 de diciembre de 2021, Día de la Constitución.

Cronología

2.500 a.C.	Civilización sumeria
s. VIII a.C.	Homero
s. VII a.C.	*Teogonía* de Hesíodo
s. V a.C.	Eurípides
s. IV a.C.	Sócrates
s. IV a.C.	Aristóteles
s. III a.C.	Agnódice
s. I a.C.	Mitrídates, Kratevas
0	**Cristo**
s. I	San Pablo
s. I	Dioscórides
s. II	Celso
s. III	Tertuliano
s. IV	Emperador Constantino
s. IV	San Agustín
s. V	Doctrina Salviano
s. VII	San Isidoro de Sevilla
826	*Canon Episcopi*, niega la realidad de actos de brujas
1098	**Primera Cruzada**
1140	*Decreto de Graciano*, derecho canónico, misógino
1233	Bula *Vox in Rama* de Gregorio IX contra Stedinger
1244	Fin de los cátaros
1256	Traducción de *Picatrix* por orden de Alfonso X el Sabio
1298	Decreto *Periculoso* de Bonifacio VIII, ordena callar a las mujeres
s. XIII	Santo Tomás de Aquino, cree en vuelos de brujas
s. XIV	Petrarca, misógino

1322	Proceso Jacoba Felicie, médica francesa
1326	Bula *Super illius specula* de Juan XXII, sobre exorcismos
1330	*De Planctu Ecclesiae* de Álvaro Pelayo, Juan XXII, muy misógino
1376	*Directorium Inquisitorum* de Nicolau Eimeric, manual caza de brujas
1484	Bula *Summis Desiderantes Affectibus* de Inocencio VIII
1486	***Malleus Maleficarum* o *El martillo de brujas* de Kramer y Sprenger**
1478	Creación de la Inquisición en Castilla y Aragón
1517	Martín Lutero publica sus *Tesis* en Wittenberg
1526	Brujas de Navarra, relato de fray Prudencio de Sandoval
1526	Reunión de la Suprema en Granada, no cree en brujas
1532	*Constitutio Criminalis Carolina*, legislación del Imperio
1563	Concilio de Trento (antiprotestante)
1559	Auto de fe (Valladolid), Felipe II, contra protestantes
1572	Noche San Bartolomé (masacre hugonotes)
1580	*Demonomanie des sorcières* de Jean Bodin, manual caza de brujas
1584	*Discovery of Witchcraft* de Reginald Scot, defensa de brujas
1587	Proceso Elena de Céspedes
1588	Instauración del protomedicato por Felipe II
1610	Proceso Zugarramurdi
1614	Instrucciones de la Suprema prohibiendo condena de brujas
1616	Muerte de Cervantes y Shakespeare
1618	Procesos Ellwangen
1626	El año sin verano, Pequeña Edad de Hielo
1630	**Procesos Bamberg y Mecklenburg**
1631	*Cautio Criminalis* de F. Von Spee, defensa de brujas
1634	Proceso convento de Loudun
1635	Proceso Alonso de Alarcón en Inquisición española por blasfemo
1638	Proceso convento de San Plácido
1648	Fin de la guerra de los Treinta Años
1650	Proceso convento de Louviers
1680	Auto de fe (Madrid), esponsales de Carlos II con María Luisa de Orleans

1682   *Chambre ardente*, corte de Luis XIV (Francia)

1692   Procesos de Salem

1698   Hechizos Carlos II de España

1782   Proceso Anna Göldi (Suiza)

1826   Cayetano Ripoll, último ejecutado por la Inquisición española

1834   Fin de la Inquisición española

1862   Linchamiento de la Tía Casca (Trasmoz, Aragón)

1906   *Historia de la Inquisición española* de H.C. Lea, exculpa a la institución de caza de brujas

1950   Comité actividades antinorteamericanas, senador McCarthy

1960-2000 Asesinato de decenas de miles de brujas en África

2020   Día Internacional contra la Caza de Brujas, 10 de agosto

2021   Canibalismo y brujería en Sevilla

Bibliografía

Alcoberro, Agustí, y Pau Castell, «No eren bruixes, eren dones», *Sàpiens*, n.º 228, marzo de 2021.

Alic, Margaret, *El legado de Hipatia. Historia de las mujeres en la ciencia desde la Antigüedad hasta fines del siglo XIX*, Madrid, Siglo XXI, 1991.

Bachofen, Johann Jakob, *El matriarcado*, Madrid, Akal, 1987.

Barandiarán, José Miguel de, *Brujería y brujas. Testimonios recogidos en el País Vasco*, Donosti, Txertoa, 2012.

—, *Mitología Vasca*, Donosti, Txertoa, 2014.

Barbazza, Marie-Catherine, «Un caso de subversión social: el proceso de Elena de Céspedes (1587-1589)», *Criticón*, n.º 26, 1984, p. 17.

Baring, Anne, y Jules Cashford, *El mito de la diosa*, Madrid, Siruela, 2014.

Becerra, Daniel, *La mujer y las plantas sagradas en el mundo antiguo*, Barcelona, Vegueta, n.º 7, 2003, pp. 10-21.

Bécquer, Gustavo Adolfo, *Cartas desde mi celda*, VI, <https://es.wikisource.org/wiki/Cartas_desde_mi_celda:_6>.

Behringer, Wolfgang, *Witchcraft Persecutions in Bavaria: Popular Magic, Religious Zealotry and Reason of State in Early Modern Europe*, Cambridge, Cambridge University Press, 1997.

—, *Witches and Witch-Hunts: a Global History*, Cambridge, Polity, 2004.

Biblia, Conferencia Episcopal Española, 2017.

Bingen, Hildegarda de, *Scivias: conoce los caminos*, Madrid, Trotta, 1999.

—, *Physica. Libro de medicina sencilla*, Astorga, Akrón, 1999.

Bitel, Lisa M., *Women in Early Medieval Europe 400-1100*, Cambridge, Cambridge University Press, 2006.

Calef, Robert, *More Wonders of the Invisible World*, Londres, 1700, <http://salem.lib.virginia.edu/speccol/calef/calef.html>.

Campagne, Fabián Alejandro, *Bodin y Maldonado. La demonología como fenómeno de masas en la Francia de las Guerras de Religión*, Buenos Aires, Biblos, 2018.

—, estudio preliminar y notas en fray martín de Castañega, *Tratado de las superticiones y hechicerías*, Buenos Aires, Universidad de Buenos Aires, 1997.

Caporael, Linnda R., «Ergorism: The Satan Loosed in Salem?», *Science*, n.º 192, 1976, p. 4234.

Caro Baroja, Julio, *Las brujas y su mundo*, Madrid, Alianza, 1968.

—, *El señor inquisidor y otras vidas por oficio*, Madrid, Alianza, 1970.

—, *El ballet del inquisidor y la bruja*, Historia 16, n.º extra 1, 1986 (ejemplar dedicado a la Inquisición).

—, *Introducción a una historia contemporánea del anticlericalismo español*, Madrid, Istmo, 1980.

—, *Vidas mágicas e Inquisición*, Madrid, Istmo, 1992.

Castañega, fray Martín de, *Tratado de las superticiones y hechicerías*, Buenos Aires, Universidad de Buenos Aires, 1997.

Castell i Granados, Pau, *Orígens i evolució de la cacera de bruixes a Catalunya (segles XV-XVI)*, tesis doctoral, Barcelona, Universidad de Barcelona, 2013.

—, «La caza de brujas en Cataluña: un estado de la cuestión», *Índice Histórico Español*, vol. 131, 2018, pp. 81-114.

Castro Vicente, Félix Francisco, «El libro de San Cipriano», *Hibris*, n.º 27, mayo-junio 2005.

Celis Sánchez, Agustín, *Herejes y malditos en la historia*, Madrid, Alba Libros, 2006.

Centini, Massimo, *Las brujas en el mundo*, Barcelona, De Vecchi, 2002.

Chollet, Mona, *Sorcières: La puissance invaincue des femmes*, París, Zones, 2018. [Hay trad. cast.: *Brujas: ¿estigma o la fuerza invencible de las mujeres?*, Barcelona, Ediciones B, 2019.]

Ciruelo, Pedro, *Reprobacion de las superticiones y hechizerías*, Salamanca, Diputación de Salamanca, 2003.

Contreras, Jaime, *El Santo Oficio de la Inquisición de Galicia: 1560-1700: Poder, sociedad y cultura*, Madrid, Akal, 1982.

Coronas Tejada, Luis, *Unos años en la vida y reflejos de la personalidad del Inquisidor de las Brujas*, Jaén, Instituto de Estudios Giennenses, 1981.

Cueto Alas, Juan, *Los heterodoxos asturianos*, Oviedo, Ayalga, 1977.

Delibes, Miguel, *El hereje*, Barcelona, Destino, 2006.

Delumeau, Jean, *El miedo en Occidente*, Barcelona, Taurus, 2012.

Desmarets, R. P., *Histoire de Magdelaine Bavent, religieuse du monastère de Saint-Louis de Louviers*, Ruan, J. Lemonnier, 1878.

Donovan, Frank, *Historia de la Brujería*, Madrid, Ediciones del Prado, 1995.

Dreisbach, Robert H., *Manual de venenos y antídotos*, Madrid, Ediciones Morata, 1957.

Duby, George, *et al.*, *Historia de las mujeres en Occidente*, Madrid, Taurus, 1993.

Dueso Alarcón, José Manuel, *Brujería en el País Vasco*, Bizkaia, Orain, 1997.

Eetessam Párraga, Golrokh, «Lilith en el arte decimonónico. Estudio del mito de la femme fatale», *Signa*, n.º 18, 2009, pp. 229-249.

Ehrenreich, Barbara, y Deirdre English, *Witches, Midwives and Nurses. A History of Woman Healers*, Londres, Writers and Readers Ltd., 1976. [Hay trad. cast.: *Brujas, parteras y enfermeras*, Barcelona, Bauma, 2019.]

Eimeric, Nicolau, *Le Manuel des Inquisiteurs à l'usage des Inquistions d'Espagne et de Portugal, ou abrégé de l'ouvrage intitulé: Directorium Inquisitorum*, Lisboa, s.e., 1762.

—, *Manual de Inquisidores para uso de las Inquisiciones de España y Portugal*, Montpellier, Avignon, 1819, <https://play.google.com/books/reader?id=DLE2VMvh6xgC&pg=GBS.PA72&hl=es>.

Emsley, John, *Molecules of murder*, Cambridge, RSC Publishing, 2008.

Escohotado, Antonio, *Las drogas. De los orígenes a la prohibición*, Madrid, Alianza, 1994.

Eslava Galán, Juan, *Historias de la Inquisición*, Barcelona, Planeta, 1993.

Farmer, Alan, *The Witchcraze of the 16th and 17th centuries*, Londres, Hodder Education, 2020.

Federici, Silvia, *Calibán y la bruja: Mujeres, cuerpo y acumulación primitiva*, Madrid, Traficantes de Sueños, 2010.

Fernández Álvarez, Manuel, *Casadas, monjas, rameras y brujas. La olvidada historia de la mujer española en el Renacimiento*, cap. 7, Barcelona, Espasa, 2004.

Fernández de Moratín, Leandro, *Auto de Fe celebrado en la ciudad de Logroño en los días 7 y 8 de noviembre del año 1610, siendo inquisidor general el cardenal, arzobispo de Toledo, Bernardo de Sandobal y Roxas, ilustrada con notas por el Bachiller Ginés De Posadilla*, Cádiz, José Collado, 1820, <http://bdh.bne.es/bnesearch/CompleteSearch.do?showYearItems=&field=autor&advanced=false&exact=on&textH=&completeText=&text=Leandro+Fern%C3%A1ndez+de+Morat%C3%ADn&pageSize=1&pageSizeAbrv=30&pageNumber=6#>.

Fowler, Samuel P., *An Account of the Life and Character of Rev. Samuel Parris of Salem Village and His Connection with the Witchcraft Delusion of 1692*, Salem, Williams Ives & George W. Peace, 1856. <https://archive.org/details/AccountOfTheLifeCharacterEctOfTheRevSamuelParrisOf-SalemVillage>.

Furnival, Frederick James, y John Munro, *Shakespeare. Life and Work*, Londres, Cassell, 1908.

Galech Amillano, Jesús María, *Astrología y medicina para todos los públicos: las polémicas entre Benito Feijoo, Diego Torres y Martín Martínez y la populari-*

zación de la ciencia en la España de principios del siglo XVIII, tesis doctoral, Barcelona, Universidad Autónoma, 2010.

Chumillas, Antonio, El libro de los venenos, Madrid, Siruela, 1995.

García Cárcel, Ricardo, La inquisición, Madrid, Anaya, 1990

—, y Lourdes Mateo Bretos, La leyenda negra, Madrid, Anaya, 1991,

García-Molina Riquelme, Antonio M.,«Instrucciones para procesar a solicitantes en el tribunal de la inquisición de México», Revista de la Inquisición, vol. 8, 1999, pp. 85-100.

García Soormally, Mina, Magia, hechicería y brujería. Entre la Celestina y Cervantes, Sevilla, Renacimiento, 2011.

Garrido, Elisa, Historia de las mujeres de España, Madrid, Síntesis, 1997.

Goetz, Walter, Historia Universal, Barcelona, Espasa, 1935.

Gómez, Nora M., «La representación del Infierno Devorador en la miniatura medieval», Memorabilia, n.° 12, 2009-2010, pp. 269-287.

Gómez Fernández, José Ramón, Las plantas en la brujería medieval, A Coruña, Celeste, 1999.

González Sánchez, Ana, «El liber Picatrix y la traducción mágica culta», en María Jesús Zamora Calvo y Alberto Ortiz, Espejo de brujas, cap. 5, Madrid, Abada, 2012.

Green, Monica H., «Getting to the Source: The Case of Jacoba Felicie and the Impact of the Portable Medieval Reader on the Canon of Medieval Women's History», Medieval Feminist Forum, n.° 42, 2006, pp. 49-62.

—, «Women's Medical Practice and Health Care in Medieval Europe», Signs: Journal of Women in Culture and Society, vol. 14, 1988-1989, pp. 434-473.

—, «A Handlist of the Latin and Vernacular Manuscripts of the So-Called Trotula Texts. Part II: The Vernacular Texts and Latin Re-Writings», Scriptorium, n.° 51, 1997, pp. 80-104.

Guiley, Rosemary Ellen, The Encyclopedia of Witches and Witchcraft, Nueva York, Checkmark Books, 1999.

Haining, Peter, Cuentos de brujas de escritoras victorianas (1839-1920), Madrid, Alba Clásica, 2019.

Henningsen, Gustav, El abogado de las brujas: brujería vasca e Inquisición española, Madrid, Alianza, 1983.

Herreros, Ana Cristina, Libro de brujas españolas, Madrid, Siruela, 2009.

Herstik, Gabriela, Cómo ser una bruja moderna, Barcelona, Roca Editorial, 2018.

Hildesheimer, Ernest, «Les possédées de Louviers», Revue d'histoire de l'Église de France, vol. 24, n.° 105, 1938, pp. 422-457.

Hodges, Kate, Brujas, Guerreras, Diosas, Barcelona, Libros del Zorro Rojo, 2020.

Huxley, Aldous, *Los demonios de Loudun*, Barcelona, Club Círculo de Lectores, 2004.

Jiménez Cordero, Carla, «El diablo como elemento discursivo del clero secular para la evangelización. Estudio de caso: el tratado de las supersticiones y costumbres gentílicas que hoy viven entre los indios naturales desta nueva España de Hernando Ruiz de Alarcón», tesis doctoral, México, Universidad de Puebla, 2017.

Kamen, Henry, *La Inquisición española*, Barcelona, Crítica, 1988.

—, «Cómo fue la Inquisición. Naturaleza del Tribunal y contexto histórico», *Revista de la Inquisición*, vol. 2, Madrid, Editorial Complutense, 1992, pp. 11-21.

Kaufman, Gloria, «Juan Luis Vives on the Education of Women», *Signs. Journal of women in Culture and Society*, vol. 3, n.° 4 (1978), pp. 891-896.

King, Margaret L., *Women of the Renaissance*, Chicago, University of Chicago Press, 1991.

Kitaiskaia, Taisia, *Brujas Literarias*, Barcelona, Planeta, 2018.

Labal, Paul, *Los cátaros: herejía y crisis social*, Barcelona, Crítica, 1988.

Lafuente, Modesto, *Historia general de España: desde los tiempos primitivos hasta la muerte de Fernando VII*, Barcelona, Montaner y Simón, 1887-1890, <https://bibliotecadigital.jcyl.es/es/consulta/registro.cmd?id=7259>.

Lancre, Pierre de, *Tratado de brujería vasca: descripción de la inconstancia de los malos ángeles o demonios*, Navarra, Txalaparta, 2004.

Lara Alberola, Eva, *Hechiceras y brujas en la literatura española de los Siglos de Oro*, Valencia, Publicacions de la Universitat de València, 2010.

Lara Martínez, María, *Brujas, magos e incrédulos en la España del Siglo de Oro*, Cuenca, Alderabán, 2013.

—, *Pasaporte de bruja: volando en escoba de España a América en el tiempo de Cervantes*, Cuenca, Alderabán, 2016.

Lea, Henry Charles, *A History of the Inquisition of Spain*, Londres, Macmillan, 1906. [Hay trad. cast.: *Historia de la Inquisición española*, Madrid, Agencia Estatal Boletín Oficial del Estado, 2020.]

—, *A History of the Inquisition of the Middle Ages*, Ontario, Devoted Publishing, 2016.

—, y Arthur C. Howland, *Materials Toward a History of Witchcraft*, Nueva York, Thomas Yoseloff, 1957.

Lee, M. R., «Solanaceae III: henbane, hags and Hawley Harvey Crippen», *J R Coll Physicians Edinb*, 2006, p. 36.

Leeson Peter T., y Jacob W. Russ, «Witch Trials», *The Economic Journal*, vol. 128, agosto de 2018, pp. 2066-2105, <https://doi.org/10.1111/ecoj.12498>.

Légère, Julie, Elsa Whyte y Laura Pérez, *Los secretos de las brujas: una iniciación a nuestra historia y nuestros saberes*, Madrid, Errata Naturae, 2020.

León, fray Luis de, *La perfecta casada*, Barcelona, Librería Científico-Literaria Toledano López y Cía., 1910.

Levack, Brian P., *La caza de brujas en la Europa moderna*, Madrid, Alianza Editorial, 1995.

Levi, Primo, *Lilít y otros relatos*, Barcelona, Península, 1989.

Lisón Tolosana, Carmelo, *Las brujas en la historia de España*, Madrid, Temas de hoy, 1992.

Llorente, Juan Antonio, *Historia crítica de la Inquisición en España*, Madrid, Libros Hiperión, 1980.

—, y Michel Boeglin, *España y la Inquisición*, Sevilla, Renacimiento, 2007.

López Ibor, Juan José, *Cómo se fabrica una bruja*, Barcelona, Dopesa, 1976.

Makowski, Elizabeth, *Canon Law and Cloistered Women: Periculoso and Its Commentators, 1298-1545*, Washington D. C., Catholic University Press, 1997.

Mann, John, *Murder, Magic and Medicine*, Oxford, Oxford University Press, 1996.

Márquez de la Plata, Vicenta, *Mujeres pensadoras. Místicas, científicas y heterodoxas*, Barcelona, Castalia, 2009.

Marriott, Susannah, *Witches, Sirens and Soothsayers*, Londres, Octopus Books, 2008.

McKeown, J. C., *A Cabinet of Ancient Medical Curiosities*, Oxford, Oxford University Press, 2017.

Menéndez Pelayo, Marcelino, *Historia de los heterodoxos españoles*, Madrid, Editorial Católica, 1978.

Michelet, Jules, *La sorcière*, París, Éditions Julliard, 1964. [Hay trad. cast.: *La bruja*, Valladolid, Maxtor, 2014.]

Miller, Arthur, *Las brujas de Salem*, Buenos Aires, Jacobo Muchnik, 1955.

Moncó Rebollo, Beatriz, *Mujer y demonio: una pareja barroca: treinta monjas endemoniadas en un convento*, Madrid, Instituto de Sociología Aplicada de Madrid, 1989.

Mongastón, Juan de, *Auto de fe celebrado en la ciudad de Logroño en los días 6 y 7 de noviembre de 1610*, Logroño, 1611, <http://www.vallenajerilla. com/berceo/gildelrio/autodefe.htm>. Reimpreso en Pedro de Valencia, 1997, Obras completas, vol. 7, p. 157-181, León: Universidad de León.

Monter, E. William, *Frontiers of Heresy: The Spanish Inquisition from the Basque Lands to Sicily*, Cambridge, Cambridge University Press, 1990.

—, «The New Social History and the Spanish Inquisition», *Journal of Social History*, vol. 17, n. o 4, pp. 705-713, 1984, Oxford, Oxford University Press.

Morales Estévez, Roberto, «Eleno de Céspedes: el cóncavo reflejo de la historia», en María Jesús y Alberto Ortiz, *Espejo de brujas*, cap. 13, Zacatecas, Universidad Autónoma de Zacatecas, 2012.

Morgado García, Arturo, *Demonios, magos y brujas en la España Moderna*, Cádiz, Universidad de Cádiz, 1999.

—, «Ángeles y demonios en la España del Barroco», *Chronica Nova*, n.° 27, 2000.

—, *La historia de la cultura en la Edad Moderna*, Cádiz, Universidad de Cádiz, 2019.

Mozans, H. J., *Women in Science*, Indiana, University of Notre Dame Press, 1991.

Mucharaz Rosi, Ana, *Santa Hildegarda de Bingen*, Madrid, Palabra, 2013.

Muñoz Páez, Adela, *Historia del veneno. De la cicuta al polonio*, Barcelona, Debate, 2012.

—, *Sabias. La cara oculta de la ciencia*, Barcelona, Debate, 2017.

Ortiz, Alberto, «Posesa. La historia de Magdeleine Bavent como síntoma de la relación mujer, bruja y aquelarre», en María Jesús Zamora Calvo y Alberto Ortiz, *Espejo de Brujas*, cap. 14, Zacatecas, Universidad Autónoma de Zacatecas, 2012.

Pelta, Roberto, *El veneno en la historia*, Barcelona, Espasa, 2000.

Pernoud, Régine, *Hildegarda de Bingen: una conciencia inspirada del siglo XII*, Barcelona, Paidós Testimonios, 1998.

Prado Rubio, Erika, «La inclusión de la brujería en el ámbito competencial inquisitorial», *Revista de la Inquisición. Intolerancia y Derechos Humanos*, vol. 22, 2018, pp. 393-418, 2018.

Queralt, María Pilar, «El diablo en el convento: las poseídas de Loudun», *Historia National Geographic*, marzo de 2015, <https://historia.nationalgeographic.com.es/a/diablo-convento-poseidas-loudun_8930>.

Ramsay, Robin, *Historia de la brujería*, Ciudad de México, Tomo, 2010.

Robbins Rossell, Hope, *Enciclopedia de la brujería y demonología*, Madrid, Debate, 1992.

Rodríguez Cerdá, Virginia, *Libro de magia y brujas*, Madrid, 451 Editores, 2007.

Rojas, Fernando de, *La celestina*, Madrid, Santillana, 2004.

Romano, Vicente, *Sociogénesis de las brujas*, Madrid, Popular, 2007.

Roper, Lyndal, «Witchcraft and Fantasy in Early Modern Germany», *History Workshop*, n.° 32, Oxford University Press, otoño de 1991, pp. 19-43.

Rowlands, Alison, «Witchcraft and Gender in Early Modern Europe», *The Oxford Handbook of Witchcraft in Early Modern Europe and Colonial America*, cap. 25, Oxford, Oxford University Press, 2013.

Sánchez Ortega, María Helena, «Superstición y Religión» *Historia 16*, n.° 136, 1987, pp. 23-38.

Sandoval, fray Prudencio de, *Historia del Emperador Carlos V, rey de España*, Estudio Tipográfico Literario-Universal La Ilustración, Madrid, 1847, cap. XV del libro XVI, dedicado al año 1527, p. 56, <https://bibliote cadigital.jcyl.es/es/consulta/registro.do?id=4143>.

Santa Hildegarda de Bingen, <http.//www.hildegardiana.es/index.html>.

Shakespeare, William, *Teatro selecto*, Barcelona, Edinibal Clásicos, 2008

Simó, Lourdes, «Los "tósigos de amor" en las novelas de Cervantes», *Espéculo, Revista de estudios literarios*, Universidad Complutense de Madrid, 2005.

Solé, Gloria, «La mujer en la Edad Media», *Anuario Filosófico*, vol. 26, n.º 3, 1993, pp. 653-670.

Tausiet, María, «Malas madres. De brujas voraces a fantasmas letales», *Amaltea. Revista de mitocrítica*, n.º 11, 2019, pp. 57-69.

The Glorious Quran, edición trilingüe persa, árabe e inglesa, Jajarami Publications, Teherán, 2008.

Tomás y Valiente, Francisco, *El proceso Penal*, Burgos, Biblioteca Gonzalo de Berceo, 1976, <http://www.vallenajerilla.com/berceo/florilegio/in quisicion/procesopenal.htm>.

Torquemada, Antonio de, *Jardín de flores curiosas*, Barcelona, Simancas, 2005, p. 324.

Trevor-Roper, Hugh, *The European Witch-Craze of the Sixteenth and Seventeenth Centuries*, Londres, Penguin Books, 1967.

Valencia, Pedro de, *Discurso acerca de los cuentos de las brujas*, León, Secretariado de Publicaciones de la Universidad de León, 1997.

VV. AA., *Enciclopedia Británica*, 1988.

VV. AA., *Historia Universal*, Salvat-El País, 2006.

VV. AA., «Vatican downgrades Inquisition toll», *NBC News*, 16 de junio de 2004, <https://www.nbcnews.com/id/wbna5218373>.

Williams, Charles, *Witchcraft*, Londres, Faber & Faber, 1941.

Zamora Calvo, María Jesús, y Alberto Ortiz, *Espejo de brujas*, Zacatecas, Universidad Autónoma de Zacatecas, 2012.

Notas

1. Diosas de la noche y hechiceras

1. Caro Baroja, Julio, *Las brujas y su mundo*, Madrid, Alianza, 1968, p. 45.

2. Lara Alberola, Eva, *Hechiceras y brujas en la literatura española de los siglos de oro*, Valencia, Publicacions de la Universitat de València, 2010, p. 40.

3. Julio Caro Baroja (1968), p. 50.

4. Menéndez Pelayo, Marcelino, *Historia de los heterodoxos españoles*, vol. 1, Madrid, Católica, 1987, p. 278.

5. Eurípides, *Medea*, Madrid, Alianza, 2015.

6. *Ibid.*

7. Julio Caro Baroja (1968), p. 50.

8. Calvo, María Jesús, y Alberto Ortiz, *Espejo de brujas*, Zacatecas, Universidad Autónoma de Zacatecas, 2012, p. 77.

9. Baring, Anne, y Jules Cashford, *El mito de la diosa*, Madrid, Siruela, 2014, p. 575.

10. Levi, Primo, *Lilít y otros relatos*, Barcelona, Península, 1989, pp. 23-24.

2. De los *daemon* al ángel caído

11. Ramsay, Robin, *Historia de la brujería*, Ciudad de México, Tomo, 2010, p. 23.

12. García Soormally, Mina, *Magia, hechicería y brujería. Entre la Celestina y Cervantes*, cap. 4, Sevilla, Renacimiento, 2011.

13. Biblia, Isaías, 45:7.

14. *Ibid*, Apocalipsis, 12:9.

15. *Ibid*, Isaías, 14:12-15.

16. *The Glorious Quran*, edición trilingüe persa, árabe e inglesa, Jajarami Publications, Teherán, 2008

17. Robin Ramsay (2010), p. 25.

18. Jiménez Cordero, Carla, «El diablo como elemento discursivo del clero secular para la evangelización. Estudio de caso: El tratado de las supersticiones y costumbres gentílicas que hoy viven entre los indios naturales desta nueva España de Hernando Ruiz de Alarcón», tesis doctoral, México, Universidad de Puebla, 2017, p. 46.

19. Mina García Soormally (2011), p. 70.

20. Lancre, Pierre de, *Tratado de Brujería Vasca. Descripción de la inconstancia de los malos ángeles o demonios*, Navarra, Txalaparta, 2004, pp. 24-25.

21. Carla Jiménez Cordero (2017), p. 46.

22. Lea, Henry Charles, y Arthur C. Howland, *Materials Toward a History of Witchcraft*, vol. 4, Nueva York, Thomas Yoseloff, 1957, p. 69.

23. Robbins Rossell, Hope, *Enciclopedia de la brujería y demonología*, Madrid, Debate, 1992, p. 432.

24. *Ibid*, p. 431.

25. *Ibid*, p. 432.

26. *Ibid*, p.436.

27. Castañega, fray Martín de, *Tratado de las supersticiones y hechicerías*, Buenos Aires, Universidad de Buenos Aires, 1997.

28. Rossell Hope Robbins (1992), p. 435

29. Marcelino Menéndez Pelayo (1987), vol. 1, p. 271.

3. Herejías y cruzadas

30. Labal, Paul, *Los cátaros, Herejía y crisis social*, Barcelona, Crítica, 1988, p. 150.

31. Heisterbach, Cesáreo de, *Dialogus Miraculorum*, Colonia, J. Strange, 1851, p. 302.

32. Federici, Silvia, *Calibán y la bruja: mujeres, cuerpo y acumulación primitiva*, Madrid, Traficantes de sueños, 2010, p. 54.

33. Julio Caro Baroja (1968), p. 104.

34. *Ibid*, p. 105.

4. DE GRIMORIOS Y EL *PICATRIX*

35. González Sánchez, Ana, «El liber Picatrix y la tradición mágica culta», en María Jesús Zamora Calvo y Alberto Ortiz, *Espejo de brujas*, cap. 5, Madrid, Abada, 2012, p. 83.

36. *Picatrix*, libro 1, traducido del árabe al inglés por Hashem Atallah.

37. Caro Baroja, Julio, «El libro mágico (La clavícula de Salomón)», en *Vidas Mágicas e Inquisición*, cap. 7, Barcelona, Círculo de Lectores, 1990, p. 155.

38. Castro Vicente, Félix, «El libro de San Cipriano», *Hibris*, n.° 27, mayo-junio 2005.

39. Lea, Henry Charles, *A History of the Inquisition of Spain*, vol. IV, Londres, Macmillan, 1906. [Hay trad. cast.: *Historia de la Inquisición española*, Madrid, Agencia Estatal Boletín Oficial del Estado, 2020.]

5. MISOGINIA: HERMOSA PODREDUMBRE

40. Makowski, Elizabeth, *Canon Law and Cloistered Women: Periculoso and Its Commentators, 1298-1545*, Washington D. C., Catholic University Press, 1997.

41. Evangelios, Mateo, 19: 4-5; Marcos, 10: 1-8.

42. *Ibid*, Lucas, 8: 1-3.

43. Delumeau, Jean, *El miedo en Occidente*, Barcelona, Taurus, 2012.

44. *Ibid*.

45. Gálatas, 3: 28.

46. Génesis 2: 21-24.

47. Efesios, 5: 21-24.

48. 1 Corintios 14:34.

49. 1 Timoteo, 2: 11-12.

50. Jean Delumeau (2012), p. 386.

51. *Ibid*, p. 387.

52. McKeown, J. C., *A Cabinet of Ancient Medical Curiosities*, Oxford, Oxford University Press, 2017, p. 13.

53. Jean Delumeau (2012) p. 389.

54. *Ibid*, p. 389.

55. *Ibid*, p. 397.

56. *Ibid*, p. 387.

57. *Ibid*, p. 390.

58. *Aluari Pelagij de pla[n]ctu ecclesiae desideratissimi libri duo et indice copiosissimo et marginarijs additionibus rece[n]s illustrati*.

59. Jean Delumeau (201?), p. 395-396.

60. *Ibid*, p. 392.

61. ‹https://web.archive.org/web/20060605111022/http://www.giu-seppeverdi.it/stampabilo.asp›... ...

19903>.

62. Fray José de Jesús María, *De las excelencias de la virtud de la castidad*, Alcalá, viuda de Juan Gracián, 1601, p. 641.

63. Bitel, Lisa M., *Women in Early Medieval Europe 400-1100*, Cambridge, Cambridge University Press, 2006, p. 96.

6. DE LAS BIENAVENTURANZAS A *EL MARTILLO DE LAS BRUJAS*

64. Éxodo, 22: 17.

65. Mateo, 5:3-10.

66. Llorente, Juan Antonio, *Historia crítica de la Inquisición en España*, vol. 4, Madrid, Libros Hiperión, 1980, p. 180.

67. *Ibid*, p. 182.

68. *Ibid*, p. 213.

69. *Ibid*, p. 215.

70. Morgado García, Arturo, *Demonios, magos y brujas en la España Moderna*, Cádiz, Universidad de Cádiz, 1999, p. 348.

71. Behringer, Wolfgang, *Witches and Witch-Hunts: a Global History*, Cambridge, Polity, 2004, p. 51.

72. Fernández Álvarez, Manuel, *Casadas, monjas, rameras y brujas. La olvidada historia de la mujer española en el Renacimiento*, cap. 7, Barcelona, Espasa, 2004, p. 300; y en Jean Delumeau (2012), p. 429.

73. Julio Caro Baroja (1968), p. 90.

74. Rossell Hope Robbins (1992), p. 47.

75. Jean Delumeau (2012), p. 431; Sánchez Ortega, María Helena, «Superstición y Religión» *Historia 16*, n.º 136, 1987, p. 25, y García Cárcel, Ricardo, *La inquisición*, Madrid, Anaya, 1990, p. 44.

76. Eimeric, Nicolau, *Manual de Inquisidores para uso de las Inquisiciones de España y Portugal*, abate Marchena, Montpellier, trad., Felix Avignon, 1819, <https://play.google.com/books/reader?id=DLE2VMvh6xgC&pg=GBS.PA72&hl=es>.

77. Nicolau Eimeric (1819), pp. 20-21.

78. *Ibid*, p. 2.

79. *Ibid*, p. 7.

80. *Ibid*, p. 12.

81. *Ibid*, p. 28.

82. *Ibid*, p. 90.

83. *Ibid*, p.98.

84. *Ibid*, p. 99.

85. *Ibid*, p. 100.

86. *Ibid*, p. 106.

87. Julio Caro Baroja (1968), p. 128. Esta bula se encuentra en la primera página de todas las ediciones del *Malleus* tanto antiguas como modernas. También se encuentra en todos los libros sobre brujería y en el repositorio de documentos de la Wikipedia: <https://es.wikisource.org/wiki/Summis_desiderantes_affectibus>.

88. Wolfgang Behringer (2004), p. 71.

89. Broedel, Hans Peter, *The* Malleus Maleficarum *and the Construction of Witchcraft: Theology and Popular Belief*, Manchester, Manchester University Press, 2003.

90. Wolfgang Behringer (2004), pp. 72-77.

91. Sprenger, Jakob, y Heinrich Kramer, *Malleus Maleficarum*. Hay innumerables versiones de esta obra, yo he utilizado la versión inglesa y la española traducida por Floreal Maza para las citas incluidas aquí.

92. Celis Sánchez, Agustín, *Herejes y malditos en la historia*, Madrid, Alba, 2006, p. 218. Y *Malleus Maleficarum*, traducción de Floreal Maza, pp. 47-49.

93. Trevor-Roper, Hugh, *The European Witch-Craze of the Sixteenth and Seventeenth Centuries*, Londres, Penguin Books, 1967, p. 47.

94. Rossell Hope Robbins (1992); Henry Charles Lea y Arthur C. Howland (1957), vol. 3, pp. 400-600.

95. Levack, Brian P., *La caza de brujas en la Europa moderna*, Madrid, Alianza Editorial, 1995, p. 86.

96. Rossell Hope Robbins (1992), p. 596.

97. *Ibid*, p. 538.

98. *Ibid*, p. 548.

99. *Ibid*, p.549.

100. Henningsen, Gustav, *El abogado de las brujas: brujería vasca e Inquisición española*, Madrid, Alianza, 1983; Julio Caro Baroja (1968); Henry Charles, Lea (1906), vol. I, pp 85.

101. Fernández Álvarez, Manuel (2004), p. 321.

7. Inquisición española

102. Rossell Hope Robbins (1992), p. 325.

103. Juan Antonio Llorente (1980), vol. 1, p. 2.

104. Henry Charles Lea (1906), vol. 1, p. 1.

105. Tomás y Valiente, Francisco, *El proceso Penal*, Burgos, Biblioteca Gonzalo de Berceo, 1976.

106. García Cárcel, Ricardo, *La inquisición*, Madrid, Anaya, 1990.

107. *Ibid*, p. 17.

108. Henry Charles Lea y Arthur C. Howland (1957), vol. 1, cap. 4.

109. Caro Baroja, Julio, *El señor inquisidor y otras vidas por oficio*, Madrid, Alianza, 1970, p. 28.

110. Ricardo García Cárcel (1990), p. 23.

111. *Ibid*, p.29.

112. Julio Caro Baroja (1970), p. 18.

113. Marcelino Menéndez Pelayo (1987), vol II, p. 298.

114. Gustav Henningsen (1983), p. 38.

115. Ricardo García Cárcel (1990), p. 65.

116. En el siglo XVII, una libra equivalía a veinte sueldos; Ricardo García Cárcel (1990), p. 65.

117. Ventura, Jordi, *Mediavelia*, Barcelona, Universidad Autónoma de Barcelona, 1992. En 1496, un dinero valenciano equivalía a 1,48 maravedíes y un sueldo a 17,85 maravedíes.

118. En el siglo XVI, un real equivalía a unos 35 maravedíes. El salario medio de un peón era de uno a dos maravedíes.el maravedí era una antigua moneda castellana usada por la Inquisición para pagar a su personal, mientras que los sueldos tenían diferente valor en los distintos reinos de España (Jordi Ventura, 1992).

119. Lisón Tolosana, Carmelo, *Las brujas en la historia de España*, Madrid, Temas de Hoy, 1992. p. 34.

120. Julio Caro Baroja (1970), p. 25.

121. Ricardo García Cárcel (1990), p. 36.

122. Francisco Tomás y Valiente (1976).

123. Gustav Henningsen (1983), p. 38.

124. *Ibid*, p. 44.

125. Ricardo García Cárcel (1990), p. 39.

126. Gustav Henningsen (1983), p. 44.

127. Eslava Galán, Juan, *Historias de la Inquisición*, Barcelona, Planeta, 1993, p. 87.

128. Delibes, Miguel, *El hereje*, cap. XVII, Barcelona, Destino, 2006.

129. Ricardo García Cárcel (1990); y Henry Kamen, *La Inquisición españo-la*, Barcelona, Crítica, 1985.

130. Ricardo García Cárcel (1990), p.46.

131. Contreras, Jaime, *El Santo Oficio de la Inquisición de Galicia: 1560-1700: Poder, sociedad y cultura*, Madrid, Akal, 1982.

132. Monter, E. William, *Frontiers of Heresy: The Spanish Inquisition from the Basque Lands to Sicily*, Cambridge, Cambridge University Press, 1990.

133. Henry Kamen (1988), p. 242

134. VV. AA., «Vatican downgrades Inquisition toll», *NBC News*, 16 de junio de 2004, <https://www.nbcnews.com/id/wbna5218373>.

135. Juan Antonio Llorente (1980), vol I.

136. Ricardo García Cárcel (1990), p. 48.

137. *Ibid*, p. 69.

138. *Ibid*, p. 60.

139. Miguel Delibes (2006), p. 495.

140. Carmelo Lisón Tolosana (1992), p. 42

141. Lafuente, Modesto, *Historia general de España desde los tiempos primiti-vos hasta la muerte de Fernando VII*, vol. 10, cap. XXV, Barcelona, Montaner y Simón, 1887-1890.

142. Larra, Mariano José de, Obras completas, Biblioteca Virtual Miguel de Cervantes.

143. <http://news.bbc.co.uk/2/hi/europe/3809983.stm>.

144. <https://www.cbsnews.com/news/vatican-looks-back-at-inquisition/>.

8. ACTAS DE UN PROCESO. UN AUTO DE FE

145. Francisco Tomás y Valiente (1976).

146. Modesto Lafuente (1887-1890), parte 3, libro V, cap. VIII.

147. Juan Eslava Galán (1993), p. 87.

148. Llorente, Juan Antonio, y Michel Boeglin, *España y la Inquisición*, Sevilla, Renacimiento, 2007.

149. Miguel Delibes (2006), cap. XVII.

150. Marcelino Menéndez Pelayo (1987), vol. 2, p. 299.

9. *SABBATS Y AQUELARRES*

151. Julio Caro Baroja (1968), p. 115.

152. Rossell Hope Robbins (1992), p. 36

153. Julio Caro Baroja (1968), p. 158.

154. Mina García Soormally (2011), cap. 6.

155. Mongastón, Juan de, *Auto de fe celebrado en la ciudad de Logroño en los días 6 y 7 de noviembre de 1610*, Logroño, 1611, p. 10; y Mina García Soormally (2011), p. 117.

156. Pierre de Lancre (2004), p. 59.

157. Rossell Hope Robbins (1992), p. 41.

158. *Ibid*, p. 41.

159. Mina García Soormally (2011), p. 122.

160. Rossell Hope Robbins (1992), p. 42.

161. *Ibid*, p. 43.

162. Juan de Mongastón (1611), p. 6.

163. Rossell Hope Robbins (1992), p. 43.

164. Henry Charles Lea y Arthur C. Howland (1957), vol 2, p. 917.

165. Rossell Hope Robbins (1992), p. 43.

166. Tausiet, María, «Malas madres. De brujas voraces a fantasmas letales» *Amaltea. Revista de mitocrítica*, n.° 11, 2019, pp. 57-69.

167. Rossell Hope Robbins (1992), p. 43.

168. Pierre de Lancre (2004), p. 168.

169. Juan de Mongastón (1611).

170. Rossell Hope Robbins (1992), p. 45.

171. Mina García Soormally (2011), p. 136.

172. Pierre de Lancre (2004), p. 187.

173. *Ibid*, p. 185.

174. Gómez Fernández, José Ramón, *Las plantas en la brujería medieval*, A Coruña, Celeste, 1999, p. 37.

175. *Ibid*, p. 18.

176. Shakespeare, William, *Teatro selecto*, Barcelona, Espasa Clásicos, 2008; *Macbeth*, comienzo acto IV, p. 1670.

177. Gamoneda, Antonio, *El libro de los venenos*, Madrid, Siruela, 1995, p. 71.

178. Antonio Gamoneda (1995), p. 72.

179. José Ramón Gómez Fernández (1999), p. 17.

180. Mann, John, *Murder, Magic and Medicine*, Oxford, Oxford University Press, 1996.

181. William Shakespeare, *Romeo y Julieta*, acto VI, escena 3, pp. 2-93.

182. Rowling, J. K., *Harry Potter y la cámara secreta*, cap. 6., Barcelona, Salamandra, 1999.

183. Antonio Gamoneda (1995), p. 55.

184. *Ibid.*

185. Manuel Fernández Álvarez (2004), p. 317.

186. Sandoval, fray Prudencio de, *Historia del Emperador Carlos V, Rey de España*, libro XVI, cap. XV (dedicado al año 1527), Madrid, Estudio Tipográfico Literario-Universal La Ilustración, 1847, p. 56.

187. Ciruelo, Pedro, *Reprobacion de las supersticiones y hechizerías*, Salamanca, Diputación de Salamanca, 2003, p. 60.

10. COCIMIENTOS DE BRUJAS

188. José Ramón Gómez Fernández (1999), p. 44.

189. Julio Caro Baroja (1968), p. 143.

190. *Ibid*, p. 255.

191. José Ramón Gómez Fernández (1999), p. 35.

192. Emsley, John, *Molecules of murder*, Cambridge, RSC Publishing, 2008, pp. 23-25.

193. Cervantes, Miguel de, *Don Quijote de la Mancha*, primera parte, cap. XXII, <http://www.cervantesvirtual.com/obra-visor/el-ingenioso-hidalgo-don-quijote-de-la-mancha-6/html/05f86699-4b53-4d9b-8ab8-b40ab63fb0b3_4.html#I_30_>.

194. Cervantes, Miguel de, *Novelas ejemplares. La española inglesa*, <http://www.cervantesvirtual.com/obra-visor/la-espanola-inglesa--0/html/ff313e94-82b1-11df-acc7-002185ce6064_15.html#I_0_>.

195. Mina García Soormally (2011), p. 524.

196. Mina García Soormally (2011), p. 254; y De Rojas, Fernando, *La celestina*, Madrid, Santillana, 2004, p. 52.

197. William Shakespeare (2008), *Otelo*, acto III, escena 3, p.1456.

198. William Shakespeare (2008), *Antonio y Cleopatra*, acto I, escena 5, p. 1721.

199. William Shakespeare (2008), *Romeo y Julieta*, acto V, escena 3, p. 306.

11. PARTERAS, MÉDICAS Y CIRUJANAS

200. Alic, Margaret, *El legado de Hipatia. Historia de las mujeres en la ciencia desde la Antigüedad hasta fines del siglo XIX*, Madrid, Siglo XXI, 1981.

201. Mozans, H. J, *Women in Science,* Indiana, University of Notre Dame Press, 1991, p. 266.

202. J. C. McKeown (2017), p. 99.

203. Platón, *Teeteto,* Proyecto Gutenberg, <http://www.gutenberg.org/files/1726/1726-h/1726-h.htm>.

204. H. J. Mozans (1991), p. 268.

205. Muñoz Páez, Adela, *Sabias. La cara oculta de la ciencia,* Barcelona, Debate, 2017.

206. J. C. McKeown (2017), p. 36.

207. *Ibid,* p. 100.

208. H. J. Mozans (1991), pp. 270 y 276.

209. Adela Muñoz Páez (2017).

210. H. J. Mozans (1991), p. 284.

211. Green, Monica H., «A Handlist of the Latin and Vernacular Manuscripts of the So-Called Trotula Texts. Part II: The Vernacular Texts and Latin Re-Writings», *Scriptorium,* n.º 51, 1997, pp. 80-104.

212. Jean Delumeau (2012), p. 75.

213. Kramer, Heinrich y Jakob Sprenger, *Malleus Maleficarum,* traducción al inglés, notas e introducción de Montague Summers.

214. *Ibid,* parte II, cuestión I, cap. XII; y Jean Delumeau (2012), p. 76.

215. Brian P. Levack (1995), p. 184.

216. Jean Delumeau (2012), p. 77.

217. Roper, Lyndal, «Witchcraft and Fantasy in Early Modern Germany», *History Workshop, Autumn,* n.º 32, Oxford, Oxford University Press, 1991, pp. 19-43.

218. Green, Monica H., «Women's Medical Practice and Health Care in Medieval Europe», *Signs: Journal of Women in Culture and Society,* vol. 14, 1988-1989, pp. 434-473.

219. Garrido, Elisa, *Historia de las mujeres de España,* Madrid, Síntesis, 1997, p. 333.

220. Galech Amillano, Jesús María, *Astrología y medicina para todos los públicos: las polémicas entre Benito Feijoo, Diego Torres y Martín Martínez y la popularización de la ciencia en la España de principios del siglo XVIII,* tesis doctoral, Barcelona, Universidad Autónoma de Barcelona, 2010, p. 60.

221. Elisa Garrido (1997), p. 334.

222. H. J. Mozans (1991), p. 288.

223. Green, Monica H., «Getting to the Source: The Case of Jacoba Felicie and the Impact of the Portable Medieval Reader on the Canon of Medieval Women's History», *Medieval Feminist Forum,* n.º 42, 2006, pp. 49-62.

224. Monica H. Green (2006) p. 54.

225. Tishma Mariel, «Women in the Medical Profession: The Trial of Jacoba Felicie de Almania», *Hektoen International Journal*, n.° 12, otoño de 2020, <https://hekint.org/2020/06/16/women-in-the-medical-profession-the-trial-of-jacoba-felicie-de-almania/>.

226. H. J. Mozans (1991), p. 290.

227. <https://dbe.rah.es/biografias/134205/elena-y-eleno-de-cespedes>.

228. Barbazza, Marie-Catherine, «Un caso de subversión social: el proceso de Elena de Céspedes (1587-589)», *Criticón*, n.° 26, 1988, p. 17.

229. Inq., legajo 23 n° 21 (1587) , ES.28079 Proceso de Elena de Céspedes, Archivo Histórico Nacional, Inquisición, 234, exp. 24., <http://pares.mcu.es/ParesBusquedas20/catalogo/show/4580314?nm>

230. Marie-Catherine Barbazza (1988), p. 35.

231. *Ibid*, p. 21.

232. Márquez de la Plata, Vicenta, *Mujeres pensadoras. Místicas, científicas y heterodoxas,* Barcelona, Castalia, 2009.

233. Belbel Bullejos, María José, «Añadiendo delicto al delicto. La pesadumbre de Eleno de Céspedes», Sevilla, Centro Andaluz de Arte Contemporáneo, <http://www.caac.es/docms/txts/cab_car_01.pdf>.

12. Mapa geográfico y humano de los procesos

234. Rossell Hope Robbins (1992).

235. Brian P. Levack (1995), p. 45.

236. Carmelo Lisón Tolosana (1992), cap. 18, p. 327.

237. Jean Delumeau (2012), p. 434.

238. Fabián Alejandro Campagne, estudio preliminar y notas en fray Martín de Castañega, *Tratado de las supersticiones y hechicerías*, Buenos Aires, Universidad de Buenos Aires, 1997.

239. Wolfgang Behringer (2004).

240. Jean Delumeau (2012), p. 465.

241. Silvia Federici (2010).

242. Hugh Trevor-Roper (1967), p. 67.

243. Leeson, Peter T., y Jacob W. Russ, «Witch trials», *The Economic Journal*, vol. 128, agosto de 2018, pp. 2066-2105, 2017.

244. Lara Martínez, María, *Pasaporte de bruja: volando en escoba de España a América en el tiempo de Cervantes*, Cuenca, Alderabán, 2016.

245. Henry Charles Lea y Arthur C. Howland (1957), vol 3, p. 1069, Henry Charles Lea (1906), vol. 4, p. 87.

246. Brian P. Levack (1995), p. 130.

247. Alcoberro, Agustí, y Castell, Pau, «No eren bruixes, eren dones», *Sapiens*, n.º 228, marzo de 2021

248. Castell Granados, Pau, «La caza de brujas en Cataluña, un estado de la cuestión», *Índice Histórico Español*, vol. 131, 2018, pp. 81-114.

249. Lyndal Roper (1991), pp. 19-43.

250. Holmes, Clive, «Women: Witnesses and Witches», *Past & Present*, n.º 140, Oxford, Oxford University Press, 1993, pp. 45-78.

13. EN EL CORAZÓN DE LA CAZA: ALEMANIA

251. Brian P. Levack (1995), p. 246.

252. Wolfgang Behringer (2004), p. 149.

253. *Ibid*, p. 151.

254. Henry Charles Lea y Arthur C. Howland (1957), vol. 3, p. 1231.

255. Brian P. Levack (1995), p. 246.

256. <https://www.ellwangen.de/buerger/stadt-ellwangen/geschichte-wappen/hexenverfolgungen>; Johnson, Noel D., y Mark Koyama, *Persecution and Toleration: The Long Road to Religious Freedom*, Cambridge, Cambridge University Press, 2019.

257. Rossell Hope Robbins (1992), p. 115.

258. *Ibid*, p. 117.

259. Hugh Trevor-Roper (1967), p. 67.

260. Rossell Hope Robbins (1992), p. 119.

261. Wolfgang Behringer (2004), p. 93.

262. *Ibid*, p. 93.

263. Brian P. Levack (1995), p. 247.

264. Moeller, Katrin, *Dass Willkür über Recht ginge: Hexenverfolgung in Mecklenburg im 16. und 17. Jahrhundert*, Bielefeld, Verlag für Regionalgeschichte, 2007.

265. Wolfgang Behringer (2004), p. 124.

266. Farmer, Alan, *The Witchcraze of the 16th and 17th Centuries*, Londres, Hodder Education, 2020, p. 129.

267. Rossell Hope Robbins (1992), p. 354.

268. *Ibid*, p. 478.

269. <http://www.hexen-franken.de/hinrichtungsorte/katholische-herrs chaften/zeil/>.

14. LAS BRUJAS DE ZUGARRAMURDI

270. Fernández de Moratín, Leandro, *Auto de Fe celebrado en la ciudad de Logroño en los días 7 y 8 de noviembre de 1610, siendo inquisidor general el cardenal, arzobispo de Toledo, Bernardo de Sandobal y Roxas, ilustrada con notas del Bachiller Ginés De Posadilla*, Imprenta de José Collado, 1820.

271. Marcelino Menéndez Pelayo (1987), vol. 2, p. 667.

272. Juan Antonio Llorente (1980), vol. 3, p. 284.

273. Henry Charles Lea (1906), vol. 4, p. 83

274. Marcelino Menéndez Pelayo (1987), vol. 2, p. 269.

275. Julio Caro Baroja (1968), cap. 13.

276. Carmelo Lisón Tolosana (1992), caps. 6 y 7.

277. Gustav Henningsen (1983).

278. Henry Charles Lea (1906), vol. 4, p. 83.

279. Carmelo Lisón Tolosana (1992), p. 51.

280. *Ibid*, p. 88.

281. Gustav Henningsen (1983), p. 52.

282. *Ibid*, p. 62.

283. Carmelo Lisón Tolosana (1992), p. 93.

284. Gustav Henningsen (1983), p. 51.

285. Coronas Tejada, Luis, *Unos años en la vida y reflejos de la personalidad del Inquisidor de las Brujas*, Jaén, Instituto de Estudios Giennenses, 1981, p. 19.

286. Juan de Mongastón (1611).

287 Pierre de Lancre (2004).

288. Julio Caro Baroja (1968), pp. 221-228.

289. Juan de Mongastón (1611).

290. Gustav Henningsen (1983), p. 180.

291. Franco Aliaga, Tomás, *La población de Logroño desde el siglo XVI al XVI*, Logroño, Colegio Universitario de Logroño, 1975.

292. Carmelo Lisón Tolosana (1992), cap. 18.

293. Gustav Henningsen (1983), p. 202.

294. Julio Caro Baroja (1968), p. 238.

295. Julio Caro Baroja (1968), p. 237; Carmelo Lisón Tolosana (1992), p. 165; Gustav Henningsen (1983), p. 287

296. Valencia, Pedro de, *Discurso acerca de los cuentos de las brujas*, León, Secretariado de Publicaciones de la Universidad de León, 1997.

297. Henry Charles Lea (1906), vol. 4, p. 87.

298. Williams, Charles, *Witchcraft*, Londres, Faber & Faber, 1941.

15. Demonios en los conventos

299. Julio Caro Baroja (1968), p. 174.

300. Fray Martín de Castañega (1997).

301. Caro Baroja, Julio, *Las formas complejas de vida religiosa (siglos XVI y XVII)*, Madrid, Sarpe, 1985, p. 85.

302. Moncó Rebollo, Beatriz, *Mujer y demonio: una pareja barroca: treinta monjas endemoniadas en un convento*, Madrid, Instituto de Sociología Aplicada de Madrid, 1989.

303. Morgado García, Arturo, *La historia de la cultura en la Edad Moderna*, Cádiz, Universidad de Cádiz, 2019, p. 306.

304. Agustín Celis Sánchez (2006), p. 47.

305. Michelet, Jules, *La sorcière*, París, Éditions Julliard, 1964, cap. 7. [Hay trad. cast.: *La bruja*, Valladolid, Maxtor, 2014.]

306. Queralt, María Pilar, «El diablo en el convento: las poseídas de Loudun», *Historia National Geographic*, marzo de 2015, <https://historia.national geographic.com.es/a/diablo-convento-poseidas-loudun_8930>.

307. Robin Ramsay (2010), p. 66.

308. Rossell Hope Robbins (1992), p. 412.

309. *Ibid*, p. 413.

310. *Ibid*, p. 416.

311. Robin Ramsay (2010), p. 73.

312. María Pilar Queralt (2015).

313. Huxley, Aldous, *Los demonios de Loudun*, Barcelona, Club Círculo de Lectores, 2004, p. 114.

314. Rossell Hope Robbins (1992), p. 414.

315. Aldous Huxley (2004), p. 143.

316. Modesto Lafuente (1887-1890), vol. 5, p. 123.

317. *Ibid*.

318. García-Molina Riquelme, Antonio M., «Instrucciones para procesar a solicitantes en el tribunal de la inquisición de México», *Revista de la Inquisición*, vol. 8, 1999, p. 95.

319. Juan Antonio Llorente (1980), vol. 4, p. 22.

320. Marcelino Menéndez Pelayo (1987), vol. 2, p. 177.

321. Modesto Lafuente (1887-1890), vol. 5, p. 124.

322. Julio Caro Baroja (1968), p. 180.

323. Mesonero Romanos, Ramón, *El antiguo Madrid*, vol. I, Madrid, Don F. de P. Mellado, p. 131.

324. Jules Michelet (1964), p. 228

325. Desmarets, R. P., *Histoire de Magdelaine Bavent, religieuse du monastère de Saint-Louis de Louviers*, Ruan, J. Lemonnier, Libraire, 1878.

326. Ortiz, Alberto, «Posesa. La historia de Magdeleine Bavent como síntoma de la relación mujer, bruja y aquelarre», en María Jesús Zamora Calvo y Alberto Ortiz, *Espejo de Brujas*, cap. 14, Zacatecas, Universidad Autónoma de Zacatecas, 2012, p. 247.

327. Jules Michelet (1964), cap. 8.

328. *Ibid*, p. 228.

329. Hildesheimer, Ernest, «Les possédées de Louviers», *Revue d'histoire de l'Église de France*, vol. 24, n.º 105, 1938, p. 427.

330. Ortiz, Alberto, 2012, p. 258.

331. La Orden Primera está constituida por varones (monjes o frailes de las distintas congregaciones); la segunda, por religiosas (monjas), y la tercera, por laicos que permanecen fuera de los conventos y monasterios.

332. R. P. Desmarets (1878), p. 6.

333. Rossell Hope Robbins (1992), p. 418; y R. P. Desmarets (1878), p. 7.

334. Bosroger, Esprit du, *La piété affligée*, Ruan, J. le Boulenger, 1652, p. 44.

335. Jules Michelet (1964), p. 283.

336. Ortiz, Alberto (2012), p. 247.

337. Ernest Hildesheimer (1938), p. 456.

338. R. P. Desmarets (1878), p. 114.

16. HECHIZOS EN LA CORTE

339. Julio Caro Baroja (1992), p. 93.

340. Carmelo Lisón Tolosana (1992), p. 280.

341. Cueto Alas, Juan, *Los heterodoxos asturianos*, Oviedo, Ayalga, 1977.

342. Modesto Lafuente (1887-1890), vol. 5, p. 360.

343. Juan Antonio Llorente (1980), vol. 4, p. 37.

344. Modesto Lafuente (1887-1890), vol. 5, p. 362.

345. Ruiz de Elvira, Malen, «La endogamia mató a los Austrias», *El País*, Madrid, 15 de abril de 2009, <https://elpais.com/diario/2009/04/15/sociedad/1239746409_850215.html>.

346. Sommerset, Anne, *The affair of the Poisons*, Londres, Weidenfeld & Nicholson, 2003.

347. Mongrédien, Georges, *Madame de Montespan et L'affaire des poisons*, París, Hachette, 1953.

348. Muñoz Páez, Adela, *Historia del veneno. De la cicuta al polonio*, Barcelona, Debate, 2012, parte II, cap. 4.

17. Las brujas de Salem

349. Rossell Hope Robbins (1992), p. 489

350. Calef, Robert, *More Wonders of the Invisible World*, fragmento de Robert Calef y Cotton Mather, *The Witchcraft Delusion in New England: Its Rise, Progress, and Termination*, s. c., Franklin, 1970, <http://salem.lib.virginia.edu/n37.html>:

> "The Examination of Giles Cory, at a Court at Salem Village, held by John Hathorn and Jonathan Curwin, Esqrs., April 19, 1692.
>
> Giles Cory, you are brought before Authority upon high Suspicion of sundry Acts of Witchcraft. Now tell us the Truth in this Matter.
>
> I hope, through the Goodness of God, I shall; for that Matter I never had no Hand in, in my Life.
>
> Which of you have seen this Man hurt you?
>
> Mary Wolcott, Mercy Lewis, Ann Putman, Jr., and Abigail Williams affirmed he had hurt them. [...]
>
> All the Afflicted were seized now with Fits, and troubled with Pinches. Then the Court ordered his Hands to be tied.
>
> What! Is it not enough to act Witchcraft at other Times, but must you do it now in Face of Authority?

351. Rossell Hope Robbins (1992), p. 192.

352. *Ibid*, p. 487.

353. Caporael, Linnda R., «Ergotism: The Satan Loosed in Salem?», *Science*, n.° 192, 1976, p. 4234.

354. Miller, Arthur, *Las brujas de Salem*, Buenos Aires, Jacobo Muchnik, 1955, p. 10.

18. ¿Por qué?

355. López Ibor, Juan José, *Cómo se fabrica una bruja*, Barcelona, Dopesa, 1976.

356. Henry Charles Lea y Arthur C. Howland (1957), vol. 2.

357. Alan Farmer (2020), p. 51.

358. Silvia Federici (2010).

359. *Ibid*, p. 102.

360. *Ibid*, p. 113.

361. Elisa Garrido (1997), p. 287.

362. Peter T. Leeson y Russ W. Jacob (2017).

363. Wolfgang Behringer (2004), pp. 5 y 171.

364. Brian P. Levack (1995), p. 198.

365. Duffy, Kathleen, *Freud's Early Psychoanalysis, witch Trials and the Inquisitorial Method: The Harsh Therapy*, Londres, Routledge, 2019.

366. Juan José López Ibor (1976).

367. *Ibid*, p. 27.

368. *Ibid*, p. 45.

369. Behringer, Wolfgang, *Witchcraft Persecutions in Bavaria: Popular Magic, Religious Zealotry and Reason of State in Early Modern Europe*, Cambridge, Cambridge University Press, 1997, p. 166.

370. Ehrenreich, Barbara, y Deirdre English, *Witches, Midwives and Nurses. A History of Woman Healers*, Londres, Writers and Readers Ltd., 1976.

371. Rowlands, Alison, «Witchcraft and Gender in Early Modern Europe», *The Oxford Handbook of Witchcraft in Early Modern Europe and Colonial America*, cap. 25, Oxford, Oxford University Press, 2013.

Epílogo

372. Légère, Julie, Elsa Whyte y Laura Pérez, *Los secretos de las brujas: una iniciación a nuestra historia y nuestros saberes*, Madrid, Errata Naturae, 2020; Herstik, Gabriela, *Cómo ser una bruja moderna*, Barcelona, Roca Editorial, 2018; Haining, Peter, *Cuentos de brujas de escritoras victorianas (1839-1920)*, Madrid, Alba Clásica, 2019; Hodges, Kate, *Brujas, Guerreras, Diosas*, Barcelona, Libros del Zorro Rojo, 2020; Kitaiskaia, Taisia, *Brujas Literarias*, Barcelona, Planeta, 2018.

373. Chollet, Mona, *Sorcières: La puissance invaincue de femmes*, París, Zones, 2018. [Hay trad. cast.: *Brujas: ¿estigma o la fuerza invencible de las mujeres?*, Barcelona, Ediciones B, 2019.]

374. Marriott, Susannah, *Witches, Sirens and Soothsayers*, Londres, Octopus Books, 2008.

375. Pérez Ávila, Fernando, «Canibalismo y brujería africana en el Polígono Norte de Sevilla», *Diario de Sevilla*, 25 de septiembre de 2021, <https://www.diariodesevilla.es/sevilla/Canibalismo-brujeria-africana-Poligono-Norte-Sevilla_0_1614139370.html>.

376. Gotsch, Lars, «Anna Göldi was like a wild horse, impossible to catch», *SWI*, 21 de agosto de 2017, <https://www.swissinfo.ch/eng/last-witch_-anna-goeldi-was-like-a-wild-horse-impossible-to-catch/43451512>.

377. Wolfgang Behringer (2004), p. 190.

378. Bécquer, Gustavo Adolfo, *Cartas desde mi celda*, VI, <https://es.wikisource.org/wiki/Cartas_desde_mi_celda:_6>.

379. Brian P. Levack (1995), p. 313.

380. Aduriz, Íñigo, «Un diputado de Vox llama "bruja" a una del PSOE

por defender el aborto y se niega a abandonar el Congreso tras ser expulsado», *elDiario.es*, 21 de septiembre de 2021, <https://www.eldiario.es/sociedad/ulti ma-hora coronavirus-actualidad-politica 21 de-septiembre_6_8321641_ 1077690.html>.

381. Guiley, Rosemary Ellen, *The Encyclopedia of Witches and Witchcraft*, Nueva York, Checkmark Books, 1999.

382. Wolfgang Behringer (2004), p. 197.

Agradecimientos

A Enrique Sánchez, con el que comparto «química», un par de hijos y un nieto, que me ha hecho más llevadera la redacción del libro cocinando buen pescado, buen pan y buenas carnes, a pesar de que lo he dejado sin vacaciones unos cuantos años, porque yo dedicaba a «mis» brujas todo mi tiempo libre; a mis editoras Cristina González y Lucía Puebla, que han tratado mi texto con tanto cariño y han tenido infinita paciencia con mis correcciones, y a Miguel Aguilar, director de Debate, que creyó que yo era escritora antes de que lo creyera yo misma.

Índice alfabético